# 臺灣歷史與文化 研究輯刊

二五編

# 第 2 冊

## 技術官僚與戰後臺灣經濟轉型研究
### ——以嚴家淦為中心的考察

汪小平 著

花木蘭文化事業有限公司

國家圖書館出版品預行編目資料

技術官僚與戰後臺灣經濟轉型研究——以嚴家淦為中心的考
察／汪小平 著 -- 初版 -- 新北市：花木蘭文化事業有限公司，
2024〔民113〕
目 2+280 面；19×26 公分
（臺灣歷史與文化研究輯刊二五編；第 2 冊）
ISBN 978-626-344-692-2（精裝）
1.CST：嚴家淦 2.CST：技術官僚 3.CST：臺灣經濟
4.CST：臺灣史
733.08                                                    112022551

臺灣歷史與文化研究輯刊
二五編　第二冊
ISBN：978-626-344-692-2

## 技術官僚與戰後臺灣經濟轉型研究
### ——以嚴家淦為中心的考察

作　　者　汪小平
總 編 輯　杜潔祥
副總編輯　楊嘉樂
編輯主任　許郁翎
編　　輯　潘玟靜、蔡正宣　美術編輯　陳逸婷
出　　版　花木蘭文化事業有限公司
發 行 人　高小娟
聯絡地址　235　新北市中和區中安街七二號十三樓
　　　　　電話：02-2923-1455 ／傳真：02-2923-1452
網　　址　http://www.huamulan.tw 信箱 service@huamulans.com
印　　刷　普羅文化出版廣告事業
初　　版　2024 年 3 月
定　　價　二五編 12 冊（精裝）新台幣 36,000 元
版權所有・請勿翻印

## 作者簡介

汪小平，中國社會科學院近代史所副研究員，歷史學博士。專業研究方向：臺灣史。曾獲中國社會科學院 2019 年優秀對策信息獎。出版專著《美國對臺政策的起源與演變（1941～1960）》，21.3 萬字，社會科學文獻出版社，2014 年版），合著《臺灣史稿》（張海鵬、陶文釗主編，鳳凰出版社，2012 年版）。在在海內外學術雜誌上發表論文多篇。主持國家社科基金項目「蔣經國與國民黨大陸政策研究（1972～1988）」。

## 提　　要

　　本文的研究對象是嚴家淦與戰後臺灣政治經濟轉型，具體探討作為技術官僚的嚴家淦，在戰後臺灣經濟轉型、財政政策決策以及經濟建設體制變遷過程中的角色與作用。嚴家淦從光復後臺灣省財政處長起家，一路歷任「經濟部長」、「財政部長」、「臺灣省主席」、「行政院長」、「副總統」、「總統」，以他為研究對象，觀察戰後臺灣史，能非常具體地發現那些大的時代背景如何影響歷史的進程。在臺灣政治變遷上，臺灣威權體制受內戰和冷戰的雙重影響，所以臺灣的財政制度變遷也受制於此。嚴家淦幾大財政貢獻：一是主辦福建田賦徵實，二是推行預算制度，三是推動匯率改革，四是促使獎勵投資，除了抗戰時期的福建政績，其他都與這個雙重影響的政治環境有關。一方面，威權體制內在的理性化趨勢，使得財政治理漸趨合理，如預算制度就是一例；另一方面，美國和兩岸關係的外在壓力的變化，直接導致財政制度的變革，如匯率改革和獎勵投資，就有源於美國的壓力和兩岸和平趨勢的影響。財政制度的變革又直接促使臺灣經濟建設體制從服務軍事財政到發展經濟的變遷，最終促使經濟政策改革的成功和實現經濟起飛。本書的研究動機就是希望從嚴家淦的從政經歷中發現技術官僚群體的特徵，並從一個側面研究臺灣兩蔣時代的政治變遷的背景和動力，探討威權、財政與經濟建設之間的關係。

# 技術官僚與戰後臺灣經濟轉型研究
## ——以嚴家淦為中心的考察

汪小平　著

目
次

# 緒　論

## 一、研究目的

　　1949 年，國民黨敗退臺灣，已是殘餘力量，其政權岌岌可危。1950 年 6 月，朝鮮戰爭爆發，美國由此介入臺灣海峽，導致兩岸長期對峙。直到 1980 年代末，隔絕近四十年後兩岸關係才開始緩和，雙方才有人員和經貿往來。在這期間，臺灣是世界冷戰的前沿，也是國民黨所謂反攻大陸的「復興基地」，整個地區處於高度的軍事戒備當中。與此相適應的臺灣政體，也以高壓的威權統治為特徵。但是與此同時，在此期間臺灣經濟卻高速成長，成功地從以經濟管制為特徵的落後經濟體，轉為以市場為導向的發達經濟體，與韓國、香港、新加坡一道被稱為「亞洲四小龍」。1980 年代末，臺灣又發生了政治轉型，於 1990 年代中期轉為西式的民主政體，這一度被西方解讀為可供發展中國家地區模仿的「臺灣經驗」。自上個世紀八十年代以來，這個所謂「臺灣經驗」已經被一些經濟學者和政治學者反覆討論。各種經濟學原理、政治學原理被反覆地進行驗證，以期在各種理論上獲得臺灣這個「實證」支持。但就歷史學界而言，這些討論還是不夠充分的。

　　首先，退到臺灣的國民黨政權的整個威權體制源自內戰遺留。過去一些研究往往忽略了內戰遺留這個歷史背景，而是抽象地討論國民黨政權的性質。其次，以財政治理為核心的官僚體制，在長達四十多年的演變中，漸趨理性化。臺灣政治、經濟史的研究中，對所謂「獨裁開發」討論頗多，注重威權體制對發展經濟的影響。但對如何「開發」，採取什麼樣的具體手段卻討論不多。特別是利用「財政」開發手段，討論更不多。對威權、財政與經濟建設（開發）

之間關係，作歷史的分析和解讀，對研究戰後臺灣史將會是一個有意義的視角。最後，在臺灣的政經變遷中，技術官僚起到了很大的推動作用，過去社會科學式的研究忽略了針對技術官僚群體的分析。一方面，技術官僚群體對臺灣文官系統的鞏固起到關鍵的作用，使得國民黨擺脫了大陸時期行政效率不彰的特點；另一方面，技術官僚與兩蔣威權統治的結合有自己的特點，這種特點與中國歷史背景、冷戰背景和兩岸對峙的背景息息相關，單純的理論解釋很難描述歷史發展過程的豐富性。嚴家淦就是這個群體的典型。首先，嚴氏是技術官僚的代表，對推動臺灣經濟現代化有功；其次，嚴氏參與了「臺灣經驗」的全部歷程。

較諸史學界，社會科學界由於不以挖掘史料為主，而是運用已有的歷史研究成果進行理論檢驗的研究。其研究成果，在為史學界所藉重的同時，對其研究進行對話與反思也有必要。回顧以往這些社科學研究，臺灣的經濟現代化和政治「民主化」並非一般意義上的一個自然演化的社會現象，而是根植於冷戰和兩岸對峙的特殊背景，這些背景需要有歷史研究成果的支撐。嚴家淦是臺灣兩蔣時代政壇重要人物，有學者注意到嚴家淦在臺灣經濟發展上所起的作用，如研究臺灣經濟史的郭岱君對嚴家淦在經濟改革中的作用評價頗高，把他看作是促進臺灣經濟轉型的關鍵人物。[註1] 但是在臺灣政治發展上，嚴家淦往往被一筆帶過，看作是兩蔣時代政治人物中無足輕重、個性不鮮明的人物，大多把他當作是威權政治體制一個附庸來看待。從歷史研究角度來看，以嚴家淦為主題的成果相當缺乏。事實上，嚴家淦從臺灣省財政處長起家，一路歷任「經濟部長」、「財政部長」、「臺灣省主席」、「行政院長」、「副總統」、「總統」，以他為研究對象，觀察戰後臺灣史，能非常具體地發現那些大的時代背景如何影響歷史的進程。本書的研究動機就是希望從嚴家淦的從政經歷中發現技術官僚群體的特徵，並從一個側面研究臺灣兩蔣時代的政治變遷的背景和動力，探討威權、財政與經濟建設之間的關係。

## 二、概念、理論與時段

本文涉及的概念主要有威權、財政、經濟建設和技術官僚這幾個關鍵詞。威權指的是一種介於民主和極權之間的政治體制。這個概念是研究臺灣

---

[註1] 郭岱君：《臺灣往事：臺灣經濟改革故事（1949～1960）》，中信出版社，2015年。

兩蔣時代的政治學者廣泛使用的政治學詞彙。本文在使用威權這個概念時，主要指的是臺灣當局的兩種政治現象：一黨專政和蔣氏父子的強人治理。

財政從狹義上來說是指國家的收入與開支。廣義上說是指以國家為主體的經濟行為，就是國家利用經濟手段來調節生產、分配和消費。本文主要關注的是它的廣義。在臺灣的兩蔣時代，臺灣當局的財政手段，如稅收、公債、預算、貨幣發行等都是本文討論的財政範疇。

經濟建設廣義上指的是一切團體、組織所進行的經濟活動。狹義上指的是國家有計劃、有目的直接推動經濟發展的行為，它既是一個政治行為，也是經濟學的一個範疇。在兩蔣時代，經濟建設是臺灣當局的重要政治行為，也是臺灣經濟現代化的重要原因。本文討論的經濟建設，指的就是這種狹義的國家行為。

技術官僚指的是政府中擁有專業知識背景的中高層官員。在臺灣兩蔣時代，技術官僚不僅要擁有專業知識背景，而且其地位主要來源於他的專業素養，而非政治派系和出身。不過，這個概念仍然比較模糊，因為有些官員有多重身份。比如俞國華既是蔣氏父子的親信，所謂「官邸派」的重要人物，但他也是一位專業精深的技術官僚。

在研究理論上，首先啟發本文研究的理論是馬克思主義國家學說。按照馬克思主義的國家學說，國家是階級矛盾不可調和的產物。威權統治當然屬於一個階級統治另一個階級的國家統治形式。在實行威權統治的國家，大多數是還沒有實現資產階級完全統治，帶有封建統治殘餘的國家。臺灣當局的威權統治也是類似的「國家」政權。遷到臺灣的國民黨政權，本身就是在中國內戰被推翻的這類「半封建」國家的遺留。馬克思主義國家學說中關於財政的本質，討論資產階級國家稅收、公債、金融、貨幣的本質對本文多有啟發。事實上，在世界歷史範圍內，所謂財政國家的產生就是伴隨著資產階級革命勝利而最終確立的官僚治理模式。在討論資產階級革命勝利時，往往非常關注議會對徵稅權的確立。馬克思主義國家學說對這一歷史過程有非常多的討論。

其次，馬克斯・韋伯對近代官僚制的研究對本文也有啟發。韋伯發現現代國家的官僚體制趨向理性化。他認為官僚制是指一種以分部─分層、集權─統一、指揮─服從等為特徵的組織形態，是現代社會實施合法統治的行政組織制度。韋伯認為組織的合法權威有三種來源：習俗慣例；個人魅力；法規理性。兩蔣時代的威權體制很明顯地顯示出官僚體制現代化的傾向，臺灣當局在行政決策、組織等各個方面強調統治技術上的「科學化」，其大量使用技術官僚

就是這一特徵的體現。另外，亨廷頓的現代化理論對本文也有啟發。亨廷頓認為文官體制的理性化推動戰後的全球政治民主化。

在工業化的社會，要使得政府運行良好，非得要有大批技術人才的加入才行，這些人才可以稱作是技術官僚（technocrat）。如果政府傾向由這些技術官僚領導，稱之為專家治國（Technocracy）。一般來說，在現代西方政黨政治中，贏得選舉的政黨會尊重「專家治國」，儘管這些「專家」不一定有黨派色彩。這些事實回應了馬克斯·韋伯關於理性官僚體制的學說以及亨廷頓的官僚現代化的學說。就臺灣社會而言，1950 年代後期崛起的技術官僚群體，其中最重要的角色就是推動臺灣當局決策的理性化和科學化。嚴家淦、尹仲容、李國鼎等人都是理工背景出身，對現代工業的理解要遠遠高於蔣氏父子等一般國民黨人。

本文研究的時段主要是 1945～1988 年，即戰後臺灣的「兩蔣時代」。在這期間，兩蔣政權根據冷戰和兩岸形勢，不斷調整內外政策，其政權特點受到外在的影響要高於內在的發展邏輯。根據兩蔣政權為了應付時局變化而採取的不同統治策略，本文把兩蔣時代大致分為遷臺初期、確立鞏固時期和修正轉型時期來討論。當然，這種分期並非以精確的時間點來劃分，而是以比較模糊的時間段來概括。1949～1969 年是嚴家淦的主要財政治理活動期間，本文著重討論。在蔣經國時代，嚴家淦的財政角色已經淡化，故本文作一般討論。本文把嚴家淦早年經歷和福建從政經驗，作為背景知識進行敘述和分析。

## 三、研究文獻綜述

大陸學界有關戰後臺灣政治、經濟史研究，就通史著作而言，早期有陳孔立主編的《臺灣史綱要》〔註2〕，最近則有張海鵬、陶文釗主編的《臺灣史稿》〔註3〕。在專題研究方面，褚靜濤對光復初期的臺灣政治研究〔註4〕，馮琳對國民黨改造的研究〔註5〕，都是大陸學界近期的研究臺灣政治史的成果。孫代堯的《臺灣威權體制及其轉型研究》是一本研究威權體制的政治學著作，較早回應臺灣學界普遍使用的威權一詞。〔註6〕至於戰後臺灣經濟史研究，李非的

〔註2〕陳孔立主編：《臺灣歷史綱要》，九洲圖書出版社，1996 年。
〔註3〕張海鵬、陶文釗主編：《臺灣史稿》，鳳凰出版社，2012 年。
〔註4〕褚靜濤：《二二八事件研究》，社會科學文獻出版社，2012 年。
〔註5〕馮琳：《中國國民黨在臺改造研究（1950～1952）》，鳳凰出版社，2013 年。
〔註6〕孫代堯：《臺灣威權體制及其轉型研究》，中國社會科學出版社，2003 年。

《戰後臺灣經濟發展史》較早探討臺灣經濟發展的原因〔註7〕，程朝雲的《戰後臺灣農會研究（1945～1975）》，〔註8〕對農復會中的技術官僚如沈宗瀚等人有探討。牛可的《美援與戰後臺灣經濟改造》一文較早關注臺灣經濟起飛中的美國角色。〔註9〕

　　長期以來，所謂「臺灣經驗」，一直是研究經濟和政治發展學者們熱衷的課題。如美國學者高棣民（B. Gold）〔註10〕、高立夫（R. Clough）〔註11〕、臺灣學者王作榮〔註12〕、高希均〔註13〕等人比較傾向從政治發展史角度研究臺灣經驗。他們普遍認為臺灣戰後經濟成長歸功於以下因素：或是日本殖民統治，即高效率的日本殖民統治奠立了現代化發展；或是美國的協助，即美國軍事及經濟援助使得臺灣得以發展；或是人民的努力，儒家文化造就經濟奇蹟；或是臺灣當局經濟策略得當造就。日本政治學者若林正丈指出，臺灣在戰後40年經濟高度成長有賴於把「反共軍事獨裁」轉變為「開發獨裁」。〔註14〕臺灣政治學者朱雲漢針對經濟成長指出，主因是國民黨的一黨威權體制。國民黨除了接收日產改組為國營或省營，銀行也全部納入公營體制，以國家的力量控制全部的金融經濟。國民黨政府利用這些經濟特權做最有利於其政權的運用，並交由財經技術官僚來推行進口替代的工業化。〔註15〕

　　與以上的政治學者不同，偏重經濟學研究的劉進慶率先從經濟角度研究戰後臺灣政治與經濟的關係，以戰後臺灣經濟在政府官方資本與民間資本的累計進行描述，並對官商資本結構與運作進行討論。〔註16〕劉進慶是在1970年代完成他的研究，當時所謂「臺灣經驗」還未成形，但是他對臺灣政治經濟

〔註 7〕李非：《戰後臺灣經濟發展史》，鷺江出版社，1992年。
〔註 8〕程朝雲：《戰後臺灣農會研究（1945～1975）》，鳳凰出版社，2014年。
〔註 9〕牛可：《美援與戰後臺灣經濟改造》，《美國研究》，2002年第3期。該文另以「論臺灣發展中的美國因素」為題，載黃安年、任東來、楊玉聖主編：《美國史研究與學術創新》，中國發展出版社，2003年。
〔註10〕高棣民（B. Gold）：《從國家與社會的角度觀察——臺灣奇蹟》，臺北：洞察出版社，1987年。
〔註11〕高立夫（R. Clough）：《海島中國》，臺北：洞察出版社，1987年。
〔註12〕王作榮：《我們如何創造了經濟奇蹟》，臺北：時報出版社，1978年。
〔註13〕高希均：《臺灣經驗四十年（1949～1989）》，臺北：天下文化，1991年。
〔註14〕若林正丈：《臺灣——分裂國家與民主化》，臺北：新自然主義，2004年。
〔註15〕朱雲漢：《寡占經濟與威權體制》，載蕭新煌編：《壟斷與剝削——威權主義的政治經濟分析》，臺北：財團法人臺灣研究基金會，1989年。
〔註16〕劉進慶：《臺灣戰後經濟分析》，臺北：人間出版社，1992年。

的本質討論，對後來的學者的研究有很大的啟發。段承璞也對戰後臺灣經濟資本的問題進行探討，但與劉不同的是段著重於島內資本形成與外來資本，包含外國資本與僑資對戰後臺灣經濟的發展。〔註17〕陳玉璽利用「依附」理論（Dependency theory）來說明臺灣在戰後為何可以經濟高度發展。〔註18〕周育仁在《政治與經濟之關係——臺灣經驗與其理論意涵》一書中，探討了「計劃自由經濟」體制下政治與經濟的關係。〔註19〕

家博（Neil Jacoby）是早期研究美援重要的經濟學者，強調美援對臺灣經濟、工業發展有非常大的幫助，同時也強調臺灣政府在發展經濟上的關鍵作用。〔註20〕趙既昌《美援的運用》以大量數據與圖表來說明美援時期當局如何運用這些美援來投入建設的。〔註21〕

針對經濟發展的原因，臺灣學界偏重歷史研究方面，有文馨瑩對美援的研究。文馨瑩對美援在臺灣經濟發展評價不高。她認為在冷戰大環境下，援臺物資中非軍事的贈與少、軍援多、非計劃型多，因此她認為一般對美援的研究都片面強調經援的重要性，事實上，美國援臺以非計劃性援助為主，是以軍事援助為目的，並非是以發展臺灣經濟為首要目標。〔註22〕

林炳炎對國民黨技術官僚促進經濟發展的歷史不以為然，認為國民黨政府能在來臺灣後迅速的穩定，美援是很重要的原因。他批判過去研究都將美援之所以可以成功運用是尹仲容、李國鼎、孫運璿等人規劃及妥善運用的觀點，提出了當時在臺灣擔任美援顧問的美國懷特工程公司和該公司的計劃經理狄卜賽才是臺灣在規劃、運用美援的推手。〔註23〕

在官僚研究方面，彭懷恩的《中華民國的政治菁英——行政院會議成員分析（1950～1985）》，是以在1950～1985期間內閣菁英為例，從這當中研究

〔註17〕段承璞：《臺灣戰後經濟》，臺北：人間出版社，1992年。
〔註18〕陳玉璽：《臺灣的依附發展》，臺北：人間出版社，1992年。
〔註19〕周育仁：《政治與經濟之關係——臺灣經驗與其理論意涵》，臺北：五南圖書出版公司，1993年。
〔註20〕Neil Jacoby, *U. S. Aid to Taiwan: A Study of Foreign Aid, Self-Help, and Development*. New York: Praeger, 1966.
〔註21〕趙既昌：《美援的運用》，臺北：聯經出版事業公司，1985年。
〔註22〕文馨瑩：《經濟奇蹟的背後——臺灣美援經驗的政經分析（1951～1965）》，臺北：自立晚報文化出版部，1990年。
〔註23〕林炳炎：《保衛大臺灣的美援（1949～1957）》，臺北：臺灣電力株式會社資料中心，2004年。

政治精英的社會背景、派系、行政等。〔註24〕李功勤的博士論文《蔣介石臺灣時代的政治菁英（1950～1975 年）——以中國國民黨中常委及內閣委員為例》，以蔣介石時代黨國政治精英的特質來說明政治變遷。〔註25〕陳明通《派系政治與臺灣政治變遷》也是研究臺灣官僚集團的一部重要著作，重點在地方派系的研究上。〔註26〕餘慶俊的《臺灣財經技術官僚的人脈與派系（1949～1988 年）》比較系統地闡述了技術官僚的背景和派系變遷。〔註27〕另外，以臺灣經濟部門作為研究對象的論文也不少，其中孟祥瀚對生產事業管理委員會的研究對臺灣公營企業的建立有啟發作用。〔註28〕經安會的相關研究有李君星的《經安會與臺灣工業的發展（1953～1958 年）》。〔註29〕陳怡如則研究 1953 年～1958 年財經機構變遷。〔註30〕瞿宛文探究了戰後早期臺灣經建事務主要推動者的背景與言行，認為應將他們視為是承繼中國救亡圖存使命的知識分子，「以實業救國的儒官」，與今日通稱的財經官僚實有所不同。臺灣戰後推動發展的意志與動力，實源自中國百多年來面對西方挑戰及日本侵略、為了救亡圖存而形構的現代中華民族主義。〔註31〕至於財政與政治經濟的關係，臺灣學界大多以經濟學的角度研究。如吳挺鋒的《財政政治的轉型：從威權主義到新自由主義》這篇博士論文對財政政治有許多獨到的見解。〔註32〕不過，該文主要以理論分析為主。臺灣學界目前還缺少討論戰後財政與臺灣政治經濟的歷史分析研究。

〔註24〕彭懷恩：《中華民國的政治菁英——行政院會議成員分析（1950～1985）》，臺北：臺灣大學政治研究所博士論文，1986 年。
〔註25〕李功勤：《蔣介石臺灣時代的政治菁英（1950～1975 年）——以中國國民黨中常委及內閣委員為例》，博士學位論文，嘉義：中正大學歷史研究所，2001 年。
〔註26〕陳明通：《派系政治與臺灣政治變遷》，臺北：新自然主義，1995 年。
〔註27〕餘慶俊：《臺灣財經技術官僚的人脈與派系（1949～1988 年）》，碩士學位論文，臺北：政治大學臺灣史研究所，2009 年。
〔註28〕孟祥瀚：《臺灣區生產事業管理委員會與政府遷臺初期的經濟發展（1949～1953）》，博士學位論文，臺北：臺灣師範大學歷史研究所，2000 年。
〔註29〕李君星：《經安會與臺灣工業的發展（1953～1958 年）》，碩士學位論文，臺北：中國文化大學史學研究所，1995 年。
〔註30〕陳怡如：《行政革新與臺灣財經組織之變遷（1953～1958 年）》，碩士學位論文，桃園：中央大學歷史研究所，1998 年。
〔註31〕瞿宛文：《臺灣經濟奇蹟的中國背景——超克分斷體制經濟史的盲點》，《臺灣社會研究季刊》，2009 年第 74 期。
〔註32〕吳挺鋒：《財政政治的轉型：從威權主義到新自由主義》，博士學位論文，東海大學社會學系，2004 年。

至於對嚴家淦個人的研究，長期以來並未得到關注。2014 年臺北「國史館」舉辦了一次嚴家淦學術討論會，並出版了論文集《轉型關鍵──嚴家淦先生與臺灣經濟發展》〔註33〕，基本上反映了此前臺灣學界有關嚴家淦研究的狀況。臺灣史學者洪紹洋、陳家豪、蘇聖雄、林孝廷、郭岱君、徐振國、侯坤宏、周秀環、廖文碩等人都撰有專文。大陸學界關於嚴家淦的研究尚未開展。

## 四、主要研究資料

本研究之主要資料，包含檔案、政府機構出版品、報刊、個人日記與回憶錄等，簡要介紹如下：

### （一）檔案

嚴家淦檔案資料主要分布幾個地方：1. 臺灣「國史館」「總統副總統」專檔中嚴家淦函以及館裏收藏其他「政府」部門檔案；2. 臺灣國民黨黨史會藏文獻；3. 臺灣中研院近代史所檔案館收藏的《生管會檔案》、《經安會檔案》、《美援會檔案》、《李國鼎先生檔案》等；4. 福建省檔案館有關民國時期福建省政府檔案；5. 中國社科院近代史研究所檔案館藏嚴家淦檔案（文中簡稱《嚴檔》）。本文研究主要依據《嚴檔》。《嚴檔》為臺灣各個檔案館收藏之複製品電子版，收藏全面，涵蓋嚴家淦從臺灣「省主席」到去世時各個時期的主要政務活動。《嚴檔》收錄豐富，數量巨大，約 10 萬頁，主要有文獻、照片組成。文獻方面有來往公文、言論集、剪報、新聞報導、各種圖書、參考資料等。文獻檔案來源主要是國民黨黨史會檔案和臺灣「國史館」中「總統副總統」檔案中的嚴家淦專檔，也有些檔案原件散見於中研院近代史研究所檔案館所藏檔案。另外也有大量的照片檔案，涵蓋了嚴家淦任「行政院長」和「副總統」、「總統」時期的大量社會活動照片。《嚴檔》也有不足之處：一是缺少他任臺灣「省主席」之前的資料；二是主要是公文，缺少嚴家淦的個人資料。嚴家淦本人個性謹慎，公私分明，從不把公文帶到家中，也很少在辦公場所處理私事。

### （二）政府機構出版品

臺灣「國史館」出版的《嚴家淦「總統」行誼訪談錄》與臺灣「行政院新聞局」編印的《嚴前「總統」家淦先生哀思錄》是主要政府出版品。兩部出版品主要收錄了嚴家淦的同事、親友的回憶文章。其他相關資料有美國國務院編

---

〔註33〕吳淑鳳、陳中禹編：《轉型關鍵──嚴家淦先生與臺灣經濟發展》，臺北：「國史館」印行，2014 年。

的《美國對外關係文件集》、臺灣當局的各個部門公報等。

## （三）報紙、日記與回憶錄

報紙方面主要利用臺灣的《中央日報》、《聯合報》等主要報紙。有關個人日記與回憶錄方面，主要利用的是同時代人的回憶。臺灣「國史館」出版的《蔣中正先生年譜長編》，由於利用了未刊本《蔣介石日記》，是本文主要利用的日記資料。王作榮、王昭明、李國鼎、俞國華等技術官僚的口述回憶錄，也是本文利用的回憶錄資料。嚴家淦為人低調，1983 年臺灣中研院近代史所張玉法曾經致函嚴家淦，希望做口述歷史，但當時嚴家淦體弱多病，以健康為由推辭，留下遺憾。

嚴家淦曾經在臺灣的多個財政、金融部門工作過，如「財政部」、臺灣銀行等。這些部門的檔案大多沒有整理開放，這是本文文獻資料的局限。嚴家淦在福建、光復初期、國民黨遷臺初期的檔案資料，散見於各種檔案館中，由於《嚴檔》沒有收集，本文在利用上不夠全面。

# 第一章　嚴家淦早期經歷

　　嚴家淦的商人家世對他後來從事財政工作有很大影響，由於家庭薰陶，他很早就瞭解中國農村和城市經濟運行。他青少時代求學經歷則幫助他成為一名博學多才的知識精英。嚴家淦的成才之路可以看作是江南商業環境變化的一個縮影。嚴家出於時代變化，不再遵循舊買辦的學徒制，而是讓嚴家淦接受一流的外語和現代教育，目的是培養現代工商人才。嚴家淦自聖約翰大學畢業後，偶然以工商為專長，初入公職，成為一名技術官僚。

## 第一節　商人家世

　　嚴家淦，字靜波，1905 年 10 月 23 日出生於江蘇省蘇州吳縣（今蘇州市）的一個大家族，家世顯赫。嚴家淦的先人來自江南有名的「洞庭商幫」。據傳，其先人因經商舉家從東山鎮遷到蘇州城外十八里的木瀆鎮定居，木瀆是蘇州重要的舊金融和舊商業的重鎮。嚴家淦祖父嚴國馨是嚴氏這個顯赫大家族的關鍵人物，在清末民初，他經商發家，一舉成為蘇州的首富。嚴國馨先在木瀆鎮做生意，從米、糧、油等民生必需品的買賣做起，漸漸擴張生意版圖，規模越做越大。嚴國馨曾經在上海經商，經營蠶絲出口，據傳曾經一筆生意就賺取100 萬兩關銀。〔註 1〕嚴國馨曾經一度是洞庭商幫在上海的金融勢力代表人物。洞庭商人在近代上海任買辦者眾多，其對洞庭商幫金融資本的發展具有積極的影響。〔註 2〕近代上海洞庭商幫許多錢莊就是由具有買辦身份的人創辦

〔註 1〕　周菊坤：《嚴家淦與嚴家花園》，社會科學文獻出版社，2003 年，第 37 頁。
〔註 2〕　孫建國：《掘金上海灘：洞庭東山商幫發跡路徑》，《檔案與史學》，2004 年第 2 期。

的。嚴國馨也很早在上海開設錢莊,當時他任上海敦裕洋行買辦,在上海、蘇州等開設多家錢莊,其中大多是獨資性質的錢莊。〔註3〕洞庭商幫在上海金融界影響巨大,第一個進入上海租界扎根的蘇州人是洞庭東山的沈二園,他後來是沙遜洋行的大買辦。其外甥則是後來祖孫三代都是滙豐銀行買辦的席正甫。席正甫是所謂晚清四大買辦之一,席家祖孫三代在外資銀行任職的有十一人,名噪一時。清末的買辦與一般的商人很難區分。買辦往往是一身二任,他可能是「民族資本家」,也可能是一個著名的買辦,或者先是買辦,賺錢後又成「民族資本家」。嚴國馨後來不再經營錢莊,轉而回鄉。

嚴家祖上在木瀆鎮經營糟坊業,也就是釀酒、製醬業。木瀆糟坊業發達,包括下塘的嚴和美、西街的西和美、中市的嚴裕泰、東街的嚴萬和,是太湖流域著名的四大糟坊。作為上海灘著名大買辦的嚴國馨晚年回到蘇州經營傳統產業,繼續經營糟坊業。嚴家淦的父親嚴良肱,號養和公,兄弟五個。嚴良肱經商能力一般,但是在培養子女上頗有成就。〔註4〕嚴家淦的三伯嚴良燦擅長經商,1902年嚴國馨退隱,生意主要由嚴良燦主持。1908年,嚴良燦與人創辦嚴和美米醬行,店內設有米作、酒作、醬作,佔地14000平米,民國時期每年光出售大米就超過百萬元。〔註5〕嚴良燦曾在江蘇江陰投資利用紗廠,相當成功,其生意已經不是傳統的手工業而是現代紡織工業。經過嚴家淦祖父到父親這兩代的經營,嚴家的產業規模很大,嚴家幾乎對各種新舊產業都有涉及。除此之外,田地一直是嚴家的基本資產,嚴氏家族擁有大量田地房產。〔註6〕

中國傳統社會的精英追求學而仕,讀書做官是畢生追求。倘若科舉不成功,則「耕讀世家」做在地地主,經商往往看作是末業。儒家不倡導「利」,因此明清以降,商人地位雖然提高很多,卻要號稱「賈而好儒」。特別是江南地區,大商人一定是所謂儒商。嚴國馨也是一位儒商,樂善好施,強調讀書教育。嚴家淦之子嚴雋泰回憶曾祖父嚴國馨棄儒從商的原因時說,其先祖因為讀

〔註3〕中國人民銀行上海分行編:《上海錢莊史料》,上海人民出版社,1960年,第745頁。

〔註4〕嚴雋鴻:《嚴雋鴻自傳》,上海文史館網站,http://www.shwsg.net/d/96/172.html,最後訪問日期:2017年2月24日。

〔註5〕周菊坤:《嚴家淦與嚴家花園》,第83頁。

〔註6〕歐素瑛等訪問、記錄,陳立文主編:《嚴家淦「總統」行誼訪談錄》,臺北:「國史館」印行,2013年,第13頁。

書不太順利，所以才改以經商為業。〔註7〕嚴國馨回到木瀆後，為提高自己的文化修養，買了一個佔地16畝的花園。這座園子門對木瀆香溪小河，背倚靈巖山，原來是蘇州大名士沈德潛的寓所。相傳乾隆皇帝南巡到蘇州時，曾在園子裏住過，還在院子裏種了一棵玉蘭花。沈德潛曾在這裡選定了《唐詩別裁集》和《清詩別裁集》，甚至出版了自己的《歸愚文集》。乾隆皇帝下江南之時，造訪名士。相傳乾隆在書房中把玩一盆玉蘭，一時失手，打碎花盆，眾皆失色。沈德潛很機靈地說到：「此乃名花有靈，參見萬歲。」〔註8〕沈德潛晚年深陷文字獄，晚景淒涼，宅邸風水難說上乘。嚴國馨不以為意，花費二十萬鉅資購得。〔註9〕這座著名的宅子與其說是房地產，不如說是一個巨大的「古玩」，從沈德潛到嚴國馨歷經幾百年，住過這個園子的名人甚多，清末馮桂芬就曾在園子裏住過。嚴國馨特聘香山匠師姚承祖，帶領手下巧匠，將園子重新翻修，成為嚴氏家宅，取名「羨園」。該園美輪美奐，是姚承祖的經典之作，後來人稱「嚴家花園」，是江南名園之一，嚴家淦就出生於羨園。〔註10〕

　　嚴家淦亦舊亦新的大商人家世背景對他後來政治活動影響巨大。首先，嚴氏後來政治上主要以財經見長，與科班出身的經濟官僚相比，嚴家淦有一種特有的商人精明氣質。其家族從事的新舊商業，他耳聞目染，對傳統商業與現代工商業有切身體會，故而在推動財稅改革時能根據實際情況作出判斷，而不是囿於經濟理論。這一點與同為鹽商之子的蔣介石其實頗有共同之處，蔣對傳統農村經濟有切身體會，後在上海從事過證券投機，接觸過現代商業。蔣介石軍人出身，往往聽不懂其他現代經濟顧問的「經濟語言」。嚴氏雖然年齡上與蔣介石差了一代，但是蔣介石聽得懂嚴家淦的「經濟語言」。嚴氏身上有一種江南商業文化浸染的特有的才能與氣質，使他能夠與蔣相通，這是他能夠得到蔣介石重用的一個很重要的原因。

　　其次，現代中國是一個新舊過渡經濟體。嚴氏家族經營的釀酒業與農村的糧食生產和買賣關係很深。蘇州釀酒業主要以釀黃酒為主，黃酒的原料為

---

〔註7〕歐素瑛等訪問、記錄，陳立文主編：《嚴家淦「總統」行誼訪談錄》，第409頁。
〔註8〕沈鵬年：《嚴家淦與古玉蘭》，載嚴前「總統」家淦先生哀思錄編纂小組編輯：《嚴前「總統」家淦先生哀思錄》，臺灣「行政院新聞局」印行，1994年，第303頁。
〔註9〕周菊坤：《嚴家淦與嚴家花園》，第39頁。
〔註10〕歐素瑛等訪問、記錄，陳立文主編：《嚴家淦「總統」行誼訪談錄》，第7～9頁。

糯米，糯米多採自江蘇之無錫。據 1930 年前後國民政府工商部對上海、蘇州、武進、南通、宜興、南京、安慶、漢口等八個城市釀造業工人生活及生產基本情形的調查，八個城市中，從事釀造業的人數以蘇州為最多，達 1784 人。可能是因為蘇州毗鄰上海，上海市上所售的釀造品，有相當部分是在蘇州的作坊釀造。〔註11〕中國農村賦稅以田賦為主，農民或者地主要賣掉農產品的錢來繳納田賦，因此這些以農產品為原材料的手工業作坊與農村經濟結合最為緊密。嚴氏家族釀酒事業規模十分巨大，所費糧食數以千萬斤論，涉及買賣、信貸、租稅、倉儲、運輸等方方面面，使得嚴家淦後來在福建推行田賦徵實和在臺灣推行土地改革時，有足夠的知識背景作支撐，顯得特別駕輕就熟。時人回憶嚴家淦在福建的政策成功，就歸功於他的商業背景。再加上嚴氏家族又有從事現代工商業的經歷，因此嚴家淦對機器生產並不陌生，故而能對臺灣的工業化有自己的理解。更重要的是，嚴氏家族也在上海長期經營金融業，嚴家淦對金融業十分熟悉，這為他後來長期管理臺灣的金融業提供了知識基礎。嚴家淦對臺灣推行幣制改革有首功，這與他從小耳聞目染、熟悉銀行生態有很大關係。

另外，洞庭商幫獨特的地域和裙帶商業文化對嚴家淦也有很大影響。洞庭商幫歷史悠久，明清以降，與擅長經商的徽商齊名。洞庭東、西山位於蘇州市西南的吳縣境內，東山為伸入太湖之半島，即古胥母山，亦名莫蔽山；西山在太湖中，即古包山。所謂洞庭商幫就是以來自這兩個地方為主的蘇州商人。有趣的是這個商幫不以蘇州，也不以吳縣為名，而只是以洞庭東、西山的山名為名，可見該商幫成員要比徽商、晉商更為集中，地域性特色更強。《林屋民風》說，洞庭人「異鄉相見，倍覺多情，雖誼屬疏闊，至鄉人之寓，如至己家，有危必持，有顛必扶，不待親族也。即或平素有隙，遇有事於異鄉，鮮有不援助者。如其不然，群起而非之矣」〔註12〕。商幫轉為買辦資本家後，這種地域和裙帶結成的商業團體依然如故。洞庭商人重視同鄉之間的生意往來，相互之間聯姻也是常態。婚姻特別注重門當戶對，以此來精心維護家族生意。在上海，他們結成幾個大家族企業，據《上海錢莊史料》記載，洞庭山的嚴氏、萬

〔註11〕《全國工人生活及工業生產調查統計報告書（一）工業工人人數工資及工時統計表》，轉引自郭旭《中國近代酒業發展與社會文化變遷研究》，博士學位論文，江南大學食品貿易與文化專業，2015 年，第 43 頁。

〔註12〕《林屋民風》卷 7《鄉情》篇，轉引自範金民：《洞庭商人的經營方式與經營手段》，《史學月刊》，1996 年第 3 期。

氏、席氏、王氏、葉氏等家族於 1880 年之後在上海獨資或合資開辦的錢莊有數十家之多。他們之間有的相互聯姻，有的則合夥做生意。嚴國馨與席正甫原來就是生意夥伴。他們也聯姻權貴，非常用心地經營官商關係。如民國總統徐世昌的夫人席元棣就是其中一個例子，席元棣是洞庭席家的後人。席正甫的孫子席德懋是紐約中國銀行的經理，與宋子文關係密切，他的女兒嫁給宋子良，即宋子文的弟弟。〔註 13〕嚴家淦後來由比他高班的校友宋子文的推薦進入仕途，看似校友的原因，其實嚴家作為上海灘著名買辦商人，與宋子文這種國民政府的新貴屬於相同的政商圈子。因此，嚴家淦初入政壇，能得益於宋子文的提攜，與洞庭商人這種裙帶和地域文化是分不開的。嚴氏家規中甚至有一條：「凡是裔出洞庭東山安仁里嚴氏宗族子孫，日後不論遷往何方，男子務必要娶東山同鄉的小姐為妻。」〔註 14〕1922 年 6 月，尚在上海聖約翰大學讀書的嚴家淦，遵父母之命，在蘇州城內包衙前餘慶里嚴宅與東山十九歲的葉淑英結婚，是年嚴家淦還只有十八歲。但是，不久葉氏病故。嚴家淦的第二位夫人名劉期純，又名劉珍，是東山岱心灣劉守之千金，還是他的遠房表妹。劉夫人比丈夫小三歲，完婚時只有十七歲。1924 年 12 月 14 日二人在上海結婚。劉期純是蘇州「翁席劉嚴」四大望族中的大家閨秀。〔註 15〕可見，嚴家淦在青少年時期，完全被這種地域和裙帶商業文化所包圍。洞庭商幫後來逐漸融進上海灘，成為更廣泛意義上的「江浙財團」的一部分。臺灣光復後，來自上海的資本湧進臺灣。國民黨敗退臺灣後，又有更多的上海的資本撤退到臺灣。嚴家淦能夠長期掌管臺灣的財政和金融，與他自身和這個商業圈子有著若隱若現的關係是分不開的。

〔註 13〕席與鎬、席與閭、湛漱芳、席與文口述，馬學強整理：《在上海的生活——滙豐銀行買辦席正甫後人的回憶》，《史林》，2004 年增刊。

〔註 14〕沈鵬年：《嚴家淦與古玉蘭》，載嚴前「總統」家淦先生哀思錄編纂小組編輯《嚴前「總統」家淦先生哀思錄》，臺北「行政院新聞局」印行，1994 年，第305 頁。

〔註 15〕嚴家淦與劉期純兩人的美滿良緣從青絲到鬢霜，恩愛和諧 70 年，生有儁華、儁榮、儁森、儁菊、儁同、儁泰、儁建、儁芸、儁荃等 5 子 4 女（另有一女周歲夭折不計）。劉期純對故土懷有深厚的感情。1971 年 12 月，她隨丈夫一起參加《江蘇文獻》社在臺北召開的座談會，還談到了「東山的風土人情與掌故」，言及岱心灣的父母墳墓，流露出無限眷戀。2008 年 10 月 25 日，次子嚴儁泰遵照母親遺囑，赴大陸至東山來到外祖父劉守之夫婦墓前，代母親培上了三撮黃土。參閱楊維忠：《東山的兩位「總統」夫人》，《蘇州日報》，2012 年4 月 27 日。

## 第二節　成才之路

### 一、少年時代

　　嚴家淦早期的學習、工作和經商受到洞庭商幫的商業發展軌跡影響很大。上海在開埠之後迅速崛起，成功地代替蘇杭成為新經濟中心，洞庭商幫也轉型為上海的新商人。起初，這些以進出口貿易、近代買辦為主的商人，還保留了商幫傳統，子女多在商行裏學習經商。但是到了嚴家淦出生的時候，風氣已變，這些大商人紛紛把子女送到現代學校求學，並以上海為自己的職業落腳點。嚴良肱敏銳地覺察到時代的變化，他在培養子女上像是一個精明的商人所進行的財產投資，目標就是想方設法把子女送往當時上海名校聖約翰大學。嚴良肱有三子，嚴家聲、嚴家淦、嚴家昌。三兄弟後來均是上海私立聖約翰大學的學子，嚴家聲學文，嚴家淦學理，嚴家昌學工。〔註16〕從其父對子女的專業安排上來看，嚴家淦的求學之路完全源於家庭的精心安排，源於不把雞蛋放在一個籃子裏的「投資策略」考慮。

　　嚴家淦在六歲那年啟蒙，當時其祖父尚在。嚴國馨把他送到好友王鏡若老先生的私塾，正式拜師讀書。王老先生筆名王澄，是前清的舉人。嚴家淦每天跟著這位國學素養深厚的老師讀書，在古文方面打了一點基礎。但是不過一年，蒙師去世。嚴家不再聘請私塾老師授課，而是把孩子送去新學堂上學。這一年也是辛亥年，帝制已經結束，中國進入新的時期。早在前幾年，清廷已經廢除了科舉，新式學堂如雨後春筍般湧現。

　　1911 年，嚴家淦父親把他送到木瀆公立兩等小學堂就讀。這座小學堂舉辦之初，就接收過嚴家 1000 兩銀的捐贈。該學堂由前臺灣道顧肇熙舉辦，前後三期，共有 30 名畢業生。課程有音樂和英語。顯然，這是一家小圈子貴族私立小學堂。〔註17〕但是不久，嚴家遷居到蘇州城內，住進蘇州包衙前的一處新宅。嚴家淦進入當地私立桃塢中學的小學部，繼續小學學業。嚴家淦的父親有長遠的目標，桃塢中學是美聖公會創辦的新式學校，小學堂教授的是中西新式課程，畢業生直接就讀桃塢中學。桃塢中學創建於 1902 年，為上海聖約翰大學附屬中學，優秀畢業生由學校直接推薦，保送至聖約翰大學深造。學校以「培養高尚純正之品格，切實適用之學詣」為辦學宗旨，是當時著名的學府，

---

〔註16〕嚴雋鴻：《嚴雋鴻自傳》，上海文史館網站，http://www.shwsg.net/d/96/172.html，最後訪問日期：2017 年 2 月 24 日。
〔註17〕周菊坤：《嚴家淦與嚴家花園》，社會科學文獻出版社，2014 年，第 61 頁。

被稱為美國在遠東地區辦得最好的學校。〔註 18〕這座小學堂當然要比木瀆的私立小學堂更精英化。在桃塢中學預科的新式小學堂，嚴家淦開始接受新式教育。新學制學校講究德、智、體、群、美五育並重，主要科目有國文、英文、算數和音樂。桃塢中學作為江南的一所著名教會學校，錢鍾書就是該校校友。這所教會學校的校風謹肅，要求嚴格，英語教學水平尤其遠在他校之上。學校規定，高中的英文課均由美籍教師教授，初中可由中國教師教授。教學要求均從嚴、從難著手。以 20 世紀 30 年代的英文課程為例：學生初一讀《泰西三十軼事》、《泰西五十軼事》，初二讀《天方夜譚》，初三讀《人類的故事》，高一讀《格列佛遊記》，高二讀《羅宮豔史》，高三讀《威克斐牧師傳》，高三另有選科讀莎士比亞著作。〔註 19〕如此之高的英文要求在當時的中國是十分罕見的。嚴家淦後來英文極好，與他一開始就接受最好的英文教育是有關的。有趣的是錢鍾書也以語言天賦聞名，揆諸兩人的史實，除了天賦外，與中學受到的教育密切相關。十二歲那年，嚴家淦考入桃塢中學中學部就讀。嚴家淦跟以前一樣，讀書很用功，在班上總是名列前茅。不久，嚴家淦轉而升入東吳大學附屬中學讀高中。〔註20〕東吳大學附屬中學也是蘇州極其有名的教會學校，因為與大學同在一個校園裏，所以東吳大學附屬中學的師資力量最為雄厚。學校的教師中有范煙橋、程小青、凌景誕、張夢白、顧仲華等著名的文學家、史學家、藝術家。他們不僅精通業務，而且具有豐富的教學經驗。〔註 21〕

　　這些教會學校由於學費昂貴，教育精良，早已不是當年以教育貧困子弟為主的慈善學堂，而是吸引富裕階層的「貴族」學校。作為首富後代，嚴家淦一路轉學，追求的就是最優良的教育。而當時，這種教會學校就是「最優良」的教育代表。當時蘇州的教會學堂已經完全脫離了一般國人的生活水準：「基督教中學大概像美國的私立學校。它們有優美的校舍，所收的學生，大率是富家的子女。……他們所過的生活是快樂的尋常寄宿學校生活。所穿的衣服，所用的器具，所玩的遊戲，往往是歐美化的；所住的房屋和花園，都是異常使人賞心悅目的。」〔註22〕在這種環境下，嚴家淦卻毫無紈絝子弟流習，而是熱衷學

〔註 18〕張劍華：《錢鍾書與他就讀的桃塢中學》，《中小學管理》，2012 年第 2 期。

〔註 19〕張劍華：《錢鍾書與他就讀的桃塢中學》。

〔註 20〕參見薛利華、陸渭民：《嚴家淦傳略》，《江蘇地方志》，1994 年第 3 期。

〔註 21〕徐世仁、肖正宇：《蘇州教育志》，上海三聯書店，1991 年，第 36 頁。

〔註 22〕李楚材：《帝國主義侵華教育史資料——教會教育》，教育科學出版社，1987 年，第 2 頁。

習。在高中畢業典禮上，嚴家淦以一口流利的英語，代表同屆畢業生致答詞。他颱風穩健、言語平易，卻懇摯感人，臺下以不斷的掌聲回應，成為他中學生涯尾聲中，歷久彌新的記憶之一。〔註23〕

嚴家淦少年求學期間，正是中國風起雲湧的時代。革命已經漸漸被國人接受，成了改造中國社會重要力量。但是很顯然，嚴家根本沒有被革命氣氛感染，而是繼續以培養懂「洋務」精英為目標，更願意培養嚴家淦成為能在上海灘立足的工商業專才。

## 二、聖約翰大學求學

1922年嚴家淦被保送進入上海的聖約翰大學，主修化學，輔修數學。在當時中國人科學素養不高的情況下，嚴良肱能送嚴家淦去學化學，是需要勇氣和眼光的。事後證明，嚴家淦的理工出身是他後來作為技術官僚的重要資質。臺灣的早期工業化進程中，領導經濟改革的技術官僚大多是學理工出身。

聖約翰大學由聖公會施約瑟主教創辦於上海，起初只是書院形式，卜舫濟擔任校長後突飛猛進地發展。在北洋政府統治時期，該校較少受到政治干擾，在國民政府到來之前達到她的鼎盛時期。聖約翰大學是當時上海乃至全中國最優秀的大學之一，也是在華辦學時間最長的一所教會學校。聖約翰大學享有「東方哈佛」、「外交人才的養成所」等盛名，培育出了顧維鈞、宋子文、顏福慶、嚴家淦、劉鴻生、林語堂、潘序倫、鄒韜奮、榮毅仁、經叔平、貝聿銘、張愛玲、周有光等一大批聲名顯赫的校友，成為中國教育史上的傳奇。特別是早年外交人才，北京政府「外交總次長如顏惠慶、伍廷芳、唐紹儀、王正廷、施肇基、顧維鈞等人……均具現代觀念與世界知識。……巧的是，他們均出身於聖約翰」〔註24〕。顏惠慶約大肄業，擔任遊美學務處總辦後開始延攬約大畢業生進入清華，從此清華大學從校長到各科職員都離不開約大人的身影。〔註25〕

聖約翰大學有幾個特色：第一，聖約翰大學採用全英語的教學方式，除了國文外，其他課程的教科書、課堂用語以及校園日常通知全部用英文。嚴家淦

---

〔註23〕 歐素瑛等訪問、記錄，陳立文主編：《嚴家淦「總統」行誼訪談錄》，臺北「國史館」印行，2013年，第9頁。

〔註24〕 蘇雲峰：《從清華學堂到清華大學——近代中國高等教育研究》，三聯書店，2001年，第25～26頁。

〔註25〕 蘇雲峰：《從清華學堂到清華大學——近代中國高等教育研究》，第37～38頁。

在中學時代英語就極好，聖約翰大學的英語特色使得他如魚得水。嚴家淦並沒有留學海外，但是英文水準極高，這與約大特色有關。第二，聖約翰大學學風嚴謹，教學質量極高。學校當時實行嚴格的作息時間表，近似半軍事化管理。全體學生早上集體晨練，並延續多年形成制度，實乃大學中的獨特風景。「每日清晨的徒手操，雖僅一刻鐘，但時間極早，地點在蘇州河畔的曠野，完全無遮攔，逢到冬節，北風獵獵，寒顫難忍，偏偏不准穿著厚實的棉毛衣服，同學們視為虐政。」[註26] 校方「對於管理學生是相當嚴格的。附設高中的學生只許在周末離校，星期六下午出去，星期日下午前必須返校，平日則非請假獲准不得出校門。大學生只許在星期六中午至晚上時、星期日中午至晚上時、平日下午至晚上時可以自由進出校門，其餘時間也非經請假獲准不得出去。」[註27] 這所學校極嚴的學風，對嚴家淦學有所成、後來從政能自我約束都有影響。第三，聖約翰大學有非常好的校友會組織。1900 年，聖約翰校友會正式成立，有會員 50 名，這是中國第一個校友會組織，這個西方教育體制下日趨成熟的產物被卜舫濟適時地引入中國。[註28] 嚴家淦畢業後就加入了聖約翰大學校友會。在一次校友會活動中，他偶然間認識了當時擔任財政部長的宋子文，兩人十分投緣。宋子文 1912 年自聖約翰大學畢業，旋即赴美留學，獲得哈佛大學經濟學碩士學位，後來跟隨國父孫中山先生從政。他以身為聖約翰大學校友為榮，對母校感情深厚，對約大校友會的活動非常熱心，常常抽空趕來參加。[註29]

在 20 世紀 20 年代，革命已經是時代的最強音。聖約翰大學既是富人的學校也是教會的學校，佔了被革命的兩個理由：帝國主義文化侵略和買辦資產階級的剝削。當時「聖約翰的收費是全國最高的，一個學生每年所需的費用，包括膳費和書雜費，大約為 200 銀元。按過去的生活水平，就是一般的小康之家也很難為一個子弟提供這麼大的筆錢。因此學生中的大部分為富家子弟，四大家族中的宋子文兄弟，孔祥熙的兒子孔令侃，國民黨許多大官僚的兒子如孫科的兒子孫治平和上海市長吳鐵城的兩個兒子，大資本家的子弟如劉鴻生的

[註26] 蘇公雋：《我所瞭解的聖約翰大學》，《縱橫》，1996 年第 11 期。
[註27] 鄭朝強：《我所知道的聖約翰大學》，載全國政協文史資料委員會編：《中華文史資料文庫》第 17 卷，中國文史出版社，1996 年，第 512 頁。
[註28] 饒玲一：《從「同年」到「同學」——聖約翰大學校友會與近代中國社會新型人際網絡的建構》，《史林》，2010 年第 6 期。
[註29] 歐素瑛等訪問、記錄，陳立文主編：《嚴家淦「總統」行誼訪談錄》，第 20 頁。

幾個兒子和榮家的幾個兄弟，以及外地工商界大亨的兒子和上海不少洋行買辦的子弟，都是聖約翰的學生，故聖約翰有貴族學校之稱」〔註30〕。工商界聞人李承基對約大生活的深刻印象是，每到周末校門口前接學生的名牌汽車排成了隊，簡直像開汽車博覽會。他回憶嚴家淦每週是家裏用私家遊艇到蘇州河岸邊接回，財勢之盛可見一斑。〔註31〕

在革命氣氛高漲的情況下，1925 年發生「五卅慘案」，聖約翰大學的中國籍師生亦起而響應。不料校方百般阻撓，令師生忍無可忍，最終釀成聖約翰大學歷史上著名的「六三事件」。事件中最具革命性的學生如陳訓恕、史乃康、潘序祖、胡昭望、徐可鏢、施復昌、郭淦生、浦作人、許崇富，他們不僅宣誓永不回聖約翰，在聖約翰大學通知他們如果回校參加期末考試則授予畢業文憑時，竟登報聲明拒收聖約翰大學的畢業證書。〔註32〕這些學生只剩一個月就可拿到聖約翰大學畢業生這個金字招牌，有了這個敲門磚可以找一份待遇優厚的工作，可是因為一次意想不到的學潮，大學四年昂貴的學費就這樣付諸東流。他們與聖約翰大學如此決裂，甚至置自己的前途於不顧，從中可見當時革命氣氛之濃。

這次事件後校園人數減半，留下的都是聖約翰鐵杆的忠臣，比較大學四年級在事件前後的政治格局，幾乎全體「校園名流」都沒有離校，且屬於一個交往圈，如宋子安、宋家傑、薛壽衡、嚴家淦等人。離校學生之一、後來成為著名語言學家的周有光，當年在約大就是貧窮子弟的代表，他要一邊讀書一邊在工部局作翻譯，暑假也要在上海打工，才能勉強應付昂貴的學費。〔註33〕在革命大潮流中，嚴家淦顯然歸於被革命的一個階級。嚴家淦在就學期間品學兼優，革命不可能不對他有所影響，但是他卻不熱衷政治。此時的嚴家淦在心性上卻能隨遇而安，有老莊的傾向。嚴家淦在 1926 年畢業於聖約翰大學時主編的《約翰年刊》刊首刊登了他寫的序言，中間有這樣一段文字：

> 夫以天地之大，往復循環，井然不失其序，蓋幾千百萬年如一

〔註30〕鄭朝強《我所知道的聖約翰大學》，載全國政協文史資料委員會編：《中華文史資料文庫》第 17 卷，第 513 頁。

〔註31〕黎志剛記錄《李承基先生訪問記錄》，臺北：中研院近代史研究所口述歷史叢書（75），2000 年，第 55～95 頁。

〔註32〕楊禾豐：《聖約翰大學的校園生活及其變遷（1920～1937）》，博士學位論文，復旦大學歷史系，2008 年，第 46 頁。

〔註33〕胡葦：《周有光訪談錄：留點空間，讓學生的興趣自由生長》，《中國教師》，2004 年第 4 期。

日，然而軼事流傳，不知其幾千百萬則，觚史載乘，不知其幾千百萬篇，獨能積古相沿若無盡藏者，何也？良以造化變幻，合一而化萬，旨趣既殊，意識各別，知幾之微，人見其異，凡筆之所述，口之所傳，若渺滄海之一粟，因為有能舉大千世界形形色色不盡之者也。〔註34〕

## 三、初入公職

　　1926 年嚴家淦從聖約翰大學畢業以後，進入上海的德記洋行工作，擔任過買辦及經理人，如願以償地做了與祖父輩同樣的工作。後又轉往孔士洋行任職，該洋行同事都是外國人，大多是英國人，同事間都用英語溝通，嚴家淦的英文能力因此更上一層樓。此時，嚴良肱精心設計的培養道路可以說已見成效，買辦雖然不如嚴國馨時代呼風喚雨，但也屬於衣食無憂的職業。孔士洋行主要從事大小五金、化工原料的進出口貿易，並代銷美孚石油公司的潤滑油和機油等耗材。嚴家淦任事積極，業績十分優異，自己的薪水所得也很豐厚。後來，年邁的洋行老闆決定回德國終老，洋行就此結束營業。嚴家淦一度另起爐灶，跟大學同學合夥，自行開業；後來因為合夥人要去福建發展，只好拆夥歇業。他兩次和幾位朋友合作經商，但沒有太成功。〔註35〕買辦是嚴家的老本行，儘管嚴家淦精明強幹，但此時已無往日風光。大量的專業人才就業後，洋行已經不需要買辦。過去子承父業和裙帶網絡所造就的商業門檻，現在已經慢慢消失。隨著時代變化，在革命的大潮下，買辦不但發不了大財，且已經屬於不「名譽」的職業。不過嚴家淦在孔士洋行的經歷對後來他在臺灣從事美援會工作有極大幫助，孔士洋行在國民政府時期也經營軍火生意。

　　在此一階段，嚴家淦有逛書店的習慣，號稱「書癡」，博覽群籍，定期閱讀英文《讀者文摘》，由此培養了他的通識基礎和一些財經專業知識。在上海，嚴家淦是一位喜歡汽車的前衛青年。上海剛剛開始有汽車的時候，他就買了一部 Baby Austin 車，每天自己開著車子出入。他也很喜歡攝影，除了講究照相的技巧，他還學會了暗房技術，自己在家裏沖洗照片。〔註36〕

---

〔註34〕嚴家淦：《在約翰年刊發表之序言》，載嚴前「總統」家淦先生哀思錄編纂小組編輯《嚴前「總統」家淦先生哀思錄》，臺灣「行政院新聞局」印行，1994 年，第 855 頁。

〔註35〕歐素瑛等訪問、記錄，陳立文主編：《嚴家淦「總統」行誼訪談錄》，第 412 頁。

〔註36〕歐素瑛等訪問、記錄，陳立文主編：《嚴家淦「總統」行誼訪談錄》，第 5～6 頁。

　　二十七歲那年，嚴家淦終於放棄做買辦，躋身公職，加入鐵道部「上海兩路（京滬、滬杭甬）鐵路管理局」，擔任材料處處長。這個職位據說得益於宋子文的介紹。鐵路管理局是重要政府單位，嚴家淦還未滿三十，首次從政就擔任要職，可見其已經初露才幹。作為一個商業世家，嚴家淦的選擇頗為意外。據沈鵬年回憶，家淦的母親萬太夫人曾對沈先生的祖父說：「我們嚴家三代經商，不知怎麼，就是雨蓀（嚴家淦小名）一個人出去做官了。」沈老先生向太夫人道賀：「學而優則仕。二少爺從獨善其身的君子到兼善天下的良臣賢相，正是太夫人的好福氣。」〔註37〕嚴家淦為什麼突然棄商為官，是何種人生際遇使然，不得而知。買辦的職業地位和前途江河日下，嚴家淦的職業轉型或許與之有一定關係。「鐵路管理局材料處處長」這個位置是很典型的技術官僚所從事的職位，必須要有懂得現代工業的人才能勝任。嚴家淦理工出身，又在經營五金、石油等現代工業品的洋行工作過，出任這個職位也是學有所用。

〔註37〕沈鵬年：《嚴家淦與古玉蘭》，載嚴前「總統」家淦先生哀思錄編纂小組編輯：《嚴前「總統」家淦先生哀思錄》，第305頁。

# 第二章 「黨國」財政技術官僚之路

　　嚴家淦在福建工作期間，因緣際會很年輕就成為一名高級財政官員，為陳儀所倚重。抗戰期間，他就福建經濟形勢，開創田賦徵實，解決省政府的財政問題。陳儀因統制經濟失敗離開福建，而嚴家淦由於理財有功得以留任。嚴家淦在福建逐漸成為國民黨內一名重要的財經技術官僚。

## 第一節　仕途起步

　　1937 年冬，嚴家淦受到徐學禹[註1]的邀請赴福建任職，這次任職對他來說非常關鍵，帶來了他仕途的真正起步。當年，中國開始全面抗戰，由陳儀[註2]主政的福建地處抗戰前沿，經濟、交通落後，生活條件差，嚴家淦能夠

---

〔註 1〕 徐學禹（1903～1984）為徐錫麟侄子，經歷頗為複雜，治閩期間獲評褒貶不一。抗日戰爭後期，任招商局總經理之職，官聲依然不好。時人回憶，他在上海與流氓頭子杜月笙沆瀣一氣，聲勢嚇人。（參見許祖衡：《解放前寧波航政記實》，載寧波市政協文史資料委員會、寧波港務局合編：《寧波文史資料》第 9 輯，1991 年。）又，在解放前夕陳儀策反湯恩伯一案中，湯恩伯與徐學禹密告蔣介石而致事泄。參閱諸靜濤：《湯恩伯與陳儀之死考》，《現代臺灣研究》，2009 年第 2 期。

〔註 2〕 陳儀（1883～1950），早年留學日本學習軍事。北伐期間，他是孫傳芳手下浙軍第一師師長，後轉投國民黨。1928 年，被蔣介石派往德國考察軍事，回國後任職軍政部。福建事變後，調任福建省政府主席。1941 年，調任行政院秘書長。1944 年 4 月，國民政府設立「臺灣調查委員會」，任陳儀為主任委員。1945 年 8 月 29 日，國民政府委任陳儀為臺灣行政長官，之後兼任警備總司令，「二二八事件」後撤職回大陸，解放前夕出任浙江省主席。後因策反湯恩伯起義，迎解放軍過江，事敗而遭國民黨殺害於臺北。參見嚴如平、賀淵：《陳儀全傳》，人民出版社，2011 年。

拋棄上海灘的優渥生活，拋妻別子轉去福建，必定下了極大決心。據嚴雋鴻回憶：

> 二叔突然不辭而別，後得知去福建任職。留下一子三女在滬分別寄居在三叔、大姑及他們的外祖父劉家，其長女則在我們家與我同室而居，直至抗日戰爭勝利，二叔父母攜其子女一起返滬，他們全家才團聚。〔註3〕

徐學禹是革命先烈徐錫麟侄子，畢業於德國柏林工業大學，曾經在上海的公營企業供職，有豐富的經商經驗。嚴家淦和徐學禹在上海就認識，之後兩人成為終生好友。嚴家淦受徐學禹之邀到福建，原來是要擔任建設廳屬下的「福建實業公司」負責人。據原陳儀手下官員錢履周回憶，該公司原負責人黃英廣，廣東人，曾留日習商，由陳儀第一任顧問李擇一介紹而來。陳儀嫌黃不擅經營，年終繳庫的利潤很少，因此要徐學禹換人，要求繼任者具備新式國際貿易的知識和經驗。〔註4〕時人回憶，徐學禹找嚴家淦來主要是藉重他的經商專長，「嚴家淦是上海買辦出身，精通貿易，很會出點子」〔註5〕。陳儀雖是軍人出身，但在財政治理上卻能接受新觀念，並擅長使用技術官僚人才幫助整頓財政。一般來說，量入為出，重視事前預算和審計監督是現代財政制度的基本觀念。陳儀治閩前期，曾重用也是留德出身的張果為任財政廳長。張整頓稅制田賦，組建省銀行，並在全國率先實行審計制度，財政治理上頗有成效。〔註6〕他在財政上非常注重招攬技術官僚人才。徐學禹是陳儀治閩後期的最倚重的財經人物，他先後又找嚴家淦和包可永來幫助工作。三人都具有西式教育背景，而且都是學理工科出身，全是年青的技術官僚人才。徐學禹和包可永都畢業於柏林工業大學，嚴家淦雖然沒有留學經歷，但畢業於上海聖約翰大學化工專業。包可永是小說家包笑天之子，曾任福建建設廳長。嚴家淦則先後任福建建設廳長和財政廳長。徐學禹和嚴家淦有經商經驗，陳儀主要依靠他們制定「統制經濟」政策。包可永擅長經營工業，幫助陳儀管理國營工礦業。

此時的陳儀苦於福建財政困難，面對抗戰形勢，準備在福建實行「統制經

---

〔註3〕嚴雋鴻：《嚴雋鴻自傳》，上海文史館網站，http://www.shwsg.net/d/96/172.html，最後訪問日期：2017年2月24日。

〔註4〕錢履周：《我所知道的嚴家淦》，載中國人民政治協商會議福建省委員會文史資料研究委員會編：《福建文史資料》第19輯，1988年，第112～115頁。

〔註5〕謝友仁：《徐學禹在福建》，載福建省政協文史資料委員會編：《文史資料選編》第4卷《政治軍事編》第5冊，福建人民出版社，2006年，第197頁。

〔註6〕參閱張果為：《浮生的經歷與見證》，傳記文學出版社，1980年。

濟」。徐學禹初來任建設廳廳長，但時間不長，任職只有半年多。卸任後，他雖然身份只是幕僚（省府顧問），但權力卻凌駕於任何廳長之上，獨攬全省建設、財政、金融、運輸、貿易經濟大權，是「統制經濟」的始作俑者。〔註7〕徐學禹任命嚴家淦和胡時淵〔註8〕擔任新組建的省營貿易公司和省營運輸公司總經理，為創辦省級統制企業建立基礎。

嚴家淦就任福建實業公司不久，其後在省府接二連三的人事異動中，先升任建設廳主任秘書，然後接任徐學禹擔任建設廳長。此時的嚴家淦主要是作為徐學禹助手，管理和經營省營企業。徐學禹來閩前任浙江省公路局長，因有貪污嫌疑，受到「文官懲戒委員會處分」的處理，無法在檯面上任職，只能幕後操作。〔註9〕嚴家淦擔任建設廳長的職位已是 1938 年底，因徐學禹獨攬大權，他個人在這個職位上並無多大作為。徐學禹的目的是由省營企業壟斷福建經濟，達到充裕政府國庫的目的。嚴家淦比較引人注意的政績是通過策劃聯營民營火柴廠，最終達到壟斷火柴貿易。徐、嚴選擇民營建華火柴廠為對象，由貿易公司與建華廠簽訂長期包產包銷協議，貿易公司通過控制製造火柴主要原料的白藥進口來達到控制生產的目的，協議規定：貿易公司白藥，專門供給建華，建華生產的火柴，全部歸貿易公司包銷，出廠交貨時，建華收回出廠價，以後市場銷售價格由貿易公司規定，與建華無干。協議實施後，另一家民營火柴廠錦順原料不繼，停產關門。貿易公司和建華火柴廠都達到獨家壟斷產銷的目的。在實行火柴包銷不久，建設廳駐榕辦事處就奉陳儀手令，向貿易公司上繳大筆火柴盈利款項。〔註10〕1940 年 7 月成立省企業公司，此時徐學禹所進行的統制經濟已頗有成效。省企業公司下轄鐵工廠（鑄造各種機械配件），電工廠（仿造西門子電話機及機電用零件），紡織廠（以木機紡織各色土

〔註7〕 謝友仁：《徐學禹在福建》，載福建省政協文史資料委員會編：《文史資料選編》第 4 卷《政治軍事編》第 5 冊，第 197 頁。

〔註8〕 胡時淵生於 1904 年，江蘇無錫人。曾任福建省運輸公司常務董事兼總經理、國民政府交通部材料運輸處處長等職。1936 年 10 月，任招商局副總經理。1939 年 3 月，被任命為招商局輪船股份有限公司總經理。上海解放前夕，決意留在上海，並進行了對招商局的護產工作，為全國解放後的運輸暢通作出了貢獻。1981 年，胡任上海海運局顧問。參閱張後銓：《跨越時代的胡時淵》，載張後銓：《招商局近代人物傳》，社會科學文獻出版社，2015 年。

〔註9〕 錢履周：《我所知道的嚴家淦》，載中國人民政治協商會議福建省委員會文史資料研究委員會編：《福建文史資料》第 19 輯，第 112～115 頁。

〔註10〕 謝友仁：《徐學禹在福建》，載福建省政協文史資料委員會編：《文史資料選編》第 4 卷《政治軍事編》第 5 冊，第 197～198 頁。

布），木器廠（利用閩北木材優勢製造家具）及肥料廠等工廠。〔註11〕1940 年，徐學禹經過努力終於為計劃實施戰時經濟成立了福建省經濟建設計劃委員會。〔註12〕

嚴家淦出任福建省建設廳廳長後，在交通建設上也有所建樹。福建多山，交通惡劣。基於此，他著手整修公路，疏濬河道；建立汽車運輸公司組織，創設驛運管理處。其中，沙溪的鑿河工程尤其出名，使淺水工程可以上溯永安的貢川。由於交通改善，省內的幾個區塊可以互通有無，暫時舒緩了軍民糧食供應的緊張狀態。1939 年 2 月，福建省成立糧食管理局，隸屬於建設廳，使糧政與糧運合併管理，發揮較佳功能。嚴家淦擔任建設廳長一年，能有這樣的成績也屬不易。〔註13〕嚴家淦從德國引進幾臺水力發電機，並興建發電廠。其所購置的發電機，一直到 2000 年初還在使用。〔註14〕此事為當地人所津津樂道，可見嚴家淦工作認真負責，注重質量。嚴家淦此時已經在福建政壇上嶄露頭角，由於經營有方，頗受到陳儀的重視。但主要還是他「為國經商」能力受到肯定，對福建的財政政策影響不大。

抗戰爆發後，福建財政吃緊。陳儀對原財政廳長張果為作風保守，沒能開闢財源、只能節流非常不滿。徐學禹趁機游說陳儀，推薦嚴家淦任繼任。陳儀於是任命嚴家淦為財政廳長，這是嚴家淦仕途一個重要轉折點，從此以後他開始比較獨立地處理地方財政事務。1939 年底，福建省財政入不敷出，甚至機關人事經費都經常拖欠。嚴家淦一上任就對福建的財政制度進行調整，他以省政府財政集權作為解決財政困難的首要手段。他以統一財政收支來實現財政集權，又繼續加緊整頓地籍、清查田賦來增加稅源。1940 年，陳儀在一次財政工作講話中，對省政府的率先實行財政集權十分滿意，提出了統支統收等財政工作原則作為地方縣市整理財政的依據，〔註15〕嚴家淦精明幹練給陳儀留

〔註11〕諸啟湘：《陳儀在抗戰期間的閩政概述》，載中國人民政治協商會議福建省委員會文史資料研究委員會編：《福建文史資料》第 14 輯，1986 年，第 42 頁。

〔註12〕陳儀：《福建省經濟建設五年計劃綱要》，《閩政月刊》，1940 年 4 月第 6 卷第 2 期。

〔註13〕高嘯雲：《嚴前「總統」在抗戰時期對閩省建設、財政的重大措施》，載嚴前「總統」家淦先生哀思錄編纂小組編輯《嚴前「總統」家淦先生哀思錄》，臺灣「行政院新聞局」印行，1994 年，第 311 頁。

〔註14〕歐素瑛等訪問、記錄，陳立文主編：《嚴家淦「總統」行誼訪談錄》，臺北「國史館」印行，2013 年，第 414 頁。

〔註15〕陳儀：《福建省政府分區召集縣地方財政會議訓詞》，《閩政月刊》，1940 年第 6 期。

下深刻印象，特別是他主辦的田賦徵實開了抗戰時期財政改革的先聲。在陳儀手下，嚴家淦漸漸嶄露頭角，顯示出其卓越的財政治理能力，奠定了他後來作為國民黨在臺灣期間最重要技術官僚之一的基礎。

## 第二節　主辦田賦徵實

田賦徵實是抗戰時期國民政府的重要財政政策，該政策的核心就是政府徵收田賦由貨幣改為實物。嚴家淦任福建財政廳長時，率先實行田賦徵實。田賦徵實的政策是在「統制經濟」背景下形成的，最初是加強財政集權的一項政策。

1938 年初，陳儀治閩已步入後期階段。從其地方治理經驗來看，陳儀的地方財政治理始終處於個人理想抱負和現實的矛盾之中。陳儀之所以重用這些具有現代工業知識的技術官僚，其最重要的原因是想在福建建立一套戰時「統制經濟」體制。1935 年，陳儀率福建團考察過當時日本統治下的臺灣，事後他為考察團所作的《臺灣考察報告》作序，有謂：

> 今歲為閩省之經濟建設年，此後施政中心，實以經濟建設為先務……臺灣與閩帶水相望，不特氣候地理相同也，即在經濟建設過程中，如農林、水利、交通、衛生諸端，亦復什九相似，取彼成規，供我參考，期收事半功倍之效也。〔註16〕

當時日本統治下的臺灣經濟體制有很濃厚的統制經濟色彩。從臺灣回福建後，陳儀十分欣賞日本式的「統制經濟」。1937 年初，全國性的戰時經濟體制的建立迫在眉睫，陳儀對「統制經濟」有自己的理解：

> 把此地的經濟和彼地的經濟，生產的此部分和彼部分，生產和消費，看作一大連環，加以整個的計劃，使成聯貫的動作。對於貿易金融等，在調節生產、消費，以謀（求）社會全體利益的目的之下，或則以限制，或則加以整理，或則加以改善。總而言之，對於個人和團體的經濟活動，加以控制和指揮而已。〔註17〕

可見，此時陳儀的經濟思想完全傾向統制經濟，他主張由政府控制全部

---

〔註16〕陳儀：《陳主席序》，載李時霖等編：《臺灣考察報告》，新民智印務公司，1937年，第 1 頁。

〔註17〕福建省縣政人員訓練所述編：《陳主席的思想》，福建省政府秘書處公報室，1937 年，第 67 頁。

的經濟活動，這反映了他經濟思想上有不切實際的一面。抗戰爆發後，他依靠徐學禹在福建推行「統制經濟」。一些企業，從生產環節、銷售環節到運輸，皆由省政府全部控制，甚至連運輸的挑夫也由省政府專營。這導致福建籍的南洋華僑陳嘉庚對他多次公開批評，並狀告中央，要求撤換陳儀。〔註18〕陳儀手下錢履周以「民窮、財盡、兵弱、官貪」八個字來概括陳儀統治下的福建經濟。〔註19〕顯然，陳儀的「統制經濟」並不得人心。但是面對外界批評，陳儀卻不以為然，他甚至說：「中國人追求『無為而治』，要求不『勞民傷財』，完全是消極的政治。」〔註20〕由於「統制經濟」的推行，必然會要求財政上的集權。

另一方面，與他不顧一切推行統制經濟相比，陳儀對現實的財政吃緊的處理卻有非常務實的一面。他十分清楚政府充分掌握財政收入是一切施政的基礎，但是中國是農業國家，工業並不發達。特別是福建這樣的山區省份，財源主要依賴農業。但是當時的田賦大多由地方政府把持，省政府在這一塊稅收上與地方有利益衝突。因此，省政府多年以來，一直在進行地籍整理、清查賦稅來增加財源。在陳儀加緊實行「統制經濟」的背景下，必然會採取更嚴厲的手段來增加田賦收入，這是嚴家淦主辦田賦徵實的最重要的原因。

嚴家淦在福建的最主要政績就是設計和推行田賦徵實，田賦徵實後由國民黨中央推行，成了抗日戰爭時期國民政府重要財政政策。田賦徵實是對傳統農業賦稅的巨大改革，嚴家淦有長文介紹其政策出臺緣由。1941 年 6 月 16 日，在第三次全國財政會議上，嚴家淦發表《閩省建立田賦改徵實物制度之經過及其意義》〔註21〕一文。這是嚴家淦第一次站在決策高度撰寫的政策文章，很能反映其治理農村財政的思路，第二年該文改編為《福建省田賦改徵實物之經過》，發表在《經濟彙報》上，其中有謂〔註22〕：

　　二十九年春，閩省當局感於糧食供需之脫節，財政收支之失衡，

　公私兩方，並受其困，始議創立田賦改徵實物制度以解救。商討半

〔註18〕參見陳嘉庚：《南僑回憶錄》，嶽麓書社，1989 年，第 258 頁。

〔註19〕錢履周：《陳儀主閩事略》，載王曉波編：《陳儀與二二八事件》，海峽學術出版社，2004 年，第 56 頁。

〔註20〕陳儀：《我們的理想國》，《新運導報》，1940 年第 28 期。

〔註21〕嚴家淦：《閩省建立田賦改徵實物制度之經過及其意義》，載嚴前「總統」家淦先生哀思錄編纂小組編輯《嚴前「總統」家淦先生哀思錄》，第 597～610 頁。

〔註22〕嚴家淦：《福建省田賦改徵實物之經過》，《經濟彙報》，1942 年 7 月第 6 卷第 1、2 期。

年，決於二十九年下半年起改制徵實，此舉實開全國風氣之先，至
乎三十年，中央以田賦徵實制度適合時宜，決定全國田賦自三十年
下半年起，一律改徵實物；並將田賦收歸財政部接管整理。同年八
月一日以後，本省省縣田賦管理處次第成立，賦政改隸，典則大備，
功效之及於糧食財政之調度者，頗副創制之所期也。

閩省制度田賦改徵實物制度之動機有二：1. 用以調節糧食；2.
用以平衡稅負。

甲、調節糧食

閩省本為糧食不足省份，平時實賴洋米贛米之輸入補充，民方
足食。洎乎抗戰軍興，閩海封鎖，洋米不至；贛米之來閩亦逐年減
少。加以軍米儲備，糧食之流通額又為之減。供需既失其衡，價格
乃趨於深。商人乘之囤積居奇，米價復為助長。人民心理恐慌之結
果，造成生產者藏糧不售，消費者積穀防饑之現象。益以奸逆之偷
運出口，愈足減少疏通之數量。流通愈少，價格愈貴，因果互為，
其勢有若燎原之火也。政府於時對於調節糧食抑平米價之一事，既
以多方面之政治經濟力量進行解決，財政方面，因亦籌議運用財政
制度以干涉糧食，而田賦改徵實物之對策乃告產生。以言其作用，
即將田賦折色制度恢復為田賦徵實制度，俾年有一百二十萬擔以上
之穀，入於政府掌握，以之調劑民食，雖不能屢足全部之需求，至
少亦可維持軍糧公糧之供應而不匱，假使進以握有之米糧，作為糧
食調節業務之基本穀，資以調節，當可遏制社會之心理恐慌，打擊
商人之囤積，引出農村之餘糧，流通之數量增加，價格當可逐漸降
低，此時更以平準手段買賣調節，則其市價必可再降，蓋在今日欲
求抑平物價，固以政府握有物資，自由調節為最有效方法之一端耳。
故在田賦徵實制度之下，政府若能善用此一百二十萬擔之平準基本
穀，以調節供需，作用之大，演繹無窮，實如再生產之日即擴大耳。
是即本省創立田賦徵實制度之第一動機。

乙、平衡稅負

戰時籌款方法不外加稅、舉債、舉辦專賣及公營事業等，惟其
中有非地方政府所可行使，或縱能舉辦亦多限制，或收益需時不能
倉卒立致者，故在戰時，激增支出之供應既覺刻不容緩，則增籌收

入自屬當務之急；而在增籌收入諸法之中，所堪重用者，仍為加稅一途。自加稅以課收入之增加，可分為開辦新稅與調整舊稅二者，開辦新稅限於稅源，有時而窮，而稅制過於繁複，不免病民，固當側重於舊稅之調整也。以本省論，舊有之主要稅收，如營業稅，如特種營業稅，如屠宰稅，均已分別改進其課稅技術，並按其營業額，資本額，或其收益，重訂稅額，概以適應納稅力為原則。其所未曾調整者，僅為田賦一項。

本省田賦課稅標準，向係計畝從量，沿襲至今，不特未辦理土地編查之縣（區），概仍舊貫，按丁米兩石折色徵收，即編查完竣改制徵收各縣分，亦均準照舊有之正附稅，分別土質高下，核定等級，按故科徵。此種折色辦法，在貨幣兌換率及糧食價格不變之日，折色價額自能折合應納之本色數量之價額，徵納兩方均無損益。但自抗戰以還，農作物價格步步上升，田地利得因亦隨之俱增，田賦處於從良課稅制之下，不特賦額不能隨田地利得以俱增，反因米價之上升，折色價值不能折合應納之本色之故，而無形減少田賦之收入價值，亦即減輕田賦納賦者之負擔，殊失稅負分配公平之法則，影響所至，足以增重田賦以外之納稅者負擔，匪特財政上遭受損失已也。其次對於戰時軍糧公糧學米之供應，則因政府未能握有食糧，而必以現金購糧於市場，丁茲糧價與日俱增之秋，財政上之負擔既重，而復不能預計，故在糧價變動之日，沿用田賦折色制度，實足以致稅負之分配不平，而財政收支兩俱不利。今如將田賦改徵實物，則其稅收償值，自不受貨幣兌換率及糧價之變動而減低，稅負分配亦趨於平衡，對於軍糧公糧學米之供應，則因政府握有食糧可資運用，而不須支付現金採購於市，既可減輕財政上負擔，復足減少法幣之流轉次數與數量，對於幣值之維持，亦有厚益。是即本省創立田賦改徵實物制度之第二動機。

從嚴家淦敘述推行田賦徵實緣由來看，他顯然並沒有提到陳儀搞的「統制經濟」對田賦徵實的推動，而是以財政困難作為政策說辭。所謂用以調節糧食和用以平衡稅負，是當時全國各地都遇到的問題。抗戰之前，國民政府財政收入主要以關稅、鹽稅、統稅為大宗，堪稱國民政府財政收入的三大支柱。關稅、鹽稅、統稅三稅的收入戰前呈現與年俱增的現象，與國民政府建立之初相

比，1937 年初，關稅增長了兩倍半以上，鹽稅更增長了七倍多，統稅亦增長三倍多。〔註 23〕抗戰爆發後，由於東部沿海地區的淪陷，貿易日漸困難，關稅收入遂不斷下降，國民政府財政困難。〔註 24〕為解決財政問題，抗戰時期國民政府先後向各國舉借外債，有不少成績。〔註 25〕對外貸款雖然收到成效，但是與龐大軍費開支相比，國民政府的財源依然不足。因此，當時貨幣超發嚴重，引發嚴重通貨膨脹。福建省政府遇到的財政困難也很大，經常入不敷出。陳儀回顧福建省的財政舉措時說：

> 抗戰迄今，本省財政，因為已經奠定了基礎尚能維持，各種政務，不至於停頓。但現在因為海口被封鎖，稅收減少，為數比較大了。長此下去，財政怕會日益困難。不過補救財政，不能專從消極方面著手。如減政、加稅，都不是根本辦法，而且加稅會到了無可加的時候，減政會到了無可減的情形。真要補助財政，只有發展經濟。生產事業的發展，有的可以直接增加省庫的收入，有的可以間接補助省庫。人民方面因為生計增進，納稅力增加，也不會感到痛苦。所以在財政困難的時候，最正當的自救之路，就是發展經濟建設。〔註 26〕

可見，陳儀把實行「發展經濟」當作解決財政困難的根本路徑，他並不贊成單純的依賴徵稅等財政方案解決問題。而所謂發展經濟，其實就是他極力推行的「統制經濟政策」，而田賦徵實是他推行「統制經濟」的一環。嚴家淦一上任就推行田賦徵實的政策。起初田賦徵實並非真正徵實，而是按照實物折稅。一來一往，財政收入可以大大增加。〔註 27〕陳儀願意實行田賦徵實的本意就是把田賦的財政利益儘量收到省政府，實現田賦的財政集權。省政府掌握糧食，就可以推行陳儀力主的「糧食公沽」制度的設想。這個制度簡單地說就是由政府控制糧食，實行配給制和糧食專賣。一方面政府控制糧食可以保證軍糧和公教用糧，另一方面政府可以操作糧食買賣，掌控糧食貿易的財源。在這之

---

〔註 23〕楊蔭溥：《民國財政史》，中國財政經濟出版社，1985 年，第 47 頁。

〔註 24〕楊蔭溥：《民國財政史》，第 104 頁。

〔註 25〕參閱金普森：《外債與抗日戰爭的勝利》，《抗日戰爭研究》，2006 年第 1 期。

〔註 26〕陳儀：《福建省經濟建設的輪廓》，《閩政月刊》，1939 年第 5 卷第 1 期。

〔註 27〕周惠生：《陳儀田糧政策雜憶》，載全國政協、浙江省政協、福建省政協文史資料研究委員會編：《陳儀生平及被害內幕》，中國文史出版社，1987 年，第 62～63 頁。

前，福建農村的土特產、交通運輸等，凡是有利潤的工商業，政府都已經介入，糧食可以說是徐學禹幫助陳儀實現「統制經濟」的最後一環。1940 年初，福建省在各縣設立公沽局。為配合公沽的進行，採取了各種措施與辦法。首先，要實現公沽制度，必須保證充分的糧源。為此，福建省政府特規定糧食為非自由商品，絕對禁止私人買賣行為，對縣際間糧食運輸，除雜糧外，都要求申請發給運糧證明書以為憑證。〔註28〕公沽局掌握的糧食實行定量分配制度，即計口授糧。對糧食消費者，不分男女老少，平均每人每日各予以兩至斤的糧食，對體力勞動者，如工人及船夫等人，得酌予增加。計口授糧的辦法是由縣糧管會根據戶口冊發給購米證，人民憑證向零售商購米。計口授糧地區，以城區為限，俟有效時再推廣於農村。〔註29〕公沽制度是過於激進的理想政策。這套政策簡單來說就是依靠行政力量，徵收實物田賦，又用所謂的「公價」對糧食實行專買專賣。公沽制度推行不久就失敗了，糧食黑市盛行，人心惶惶。激進的「國家資本主義」糧食公沽制度僅僅實行幾個月就草草收場。按照時人的說法，地方基層政權主要掌握在地主、豪紳手中，陳儀根本沒有政治力推行。〔註30〕此外，福建只不過是一個地方政府，實行如此嚴厲的專賣專買，僅僅從地域的管控上來說就不現實。

雖然這樣，田賦證實作為一種省政府財政集權的手段，還是收到了很好的效果。根據《福建省田賦管理處徵實業務報告》〔註31〕，1940 年 8 月成立專門機構，福建各縣 9 月成立相應機構，10 月 1 日開徵。從表面觀察，田賦徵實似乎單純，其實事體大，存在許多技術難題如組織人事，糧倉、宣傳等不到位等，中央法規也不全。嚴家淦為防止舞弊，令管理處採取經徵、經收分立的制度，再統一由縣長指揮。分立可以相互監督，經收部分由福建糧政局收，經徵部分由田賦管理處負責。各縣分處控制在 5 處以內。倉庫設置更是重中之重，據報告全省要建有 2772 個倉庫。按照嚴家淦的設想，「經徵機關係屬財政，其目標仍不外乎徵收代表實物價值之金錢，尚非與之聯繫，斷不能由其自行沽售穀物，變換金錢解庫，以達其財政上之目的」。總之，管錢的經徵處與

〔註28〕（民國）福建省政府秘書處：《福建之田糧》，第 55 頁。

〔註29〕（民國）福建省政府秘書處：《福建之田糧》，第 57～59 頁。

〔註30〕周惠生：《陳儀田糧政策雜憶》，載全國政協、浙江省政協、福建省政協文史資料研究委員會編：《陳儀生平及被害內幕》，第 69～73 頁。

〔註31〕《福建省田賦管理處徵實業務報告》，福建省檔案館，檔案號：0022-005-000050。

管穀物徵收和銷售的公沽局嗣後應如何合作聯繫，在準備實施改徵實物工作中，是一重要問題。嚴家淦簡述成下列幾項要點：1. 業戶以穀納賦，應先投繳公沽局領取估價單，繳入經徵機關核收，給完糧證，然後由兩機關會算結帳。2. 糧戶完穀，先由經徵機關直接驗收，給完糧證，然後將所收穀物，隨收隨交公沽局發售，變價解庫。3. 經徵機關與公沽局為執行上述兩項職務，其辦公地點，應合併一處，並分別派員常駐執行。又兩機關辦公處所，並應就糧庫所在地設立。〔註32〕

任務巨大，為便於徵收，嚴家淦對制度設計也頗有用心。開始設計徵收制度是：1. 以1937年抗戰前的米價為基準，將現有的正稅、附加稅折成米額徵收米穀；2. 確實有困難可以交代金；3. 其他臨時附加稅一律取消；4. 改制後的溢額歸縣所有。〔註33〕

這個制度的設計是以縣為中心，當時縣政府的財政大半依靠田賦，把溢額歸縣可以提高其實行政策的積極性。為了進一步消除地方政府在通貨膨脹中受損的稅源，1940年底，更進一步明確縣財政的原則〔註34〕：1. 田賦原則上全部總計數的百分之五十歸縣；2. 營業稅百分之五十歸縣；3. 屠宰稅全部歸縣；4. 房屋鋪稅全部歸縣；5. 縣公營事業單位收入歸縣。

嚴家淦敏銳地覺察到，在以田賦為主要收入的地方政府，受到通貨膨脹影響嚴重。農村賦稅問題，一直困擾國民政府的核心問題，苛捐雜稅被認為是導致政府失敗的主要原因。經濟學家陳登原論述了上古至民國時期田賦的演變過程，特別指出二十世紀二三十年代我國田賦存在著正稅太重、附稅太繁、預徵太大等弊端。〔註35〕因此國民政府把田賦作為地方稅由省縣徵收，目的是減輕農民負擔。田賦無論是正稅還是附加稅，都是貨幣化的。農民主要通過賣農產品獲得貨幣。由於通貨膨脹，農產品價高，田賦一定的情況下，等於農民受益。如果要平衡賦稅，政府可以臨時調高稅額。但是，戰爭爆發後，物資奇缺，通貨膨脹速度極快，政府根本來不及調整。可見，田賦徵實可以使得政府掌握

〔註32〕 嚴家淦：《閩省建立田賦改徵實物制度之經過及其意義》，載嚴前「總統」家淦先生哀思錄編纂小組編輯《嚴前「總統」家淦先生哀思錄》，第597～610頁。
〔註33〕 （民國）福建省政府秘書處：《福建之田糧》，福建省政府印行，1944年，第10～12頁。
〔註34〕 《福建省財政廳廳長嚴家淦關於今後縣之財政收入五原則》，福建省檔案館，檔案號：0022-005-00014。
〔註35〕 參閱郝銀俠：《抗戰時期國民政府田賦徵實制度之研究》，博士學位論文，華中師範大學歷史系，2006年，第21頁。

糧食這個硬通貨。

　　陳儀主要因公沽制下臺。不過，強調由政府控制糧食是當時國民政府主流意見。國民政府於 1940 年 8 月成立了全國糧食管理局，開始了全國統一的「糧政」時期，即用政治與行政干預的手段解決作為經濟問題之一的糧食問題，但並未達到預期的結果。經過一番艱難的抉擇之後，國民政府於 1941 年 4 月召開的五屆八中全會上決定將各省田賦收歸中央接管，並在同年 6 月的第三次全國財政會議上，正式決議田賦一律徵收實物。〔註 36〕

　　從全國來說，反對田賦徵實的人不少，反對者的意見，大多集中於以下幾個方面。其一，田賦徵實違背賦稅進化原則。大多數經濟學者認為，實物稅制是一種不經濟的稅制，違反最低費用的原則。其二，影響民眾對法幣的信心，增加人民以幣換物的心理。其三，技術上有種種困難。如收繳不便，保管與運輸困難，徵收費用浩大等等。〔註 37〕福建實行田賦徵實後，問題也很多。當時人就注意到：1. 實物徵收之後，一些原來的下等田，地主覺得收益太小，放棄，成了呆帳；2. 對徵收實物地租的地主影響不大，但是有的地主是收租金，這麼一來地主收益受到影響；3. 技術困難，運輸和倉儲成本劇增。〔註 38〕因此，實際田賦徵收的過程頗為曲折，需要解決的問題也相當龐雜。嚴家淦就指出，田賦徵實的難處，在於其政策執行的部分。中央政府當時不敢貿然推行，其中的重大考慮因素之一便是執行難。如關於米折與實物部分就非常複雜。實施改徵實物，徵穀與徵米究以何者為宜？實施徵穀量衡二器究用何者為宜？交穀地點；貼運問題；倉庫問題；經徵處與糧食管理機構應如何取得聯繫問題；田賦改徵實物應否並期徵收問題。〔註 39〕

　　嚴家淦能率先實行田賦徵實，可見他不拘泥常規，能根據實際情況制定適當的政策，並能夠駕馭複雜局面，且有很強的執行力。田賦徵實單就技術面來說，就異常複雜。比如嚴家淦提到如何鑒定穀種時說：〔註 40〕

　　　　穀之種類不一，就中有早稻、晚稻、中稻之分，而同一早、晚、

---

〔註 36〕轉引自郝銀俠：《抗戰時期國民政府田賦徵實制度之研究》，第 21 頁。

〔註 37〕參閱郝銀俠：《抗戰時期國民政府田賦徵實制度之研究》，第 56 頁。

〔註 38〕黃開祿：《福建田賦徵實以後》，《新經濟》，1942 年第 6 卷第 12 期。

〔註 39〕嚴家淦：《閩省建立田賦改徵實物制度之經過及其意義》，載嚴前「總統」家淦先生哀思錄編纂小組編輯《嚴前「總統」家淦先生哀思錄》，第 597～610 頁。

〔註 40〕嚴家淦：《閩省建立田賦改徵實物制度之經過及其意義》，載嚴前「總統」家淦先生哀思錄編纂小組編輯《嚴前「總統」家淦先生哀思錄》，第 597～610 頁。

中稻之中，復有水稻、旱稻之別，概括言之，如播種、下肥等種種
加工及氣候之條件相等，則水稻勝於旱稻，而晚稻品質，要皆優於
旱稻，中稻居中，蓋勝於旱稻，而次於晚稻也，是則同一穀物，既
因種類不同，而質量互異，則其間同為徵穀，亦自必有等級之差，
關於此種種類等級不同之穀，究應如何鑒定，既鑒定矣，徵收之時，
又應徵何種何級之穀為宜，抑僅不分種類等級，概行徵收，是亦關
於事實上應行解決之實際問題。

這種細緻複雜的問題，可以說比比皆是。在第一章中已經提及，嚴家淦家
世是釀酒的，每年要收購巨量的糧食，他對糧食徵收有比較實際的認識。

田賦徵實對嚴家淦仕途來說有重要意義。在嚴家淦的推行下，福建田賦徵
實成績斐然。1942 年度，福建省田賦徵實超額完成 120%。〔註41〕福建是個多
山省份，能有如此成績，從國民政府角度來說，嚴家淦的財政能力可見一斑。
1944 年 3 月，嚴家淦因為倡行田賦改徵實物制度，對戰時國庫收支調度及軍
糧民食的供應有功，國民政府特別頒發「五等景星勳章」給他。〔註42〕嚴從一
個經商專才，變成制定財經政策的技術官僚。田賦徵實在當時雖是大勢所趨，
但如果制度設計不周密、執行不好，就有可能適得其反。事實上陳儀雖因「公
沽」去職，田賦徵實還是備受肯定。1941 年 8 月，陳儀去職，可是在這之後
陳儀還是接任了行政院秘書長一職，可見「公沽」制度失敗並未影響其前程。
這件事情也奠定了嚴家淦財政幹才的名聲。陳儀走後，劉建緒主閩。劉來閩當
省主席後，鑒於嚴家淦財經專長，別的廳長都先後更換，只有嚴不動。隨著國
民政府的財政改革，田賦被移交中央，1942 年省財政又被中央財政合併失去
了獨立性。陳儀主閩時的統管經濟大本營——經濟設計計劃委員會也被解散
了。同時，在省財政被國家財政合併後，省營經濟事業雖然在省政府的管理
下，但是收入全部收歸國庫，也失去了與省財政的直接關係。就這樣，省財政
的獨立性被完全削弱。1941 年 10 月，福建省政府新設省糧食管理局，由閩籍
的省臨時參議會副議長林學淵任局長，並規定同年年底以前，各縣的公沽局一
律廢止，縣政府內設立糧政科。嚴家淦於 1942 年 10 月開始兼任田賦糧食管理
處處長，繼續實施以上的方針。〔註43〕

---

〔註41〕（民國）福建省政府秘書處：《福建之田糧》，第 30 頁。

〔註42〕參閱歐素瑛等訪問、記錄，陳立文主編：《嚴家淦「總統」行誼訪談錄》，第 32
頁。

〔註43〕黃昌謨：《福建糧政機構之演變》，《福建糧政》，1942 年 10 月創刊號。

## 第三節 成熟的技術官僚

嚴家淦在福建做了近六年的財政廳長。在派系林立的國民黨，除了事務性的技術官僚，官僚個人的政治傾向決定他的前途。陳儀是政學系的大將，劉建緒是屬於何鍵的舊湘軍出身。嚴家淦能被兩人委以重任，可見其派系色彩不濃。嚴是在來閩做官後加入國民黨的，由國民黨中委陳肇英（國民黨閩省黨部主委）和陳儀「特別介紹」（不經過區分部）入國民黨。陳肇英屬於國民黨 CC 系，與陳儀向來不和。抗戰中，嚴曾到重慶「中央訓練團」受過訓。武漢未被日軍攻陷之前，徐學禹去武漢有所活動，把閩省府高級官員如包可永、陳景烈、丘漢平等全拉進復興社，嚴也在內。〔註44〕復興社是以黃埔系精英軍人為核心所組成的一個帶有情報性質的軍事性質團體。此外，嚴家淦本人是經宋子文推薦才入仕途。在財政廳任上，嚴家淦也很得當時的財政部長孔祥熙信任。孔、宋都是「皇親國戚」，當時人也認為嚴家淦屬於這一派系。不過，嚴家淦在政治上還只是嶄露頭角，派系色彩似乎並不濃。

嚴家淦在財政廳任上，除了田賦徵實，在其他方面也頗有建樹。1940 年 1 月，嚴家淦在福建省開始施行「公庫法」，這個辦法目的是集中財權統收統支。依據這個辦法，福建省一切收支，都開始按照一定的程序辦理，由公庫通盤籌措財政，並由公庫主管全省各機關票據證券及其他財物的出納、保管及移轉等手續。〔註45〕公庫制度對控制政府開支非常有效，建立制度是嚴氏特別熱衷的工作。在稅收方面，嚴家淦化繁為簡，首先廢除了福建全省的 630 種雜稅，整理福建省合法的舊稅。1942 年，國民政府在第三次全國財政工作會議上，對已經建立起來的分稅制財政體制進行了改動，將全國財政劃分為國家財政與縣自治財政兩大系統，省級財政併入了國家財政，三級分稅制改成了兩級分稅制。〔註46〕為陸續落實國民政府規定的屠宰稅、牌照稅、宴席稅、娛樂稅、房捐、警捐與使用牌照稅等稅捐，逐步穩定了福建省過去財稅上各自為政的紊亂情況，從無制度的雜亂稅捐，進為有制度的分類納稅，財政廳嚴家淦廳長有效防止了諸多的稅務弊端，福建省的稅收因而增加，終於消除

〔註44〕 參閱錢履周：《我所知道的嚴家淦》，載中國人民政治協商會議福建省委員會文史資料研究委員會編：《福建文史資料》第 19 輯，第 112～115 頁。
〔註45〕 參閱歐素瑛等訪問、記錄，陳立文主編：《嚴家淦「總統」行誼訪談錄》，第 25 ～26 頁。
〔註46〕 參閱梁捷：《賈士毅：民國財政史研究大家》，《上海證券報》，2008 年 2 月 18 日。

了多年以來的財政赤字。在財務人事方面，嚴家淦從 1943 年 4 月起，將財政廳第一科人事股，縮編改組為「人事管理員室」，負責管理全福建省的財務人員，以「慎任用、嚴考績、詳登記」為目標，全面革新行政人事。在此同時，嚴家淦努力裁併福建省內名目複雜的機構，以降低福建省政府的人事費用。據說在他任上，先後一共減少員額五千三百多人，省下了一大筆可觀的人事支出。〔註47〕

抗戰時期，福建省政府搬遷到永安，一般公務人員薪水微薄，嚴家淦曾經嘗試實踐自己貨暢其流的創意，呼召省府同事們發揮「求人不如求己」的自助精神，積少成多，集資成立消費合作社，經銷大米、筍乾、香菇、毛邊紙等土產品，成效不錯。後來，消費合作社進一步擴大規模，成立了貿易公司。〔註48〕這項工作既解決了公務人員的待遇，也不至於增加財政負擔。嚴家淦在福建的官聲也不錯。因從事過工商業，思想比較開放，他接長財政廳時，只帶一名主任秘書葉含章上任。以後廳內人員如有調動，基本是就原有人員中擇優逐級提升使用，這在人事方面也是一種變革。嚴有知識分子風度，善辭令，談笑風生，給人以友好的感覺。〔註49〕

由於嚴家淦的精明幹練，使得劉建緒對他頗為倚重。1945 年 1 月，國民黨政府在重慶設立戰時生產局（局長翁文灝）和戰時運輸管理局（局長俞飛鵬），這兩個局因有美國人參與管理，其高級負責人需通曉英語。經陳儀介紹，翁文灝調嚴家淦去重慶當戰時生產局的採辦處長〔註50〕，劉建緒得知國民政府調用嚴家淦，急電陳儀，要求陳儀向蔣介石說情，言辭懇切，坦誠財政任務重，嚴家淦不宜離開。又去電財政部，說「嚴家淦在任久，且兼領省銀行總經理及軍食補給委員會秘書長、合作社物品供銷處理事等職」，不宜離開。1 月17 日，翁文灝則以「此事事關國局及中美兩國之合作」言說蔣介石重視戰時生產局，為推動工作，需嚴家淦速來。〔註51〕嚴至此才離開其執掌已久的福建

〔註47〕參閱歐素瑛等訪問、記錄，陳立文主編：《嚴家淦「總統」行誼訪談錄》，第 25～26 頁。

〔註48〕歐素瑛等訪問、記錄，陳立文主編：《嚴家淦「總統」行誼訪談錄》，第 27 頁。

〔註49〕徐世瑞：《嚴家淦二三事》，載中國人民政治協商會議福建省委員會文史資料研究委員會編：《福建文史資料》第 19 輯，1988 年，第 115～116 頁。

〔註50〕參閱錢履周：《我所知道的嚴家淦》，載中國人民政治協商會議福建省委員會文史資料研究委員會編：《福建文史資料》第 19 輯，第 112～115 頁。

〔註51〕《中央戰時生產局調用福建財政廳長嚴家淦電》，福建省檔案館，檔案號：0004-003-000240。

省財政廳，就任生產局。

此時，抗日戰爭已接近尾聲。由於該機構的中方人員，尤其是高階主管，都要求必須精通英語。嚴家淦有這方面的專長，翁文灝調嚴也是事出有因。在此以前，中美有關租借法案的所有物資，都是由美軍管制。國民政府設立這個機構，顯然是希望掌握主動權。因此，蔣介石對這個新機構非常重視。嚴家淦負責的採辦處，分為國外物資組、國內物資組、民用物資組。該處主要負責「依照需要及生產優先委員會之決定對於重要物資儲備方案之擬議及執行」、「依照需要及生產優先委員會決定方針簽訂採辦及儲備合約並保管有關記錄」、「依照需要及生產優先委員會對於儲備物資之配發」等事項。〔註52〕戰時生產局的一級主管，大多屬於學有所成的技術官僚。嚴家淦在福建省政府時的同事包可永任製造處處長，後來任臺灣「經濟部長」的張茲闓此時任職材料處長。嚴家淦在該處任職時間不過半年，卻打下了處理對外經濟的一定基礎。之後，嚴家淦在臺任職美援會，與此有一定淵源關係。

1945年1月，嚴家淦帶著太太和五個孩子，乘汽車從永安啟程，先到江西贛州，再轉搭軍機飛赴重慶到戰時生產局報到。嚴家淦到職以後，立即著手辦理美國租借法案，英國、加拿大貸款的材料採購，以及戰時生產等業務。當時，因為沿海地帶都被日軍佔領，嚴家淦只得走陸路，翻山越嶺到緬甸採辦物資。嚴家淦還數次飛到印度，採購戰時物資。〔註53〕嚴家淦過去在上海洋行當過買辦，完全熟悉如何與外國人打交道，工作非常順利。1945年8月15日，抗日戰爭勝利，嚴家淦又奉派以經濟部代表身份，隨陸軍總司令何應欽，從重慶飛往南京，處理全國性接收事宜，協助辦理受降及接收敵偽機構與物資等事宜。此時嚴家淦剛滿四十，已經在「中央」層級有了一定的知名度，成為一名「黨國」倚重的成熟技術官僚。

---

〔註52〕參閱許海芸：《國民政府戰時生產局研究》，碩士學位論文，南京師範大學歷史系，2010年，第21頁。

〔註53〕歐素瑛等訪問、記錄，陳立文主編：《嚴家淦「總統」行誼訪談錄》，第33～34頁。

# 第三章　嚴家淦與臺灣光復初期的財政

　　臺灣光復初期的財政破敗，主要原因是：一是戰爭破壞嚴重，恢復乏力；二是中央和地方的財政體制衝突；三是統制經濟失策。嚴家淦作為交通、財政接收大員，對臺灣的經濟機構的接收和重建發揮了重要作用，成了臺灣省政府中重要的技術官僚。他的財政解決之道，主要服務於陳儀的統制經濟。統制經濟的失敗和「二二八事件」給了嚴家淦不少經驗教訓，魏道明上臺後，嚴家淦根據實際情況作了一些政策調整。

## 第一節　接收與重建臺灣交通

　　1945 年 8 月 15 日本投降後，陳儀旋被任命為臺灣省行政長官。這項任命可以說是水到渠成，陳儀曾經留學日本，號稱日本通。1944 年開羅會議後，發表《開羅宣言》，戰後臺灣回歸中國已得到盟國認可。國民政府著手光復臺灣的準備，1944 年 2 月成立臺灣統計調查委員會，直隸於國民黨中央設計局，目的是對臺灣回歸後如何進行治理進行先期調研，陳儀任該委員會主任委員。因此，陳儀任臺灣省行政長官可以說是有備而來。行政長官公署下設秘書、民政、財政、工礦、農林、教育、交通、警務 8 個處，先在重慶開始辦公，陳儀又請他主政福建時期的幕僚徐學禹任交通處長。徐已參加過幾次長官公署會議，後因被國民政府交通部任命為招商局總辦，交通處長一職遂缺。此時戰時

生產局已結束，陳儀即以嚴家淦繼徐學禹的交通處長職。〔註1〕嚴家淦的老搭檔包可永為工礦處長，張延哲〔註2〕（時任重慶財政廳長）為財政處長。〔註3〕徐學禹時任招商局總經理，壟斷了上海到臺灣的航運，並常駐上海幫助陳儀游說臺灣當局與中央的關係。〔註4〕陳儀治臺可以說基本上任用治閩時的舊人和臺調會的成員。1945年11月1日，行政長官公署指派第一批人員接收臺灣總督府各部門。接收的人員及應接收的部分，都有具體的明示：周一鄂等人接收總督官房監察課、文教局、財政局、稅務課、警察局、衛生課及總督府所屬臺北區之衛生機關等；張延哲等人接收財政部分、財務局、主計、會計等課；任維均接收專賣部分；張武接收金融部分；包可永接收礦工局；嚴家淦接收交通局；夏濤聲接收總督府官房情報課；林忠接收臺北放送事業；葉明薰接收同盟社臺北分社；趙迺摶接收教育部分；胡福相接收警務部分；楊鵬接收法院等。〔註5〕

日據時期，為方便掠奪臺灣資源，臺灣在交通建設上頗有成績。日本據臺五十一年間的主要交通建設，公路方面完成幹線與支線達三千三百八十公里，連鄉村道路並計共達一萬七千零九十七公里；鐵路方面完成基隆至高雄之縱貫線（按基隆至新竹段為清代所修築）、基隆蘇澳間之宜蘭線、三紹嶺菁桐坑間之平溪線、臺北淡水間之淡水線、竹南彰化及追分間之臺中線、花蓮港臺東間之臺東線、二水外車埕間之集集線、高雄林邊及社邊東港間之屏東線等。其他如郵政、電信之經營，亦頗具成效。〔註6〕

〔註1〕參閱錢履周：《我所知道的嚴家淦》，載中國人民政治協商會議福建省委員會文史資料研究委員會編：《福建文史資料》第19輯，1988年，第112～115頁。

〔註2〕張延哲是福建平和人，美國哈佛大學畢業，中央訓練團高級班畢業，原為重慶市財政局局長，是接收官員中唯一能說閩南話的官員。參閱賀淵：《陳儀在閩臺兩地的人事行政實踐及其思考》，《暨南學報（哲學社會科學版）》，2015年第12期。

〔註3〕臺灣省行政長官公署人事室編：《臺灣省各級機關職員錄》，光華印書公司，1946年。

〔註4〕陳儀因幣制問題，反覆與財政部和行政院打交道，其中穿針引線的就是徐學禹。參見《財政部、中央銀行、臺灣省政府、臺灣銀行關於臺幣準備金之來往電文》，載陳鳴鐘、陳興唐主編：《臺灣光復和光復後五年省情》下冊，南京出版社，1989年，第471～499頁。

〔註5〕薛月順編：《臺灣省政府檔案史料彙編——臺灣省行政長官公署時期》（一），臺北「國史館」印行，1996年，第4～6頁。

〔註6〕劉寧彥總撰、唐富藏編撰《重修臺灣省通志》卷四《經濟志·交通篇》，臺灣省文獻委員會，1993年，第22～23頁。

　　二次大戰末期，臺灣遭受盟軍飛機轟炸，劫後餘生，滿目瘡痍，全省的交通建設及工業設備都殘破不堪。嚴家淦到職以後，立刻積極整修臺灣省境內的鐵路、公路，恢復交通運輸，並全力修復港灣碼頭、倉庫。日據時期臺灣省交通事業，完全由前總督府交通局掌理。其原有之主要部門分鐵道部、遞信部及海務部。此外尚有新高築港出張所，亦直隸該局，專負責前新高築港工程事宜。光復後，臺灣省行政長官公署交通處於 1945 年 11 月 1 日正式成立，開始接收。除本身機構外，同時並按照接收事業性質，成立鐵道管理委員會（公路則成立汽車處，暫隸於鐵道管理委員會）、郵電管理委員會及航務管理委員會三機構，分別接收前交通局之鐵道部、遞信部及海務部，以管理各部門之交通事業。並將新高港改為臺中港，設立臺中港築港所，繼續建設新高築港所的未完工程。航務管理委員會改為航務管理局。郵電管理委員會亦於 1946 年 5 月改組為交通部郵電管理局。原總督府直屬之基隆、高雄兩港務局，亦於 1946 年底先後改組，維持原名稱，隸屬交通處，辦理兩港港務工作。又特設航運恢復委員會，專責計劃管理。其他所有日人投資或經營之各有關交通之私人會社，亦分別派員監理接收。〔註7〕

　　嚴家淦對交通運輸並非完全陌生，他原在福建主管建設廳時，就主管過交通事業。當時民生凋敝，百廢待舉，接收人員嚴重不足，如果照原計劃把日本人全數遣返，臺灣的鐵路交通幾乎要完全停頓。嚴家淦於是向中央要求留用一部分日籍技術人員，協助臺灣的建設。〔註8〕

　　當時其他部門也嚴重缺乏技術人才，行政公署公布《臺灣省行政長官公署暨所屬各機關徵用日籍員工暫行辦法》，規定「本署暨所屬各機關徵用日籍各種行政人員，其原任敕任職務者，暫以諮詢員派用，原任奏任職務者，暫以服務員派用。原任判任職務者暫以助理員派用；前項諮詢員、服務員、助理員，各得分為甲乙丙三等，但原係擔任主管職務者，在未派定人員接充前，得仍以其原名義暫派代理」。〔註9〕《徵用日籍員工暫行辦法》規定「本辦法自核定之日起施行」，即 1945 年 1 月 3 日起施行。當時，日本剛剛被打敗，各界對任用日本人都有顧慮。甚至美國人也一度關心日本人離臺時間。美國在留遣日籍人

〔註7〕劉寧顏總撰、唐富藏編撰：《重修臺灣省通志》卷四《經濟志・交通篇》，第23～24頁。

〔註8〕歐素瑛等訪問、記錄，陳立文主編：《嚴家淦「總統」行誼訪談錄》，臺北「國史館」印行，2013年，第38頁。

〔註9〕《臺灣行政長官公署公報》第1卷第1期。

員的問題上向國民政府施壓，美國軍事顧問團認為，徵用日籍技術人員如屬暫時性必要，也應加派中國職員監視，盡速遴派中國籍職員接補；日籍管理員則應立即除去，使其無從繼續影響業務。美軍顧問團魏德邁（Albert Wedemeyer）將軍提出「保留任何敵軍於臺灣是屬不智，臺灣之領土之權甫歸中國，為使為數眾多之敵人留任，殊難完全規復」。〔註10〕

同時，嚴家淦緊急從大陸調派了一批人員來臺支應。1945年11月26日，陳儀派嚴家淦飛到重慶，向交通部述職。他並奉命到南京，面見蔣介石，詳細報告臺灣接收以後交通運輸的修復狀況。嚴家淦當時建議，臺灣省鐵路仍由省營，並建議指派陳清文為鐵路局局長。〔註11〕

關於嚴家淦見蔣情況，據錢履周回憶，嚴報告接收臺灣交通情況後向蔣告辭，快離開時，蔣又叫住他，要他回臺灣後告訴陳儀，要把程星齡〔註12〕拘禁起來。這是嚴第一次見蔣。嚴家淦在福建時，外面就傳他與「皇親國戚」之間的聯繫，錢履周回憶：「關於嚴和蔣介石的關係，我所知道的是，宋子文身邊一個姓尹的秘書（嚴的同學）介紹他見宋，以後由宋而蔣；但又一說是行政院新聞局局長董顯光把他介紹給宋美齡的。」〔註13〕從所見資料來看，嚴家淦與宋子文很早就熟悉，但蔣介石並沒有特別注意到他，還是處於蔣介石核心權力的外圍。這次見面，嚴家淦是否給蔣留下深刻印象不得而知。但是幾年之後，嚴家淦就因在臺灣深耕多年，而被退據臺灣的蔣介石所藉重，此次見面算是一種特別際遇。

嚴家淦任交通處長不到半年，1946年4月，陳儀便任嚴為財政處長，接替張延哲掌財政。張延哲是陳儀非常信任的屬官，離職後又任行政長官公署秘書長。〔註14〕1946年5月，行政長官公署接收日產成立臺灣銀行，嚴家

〔註10〕《臺灣省行政長官公署檔案》，掃描號：195000350008，轉引自蕭富隆：《戰後初期臺灣省人事之演進與分析》，博士學位論文，中興大學歷史學系，2010年，第102頁。

〔註11〕歐素瑛等訪問、記錄，陳立文主編：《嚴家淦「總統」行誼訪談錄》，第38頁。

〔註12〕程星齡是陳儀福建時期屬官，曾任福建安溪縣長。由於思想進步，1945年底以「包庇共產黨員」罪被捕，關押在臺灣行政長官公署特務團。參閱劉亮紅：《黨外的布爾什維克——程星齡》，《湖南省社會主義學院學報》，2010年第10期。

〔註13〕參閱錢履周：《我所知道的嚴家淦》，第112～115頁。

〔註14〕張延哲長期跟隨陳儀，陳儀任浙江省省主席，只帶張延哲赴任。1949年陳儀準備動員湯恩伯起義事件中，張延哲是關鍵人物。參閱褚靜濤：《湯恩伯與陳儀之死考》，《現代臺灣研究》，2002年第2期。

淦又任臺灣銀行董事長，成為在陳儀治臺期間最重要的財政負責人。這次人事更替主要原因是陳儀想藉重嚴家淦的財經能力和嚴家淦在國民黨政府高層的關係。當時陳儀試圖保持臺幣的獨立性，與中央意見不合，任命嚴家淦是企圖融通上層。周一鄂回憶，「張延哲與中央負責人（指宋子文）沒有什麼關係，因而局面難以打開，臺幣的發行額及其與法幣的比價，處處受到刁難……經中央的授意，不得不以嚴家淦替代張延哲」。〔註15〕不過，嚴家淦在1946年初，就當上了日產管理委員會主任，這個職位為他接管臺灣財政埋下伏筆。

　　先是陳儀成立了一個日產管理委員會，來清算日本人的房地產，並將其收歸省政府管理，為臺灣處理日產的總樞紐。雖然行政長官公署權力大過一般省主席，但陳儀在日產處理上並不能大權獨攬。與中國各地區之敵偽產業處理局性質相同，這個委員會受行政院的指揮監督，負責臺灣區內敵偽產業之處理事。經行政院簡派，嚴家淦任該會主任委員，伍守恭、王瑞琳、瞿荊洲為常務委員，包可永等十一人為委員，聘用美國人沙利文作顧問。日產會內分設二室四組，其中秘書室負責文書文稿的處置，會計室負責預決算和會計報表的編制，總務組負者人事庶務和款項支出，調查組掌管日產調查，審核組和處理組則分別處理日產的審核。1946年1月14日，臺灣省接收委員會日產處理委員會在臺北市原日本大阪商船株式會社舊址成立辦公。日產委員會在臺灣的十七個市縣內均設立一個日產分會，於1946年2月先後組建完成。〔註16〕日產管理委員會要處理的日本遺留資產數額巨大，理應由負責財政的張延哲處理才能順遂，但行政院卻要嚴家淦負責，預示政府上層對張延哲掌管財政並不滿意。

　　1947年4月，日僑遣返大部完成，日產接收工作幾乎完成。4月底，日產處理委員會奉命結束任務，未了業務移交省財政處接辦。總共接收公、私有土地405808.4523甲、房屋32886棟，以及森林、礦業、倉庫、船舶、車輛、機器設備、原料成品、金銀飾物156.6535億元。〔註17〕

〔註15〕周一鄂：《陳儀在臺灣》，載全國政協、浙江省政協、福建省政協文史資料研究委員會編：《陳儀生平及被害內幕》，中國文史出版社，1987年，第107頁。

〔註16〕臺灣省行政長官公署秘書處編輯室、民政處秘書室編印：《臺灣省行政長官公署施政報告》，1946年，第117頁。

〔註17〕參閱臺灣省接收委員會日產處理委員會：《臺灣省接收委員會日產處理委員會結束總報告》，1947年，第1～7頁。

## 第二節　接收與重建臺灣金融

日據末期，為便利經濟掠奪，臺灣金融系統已經比較現代化。當時金融體系，大致分為臺灣銀行的中心金融系統、農業金融系統、合作金融系統、商業金融系統、平民金融系統、臺灣保險事業等六大系統，各依其業務性質開展業務。還有非金融機構但亦辦理金融業務，如臺糖公司辦理蔗作及菠蘿農貸，臺灣糧食局辦理各項農貸。〔註18〕臺灣光復以後，當時陳儀試圖保持臺幣的獨立性，並不希望內地的四大銀行介入臺灣金融。受命接收臺灣金融機構的是中國銀行的張武，他試圖在臺北開設中國銀行的分支機構，但被陳儀拒絕。〔註19〕雙方討價還價的結果是行政長官公署可以在中央的監督下發行貨幣。可見，選擇嚴家淦是陳儀和孔宋背景的財經官僚都能接受的折衷選擇。

臺灣的金融接收，依循 1945 年 10 月 31 日財政部公布的《臺灣省當地銀行鈔票及金融機關處理辦法》與《臺灣省商營金融機構清理辦法》，作為整理接收臺灣金融機構的依據。國民政府接收臺灣金融機構時，主要依循以下兩點原則進行：第一，戰前日本人設立的金融機關，由政府指定國家行局接收清理；第二，臺灣省商營金融機關，除經查明負責人確為臺灣人，且業務健全者，暫時准予繼續營業，並得准予重新註冊，其餘一律停止營業。〔註20〕國民政府針對金融單位的接收，可分為銀行與其他金融體系兩條脈絡進行。作為戰前殖民地臺灣金融中心的臺灣銀行，成為國民政府接收臺灣後率先完成清算、成立的銀行；1946 年 5 月 20 日，國民政府率先將株式會社臺灣銀行，改編為臺灣銀行，嚴家淦任臺灣銀行董事長。臺灣銀行設立後，同年 7 月 1 日奉令接收三和銀行，9 月 1 日再接收臺灣儲蓄銀行。其次，1946 年 9 月 1 日，臺灣土地銀行繼承戰前日本勸業銀行駐臺灣各分支單位為基礎設立。復次，1946 年 10 月 5 日，臺灣省合作金庫接收臺灣產業金庫改組成立。1947 年 3 月 1 日，彰化銀行、第一銀行、華南銀行亦改組設立。至此，戰前由日本人經營的銀行體系則告接收完成。〔註21〕其他金融機構由於功能與銀行不同，又加上規模較小與單位眾多等原因，遲至 1947 年 12 月才全數接收完畢。其中，最早完成改組的為

〔註18〕劉進慶、涂照彥、隅谷三喜男：《臺灣之經濟——典型 NIES 之成就與問題》，雷慧英等譯，臺北：人間出版社，1993 年，第 203 頁。

〔註19〕陶昌、陳發奎：《赴臺籌設中行臺北分行未果》，《世紀》，2013 年第 4 期。

〔註20〕臺灣銀行經濟研究室：《臺灣之金融機構》，《臺灣銀行季刊》，1969 年 3 月第 20 卷第 1 期。

〔註21〕臺灣銀行經濟研究室：《臺灣之金融機構》。

1946 年 5 月 5 日設立的交通部臺灣郵電管理局，為接管戰前臺灣總督府遞信部所屬各郵電儲匯機構，並納入國民政府的郵電體系。其次，戰前設立的產業組合，均於 1946 年底以前按照國民政府的法令完成整理改組，劃分為城市信用合作社與鄉鎮信用合作社兩類。1947 年 5 月 10 日成立臺灣產物保險公司，同年 12 月 1 日組建臺灣人壽保險公司。至於臺灣信託株式會社，則於 1947 年 5 月 15 日併入華南銀行。1946 年 5 月 22 日發行新通貨，當時稱為「新臺幣」。（1949 年 6 月 15 日實施幣制改革後發行的鈔票，於發行辦法中稱為新臺幣。為此，1946 年發行的「新臺幣」改稱「舊臺幣」，故在 1949 年 6 月中之前的 3 年 1 個月，即為舊臺幣時期。）〔註22〕以嚴家淦為首的財經官員對臺灣金融機構的接收和改造是卓有成效的，各種金融機構並未停頓，而是即刻恢復金融功能。

　　不過光復初期巨大的金融困境並非是由金融機構不足造成的。前述已經提及，光復初期中央和地方的金融權力之爭是導致金融困境的重要原因。

## 第三節　臺灣光復後省情和財政狀況

　　臺灣在日據時期形成了獨特的殖民地統治特色，因此要理解光復後臺灣省情以及嚴家淦政治活動，有必要先考察殖民地統治特點。

　　在日本的佔領時期，人口占少數日本人是統治階級，占絕大多數的中國人則是被統治階級。根據《中日馬關條約》，日本對臺灣具有法律的主權權力。不過日本並沒有容易的和平的統治臺灣，而是經過了一年多的時間，進行了無數戰鬥，軍事征服後才實際穩定了統治。正是因為這樣，在臺灣建立的日本殖民政府，開始並不是民事性質的，而是為了軍事壓制服務。根據日本政府 1895 年 3 月頒布的「六三法」，殖民地立法屬於授權立法，日本授權臺灣總督發布法律的權力。「六法」的根本目的，就是把臺灣作為日本的特別行政區，與日本實行完全不同的政治制度，實行與臺灣軍事體制相似的現代殖民政治。日本並沒有在臺灣大規模地利用當地人的間接統治，而是直接由日本人負責所有的行政事務。所有的權力都是通過嚴格的，幾乎一對一的監督進行的。起初，這種統治模式使得日本政府花費極大。20 世紀 90 年代末，日本政府的財政收入每年約為 8000 萬日元，臺灣的執政資金每年高達 600 至 700 萬日元，給日

---

〔註22〕臺灣銀行經濟研究室：《臺灣之金融機構》。

本政府帶來了沉重的負擔。出於經濟考慮,日本政府內部甚至出現了不如賣掉臺灣的議論。〔註 23〕昂貴的佔領費用要求一種廉價而又高效的民事政治來代替直接的軍事統治。這種高效的民事政治也就是所謂的「殖民地現代化」。日據時期,由於日本殖民者精心經營,除了在政治上繼續維持殖民地統治,臺灣經濟上、社會制度上已經「半現代化」。

鑒於此,國民政府在設計臺灣光復後實行的制度上有別於大陸的制度。國民政府根據臺灣調查委員會各委員的綜合意見,決定在臺灣實行行政長官公署的政治體制,並在 1945 年 9 月 19 日頒布了《臺灣行政長官公署組織條例令》,即仍然把臺灣視為中國的一個省,只是給予臺灣行政首長更大的權力,不像內地各省那樣稱「省政府主席」,而是稱「行政長官」。即由行政長官獨攬全省大權,為特任官,其下屬均為其幕僚佐治人員。而內地各省府是委員制,雖然省政府主席的權能較大,但其他省政府委員包括兼廳長的委員也都各有一定範圍的主管權責,不是省府主席的幕僚佐治人員,而是與省府主席一起都是簡任官,對省府主席具有一定的權力平衡作用。《臺灣行政長官公署組織條例令》規定:1.「臺灣省暫設行政長官公署,隸屬於行政院,置行政長官一人,依據法令綜理臺灣全省政務」;2.「臺灣行政長官公署,於其職權範圍內,得發布署令,並得制定臺灣省單行規章」;3.「臺灣省行政長官公署,受中央之委任,得辦理中央行政」,並「對於在臺灣省之中央各機關,有指揮監督之權」。〔註 24〕

陳儀的臺灣行政長官公署面臨一大堆問題,由於戰時臺灣遭到盟軍飛機的轟炸破壞和封鎖,臺灣的經濟凋零,工礦、港口、鐵路運輸受損嚴重,一時難以恢復。臺灣的對外貿易向來仰仗日本市場,戰後日臺貿易又一度全部停止。當時,有的人主張臺灣光復後應當實行自由市場經濟。其理由是:臺灣光復後,中美在臺灣的經濟關係必定更加密切,而美國是採取自由市場經濟的國家,所以「臺灣的工業政策不能與之懸隔過遠,否則將對臺灣建設之推行發生甚大影響」〔註 25〕。但是陳儀本人熱衷於推行統制經濟。陳儀本人為官清廉,

〔註23〕《日本帝國主義鐵蹄下的臺灣》,載王曉波主編:《臺灣殖民地的傷痕》,海峽學術出版社,2000 年,第 126～127 頁。

〔註24〕參閱中國第二歷史檔案館編:《中華民國史檔案資料彙編》第 5 輯第 3 編《政治》(四),江蘇古籍出版社,1999 年,第 667 頁。

〔註25〕郭紹宗:《對於臺灣工業建設之意見》,載陳鳴鐘、陳興唐主編:《臺灣光復和臺灣光復後五年省情》下冊,第 90 頁。

無子女無財產，官聲不錯。但是臺灣的政治情形相當複雜，他在國民黨的政權裏屬於勢力較弱的政學系。當時的臺灣政界的派系鬥爭非常嚴重，陳儀的施政抱負很難隨心所欲。〔註26〕經濟上的凋零和政治上的撲朔迷離使得光復初期臺灣上下一片混亂。

　　早在臺調會成立後，就對臺灣接收問題展開種種研究調查，其中財政問題是非常重要的一項。根據臺調會的大事記載，特別聘請時任職於財政部的臺籍人士游彌堅、謝南光為臺調會專任委員，又延攬臺籍日本問題專家宋斐如編撰《日本統治下的臺灣財政》。臺調會先後組織編成《日本統治下的臺灣貿易》、《日本統治下的金融》和《日本統治下的專賣事業》等研究書籍。〔註27〕無論是游、謝等臺籍財政專家還是陳儀本人，對臺灣光復後，政府的財政問題均保持樂觀的態度，認為日本殖民地政府在臺灣的統治雖然殘酷剝削壓榨臺民，但是經濟建設進步，財源雄厚，接收過來就能為光復後政府所用。戰後，臺灣雖然遭到戰爭破壞嚴重，但瘦死駱駝比馬大，其經濟仍在中國名列前茅，其財政收入也比內地省份雄厚很多。1947年1月，按照中國省市國庫收入排名，排名第一的臺灣省換算法幣為 41,057,234,676 元，比排在第二名上海市 25,071,840,852 元要多得多。〔註28〕只是收入雖多，但是支出同樣大。事後證明，國民政府對接收後所要遇到的種種困難估計不足。

　　首先遇到的是財政分權體制的困境。這關係到接收後的臺灣省政府有多大的財政自主權問題。過去臺灣殖民地政府財政相對日本政府獨立，日本殖民者巧妙的利用這種財政自主體制為殖民地母國創造便利的剝削機制。國民政府接收後，首先要廢除臺灣的殖民地屬性，並最終廢除原來的財政自主性，使得臺灣與大陸融為一體。謝南光就指出：

　　　　在日本統治時代，臺灣財政獨立，其動機在於減輕國庫負擔，
　　打消國內變賣臺灣的主張。後來財政獨立則變為實行「臺灣經濟自
　　給自足的體制」的手段並用以保護投資及移民的利益，財源大半，

〔註26〕主要是 CC 派、陳儀政府、本土社會力量派之間的派系鬥爭。參閱陳明通：《派系政治與陳儀治臺論》，載賴澤函主編：《臺灣光復初期歷史》，臺北：中研院中山人文社會科學研究所印行，1993年。

〔註27〕《臺灣調查委員會大事記》，載陳鳴鐘、陳興唐主編：《臺灣光復和光復後五年省情》上冊，第4～11頁。

〔註28〕《省市庫收支》（1947年1月），《經濟動向統計》，1947年1月，轉引自許毓良校注：《臺灣二二八大慘案華北輿論集》，前衛出版社，2016年，第159頁。

依賴於官營事業的利益，約占全部歲入的百分之六十四點三（1939年）。……以此中富財源，維持財政的獨立，如果這些事業都劃歸國營，臺灣財政獨立制度就瓦解了。〔註29〕

謝南光認為各省的財源統一中央是大勢所趨，但是由於臺灣的歷史特殊性，中國現在又缺乏足夠的技術人才接收這些官營企業，因此他主張在恢復生產的過渡時期採取特殊的財政政策。臺籍人士黃朝琴也主張：「日本在臺灣的制度很好，原有的總督府，只須名稱的取消，改為省政府。原來的總督府的機構不予更動，內地各省政府的機關太多，於臺灣人不習慣。」謝南光也贊同特別省的主張：「黃先生所提出的臺灣特別省制一節，可以說是我們臺灣同志一致的要求。」〔註30〕此問題事實上與接收後的臺灣政府到底實行什麼制度有關。陳儀極力主張實行特殊制度，他的主張得到同為政學系巨頭熊式輝的支持。〔註31〕

1945年3月，臺灣調查委員會提交《臺灣接管計劃綱要》。《綱要》賦予接收後的省政府比內地一般省政府有更多的權力，其中財政金融方面的規定共有九條。這些規定的主旨是要求接管後原有財政收入來源，如稅收、專賣、公營事業制度維持原來不變。《綱要》還要求中央應給予一定補助，並賦予臺灣省政府有較大的財政支出權，並簡化會計、審計等手續。等到接收完成，秩序安定後，再推行其他財政制度建設。至於金融方面則是設想推行獨立的臺幣制度，並規劃兌換法幣和接管金融機構的方式。〔註32〕《綱要》雖然主張維持省政府的特殊性，但是對中央和地方如何分配財源、臺幣的發行權這兩個關鍵問題並無詳細規劃。這兩個問題隨著接收的日益迫近，愈發顯得必要。一方面，內地普通省政府的財政收入有限，如專賣、國營事業都屬於中央的財源。戰後，復旦大學經濟學者周伯棣曾經就臺灣的財政困境說：「臺灣是一個省，我國普通省的財政是很困難的。原因是省的支出很多，收入只有本省土地稅的百分之二十，營業稅的百分之五，其餘均分給縣市與中央。於是省級財政支出收少，赤字甚巨，其不足之處多靠賒借與補助。」〔註33〕至於金融方面，光復

〔註29〕謝南光：《怎樣建設光復後的新臺灣》，《東南海》，1944年第1卷第6期。
〔註30〕《臺灣調查委員會座談會記錄》（1944年7月21日），載陳鳴鐘、陳興唐主編：《臺灣光復和光復後五年省情》上冊，第19、20～21、19頁。
〔註31〕鄧孔昭：《光復初期的行政長官公署制》，《臺灣研究集刊》，1994年第1期。
〔註32〕《臺灣接管計劃綱要》，載陳鳴鐘、陳興唐主編：《臺灣光復和光復後五年省情》上冊，第49～58頁。
〔註33〕《臺灣銀行季刊》，1947年第1卷第2期。

初期，全國的法幣不穩，通貨膨脹及其嚴重。在總支出中，國民黨的軍費暴增，使得政府財政不堪負荷。1946 年軍費所佔比例為 59.9%，至 1948 年則高達 68.5%。〔註 34〕因此陳儀極力主張臺灣省財政自主和臺幣發行自主的權力，避免大陸惡化的經濟波及臺灣。1945 年 8 月，臺灣金融委員會又制定通過了《臺灣金融接管計劃草案》，該《草案》規定臺灣光復後，法幣暫時不進入臺灣，而由中央銀行發行一種過渡形式的貨幣。《草案》還規定光復後臺灣金融事業的接收事宜由財政部指派由中央銀行、中國銀行、交通銀行、中國農民銀行共同組成的聯合辦事總處（簡稱四聯總處），以及上屬四行和郵政儲金匯業局、中央信託局（簡稱四行二局）會同臺灣省政府，具體負責共同組織接管臺灣金融機構。顯然陳儀的設想落空，國民政府沒有授予接收後省政府更大的自主金融權力。〔註 35〕

　　陳儀出任臺灣行政長官後，據說陳儀為了保證接收的政令統一，他向蔣介石提出要求：（1）中央、中國、交通、中國農民四大銀行暫不插足臺灣，臺灣金融仍由原來的臺灣銀行進行管理；（2）臺灣的接收工作概由臺灣行政長官公署統一辦理，以期事權統一；（3）臺灣光復後，不在臺灣駐紮重兵。〔註 36〕

　　1945 年 9 月 1 日，臺灣省行政長官公署臨時辦事處在重慶成立，國民政府以訓令公布施行《臺灣省行政長官公署組織大綱》，陳儀依據《大綱》著手組建臺灣省行政長官公署，開始著手全面接收臺灣的行政。《大綱》賦予臺灣行政長官公署較大權力，能制訂不同於其他省份的單行法規，並有權監督在臺灣的國民黨中央各機關。〔註 37〕10 月 25 日，臺灣省行政長官公署正式在臺北開始辦公。

　　值得注意的是，《大綱》並沒有規範臺灣省政府的財政與國民黨中央之間的關係。從重慶到臺北，陳儀極力爭取接收後的行政長官的財政大權。時任財政部長俞鴻鈞並不同意臺灣省自主發行貨幣，為此陳儀四處游說活動，他從穩定地方局勢出發，要求獨攬臺灣的金融權力。他致電行時任政院秘書長的蔣夢麟，說明臺灣當前的形勢，指出：「中央銀行此刻決不宜來臺設行發行，致與

〔註 34〕秦孝儀主編：《中華民國經濟發展史》，近代中國出版社，1983 年，第 936 頁。

〔註 35〕《臺灣金融接管計劃草案》，載陳鳴鐘、陳興唐主編：《臺灣光復和光復後五年省情》上冊，第 126～129 頁。

〔註 36〕周一鄂：《陳儀在臺灣》，載全國政協、浙江省政協、福建省政協文史資料研究委員會編：《陳儀生平及被害內幕》，第 106～107 頁。

〔註 37〕《臺灣省行政長官公署組織大綱》，載陳鳴鐘、陳興唐主編：《臺灣光復和光復後五年省情》上冊，第 113～114 頁。

臺灣銀行發生競爭，使弟無法控制，以致通貨腫脹，幣制混亂，物價高漲，人心動搖。」〔註38〕最終，蔣介石同意陳的請求，國民政府財政部則以派駐監理形式監督臺灣銀行的貨幣發行。地方與中央的金融權力之爭，集中反映了財政分權體制上的困境。

其次，臺灣殖民地政府經濟在戰爭後期已經嚴重衰退惡化。一方面臺灣的工礦業、農業受戰爭破壞，生產已經大不如戰前，急需恢復生產；另一方面，臺灣貿易過去完全依賴日本市場，戰後臺灣的貿易轉向大陸市場，當時的大陸市場一時無法完全代替日本，導致經濟恢復緩慢。戰爭期間日本在臺灣實行統制經濟，口糧都需要配給。1945 年，全島產米僅 638829 噸（折合 447 萬石），不及盛產期年產量 140 萬噸之半數，估計當時全臺消費量約需 88 萬 6 千噸，不足約 24 萬 7 千噸。〔註39〕1944 年以後，通貨發行及物價出現瘋漲情形，1945 年物價為 1937 年的 22 倍，通貨發行則達 24 倍。〔註40〕特別是日本殖民地政府在戰敗後為了能一次搜刮臺灣財富，突發大量貨幣，大搞通貨膨脹。舊臺灣流通券 1945 年 8 月 15 日前發行總額為 14 億元，8 月 22 日總督府又開始發行大面額的臺銀千元券，致使舊臺幣的發行額迅速高漲，至 10 月底陳儀接收臺灣前夕，舊臺幣的發行總額已達 28.9 億餘元，較同年 8 月 15 日前增長了幾乎一倍以上。〔註41〕

1946 年 5 月，臺灣行政長官公署官員在省臨時參議會上作施政報告時指出，由於戰爭原因，各種稅收收入損失極大，同時政府支出浩大，財政收入拮据。殖民地總督府的財政年度是 4 月初到第二年的 3 月底，1945 年財政年度的總預算收支為 828,992,406 元（舊臺幣）。國民政府接收後，盤點政府收支，1945 年 4 月到 1945 年 12 月，總收入為 493,639,632 元，支出為 406,323,301元。〔註42〕從賬面上看，前 8 個月收支竟然還有盈餘。但是由於通貨膨脹及其

〔註38〕《臺灣省行政長官公署請令中央銀行暫不在臺設行事致行政院秘書長蔣夢麟電》（1945 年 11 月 15 日），載陳鳴鐘、陳興唐主編：《臺灣光復和光復後五年省情》下冊，第 428 頁。

〔註39〕王曉波編：《陳儀與二二八事件》，海峽學術出版社，2004 年，第 14 頁。

〔註40〕潘志奇：《光復初期臺灣通貨膨脹之分析》，聯經出版事業公司，1980 年，第 19 頁。

〔註41〕參見吳永福：《幣制改革》，國民政府財政部財政研究委員會發行，1947 年。

〔註42〕《臺灣省行政長官公署施政報告》，轉引自馬振犢、戚如高：《臺灣光復後南京國民政府對原財政金融機構的接收及其工作的推進》，《民國檔案》，1988 年第 3 期。

嚴重，財政預算收支已經完全脫離實際。嚴家淦在接收後一年的地方財政報告中指出：「（1）原有稅制不合理，地方不景氣的程度加深；（2）人民受戰爭損壞，納稅能力降低；（3）向來占主要收入的公營事業單位，因戰爭損害，收入銳減；（4）復興與復舊費用浩大；（5）物價上漲，政府支出也跟著增加。」〔註43〕嚴家淦指出的財政困境，除了體制弊端沒提外，財政難題多切中時弊。

　　1946 年 10 月中旬，蔣介石赴臺考察。蔣對臺灣印象很好，臺灣良好的經濟基礎、普及的教育等都給他留下印象。蔣指示陳儀要把臺灣建設成中國的一個「三民主義」模範省。在臺北記者招待會上，蔣介石如此說道：

> 去年外人對臺灣的觀察以為臺灣經過這樣重大的轟炸與毀損的
> 程度，我政府無能，絕不能恢復以前日人時代的原狀，甚至公開批
> 評我們政府接收臺灣六個月以後交通水電等事業就要中斷，無法維
> 持。但今日事實證明，我們在這一年之中復員期間恢復交通與水利等
> 重要工作並無借助於外人，而各種事業，不但沒有中斷，反而日有進
> 步，足見國人具有建設能力，此一事實誠值得我們重視。〔註44〕

　　這裡，蔣介石要向外人表明國民黨政府治理臺灣是成功的，接收也是順利的。但是蔣介石此次訪臺只是走馬觀花，對臺灣掩蓋的深層次的矛盾毫無察覺。幾個月後，「二二八事件」爆發，直接導致陳儀下臺。

## 第四節　嚴家淦的主要財政政策

　　臺灣的財政接收前期是張延哲主持，後由嚴家淦接替，前後政策有延續性。1945 年 11 月，臺灣行政長官公署接收原總督府的財務局及農商局的商政課，1946 年 4 月工作完成。金融業的接收工作同期展開，5 月份工作完成。〔註45〕面對當時的財政拮据問題，嚴家淦從收入和支出著手：在收入方面主要從確立財政分權原則、整頓稅收、加強專賣和貿易、發行貨幣等著手，在支出方面主要從控制開支和發展公營企業方面著手。

　　第一，確立財政分權原則。根據國民政府行政院核定的整理財政原則，臺

---

〔註43〕嚴家淦：《一年以來臺灣省縣鄉財政》，《臺灣月刊》，1947 年 1 月第 3、4 期合刊。

〔註44〕陳鳴鐘、陳興唐主編：《臺灣光復和光復後五年省情》上冊，第 304 頁。

〔註45〕馬振犢、戚如高：《臺灣光復後南京國民政府對原財政金融機構的接收及其工作的推進》。

灣行政長官公署財政權為：（1）由臺灣行政長官擬具概算及收支計劃呈經中央核准辦理；（2）本省在整理期間，中央與地方暫不劃分，由本省求的平衡；（3）駐國軍軍費由中央負擔；（4）財政整理期間，省內國防建設專案辦理；（5）暫準發行臺幣。〔註46〕

按照「中央與地方暫不劃分，由本省求的平衡」這個原則，臺灣行政長官公署的財政權力非常大。根據報告，除臺灣的郵政收入歸中央外，其他財權基本上歸臺灣省政府。至於地方縣市，把一部分稅收收入和田賦（這個收入原屬於中央和省）收入歸縣市所有。確定中央與省政府的委託辦理的事務，以及不屬於地方自治事業經費，一概不由縣市開支。〔註47〕

1946年6月，國民政府財政部重新確定了中央、省、縣市的稅收分配比例，其中歸屬省政府的收入大於以往規定。嚴家淦力主將田賦的70%、所得稅的30%、遺產稅的30%、營業稅的50%、印花稅的30%等原屬於國省稅交給地方。根據1946年度概算，縣市收入中分配國稅收入占45.46%，地方課稅占29.01%，省補助占8.94%。可見，行政長官公署在劃分稅源上比內地省份要寬鬆的多，國稅有很大部分由縣市一級政府支配。〔註48〕

第二，整頓稅收。嚴家淦為區別原殖民地政府的剝削屬性，極力在稅收上取信於民。接收過程中，省政府廢除苛捐雜稅。將原來日據時代依靠附加稅、無獨立稅的情況加以改正。廢除船筏稅、車稅、自動車稅、轎稅、藝妓稅、從業者雇傭稅、特別所得稅、屠畜稅、傭人稅、畜犬稅、興行稅，以及大部分國稅附加稅、州廳附加稅。〔註49〕嚴家淦的稅收整理還是很成功的，外界批評很少。另一個稅收舉措是田賦徵實。這個制度在大陸實行多年，但嚴家淦在臺灣推行該制度時，因地制宜，還是以徵收貨幣為主。臺灣在日據時期田籍登記非常完善，所以徵稅工作推行順利。根據臺灣的實際情況，田賦只徵水田，旱田徵收的是代金（實物折價後的錢款）。實物徵收比例約占6%，也比他省（13～35%）要低。〔註50〕

〔註46〕 臺灣行政長官公署財政處編：《臺灣一年來之財政》，臺灣行政長官公署宣傳委員會發行，1946年，第1頁。

〔註47〕 《一九四六年臺灣省財政要報》，載陳鳴鐘、陳興唐主編：《臺灣光復和光復後五年省情》下冊，第347～348頁。

〔註48〕 善後救濟總署臺灣分署經濟技正室編輯：《臺灣省經濟調查報告》，善後救濟總署臺灣分署發行，1947年，第83～84頁。

〔註49〕 嚴家淦：《一年以來臺灣省縣鄉財政》。

〔註50〕 善後救濟總署臺灣分署經濟技正室編輯：《臺灣省經濟調查報告》，第79頁。

　　第三，加強專賣和貿易。臺灣光復後，有關殖民地時期遺留的事業由專賣局負責，專賣的幾種物品，除鴉片早由中央令禁止外，鹽則歸鹽務管理局專賣，所剩之樟腦、火柴、度量衡、煙草、酒類，則仍由省政府的專賣局統籌辦理。專賣收入在殖民地時代就是重要財源，1946 年，臺灣省政府的概算中對專賣收入期望很高，約占財政收入的 50%。1945 年 10 月，行政長官公署設立貿易公司，以取代殖民地時期的「重要物資營團」或「拓殖株式會社」。1946 年 2 月，貿易公司改為貿易局，除本身辦理進出口的對外貿易業務外，又兼有「指導人民經營貿易和奠定民生經濟基礎的任務」。由於臺灣省進出口業務及進口物資之配銷完全由貿易局壟斷，其利潤極大。1946 年概算中公營事業盈餘占財政收入約 35%，而其中貿易局盈餘達 11%。〔註 51〕專賣和貿易，嚴家淦介入不多。但這兩項在省政府財政預算上占很大的收入比重，可見嚴家淦對之期望很高，但是實際不盡人意。

　　第四，發行貨幣。臺灣行政長官公署接收臺灣銀行後，立即停止發行千元券。11 月 8 日，通令臺銀千元券的持有人，將其全部存入臺灣銀行，作為臺銀千元券特種定期儲蓄金，暫時穩定了貨幣量供給。〔註 52〕之後，省財政短缺之處由行政長官公署向臺灣銀行借貸墊資，但納入收入的預算。嚴家淦對貨幣發行比較謹慎，極力控制物價上漲。但陳儀想通過發行臺幣籌措發展經濟的資金，擴張公營企業經營，無力通貨膨脹。

　　第五，支出控制。陳儀在治臺期間，極力勸說蔣介石不要在臺灣駐重兵，當時就有人指出，他的主要目的在於減輕臺灣的財政負擔。當時臺灣省政府的冗員太多，時任臺灣法院院長楊鵬就指出，臺灣各級行政機構龐大，行政機關部門的數量幾乎與抗戰時期重慶中央政府一樣大。〔註 53〕由於國民政府的接收工作量大，減少機關人員的並不現實，因此陳儀希望通過減少駐兵來實現節省開支的目的。「二二八事件」發生後，國民政府只得從大陸緊急調兵來臺，可見兵力十分空虛。至於政府開支，省政府的財政處通過概算來實現支出控制。嚴家淦擬定接收後的概算分三期實行：第一期為繼續殖民地時期的預算，時間為 1945 年 11 月初至 12 月底兩個月；第二時期為 1946 年 1 月初到 3 月

〔註 51〕善後救濟總署臺灣分署經濟技正室編輯：《臺灣省經濟調查報告》，第 78～19 頁。

〔註 52〕吳永福：《幣制改革》，第 15～16 頁。

〔註 53〕楊鵬：《臺灣受降與二二八事件》，載全國政協、浙江省政協、福建省政協文史資料研究委員會編：《陳儀生平及被害內幕》，第 87～103 頁。

底，繼續執行殖民地時期的舊預算，但是根據情況作了部分調整；第三時期為1946年4月開始實行新的概算。嚴家淦的這個舉措是符合當時實際的，接管後的行政機構事實上維持了原政府機構的人員和功能，預算自然有延續性。嚴家淦指出：

> 臺灣接收後，縣市預算問題，為求政務不停頓起見，會計制度和預算制度三十四年度不得不沿用日本舊制。三十四年三月至三十五年四月，除苛雜廢除外，餘均維持舊制。支出標準也是暫時參酌原製辦理。所有公教人員的生活津貼和米代金，除澎湖、花蓮和臺東三縣全部都由省發給外，其餘縣市都是由省庫發七成，縣市負擔三成。〔註54〕

另外，控制國營企業的支出是一項非常重要的財政措施。國民政府接收了日本佔領期間的大量工業、採礦業等日本企業，轉為國有企業。這些企業的所有權也是省政府和中央爭奪的重要內容。經過多次協商，代表中央的資源委員會和臺灣省政府達成的共識。雙方同意把臺灣工礦企業分為國營、國省合營及省管三類，前兩類將由資源委員會接管。國省合營的股權是國（資源委員會）六省四，企業的董事長由資源委員會派任，經營業務也由資委會負責。原來各企業中有少許臺灣人股份，均保留其股權併入省方四成之內計算。〔註55〕企業運營按理應該自主，獨立核算經營成本。但陳儀出於控制企業開支的目的，實行對公營事業進行財務控制，1946年6月行政長官公署發文要求：

> 略以各公營事業機關，不論公司局會，除各主管處需隨時指導監督外，收支事項由財政處負責考核，會計事項由會議處負責考核，工作事項由經濟委員會會同各主管處組織各專門委員會負責考核。〔註56〕

為了進一步控制企業的生產、運營和開支，嚴家淦為處長的財政處專門制定了國營單位的財務控制規章：

> （1）公營事業機關（各公司及具有營業性質的機關如專賣局、貿易局、鐵路管理委員會、航運委員會、郵電管理局等），均應於年度開始前編造營業計劃及營業預算，送署核定。各機關需負切實執

〔註54〕嚴家淦：《一年以來臺灣省縣鄉財政》。
〔註55〕錢昌照：《錢昌照回憶錄》，中國文史出版社，1998年，第72頁。
〔註56〕《資源委員會與在臺各項事業機關關於監督管理事項的往來電文》，載陳鳴鐘、陳興唐主編：《臺灣光復和光復後五年省情》下冊，第101頁。

行之責，未經核准，不得有預算外支出；（2）各公營事業機關的行政支出、業務支出，均由各機關在核准預算範圍內於收入項下自行撥用，不另向財政處領支。每年盈餘總數或虧損總數編入總預算，其餘收支細目只列入營業預算內，不編入總預算；（3）各公營事業機關應將收支報告及業務動態按月報署；（4）各公營事業機關須遵照預算所定標準將其盈餘收入按期繳庫。其繳庫數目及其期限由財政處查照，各該機關事業性質與各該機關洽定之；（5）財政處為平衡財政收支對各公營事業機關關於下列事項有主導權：（一）公營事業之價格；（二）公營事業之收入，不能達到預定數目；（三）公營事業之資金運用、各公營事業固定資金、流動資金均應編入年度營業計劃及營業預算，由財政處事前與銀行通盤籌劃，事後考察是否合理運用。〔註57〕

　　從這份文件看，臺灣省財政處負責全部公營事業的運營，如此嚴格的財務計劃對多數企業的經營顯然沒有必要。事實上，行政長官公署在公營企業的經營上遭到了外界猜測，臺灣社會對其低效腐敗批評極多。

## 第五節　統制經濟的失敗

　　嚴家淦在光復初期的財政接收和重建上，成果顯著。不過財政是政府施政的手段，並不能根本挽救局勢。其中陳儀熱衷推行統制經濟，是導致其治臺失敗的重要原因。量入為出是財政收支平衡的重要原則。在開支浩大的情況下，1946 年底，省政府的借債收入約占 40%，入不敷出嚴重。〔註58〕陳儀的財政政策主要是希望通過專賣貿易和發行貨幣來開闢財源，並希望通過積極的財政政策，發展公營事業來最終解決財政困境。這種思路與陳儀所謂「國家資本主義」思想一脈相承，但其結果並不如人意。事實上，他對這些經濟理論一知半解，十分熱衷把種種計劃經濟的想法與三民主義中的民生主義結合。治臺之初，他的經濟政策的方針是：（1）實行三民主義：「到臺灣的施政方針，希望能整個一致，黨政軍徹底實行三民主義」；（2）統制經濟，增強國家資本，發

〔註57〕《資源委員會與在臺各項事業機關關於監督管理事項的往來電文》，載陳鳴鐘、陳興唐主編：《臺灣光復和光復後五年省情》下冊，第 102 頁。

〔註58〕《臺灣省歲入歲出狀況表（一九四六年度）》，載善後救濟總署臺灣分署經濟技正室編輯《臺灣省經濟調查報告》，第 82～83 頁。

展公營事業：「臺灣在日人的統治之下已是資本主義化，但我們收復後，對於一切產業必須國有或公營。如銀行須國有，土地實行耕者有其田，市地收為國有，交通事業公營」；（3）可參考蘇聯的經濟計劃模式：「蘇聯革命以後，其實貧窮不亞於我國，但是在兩個五年計劃後，就建設成一個工業化的國家，所需的資本就是政策……建設之權必須操之在我，是放棄不得的」。〔註59〕

其經濟政策之激進，已經完全超出當時國民黨的一般統制經濟理論，其財政治理手段也必定容易引起紛爭。

首先，長官公署對專賣、貿易寄予厚望，因為日據時期這兩項收入本來就是財政支柱。但是，專賣因受到臺灣民眾購買力的影響，不僅收入並不如人意，而且引起極大的民憤和利益衝突。在1946年4月所作的概算裏，當年度（4～12月）的歲入中，公有營業盈餘約占總額的35%，專賣收入占50%，其他的運輸、稅課收入占13%強。但是在當年的10月份，專賣和公有事業盈餘減少。而借款為預計的171%，遠遠超過預期。〔註60〕專賣和貿易兩項由於與一般商民爭利，民怨極大，且壟斷臺灣與大陸貿易，也引起中央的不滿，遭到了中央一些部門的反對。「二二八事件」後，監察委員楊亮功與何漢文的報告認為：

> 專賣政策，其制度已與中央統稅政策有不合之處，而其人事配置不健全，發生種種使人民不能滿意之現象，在緝私方面，未能從大處著眼，而與小販為難，以致私貨依然橫流，小民怨恨。且其專賣貨物，質量既劣，價格奇昂，又無充分出品以應市場，以此種種之缺點，自難求其繼續存在。〔註61〕

由中國國民黨中執會秘書處所抄送《臺灣現狀報告書》提到：

> 臺灣貿易公司設立方案，曾在中央設計局彙報時，被有關機關一致反對而遭否決，現在又不顧一切重行設立。查日人統制素稱嚴密，尚且留臺胞有經商餘地，俾得謀生，而我政府在臺措施反不顧及人民福利，連日人留予臺胞謀生之商業亦剝奪淨盡，此使臺胞感覺祖國之

---

〔註59〕《臺灣調查委員會黨政軍聯席會第一次會議記錄》，載秦孝儀、張瑞成編：《光復臺灣之籌劃與受降接收》，中國國民黨中央委員會黨史委員會編印，1990年，第140～141頁。

〔註60〕善後救濟總署臺灣分署經濟技正室編輯：《臺灣省經濟調查報告》，第82頁。

〔註61〕《楊亮功與何漢文關於臺灣「二二八事件」調查報告及其善後辦法建議》，載陳鳴鐘、陳興唐主編：《臺灣光復和光復後五年省情》下冊，第622～654頁。

剝奪，有甚於日寇，而動搖其對祖國之信心，實得不償失。〔註62〕

不過，陳儀不以為然。他對貿易局長於百溪說：

> 搞統制經濟的目的，一是要使得臺灣重要的進出口物資掌握在
> 政府手中，避免奸商操作，二是要把貿易所得盈餘用到經濟建設來。
> 這樣做一定會引起他們的不滿，但是不用怕。因為我們不為私而是為
> 公。不是為了少數人的腰包，而是為了滿足臺灣的民生。〔註63〕

為了平衡預算，陳儀不但無暇顧及外界批評，為了追求貿易的高額利潤，
甚至親自操控貿易經營。當時臺灣糖的價格僅為上海的十分之一，走私盛行。
貿易局長於百溪想出的辦法是用上海的牌價在臺灣掛牌收購，隔天逐漸降價，
形成糖價下跌假相，吸引糖商賣糖給貿易局。這個方法需要貿易局有大量收購
款作前期收購的工作，貿易局無錢，所需收購款項則由銀行貸款，等於靠濫發
貨幣囤積糖。於百溪也意識到這個方法雖好，但是可能會引起物價上漲。但陳
儀支持於百溪這種不顧後果的做法，批准貸款。當時嚴家淦都蒙在鼓裏，抱怨
貿易局因為收購糖而引起價格上漲，且以糖為原料的餅乾、蛋糕也節節攀升，
甚至刺激其他物價上漲，要求貿易局做解釋。陳儀打圓場說：「這件事，大家
不用管，我清楚，大家將來會明白。」〔註64〕

專賣、貿易兩項政策遭到了臺灣一般民眾痛恨。陳儀手下大將包括行政長
官公署秘書長葛敬恩、工礦處長包可永、財政處長嚴家淦、民政處長周一鶚，
則被臺灣人稱為「四凶」。〔註65〕國民黨本身派系林立，利益衝突使得政治環
境更為複雜。加劇了政治紛爭。〔註66〕1946年底，國民黨監察委員劉文島來
臺灣。專賣局長任維群、貿易局長於百溪徇私舞弊，被逮捕直送法院，雖然最
後以不起訴了之，但是對陳儀威信打擊很大。〔註67〕

---

〔註62〕《國民黨中執會秘書處為抄送〈臺灣現狀報告書〉至行政院函》，載陳鳴鐘、
　　　　陳興唐主編：《臺灣光復和光復後五年省情》下冊，第552～562頁。
〔註63〕於百溪：《陳儀治臺的經濟措施》，載全國政協、浙江省政協、福建省政協文史
　　　　資料研究委員會編：《陳儀生平及被害內幕》，第118～121頁。
〔註64〕於百溪：《陳儀治臺的經濟措施》，載全國政協、浙江省政協、福建省政協文史
　　　　資料研究委員會編：《陳儀生平及被害內幕》，第118～121頁。
〔註65〕錢履周：《我所知道的陳儀》，載中國人民政治協商會議福建省委員會文史資
　　　　料編輯室：《福建文史資料》第4輯，福建人民出版社，1980年，第20頁。
〔註66〕陳翠蓮：《派系鬥爭與權謀政治：二二八悲劇的另一面相》，時報文化出版企業
　　　　有限公司，1995年，第211頁。
〔註67〕周一鶚：《陳儀在臺灣》，載全國政協、浙江省政協、福建省政協文史資料研究
　　　　委員會編：《陳儀生平及被害內幕》，第105頁。

其次，陳儀將發展公營事業作為解決財政困難的最終手段，對其寄予厚望，結果卻對惡性通貨膨脹推波助瀾。當時，臺灣外來資金和資源十分有限，主要是善後救濟資金、資源委員會吸引的中央撥款和部分外資。據資源委員會經濟研究室的調查報告，戰後臺灣重要工礦復工所需經費共 544,765,000 臺幣和 9,330,000 美元。〔註68〕但由於外來資金不足，根據行政長官公署與資源委員會合辦方法的規定，各公司所需臺幣流動資金，由臺灣行政長官公署知照臺灣省銀行儘量予以透借便利。〔註69〕據統計，臺灣各事業流動資金，均係由各單位向臺灣銀行貼借，1945 年借 23.3 億臺幣，1946 年借臺幣約 122.7 億。〔註70〕此數字十分龐大，1946 年省政府總支出也不過 27 億左右，當年的公有事業的整個盈餘也只有區區 5.9 億元。如果從投入產出來看，完全不成比例。由於臺灣銀行本來準備金和存款就不足，借貸臺幣都是靠發行紙幣來實現，結果造成嚴重的通貨膨脹。從 1946 年 1 月至 1947 年 2 月，米價就上漲了 5 倍多，雞蛋漲了 9 倍，連鹽也漲了 18 倍多。〔註71〕物價上漲，使得原有的財政概算完全跟不上形勢。一再追加各種臨時支出，加重了政府對借債的依賴，所謂支出控制也徒為具文，無法實現。

面對這種形勢，陳儀也頗覺棘手。1946 年 12 月，陳儀在臺灣臨時參議會閉幕會上指出：

> 要安定物價，除了須使財政收支平衡外，匯率自由外，最重要的還要能增加生產。明年上半年各種設備和原料都要補充，出超幾乎不可能，一定是入超。既是入超，這些資金從何而來？物價如何能穩定？在在都是問題。〔註72〕

按照陳儀的設想，兩三年後工業就能復興，屆時生產搞上去，困難就能解決。只不過如此嚴重的通貨膨脹使得臺灣民怨沸騰，兩個月後就爆發了「二二

〔註68〕《臺灣工礦事業考察報告》，載陳鳴鐘、陳興唐主編：《臺灣光復和光復後五年省情》下冊，第 10 頁。
〔註69〕《經濟部資源委員會、臺灣行政長官公署合辦臺灣省工礦事業合作大綱》，載陳鳴鐘、陳興唐主編：《臺灣光復和光復後五年省情》下冊，第 100 頁。
〔註70〕《資源委員會復員以來工作述要》，載中國第二歷史檔案館編：《中華民國史檔案資料彙編》第 5 輯第 3 編《財政經濟》（五），第 101 頁。
〔註71〕參見翁嘉禧：《戰後初期臺灣惡性通貨膨脹的原因與對策》，張海鵬、李細珠主編：《臺灣歷史研究》第 2 輯，社會科學文獻出版社，2014 年。
〔註72〕《陳儀在臺灣省參議會第一屆第二次會議上講話》，載陳鳴鐘、陳興唐主編：《臺灣光復和光復後五年省情》上冊，第 316～322 頁。

八事件」。國民黨在抗戰時期以來實行的就是統制經濟體制，助長了所謂的官僚資本主義。臺灣的情況其實也是類似，陳儀通過發展國營經濟來平衡財政收支的財政治理模式，最終也一樣無法實現。長年跟隨陳儀的臺灣行政長官公署的民政廳長周一鄂注意到：「陳儀來臺本來有一番抱負，想把在大陸上所不能實現的理想實現於臺灣，但是在臺灣一年零八個月，在這短短的時間裏，他也不是一帆風順，為所欲為的。」〔註73〕

　　由於臺灣貿易從日本轉向大陸，臺幣與法幣之間的匯率關係就非常重要。但因為缺乏有效管制，黑市和走私橫行。自由派雜誌《觀察週刊》就批評臺灣當局的經濟體制時說：

　　　　我國政治上處處學習法西斯，但是只學了皮毛。現在臺灣，理論完備了，執行可發生了問題。單就臺灣維持匯率一節，即不能嚴格有效的統制或管理匯兌。〔註74〕

統制經濟之弊端可見一斑。

## 第六節　教訓與政策調整

　　統制經濟是抗日戰爭期間國民黨上下都非常熱衷的經濟模式，是戰爭動員機制，戰爭結束後理應放棄。國民黨在政治上無法解決與共產黨的關係，戰爭無可避免，也就不可能結束統制經濟，因此陳儀個人在臺灣推行統制經濟也是整個大環境的一環。「二二八事件」最重要的原因之一是反對統制經濟，因此該事件與大陸國統區風起雲湧的反國民黨統制經濟是一致的。財政治理上過分依賴統制經濟的途徑，而又缺乏有效的政治力，這是陳儀失敗的重要原因。當時嚴家淦是陳儀治臺的最重要的財經官員。嚴自己常年奔波於上海和臺灣兩地市場，借法幣頭寸，管理銀行匯兌，但依然無法阻止貨幣混亂局勢。除了統制經濟失策以外，其個人金融管理方法和能力也值得檢討，這為他以後在臺推行幣制改革提供了經驗教訓。

　　此外，嚴家淦是國民政府處理臺灣遺留日產的重要負責人，但日產處理問題頗多。國民黨陸軍總司令何應欽於 1945 年 8 月 15 日即透過無線電廣播宣

---

〔註73〕周一鄂：《陳儀在臺灣》，載全國政協、浙江省政協、福建省政協文史資料研究委員會編：《陳儀生平及被害內幕》，第 106～107 頁。

〔註74〕《觀察週刊》記者：《隨時可以發生暴動的局面》，轉引自許毓良校注《臺灣二二八大慘案華北輿論集》，第 115～118 頁。

示：「在民國 34 年（1945）8 月 15 日以後，禁止日人財產變賣移轉或設定負擔，違者不生效。」這一命令，當然適用於被中華民國接收的臺灣。不久，陸軍總司令部為處理中國境內日本人產業問題，於 9 月 30 日頒布《日人在中國私有產業暫行處理辦法》，將日產禁止移轉日期改至 1945 年 10 月 1 日。而臺灣省行政長官陳儀於同年 10 月 5 日發出命令規定：「現在臺灣之公私財產（含動產及不動產）立即停止轉移及變賣，公債、社債應停止募集，在 8 月 15 日起之一切變更須另詳冊呈報，不得稍有隱瞞。」10 月 15 日，前進指揮所以臺進字第二號公告暨臺灣省行政長官公署、高等法院第 692 號公告：「凡日人不動產在 8 月 15 日以後變賣移轉或設定負擔者，一律無效。」〔註 75〕1945 年 8 月 15 日到 1945 年 10 月 15 日間，臺灣省還在日本總督府的控制下，由於有時間差，一些日本人的財產可能通過各種交易隱匿，使得問題變得複雜。臺灣省政府一直堅持 8 月 15 日，但是一些臺灣人因為買賣已成，不肯相讓。官民之間打官司，直到兩年以後法院才判決以 8 月 15 日為基準日。〔註 76〕這件事情，行政長官公署沒有當機立斷，堅持以 8 月 15 日作為基準日，在政治上是失策的，無法及時安撫浮動的人心。

關於日產處理，導致人心浮動的案例極多。1946 年 2 月，嚴家淦報告指出接收案件的糾紛不少，其中駐臺美軍聯絡組關於接收日僑財產糾紛案件計有數十起之多，復據報載常有某一房屋有五六條接收或監理的條子。〔註 77〕

由於臺灣省政府財政拮据，因此把接收日產當作充裕國庫的重要手段。但是，一些本省人認為有些財產是過去日本人強佔，不應該全部歸屬公家所有。其中，日產當中有許多是房產，向來為臺灣貧民租住，日本人走了之後，房產標售，這些人害怕無所居住。〔註 78〕此外，在日產標售問題上，舞弊的事情也層出不窮。時任監察委員何漢文回憶：「名義上是公開標賣，實際上卻是

〔註 75〕 參閱張憲文、張玉法主編，陳立文、鍾淑敏、歐素瑛等：《中華民國專題史》第十五卷《臺灣光復研究》，南京大學出版社，2015 年，第 257 頁。

〔註 76〕 張憲文、張玉法主編，陳立文、鍾淑敏、歐素瑛等：《中華民國專題史》第十五卷《臺灣光復研究》，第 258 頁。

〔註 77〕《臺灣省日產會及日僑會第一次聯席會議紀錄函送案》，臺灣文獻館藏臺灣省行政長官公署檔案，典藏號：00301900004001，轉引自張憲文、張玉法主編，陳立文、鍾淑敏、歐素瑛等：《中華民國專題史》第十五卷《臺灣光復研究》，第 261 頁。

〔註 78〕 張憲文、張玉法主編，陳立文、鍾淑敏、歐素瑛等：《中華民國專題史》第十五卷《臺灣光復研究》，第 265 頁。

由內地官僚資本家和長官公署以下的黨政軍高級官員夥同私下分贓。……臺灣各地許多大企業、大商店、大廠房、大住宅都被有實力背景而能在標賣中直接插手的人以極便宜的價格搶買去了。……據楊亮功告訴我，當時臺灣監察使署收到的檢舉控訴案件，就以接收日產、標賣日產、勾結貪污舞弊和人民產業被搶的案件最多。」〔註79〕

1947年2月28日，因稽查私煙問題引發「二二八事件」。之後幾天台灣全省動亂，局面失控，出現了到處打外省人的情況。嚴家淦正好到臺中出差，本省霧峰林家的林獻堂就把嚴家淦藏在他家裏，加以保護。霧峰比較偏僻，外人不易發現。林家的房子寬敞漂亮，是二層樓的洋房，林獻堂就要嚴家淦待在二樓，以確保安全。嚴家淦在林家直到事件平息後才由林獻堂兒子林攀龍護送回臺北。中國傳統官場裏，異地為官是常態，外來官員與本土勢力糾葛也是常態。在福建時期，嚴家淦就有這樣的經驗。嚴家淦此時顯示他處事豁達的一面，他在林獻堂家百無聊賴，看英文高爾夫球類書籍度日。〔註80〕因為有此淵源，嚴家淦和林獻堂成了莫逆之交。省籍矛盾是臺灣光復後比較棘手的矛盾之一，當時林獻堂是臺灣本省最著名士紳，從林的這個舉動來看，嚴家淦是比較擅長處理與地方人士關係的。

回臺北後，嚴家淦發表了一篇廣播講話：

　　各位同胞：兄弟在二月二十八號那天，因事到臺中去，剛剛臺北事變發生，全省騷動，一直到三月十二日下午才回到臺北，現在全省已逐漸安定，希望不久秩序可以完全恢復。根據我在臺中親眼看到，和我在臺北親耳聽到的事實，我知道極大多數的臺灣同胞都是愛國家，愛民族。對於這一次不幸的事件，都是極端痛心的，而極少數受奸人煽惑的暴徒，同他們不合法無理智的暴動，顯然為臺灣同胞的苦衷，這一次事變發生以後，生產停頓，商業阻滯，臺灣省的損失，不曉得多大。我們不能有消極的思想，我們要積極的做去，要趕快恢復政治經濟秩序，同一切社會秩序，我們才可以恢復臺灣省的活力，同整個國家的活力，同時希望農礦工商林牧漁撈各

〔註79〕何漢文：《臺灣二二八起義見聞紀略》，載中國人民政治協商會議湖南省委員會文史資料研究委員會編：《湖南文史資料選輯》第2輯，湖南人民出版社，1981年。

〔註80〕《錢復訪談錄》，載歐素瑛等訪問、記錄，陳立文主編：《嚴家淦「總統」行誼訪談錄》。

業的同胞，一致發揮工作的力量，來增加生產；兄弟保證，在財政金融方面，儘量協助其成功，現在全省各地方都有了銀行，除臺灣銀行、土地銀行、合作金庫外，尚有三家有民股的銀行，就是臺灣工商銀行、彰化商業銀行、華南商業銀行，都在三月一日正式改組成立，這個金融非常完密，與社會經濟息息相關，此後更應充分運用協助生產，積極辦理生產貸款及原料製成品的抑匯，一面使商業匯兌暢通達到貨物貨暢其流的地步，這樣做去，我們不但可以恢復過去的損失，並且還可以繁榮將來的經濟，那麼失之東隅，我們未始不可以收之桑榆的。

至於全省各級政府，在這時期內，財政上的損失甚大，更希望全省的財務人員，同稅務人員，現在要趕快恢復工作，各縣市的財政局政科稅捐稽徵處，以及公庫方面的人員，都要格外努力，然後財政才有辦法，同時希望全省的同胞，協同政府恢復秩序，把應納的稅，趕緊繳納，那麼這一回的損失才可以很快地彌補起來。

這一次不幸的事變，已經過去了，蔣主席和陳長官都昭示我們，在處理時候要寬大和平，除極少數的不良份子，應予以制裁外，其他的同胞，希望大家要安心，要相親相愛互助合作，要積極的工作努力生產，共同建設新臺灣和新中國，希望財政金融工作的同志與財政金融有關的社會人士，更要加倍努力。〔註81〕

事件平息後，1947 年 4 月 22 日，蔣介石主持行政院第 784 次例會，以臺灣事變既平，陳儀引咎請辭行政長官兼警備總司令，決議撤消臺灣省行政長官公署，依照《省政府組織法》改制，任命魏道明為臺灣省政府主席，各廳處應各增設副首長一人，盡可能起用臺籍人士。〔註82〕魏道明是留美外交家出身，官聲比較好，蔣介石任命魏是希望盡快平復事件帶來的不利後果。魏上臺後，在政策上作了調整。

政治上，魏任命更多臺籍官員以安撫人心。陳儀的舊班底多掛職而去，嚴家淦是少數留任的高官之一。4 月 30 日國民政府任命丘念臺（兼民政廳長）、

〔註81〕嚴家淦：《趕快回到自己本位安心工作努力生產財處長嚴家淦播告省民》，《臺灣新生報》，1947 年 3 月 16 日，載林元輝編注《「二二八事件」臺灣本地新聞史料彙編》，臺北：財團法人二二八事件紀念基金會，2009 年，第 194～196 頁。

〔註82〕潘振球主編：《中華民國史事紀要》（初稿，1947 年 4～6 月），臺北「國史館」印行，1996 年，第 251 頁。

嚴家淦（兼財政廳長）、許恪士（兼教育廳長）、楊家瑜（兼建設廳長）、林獻堂、朱佛定、杜聰明、馬壽華、劉兼善、李翼中、南志信、游彌堅、朱文伯、陳啟清為臺灣省政府委員。〔註83〕

魏上臺後，繼續任用嚴家淦掌財政，對統制經濟政策作了調整。魏道明先後對廣為詬病的專賣局和貿易局進行改組。5月24日，省政府委員會第二次會議通過改組專賣局辦法：「1. 臺灣省專賣局改為臺灣省煙酒公賣局，對煙葉、煙品、酒業三公司，以股東代表資格，施行管理。2. 原專賣局火柴公司，改組為股份有限公司，鼓勵人民參加經營。3. 原專賣局樟腦公司，暫劃改建設廳管理。4. 原有各種專賣規則，暫劃改建設廳管理。」〔註84〕專賣局改組公賣局對臺灣的今後財政影響很大，當時就獲得社會好評。

5月30日，臺灣省政府委員會第三次會議決定：「茲擬將前公署貿易局裁撤，另組織臺灣省物資調節委員會」，並規定物資調節委員會的職掌包括「關於公營生產事業原料器材之補給事項」「關於公營生產事業產品之輸出事項」「關於本省重要民生必需品之採供事項」「其他關於本省物資調節事項」等。〔註85〕與陳儀時期的貿易局相比，魏道明上任後物資調節委員會與臺灣商民矛盾減少。不過，物資調節委員會的業務範圍並未減少，隨著島內各業重建的全面展開及民生需求的不斷增長，其業務量反而迅速擴增，臺灣省財政的貢獻亦大幅增加。〔註86〕

魏道明還將一些小型的國有企業私有化（例如臺灣火柴公司、印刷公司、臺灣農礦公司等），並推行國營事業改革，規定國營企業負責生產半成品，而由民營企業生產民生消費品。這些改革對促進臺灣民生有利。

至於日產處理的遺留問題，魏氏主政臺灣時期，國民政府對日產的處理政策發生變化，臺灣地方政府的相關政策也隨之調整。行政院自1947年6月以來，要求各地加速處理敵偽產業，此舉一面是為平息前期各界，特別是民營實業界對日產多劃歸政府經營的不滿。這時候，臺灣省政府是想通過加速售賣

---

〔註83〕參閱薛月順編：《臺灣省政府檔案史料彙編——臺灣省行政長官公署時期》（三），臺北「國史館」印行，1999年，第489～490頁。

〔註84〕《改組專賣局辦法》，《臺灣省政府公報》，1947年5月24日。

〔註85〕《臺灣省政府委員會第三次會議紀錄》，《臺灣省政府公報》，1947年5月30日。

〔註86〕白純：《光復初期臺灣的貿易管制政策（1945～1948）》，《南京社會科學》，2005年第12期。

日產以填補空虛的國庫，增加財政收入。〔註87〕嚴家淦對日產處理偏重政府的處置也是事出有因，可以理解。

〔註87〕參閱張憲文、張玉法主編，陳立文、鍾淑敏、歐素瑛等：《中華民國專題史》第十五卷《臺灣光復研究》，第 258 頁。

# 第四章 嚴家淦與國民黨遷臺初期的經濟政策

## 第一節 「兩蔣政權」的緣起

　　「兩蔣政權」起源於中國內戰和美蘇冷戰。臺灣在《開羅宣言》中就已經明確戰後主權歸屬中國，戰後國民政府即刻恢復了主權。蔣介石因內戰原因退居臺灣，將歷史遺留的「國民政府」帶到臺灣。蔣介石以其個人為核心，改造國民黨，建立起國民黨一黨專制的威權體制。臺灣威權體制的特點是以蔣氏父子為核心，通過「以黨領政」和「以黨領軍」的方式實現統治。

### 一、國共內戰與蔣介石退臺

　　1945 年 8 月，蔣介石在日軍投降前後三次發電邀請毛澤東到重慶商談「國際、國內重要問題」。毛澤東同月偕同周恩來、王若飛前往重慶進行談判，在美國特使馬歇爾的調停和斡旋下，於 10 月 10 日，國共簽訂《會談紀要》（即《雙十協定》）。不久，國民黨違反協議，內戰又起。1946 年 6 月，國民黨軍隊對中原解放區發動全面進攻，全面內戰爆發。經過三年戰爭，1949 年 10 月 1 日，中華人民共和國成立。1950 年 3 月，一度下野隱居的蔣介石官復原職「復行視事」，號稱建立臺灣「反共抗俄」基地，海峽兩岸從此長期對峙。從 1949 年到 1988 年蔣經國逝世，近四十年時間裏，臺灣的國民黨政權一直由蔣氏父子控制，故本文將此一時段的臺灣當局政權稱之為「兩蔣政權」。

　　從歷史脈絡來看，20 世紀 50 年代之後的所謂「臺灣問題」，其實是中國

內戰的遺留問題。《開羅宣言》已決定臺灣戰後歸屬中國，二戰結束後中國也已經行使主權，光復和接收了臺灣。國民黨退臺後不久，中國大陸就全境解放，蔣介石勢力已是「殘餘」。之所以是「殘餘」而得以遺留，主要原因是全球冷戰局勢和美國的介入。因此要探討兩蔣時代的政治變遷，有必要討論該政權的起源。

1948 年底，國民黨在戰場上節節敗退，眼見大勢已去，蔣介石面對黨內派系逼宮，萌生另起爐灶之意，試圖尋找地方東山再起。11 月 24 日，蔣與蔣經國談話，日記中記載：

> 朝課後與經兒談時局，甚歎黨政軍幹部之自私無能、散漫腐敗，不可救藥。若欲復興民族，重振革命旗鼓，非捨棄現有基業，另選單純環境，縮小範圍，根本改造，另起爐灶不為功。故現局之成敗不以為意矣。尤以監察委員對宋、孔之攻許糾纏誣蔑，不顧大局，為「匪」作倀，此種卑劣無智之民意機構，更令人悲痛灰心也。〔註 1〕

1949 年元旦，蔣介石正式宣布下野，退居溪口，幕後掌控權力，而代總統李宗仁決定與中共和談。1948 年 12 月 28 日，蔣介石手諭任陳誠為臺灣省政府主席，希望他從速準備。30 日，「總統令」正式公布。當日，蔣介石又復手諭說：「命令業已發表，應照伯聰兄（魏道明）之意從速交接。省府廳處改組人選，亦盼速保，暫時或多用原班舊人，以便先行交接，總以勿再游移為第一要義。」1949 年 1 月 2 日，又下手諭：「為何不速就職？若再延滯，則必夜長夢多，全盤計劃，完全破敗也。何日就職？立復。」同日，陳誠覆電，報告已與前任省主席魏道明接洽妥當，決定 5 日晨先行接事。〔註 2〕這項人事計劃顯然是為蔣介石退臺做準備的，魏道明是文人，無法掌控島上軍隊。李宗仁回憶道：

> 此次新職突然發表時，前主席魏道明竟毫無所知。陳誠得令後，立即自草山遷入臺北。民國 38 年（1949 年）1 月 5 日陳誠便在臺北就事，行動之敏捷，為國民黨執政以來鮮見，由此可見蔣先生

〔註 1〕 《蔣中正日記》（未刊本），1948 年 11 月 24 日，轉引自呂芳上主編：《蔣中正先生年譜長篇》第九冊，臺北「國史館」、中正紀念堂、中正文教基金會印行，2015 年，第 192 頁。

〔註 2〕 何智霖編：《陳誠先生書信集——與蔣中正先生往來函電》，臺北「國史館」印行，2007 年，第 717～719 頁。

事前布置周密。〔註3〕

事實上當時的局勢已經比較明朗，國民黨在大陸根本無法阻止解放軍的攻勢，逃到隔海相望的臺灣是明智選擇。1949月1月，時任國民黨京滬杭警備副司令祝紹周即向蔣介石密呈，建議以臺灣為核心建立軍事及政治之基地，認為「臺灣、閩、浙、廣東及海南島，以臺灣為核心。軍事上應有一堅強組織，萬一東南軍事再受挫折，尚可以臺灣為基地，和國際形勢之演變，而恢復本黨之基業」〔註4〕。歷史地理學家張其昀，當時已是蔣的重要謀士，也從地緣政治的角度對蔣建議，他提到幾個原因：其一，臺灣海峽海闊浪高，能暫時阻止沒有海軍、空軍的共軍乘勝追擊；其二，臺灣作為「反共復興」基地比其他地區更具優越之處，因為土地利用率高，糧食農產品可滿足軍民所需，臺灣島內交通便利，具工業基礎，有利經濟發展，軍事上易於防守，扼太平洋西航道之中，與美國的遠東戰略防線銜接，臺灣經日本五十年的統治對中央政府有一種回歸感，且較少共黨的組織與活動。〔註5〕

只是蔣介石在國民黨內鬥當中，對自己能否退居臺灣未必十拿九穩，故任命嫡系軍人陳誠為臺灣省主席，為自己尋找退路。11日，蔣介石電陳誠，指示治臺方針：

> 一、多方引用臺籍學識較優、資望素孚之人士參加政府；二、特別培植臺灣有為之青年；三、收攬人心，安定地方，以消弭二二八事變之裂痕；四、處事穩重，對下和藹，切不可躁急，亦不可操切，毋求速功速效，亦不必多訂計劃，總以腳踏實地，實心實力實地做事，而不多發議論；五、每日特別注重各種制度之建立，注意治事方法與檢點用人標準，不可專憑熱情與個人主觀；六、勤求己過，用人自輔，此為吾人補救過去躁急驕矜疏忽，以致今日失敗之大過，望共勉之。〔註6〕

在任命陳誠為臺灣省主席的同時，蔣介石又積極策劃將黃金、美元等物

〔註3〕李宗仁述，唐德剛撰寫：《李宗仁回憶錄》，華東師範大學出版社，1996年，第620頁。

〔註4〕參閱張駿編著：《創造財經奇蹟的人》，傳記文學出版社，1987年，第74～75頁。

〔註5〕參閱林桶法：《1949大撤退》，聯經出版事業公司，2009年，第102頁。

〔註6〕《蔣中正致陳誠電》（1949年1月11日），《蔣中正總統文物》，典藏號：002-020400-00028-034，轉引自呂芳上主編：《蔣中正先生年譜長篇》第九冊，第226頁。

資運往臺灣（下文敘述）。蔣介石於 6 月底抵臺北，住進陽明山，分批召見在臺的國民黨要員，交換意見，決定適應事實需要，設立總裁辦公室。7 月 1 日，總裁辦公室成立，設有 9 個組及設計委員會。〔註7〕8 月 1 日，總裁辦公室正式於陽明山辦公。此前，2 月初行政院及其所屬各部會、「中央政府」各機關已大致遷至廣州。5 月初，國民黨政府的「總統府」、立法院、監察院陸續遷移廣州辦公。10 月 1 日，中華人民共和國成立後，國民黨的「中央政府」因戰事幾經周折，先重慶，後成都，最終落腳臺北。12 月 9 日，國民黨行政院舉行遷臺後首次院會，正式在臺北辦公。1950 年 3 月 1 日，蔣介石宣布「復行視事」，重新任職「中華民國總統」，文告說：

> 中正許身革命四十餘年，生死榮辱早已置諸度外，進退出處，
> 惟國民之公意是從。際此存亡危急之時期，已無推諉責任之可能。
> 爰於三月一日復行視事，繼續行使總統職權。抗戰勝利至今不及五
> 年，而國事演變至此，中正領導無方，彌用自責，惟有鞠躬盡瘁，
> 補過去之缺失，策未來之成效。所望我海內外愛國同胞，精誠團結，
> 三軍將士砥礪奮發，各級官吏竭誠奉公，為恢復中華民國之領土主
> 權，拯救淪陷同胞之生命自由，維護世界之和平安全，同心一德，
> 奮發到底。務期掃除共匪，光復大陸，重建我中華民國為三民主義
> 民有、民治、民享之國家。〔註8〕

此時，統治臺灣多年的臺灣當局已有雛形。一方面，從歷史上來看，其開局有鮮明的蔣介石個人特徵。蔣介石個人在原國民黨內的地位以及 1949 年前後他對時局的處置，是他能夠在「兩蔣政權」中處於獨裁地位的最重要的歷史機緣。另一方面，「兩蔣政權」純屬中國內戰的遺留。首先，其自認為法統基礎的《中華民國憲法》就是內戰遺留，制定於中國內戰時期。內戰「遺留」問題是兩蔣政權內部結構的源頭。中國革命最終由中共領導完成，退居臺灣的「兩蔣政權」只是原國民政府的「遺留」，其政權結構並非生造。1946 年 12 月 15 日，由國民黨主導的國民大會經過一個月的較量，通過了《中華民國憲法》，並於 1947 年元月公布，同年 12 月 25 日生效實行。《中華民國憲法》共分「總綱」、「人民之權利與義務」、「國民大會」、「總統」、「立法」、「行政」等 14 章，

〔註 7〕 中國國民黨中央委員會黨史委員會編：《中國國民黨黨務發展史料——非常委
　　　　員會及總裁辦公室資料彙編》，近代中國出版社，1999 年，第 127～128 頁。
〔註 8〕 《中央日報》，1950 年 3 月 2 日。

175 條。其主要內容基本是以西方資本主義國家憲法為基準，結合孫中山「三民主義」而制定出來的。其次，初到臺灣的臺灣當局保留了原國民政府中央的全套機構和部分成員。最後，蔣介石為了實現個人獨裁，根據的是 1948 年 4 月 8 日由國民大會制定的《動員戡亂時期臨時條款》，憲法本身並未廢除。

## 二、美蔣關係與冷戰前沿

　　臺灣被納入美國主導的冷戰前沿，是臺灣當局得以「遺留」的最重要的外部原因。內戰爆發後，美國支持蔣介石，但又不願意全面捲入中國內戰。在中共逐漸取得全國勝利後，美國開始考慮蔣介石退居臺灣問題。早在 1948 年 3 月份，美國中央情報局介入了「二二八事件」後的臺灣局勢調查，並向美國時任總統杜魯門提交了一份情況報告。報告在貶斥了魏道明在臺灣的無能統治後，得出了如此一個結論：臺灣的命運將最終決定於大陸鬥爭的結果。〔註9〕現在，鬥志昂揚的中國共產黨即將獲得全面勝利，按一些人的預測，臺灣將落入中國共產黨的手裏，這是美國人最不想看到的結局。

　　為了擺脫與蔣介石的關係，美國希望在島上尋求符合美國利益的新代理人，這樣的人先後有魏道明、陳誠、吳國楨、孫立人。但是蔣介石早已定好臺灣作為自己的退路，1948 年 12 月 24 日，他突然任命陳誠為臺灣省主席。蔣介石也深知自己的去向與美國有極大關係，1949 年 6 月，蔣已到臺灣，分析臺灣處境，認為：

> 臺灣主權與法律地位，英、美恐我不能固守臺灣，為共匪奪取，而入於俄國勢力範圍，使其南太平洋海島防線發生缺口，亟謀由我交還美國管理，而英則在摩〔幕〕後積極蹤踴〔慫恿〕，以間接加強其香港聲勢。對此一問題最足顧慮，故對美應有堅決表示，余必死守臺灣，確保領土，盡我國民天職，決不能交還盟國。如其願助我力量，共同防衛，則不拒絕，並示歡迎之意，料其決不敗強力收回也。〔註10〕

　　11 月 3 日，美國駐臺灣總領事師樞安（Robert Strong）奉美國國務卿艾奇遜之命呈送備忘錄，聲稱美國政府並無使用軍事力量以防衛臺灣之意向，惟對

---

〔註 9〕 David M. Finklstein, *Washington's Taiwan Dilemma (1949~1950)*, (Virginia: Gorge Mason University Press, 1993), p.70.

〔註10〕《蔣中正日記》（未刊本），1949 年 6 月 18 日，轉引自呂芳上主編：《蔣中正先生年譜長篇》第九冊，第 304 頁。

大陸之混亂延及臺灣，表示關懷。蔣介石認為「美國駐臺總領事，提其國務卿備忘錄，始則感覺其措詞仍傲慢不馴，指責我政治不良無效，毫末變更其舊態」〔註11〕。雖然蔣介石對美極其不滿，但是還是極力拉攏美方。11月6日，鄭介民在蔣介石指示下前往華盛頓，向美國駐華大使司徒雷登表示，蔣介石願意接受美國任何建議，以換取美國在軍事物資等各方面援助立場。司徒雷登即建議蔣指派為美國人所知曉的吳國楨出任臺灣省主席。〔註12〕11月8日，蔣在吳國楨作陪下，公開對外表示贊同改善臺灣政治與經濟有關的具體建議，且將會在臺灣當局充分的考量和判斷之下，予以接納。〔註13〕1949年12月16日，臺灣省政府改組，吳國楨任臺灣省主席。〔註14〕

　　1949年12月23日，由美國國家安全委員會、國務院、國防部人員共同起草制定了NSC48／1號文件。六天後杜魯門主持討論了這一報告，協同制定了確定美軍總戰略的NSC48／2號文件。關於臺灣，文件重申「由於我們軍事實力與全球義務不相適應，臺灣戰略重要性還不足以使我們公開使用武力，因此美國要盡一切努力增強在菲律賓、沖繩和日本的整個地位」，放棄了對臺用武的可能性。〔註15〕

　　可見，1949年底到1950年初，美國實行的是「棄蔣」政策，對能否「保臺」也是態度消極。1950年6月初，艾奇遜公布的亞洲防禦圈不但不包括臺灣也不包括朝鮮。〔註16〕1950年6月25日朝鮮戰爭爆發，美國作出立即向朝鮮派兵的決定是出於防止共產黨的擴展。6月27日發表聲明稱：

>　　對朝鮮的攻擊已無可懷疑地說明，共產主義已不限於使用顛覆手段來征服獨立國家，現在要使用武裝的侵犯與戰爭。它違抗了聯合國安理會為了保持國際和平與安全而發出的命令。在這種情況下，共產黨部隊的佔領福摩薩，將直接威脅太平洋地區的安全，及

〔註11〕《蔣中正日記》（未刊本），1949年11月3日，轉引自呂芳上主編：《蔣中正先生年譜長篇》第九冊，第385頁。

〔註12〕 *Memorandum of Conversation by Stuart* (Nov. 6, 1949), in *FRUS*, (1949), Vol. 9, pp.412~414.

〔註13〕 *Macdonald to Acheson* (Nov. 9, 1949), in *FRUS*, (1949), Vol. 9, pp.415~416.

〔註14〕《臺灣省政府改組，吳國楨任主席》，《中央日報》，1949年12月16日，第2版。

〔註15〕參見陶文釗主編：《中美關係史（1949～1972）》，上海人民出版社，1999年，第5～8頁。

〔註16〕參見理查德‧克羅卡特：《50年代戰爭》，王振西譯，新華出版社，2003年，第141頁。

在該地區執行合法與必要職務的美國部隊。〔註17〕

朝鮮戰爭的爆發和第七艦隊的進入臺灣海峽，阻止了中國統一進程。由於美國的介入，蔣介石得以「遺留」。不過當時美國並不希望深度介入。6月29日，蔣介石通過當時的駐美國「大使」告訴美國政府，希望提供3.3萬軍隊參戰，遭到美國拒絕。〔註18〕7月30日，美國國務院公布由藍欽（Karl Rankin）擔任「駐華公使」。〔註19〕美方此後為協助蔣介石穩住局面，美軍顧問團進駐臺灣，戰略物資、軍事裝備和經濟援助也隨之進入臺灣。政策變為「保蔣保臺」。

從後來的美國對臺政策來看，美國此時的政策轉彎大致奠定了之後的對臺政策基調。源於美蘇冷戰的歷史背景，一方面，美國並不支持蔣介石「反攻大陸」而讓美國承擔顛覆中國政府的「責任」；另一方面，美國則是把臺灣變成了在亞洲的冷戰前沿，對臺進行控制和利用。「兩蔣政權」可以說是受到美國的保護而存在的，它的內部治理深受這個外部影響。

## 三、國民黨改造與威權統治的起源

國民黨在臺灣的統治一般被界定為威權統治。這個威權統治涉及兩個事實：首先是蔣氏父子在兩蔣政權中的獨裁地位，其次是國民黨在臺灣的一黨專制地位。上文已經提及，蔣介石在「兩蔣政權」的歷史起源中扮演至關重要的角色，其個人獨裁地位源於中國內戰的歷史。蔣經國後來繼承了其父的衣缽，其個人的獨裁地位源於威權統治的內部邏輯（下文敘述）。至於國民黨一黨專制的形成，與蔣介石在1950年代初期的國民黨改造有關。

國民黨改造源於蔣介石內戰失敗，另起爐灶的想法。蔣在大陸時期，對國民黨就有種種不滿。國民黨在其國民政府裏維持著一種王奇生教授所謂的「弱勢獨裁」地位。他認為：在蔣介石重軍輕黨思想的主導下，軍權日趨膨脹黨權日趨低落。從中央至地方，軍權凌駕於黨政之上，黨治徒有其表。國民黨黨治體制的法理序列雖然是黨—政—軍，而實際序列卻是軍—政—黨；名義上是以

〔註17〕國務院臺灣事務辦公室研究局編：《臺灣問題文獻資料選編》，人民出版社，1994年，第864～865頁。

〔註18〕參閱陶文釗、牛軍主編：《美國對華政策文件集（1949～1972）》第一卷（下），世界知識出版社，2003年，第414～415頁。

〔註19〕《蔣中正日記》（未刊本），1949年7月30日，轉引自呂芳上主編：《蔣中正先生年譜長篇》第九冊，第329頁。

黨治政，以黨治軍，實際上是以軍統政，以軍控黨。[註20]因此，蔣鑒於大陸失敗的教訓，試圖把國民黨改造成他個人獨裁的有力工具，實現「以黨領政」和「以黨領軍」。

1949 年 6、7 月間，蔣介石指定谷正綱、陶希聖、張其昀、張道藩、胡健中、蔣經國、唐縱、方治、陳雪屏、袁守謙等，與總裁辦公室其他高級人員籌議改造方案。1949 年 7 月 8 日，蔣介石剛到臺灣不久，隨即就提出了國民黨改造方案：

> 一、本黨為革命民主政黨，在三民主義最高指導原則之下，貫徹國民革命，堅持反共鬥爭，以求國家獨立，人民自由，政治民主與經濟平等，並為世界和平與安全而努力。本黨對於愛國之民主政黨及一切反共勢力，皆願與之合作，共同為救國家、爭自由而奮鬥。二、黨的基礎在農工青年知識分子及生產者等廣大民眾，結合其優秀份子，以構成本黨，並為此廣大民眾的利益而奮鬥。三、黨的組織採取民主集權制，以選舉造成幹部，以幹部領導工作，以討論溝通意志，而少數服從多數之決議，以組織決定政策，而上級反映下級之意見。四、黨的基層在小組，小組編制基於工作之需要，為民眾而工作，為工作而組織，在工作上訓練黨員從工作中健全組織。五、黨的領導必加改進，一切通過組織，組織決定一切，以思想溝通全黨，以政策決定人事，以原則解決問題。六、黨的作風必嚴正整飭，使每一黨員皆有貫徹主義，尊重組織，堅持政策，講求實效，認真團結之精神。七、黨員之權利必與其義務相對稱，而黨的紀律必嚴屬執行，使黨員堅守工作崗位，堅持黨的政策，以決死之精神，用集體的力量，與共匪奮鬥到底。[註21]

按照國民黨的政治邏輯，此時已是「行憲時期」，蔣介石的改造方案的核心卻是要維持和加強黨的「革命性」，這與民主法治的憲政顯然是不適應的。因此蔣介石當天主持整理黨務會議，討論改造方案，力主中國國民黨性質為革命政黨，而不能為純粹民主政黨，甚至要將縣市以下基層黨部，改為秘密

[註20] 參閱王奇生：《黨員、黨權與黨爭——1924～1949 年中國國民黨的組織形態》，上海書店出版社，2003 年，第 359 頁。

[註21]《蔣中正交議本黨改造案提案》（1949 年 7 月 18 日），《蔣中正總統文物》，典藏號：002-020400-00041-0710，轉引自呂芳上主編：《蔣中正先生年譜長篇》第九冊，第 323 頁。

組織。〔註22〕

　　在正式推動國民黨改造前，革命實踐研究院已於 1949 年 10 月 16 日設立，作為訓練軍隊幹部之機構，可視為「黨校」；軍隊已重新設立黨部，進行黨務組織改造工作。〔註23〕1950 年 7 月 18 日，國民黨六屆 240 次中執會常務委員會通過《本黨改造案》，正式啟動國民黨重建工作。〔註24〕7 月 26 日，蔣介石在臺北賓館召開茶會，對到會的 150 餘名中委宣布他所遴選的中央改造委員會名單，陳誠、張其昀、張道藩、谷正綱、鄭彥棻、陳雪屏、胡健中、袁守謙、崔書琴、谷鳳翔、曾虛白、蔣經國、蕭自誠、沈昌煥、郭澄、連震東 16 人入圍中改會。同時，蔣介石宣布中央評議委員名單，中央評議委員 25 人，以「督導改造，監察腐惡，使改造工作得奏實效」，實際是虛職。中改會 16 人中，陳誠、張道藩、谷正綱、鄭彥棻、胡健中、袁守謙、陳雪屏、蔣經國為原中執委委員，另外 8 人則是新人。張其昀、胡健中、曾虛白、蕭自誠、沈昌煥原為蔣介石秘書，派系不明顯；鄭彥棻、崔書琴、郭澄、連震東與蔣經國交好。陳雪屏、袁守謙為陳誠系，CC 系只留下張道藩和谷正綱。改造後，排除了陳果夫和陳立夫兄弟長期把持黨務的傳統，陳立夫也因此出走美國。據研究者統計，1950 至 1954 年間，「立法院」中屬於 CC 系者有 191 人。〔註25〕

　　改造的第二年，1952 年的 10 月 10 日，國民黨七全大會在臺北陽明山舉行，歷時 11 天。在思想上，大會通過《反共抗俄基本論》，建立了反共抗俄時期中心理論和工作綱領。蔣介石交議的《反共抗俄基本論》成為此後反共抗俄思想言論及行動依據之準則。而大會的責任，則被定為「承本黨改造之後，努力完成反共抗俄的國民革命第三任務」。在組織上，改造運動中的中央改造委員會為中央權力核心，七全大會後則改中央執行委員會為中央委員會，以中央執行委員為中央委員；不設中央監察委員會；設中央評議委員若干人，由總裁聘請並提經「全國代表大會」通過。此後，中央權力機構由中央委員會與中央評議委員會組成。蔣介石連任總裁；中央評議委員 48 人，由蔣介石聘請；大

〔註22〕《蔣中正日記》（未刊本），1949 年 7 月 8 日，轉引自呂芳上主編：《蔣中正先生年譜長篇》第九冊，第 317 頁。

〔註23〕呂芳上：《蔣中正先生與人才培訓：革命實踐研究院的創辦與初期發展（1949～1969）》，《近代中國》，2003 年 3 月第 153 期。

〔註24〕許福明：《中國國民黨的改造（1950～1952）》，正中書局，1986 年，第 74～75 頁。

〔註25〕參閱馮琳：《中國國民黨在臺改造研究（1950～1952）》，鳳凰出版社，2013 年，第 140 頁。

會選出第七屆中央委員 32 人，候補中央委員 16 人。10 月 23 日，第七屆中央委員第一次全會選出中央常務委員 10 人，為陳誠、張道藩、谷正綱、吳國楨、黃少谷、陳雪屏、袁守謙、陶希聖、蔣經國、倪文亞。張其昀為中央委員會秘書長。〔註26〕這次大會基本上奠定了「兩蔣政權」國民黨中央的權力結構，直到 1980 年代臺灣政治轉型後才結束。此次大會蔣經國升為中常委，積累了政治資本。

按照蔣介石對三民主義理論的發揮，大會提出「反共抗俄的國民革命第三任務」的主張。第三任務未完成，所謂「憲政」也就可以被擱置，國民黨改造的最終結果是一黨專制得到加強：

第一，蔣氏父子建立與官僚體制機構並行的國民黨的機構。按改造委員會規定「依主義制定政策，以政策決定人事，以組織管理黨員」是處理黨政關係的原則。〔註27〕這是實現「以黨領政」的第一步，國民黨改變了大陸時期各級黨部無力的狀況，而且黨的各級機構相繼在學校、企業等團體中建立起來。「兩蔣政權」中的黨政關係，頗能反映臺灣威權體制的特點。蔣介石由於忌憚破壞「憲政體制」惡名，往往允許整個官僚體制部分按照憲政規則運行。其中，在「行政院」與「國民黨大會」、「立法院」、「監察院」、「考試院」等民意機關的關係中，蔣介石往往通過黨的系統向民意機關施壓，以達到貫徹政策的目的。為了維護「法統」，這些民意機關長期沒能改選，實際上成了不能更新的「元老院」。在地方政治當中，國民黨也以西方民主政治下的模式，通過可控制的競選來實現政治目標。可見，在臺灣威權體制裏，蔣介石一掃過去「弱勢獨裁」的形象，實現「以黨領政」。但是蔣介石也並非為所欲為，事實上，地方選舉中也有黨外人士的個別漏網之魚當選，「行政院」的法案被「立法院」擋回也時有發生。

第二，建立軍隊政工制度，通過軍隊黨部控制軍隊。軍隊政工，類似中國帝制時代的監軍制度。國民黨改造過程中體現了蔣介石個人思想意志，也是充滿權鬥、利益分配的過程。大陸時期，蔣介石是派系治國，對軍隊控制並不嚴密。1950 年初，在革命實踐研究院開會，蔣介石研討政工制度問題及兵農政策。身為軍人的陳誠敏銳地知道軍隊政工的意義。陳誠表示不反對兵農政策，

---

〔註26〕 參閱馮琳：《中國國民黨在臺改造研究（1950～1952）》，第 140 頁。
〔註27〕 《本黨改造綱要》，載中國國民黨中央委員會黨史委員會編：《中國國民黨黨務發展史料——中央改造委員會資料彙編》（上），近代中國出版社，1990 年，第 23 頁。

但是他認為「惟事有先後緩急，當前中共對臺希望自亂，並滲透策反，加以軍事進攻。臺灣面積僅大陸 3 / 1000，而人口僅 1 / 60，以時間言，一、二、三月最為寶貴，在此期間內決不可拖、不能亂、不好錯。應急於整軍、備戰，軍事中之政工不能負軍事失敗之全責。」〔註28〕蔣介石對陳誠的發言大為不滿，日記中說：

> 辭修（陳誠）發言，面腔怨厭之心理暴發無遺，幾視余之所為與言行皆為迂談。認為干涉其事，使諸事拖延，臺灣召亂，皆由此而起。聞者皆相驚愕，余惟婉言切戒，以其心理全係病態也，故諒之。〔註29〕

4 月 1 日「國防部」發布《國軍政治工作綱領》。蔣介石把領導政工改制的任務交給了蔣經國。同日，蔣經國出任「國防部總政治部」主任委員，開始對軍隊政治工作的治理和經營。蔣經國有在蘇聯的經驗，因此如魚得水。軍隊裏的特種黨部發展很快。在徵求新黨員等工作中，在職業、知識青年等黨部時常完不成預定任務的情況下，卻往往超額完成徵求指標。如 1952 年度預定徵求新黨員 3 萬人，結果超額 2700 餘人〔註30〕。當時，美軍顧問團對於蔣介石在「國防部」設置政治部，認為係蘇聯制度，非常不滿，並反對蔣經國出任政治部主任。蔣介石認為這是美國國務院「攻擊我父子毀蔣賣華之重要資料也，可痛」〔註31〕。蔣氏父子對軍隊控制最主要的掣肘的因素是美國。

第三，蔣氏父子建立的情報單位對黨政軍進行監控。蔣介石在大陸時期就被人詬病為「特務治國」。作為個人獨裁的有力工具，退臺後情報單位非但沒有削弱，而是得到加強。蔣經國在任「國防部總政治部」主任時，就兼任特設的「總統府機要室資料組主任」。這個位置「位輕權重」，它既可以命令「臺灣保安司令部」等相關部門執行具體命令，又可以通過對情報特務機關人事任免的備案，掌握全島特務名單。〔註32〕蔣經國所建立的情報系統對蔣氏父子的獨裁至關重要，在 1950 年代的嚴重違反人權的「白色恐怖」中也起到關鍵角色

---

〔註28〕林秋敏、葉惠芬、蘇聖雄編輯：《陳誠先生日記》第 2 冊，臺北「國史館」印行，2015 年，第 717 頁。

〔註29〕《蔣中正日記》（未刊本），1950 年 1 月 10 日，轉引自呂芳上主編：《蔣中正先生年譜長篇》第九冊，第 431 頁。

〔註30〕參閱馮琳：《中國國民黨在臺改造研究（1950～1952）》，第 225 頁。

〔註31〕《蔣中正日記》（未刊本），1951 年 5 月 23 日，轉引自呂芳上主編：《蔣中正先生年譜長篇》第九冊，第 670 頁。

〔註32〕毛德傳：《蔣經國統馭臺灣情報特工》，《軍事歷史》，2004 年第 2 期。

的作用。

第四,「兩蔣政權」透過技術官僚維持行政體系治理的現代性,一方面保持與美國良好關係,另一方面透過經濟改革消弭不滿。

經過國民黨改造,蔣介石實現了「以黨領政」和「以黨領軍」的目的。此時,蔣介石是傳統意義上的革命領袖,整個黨和官僚體制圍繞他進行宣傳和神話,以突出領袖的個人魅力,加強了他的獨裁能力。國民黨改造後,權力下沉,由於黨員並不拘泥於特別的社會階層,使得權力深入基層,形成一種自上而下的權力運行模式。又通過各種組織優化,目標激勵,監視,使得權力運行更加有效。在這中間,蔣氏父子通過與技術官僚合作,實現對「憲政政府」的控制,成功實現經濟的現代化。

## 第二節　嚴家淦與臺灣幣制改革

臺灣光復後,嚴家淦長期掌控財政金融。臺幣陷入三種困境:第一是準備金不足,第二是發行體制衝突,第三是經濟環境不佳。隨著國民黨從大陸退到臺灣,臺幣問題成為蔣介石心頭大患。先是俞鴻鈞運金到臺灣解決準備金問題,接著嚴家淦隔斷大陸與臺灣經濟聯繫,解決發行的體制衝突,同時也稍稍緩解臺灣經濟惡化。嚴家淦因幣制改革上有功,得到陳誠和蔣介石的信任,上升成為「兩蔣政權」的財政圈的核心。

### 一、俞鴻鈞運黃金到臺灣

國民黨幣制改革是其退臺後的最重要財經舉措。吳國楨曾評論蔣介石控制政府的手段時說:「如果你要控制一個政府,至少控制兩件東西,即錢和劍。」1949 年初,蔣介石通過任命軍人陳誠穩定臺灣局勢,之後又通過一系列黨內改造,牢牢支配軍隊,也就是握緊劍。對於錢,蔣介石敗退臺灣時最優慮的是貨幣問題。當時,臺灣因受到大陸通貨膨脹的影響,物價飛漲,臺幣信用與大陸法幣和金圓券一樣,信用堪憂。

先是大陸法幣崩潰,蔣介石一籌莫展。從抗戰勝利時的 5569 億元發行額,迅速膨脹到 1947 年 2 月底的 48378 億元,1948 年 8 月 21 日金圓券發行前已達 6636944 億元,又較 1945 年 8 月膨脹了 1190 多倍。〔註33〕1948 年 6 月,

---

〔註33〕吳岡:《舊中國通貨膨脹史料》,上海人民出版社,1958 年,第 85～162 頁。

蔣介石就因嚴重的通貨膨脹問題怪罪宋子文，孔、宋在處理金融問題上已得不到蔣介石的信任。蔣介石6月10日日記記載：

> 白米每石已至七百萬元，美鈔聞已漲至一百五十萬元。經濟危險至此，比軍事更足憂慮，此皆（宋）子文種其禍根與惡因，而余之疏忽過信、所用非人，實應負其重責也。〔註34〕

進入8月，蔣介石迫切謀求幣制改革。新任財政部長王雲五和行政院長翁文灝投蔣所好，開始實行法幣金圓券改革。8月19日，蔣介石日記記載：

> 此為三年來一貫之政策與惟一之主張，因（宋）子文、岳軍（張群）、公權（張嘉璈）、（俞）鴻鈞等皆畏縮不決，未敢執行。而今日雖以事急勢迫，不得不有此一舉。然詠霓（翁文灝）與（王）雲五能毅然實施，亦可謂奮勇難得矣。〔註35〕

翁文灝和王雲五都非財經人物，金圓券改革其實非常倉促和無準備，可謂急病亂投醫。蔣介石也知道此舉非常冒險，改革後幾天內，蔣介石都十分不安。財政上稍有所得，蔣介石就因此而洋洋自得，30日日記載：

> 改革幣制，凡自稱財政與經濟專家者皆持反對，不惟懷疑，而且預料必立見失敗。但實施以後十日之間，收兌現金有美鈔二千七百萬元之多，此為任何人所想像不到者。〔註36〕

不過，蔣介石很快就因違反經濟規律蠻幹而自嘗苦果，金圓券迅速暴跌，物價完全失控。金圓券改革失敗，迫使蔣介石把黃金美鈔等硬通貨抓到手裏。1948年11月10日，蔣介石手令中央銀行總裁俞鴻鈞說：「中央銀行總行準備遷駐廣州，其重要檔案賬冊及金銀現款應即分運廣東、福建與臺灣各省切實保存為要。」〔註37〕據記載，11月份，黃金二百多萬兩開始裝箱，計774箱。12月1日，自上海起運，於基隆登陸臺北。此後黃金陸續疏運。1949年初，

---

〔註34〕《蔣中正日記》（未刊本），1948年6月10日，轉引自呂芳上主編：《蔣中正先生年譜長篇》第九冊，臺北「國史館」、中正紀念堂、中正文教基金會印行，2015年，第96頁。

〔註35〕《蔣中正日記》（未刊本），1948年8月19日，轉引自呂芳上主編：《蔣中正先生年譜長篇》第九冊，第133頁。

〔註36〕《蔣中正日記》（未刊本），1948年8月31日，轉引自呂芳上主編：《蔣中正先生年譜長篇》第九冊，第140頁。

〔註37〕《蔣中正致俞鴻鈞手令》，1948年11月10日，《蔣中正總統文物》，典藏號：002-010400-00011-010，轉引自呂芳上主編：《蔣中正先生年譜長篇》第九冊，第186頁。

蔣介石下野，謀另起爐灶，1 月 10 日，蔣介石派蔣經國赴上海慰勉俞鴻鈞，並指示將中央銀行現金移存臺灣。2 月 8、9 兩日，周宏濤奉蔣介石命抵上海，與中央銀行總裁劉攻芸晤談。10 日，周自上海攜報告返奉化面見蔣介石，告以黃金多已運抵臺灣，現全國黃金臺北存 2600 萬兩，廈門 900 萬兩，美國 380 萬兩，共計 3880 萬兩。〔註38〕黃金運臺極為機密。曾任中央銀行機要科主任的何善垣在《俞先生生平言行補述》中記載：

> 先生鑒於情勢迫切，密將庫存黃金運臺。其時予兼機要科主任，凡公文撰擬、繕寫、用印、封發，均一人任之，即於總裁室後之一小室中辦理。而外間接洽戒嚴、航運等事，即由發行局陳副局長延祚負責，一切行動，均保持極度機密。啟運之夕，由軍方實施特別戒嚴，斷絕交通，以故當時外間人無人知有此事。……迨和談破裂，共軍渡江，淞滬告警，先生復偕央行桑顧問君儀由港飛滬，籌商啟運。到之日，即夕召集有關人員舉行秘密會議。會中某君發言，謂先生以前曾任上海市市長，到此時期，自應為上海市市民著想，如將全部庫存運空，則市面將何以維持，應請考慮云云。先生鑒於當時情勢，結果乃決定留存部分以備緩急，餘則悉數運臺。〔註39〕

這批黃金對臺灣幣制改革的成功至為關鍵，由於俞鴻鈞運黃金有功，之後被蔣介石重用，是蔣頗倚重的財經官僚。俞鴻鈞和嚴家淦一樣，也是工商家庭出身（其父原在上海經營豬鬃廠），同樣畢業於聖約翰大學。國民黨在大陸時期，俞鴻鈞就是國民政府的高級財經官僚，曾任中央銀行總裁。俞鴻鈞在運黃金這事情上，頗為果斷迅速，短時間內就把黃金運往臺灣。可以說，臺灣幣制改革最初功臣屬俞鴻鈞，這批黃金提供了新臺幣初始的準備金。

## 二、幣制改革的準備

臺灣光復後，臺幣陷入各種金融困境，除了戰後經濟環境不佳以外，最主要的是準備金不足和發行體制衝突。

銀行準備金目的在於抑制貨幣濫發，以維持紙幣的信用。源於臺灣銀行的

---

〔註38〕《蔣中正日記》（未刊本），1949 年 1 月 10 日，轉引自呂芳上主編：《蔣中正先生年譜長篇》第九冊，第 243～244 頁。蔣經國：《風雨中的寧靜》，黎明文化出版公司，1975 年，第 129 頁。運臺黃金總數與過去一般研究所認為的 260 萬兩差距甚大，此處存疑，留待進一步研究，暫且以《年譜長篇》為準。

〔註39〕參閱張駿：《創造財經奇蹟的人》，傳記文學出版社，1987 年，第 33 頁。

特有發行制度，光復後臺灣貨幣發行的準備金一開始就不足。恢復營業後的臺灣銀行起到了類似於中央銀行的功能。根據臺灣銀行章程，在行政院隨即核定發行臺幣應遵守之三點原則如下：1. 最高發行額須報請中央政府核准；2. 政府得酌情形停止臺幣發行，並規定比價以法幣收回臺幣，以統一發行；3. 臺幣之發行準備，應經政府核定遵照辦理。隨後，財政部遂對臺灣銀行之發行準備規定如下：

（一）法幣不得少於發行總額百分之四十。

（二）物棧單應保險足額，過入保管行戶名，依市價八折作價。

（三）期商業票據以合於「票據承兌貼現辦法」規定之農業承兌匯票、工商業承兌匯票、銀行承兌匯票為限，不得以臺灣銀行之承兌匯票抵充。

（四）公債以中央核准發行之公債為限，依票面七折作價。

（五）生產事業投資憑證以依照規定報部核定之生產事業投資憑證為限。同時，財政部尚規定，臺灣銀行應將發行準備繳存中央銀行保管。

光復後臺灣銀行的準備金一直以法幣和各種銀行金融產品為準備金，缺少金銀等硬通貨。在經濟環境比較好的情況下，這些金融產品可視為有效儲蓄，起到準備金的作用。但在經濟環境不好的情況下，這些金融產品就起不到儲蓄的作用，難以充當準備金，從而難以抑制濫發貨幣的行為。光復後，對日據時期發行的銀行券採取收兌的方式處理，此舉就消耗了大量新發行的臺幣。陳儀治臺時期，採取統制經濟，出於恢復臺灣公營企業的目的，大量發行臺幣作為借貸資金。因此，當時就沒有遵循百分之四十法幣作為準備金的規定，難以控制通貨膨脹。鑒於此，1946 年 8 月 17 日，「財政部」又公布《財政部派員監理臺灣銀行發行新臺幣辦法》，加強發行管理，派員駐在臺灣銀行執行以下之監理任務：

一、監督新臺幣之印製及發行；二、檢查新臺幣發行準備金；三、審核關於新臺幣收換舊臺幣（指舊臺灣銀行券）事項；四、封存及保管已印未發之舊臺幣及印版戳記；五、檢查舊臺幣之印製發行數額及準備金之實況；六、其他奉令飭辦事項。〔註40〕

〔註40〕劉寧彥總撰、袁穎生編撰：《重修臺灣省通志》卷四《經濟志金融篇》，臺灣省文獻委員會出版，1993 年，第 154～156 頁。

　　但是，這依然沒有解決準備金問題，而是在技術上採取監控。此後，由於法幣的糜爛，臺幣又陷入傳導而來的通貨膨脹。

　　起初，臺幣與法幣的比例為 1 比 40，這個比例是行政長官公署和當時中央銀行共同規定的。這個比例高估不少，按照上海和重慶的黃金牌價，臺幣的合理比例是 1 比 21 左右，當時臺灣的貨幣黑市，臺幣和法幣的匯兌是 1 比 17 至 1 比 20 左右。按照黃金牌價來看，黑市符合市場定價。〔註41〕行政長官公署拿到這樣的有利於臺灣的兌換比例，除了行政長官公署的地位特殊以外，也和當時的具體經濟環境有關。由於臺灣物資奇缺，臺灣銀行無法取得上海方面的法幣頭寸，因此在臺灣的內陸商人即無法將臺幣按官價（1 比 40）兌取法幣，只好將臺幣貶值來換取黃金、美鈔、法幣，於是臺灣的黃金、美鈔的價格也常比上海市為高。〔註42〕臺幣被高估的結果就是誘發走私和舞弊。但是隨著國民黨的失敗，法幣迅速貶值，臺幣又被低估。傳導過來的通貨膨脹迅速刺激臺幣通貨膨脹。省政府發行貨幣量受制於行政院，與法幣的兌換比例也受管控。可見臺灣的金融困境與大陸發生的金融危機是一致的，根本無法獨善其身。魏道明上臺後，臺灣的金融困境並未有好轉，而是漸趨惡化。臺幣發行量 1946 年底已達 53.3 億餘元，相較前一年底增加 1.31 倍；1947 年底為 171 億餘元，又增加 2.21 倍；1948 年底高達 1420 餘億元，增加 7.29 倍。〔註43〕臺幣與法幣兩種貨幣體系的聯繫，並不僅限於貨幣的表象，而是決定於兩地區間經濟的與非經濟的各種關係。戰後的臺灣，迅速成為中國經濟的一環，當時的上海成為臺灣對外經貿的主要城市。臺灣出口以米糖為中心的農產品到上海，並從這裡進口日用的工商產品。

　　從表 1 就可以看出臺灣對兩岸經貿關係的嚴重依賴。法幣與金圓券崩潰很快就會以貿易形式傳導到臺灣。因此嚴家淦作為臺灣財政的負責人，常年奔波在兩地，謀求兌換比例符合實際，但是根本無濟於事，臺幣與法幣一樣也趨向崩潰。

---

〔註41〕吳永福：《臺灣之幣制與銀行》，「財政部財政委員會」印行，1947 年，第 23～24 頁。

〔註42〕王曉波編：《陳儀與二二八事件》，海峽學術出版社，2004 年，第 343 頁。

〔註43〕袁璧文：《臺灣之貨幣銀行》，《臺灣銀行季刊》，1961 年 3 月第 20 卷第 1 期。

## 表一：光復初期臺灣進出口貿易值統計

單位：舊臺幣百萬元

| | 貿易總值 | | 進口值 | | 出口值 | |
|---|---|---|---|---|---|---|
| | 對大陸 | 對外國 | 對大陸 | 對外國 | 對大陸 | 對外國 |
| 1946 | 3,555<br>（94%） | 211<br>（6%） | 1,046<br>（96%） | 38<br>（4%） | 2,308<br>（93%） | 173<br>（7%） |
| 1947 | 54,179<br>（93%） | 5,461<br>（7%） | 20,738<br>（88%） | 2,758<br>（12%） | 33,441<br>（93%） | 2,702<br>（7%） |
| 1948 | 357,885<br>（96%） | 55,898<br>（4%） | 170,761<br>（91%） | 16,751<br>（9%） | 187,120<br>（83%） | 39,147<br>（17%） |

數據源：臺灣省政府主計處編《臺灣貿易五十三年報》。轉引自潘志奇：《光復初期臺灣的通貨膨脹》表 3-18，聯經出版事業公司，1980 年，第 72 頁。

這兩個困擾臺幣的問題，隨著國民黨退臺腳步加快，才逐步得到解決。1949 年初，陳誠就試圖排除資源委員會的干擾，獨掌臺灣公營事業。但當時蔣介石未下決心隔絕臺灣與大陸的經濟聯繫。1 月 16 日，蔣介石覆電陳誠關於資源委員會管的國營企業轉為省營的建議，指出：

> 關於資源委員會在臺事業之調整，在不背中央之政策，與不過分變更成規之原則下，弟可逕與孫主任委員商擬呈報。但此時中央與臺灣，原屬一體，其在歷史上，本未分割者，則國營、省營，初無差別。此事不必強為分割。收拾民心，要在事業之經營，能否有益於民？決非由國營政歸省營或民營，便能俾利大眾也。

陳誠不懂金融，經濟政策上完全依靠嚴家淦，此事是否嚴家淦建議不得而知，但嚴家淦顯然是同意這個主意的。不久，陳誠攜財政廳長嚴家淦飛赴杭州見蔣介石。〔註44〕此行給嚴家淦莫大機遇，得以有機會接近權力核心。嚴家淦建議陳誠去杭州面見蔣介石時，就提議幣制改革，要求中央銀行從上海帶過來的黃金中，撥付 80 萬兩，做為發行新臺幣的準備金。〔註45〕當時蔣介石手中握有 3880 萬兩，嚴家淦要求的這個數字並不大。此時，大陸各界人士紛紛湧入臺灣，很關心臺灣的經濟穩定。作為臺灣財政廳長，嚴家淦一時成為輿論中心。3 月 15 日，陳誠又帶嚴家淦赴奉化見蔣介石，又轉南京見代總統李宗仁，

〔註44〕臺灣省文獻委員會編：《臺灣省通志大事記》下，眾文圖書公司印行，1968 年，第 176 頁。

〔註45〕歐素瑛等訪問、記錄，陳立文主編：《嚴家淦「總統」行誼訪談錄》，臺北「國史館」印行，2013 年，第 46 頁。

商討財經問題。〔註46〕不過當時蔣介石還沒有下定決心改革幣制，直到 5 月份，陳誠赴廣州（時行政院駐地）參加糧政會議，再度向國民黨中央提出幣制改革的建議才獲解決。陳提出：一、關於軍公費墊款，中央允以存在臺灣的物資與黃金折算歸墊；二、中央允將在臺生產事業完全交由我負責管理，進出口貿易及外匯管理，亦由陳誠統籌調度；三、中央撥借黃金八十萬兩作為改革市制基金。〔註47〕

蔣介石 6 月到臺灣，在陽明山擬設立總裁辦公室，8 月 1 日總裁辦公室成立。總裁辦公室下面設立九個專門小組，吳國楨為第二小組組長，負責經濟建議。按常理，嚴家淦此時已周旋於蔣介石周圍，應當這個小組長，但當時蔣介石試圖拉攏吳國楨以便獲得美援，所以重用吳國楨。吳國楨在 1949 年底，被任命為臺灣省主席，嚴家淦接替他成為這個小組長。〔註48〕這是嚴家淦初任黨職，之前嚴家淦只不過是黨內的精英技術官僚，現在卻躋身「中樞」。蔣介石既然打定注意把臺灣作為另起爐灶的基地，當然要看重臺灣的財賦，重用嚴家淦也是情理之所在。

金圓券改革失敗，也嚴重波及臺幣。阻斷大陸貨幣與臺幣之間的關係，也是幣制改革先決條件之一。1948 年初，由於法幣快速貶值，嚴家淦不得不升值臺幣對法幣的匯兌。2 月 21 日，臺幣對法幣的掛牌價格是 1 比 112，一個星期後，臺幣掛牌價升到 1 比 137。〔註49〕1948 年 8 月 19 日，國民黨中央實行金圓券改革，規定法幣與金圓券的比例是 1 比 1835。是日，臺灣省政府設立經濟警察總隊，打擊投機。〔註50〕臺幣最高發行限額為 430 億，8 月 20 日就已經突破 420 億，因為要收兌金銀外幣，臺灣銀行緊急要求中央增發 560 億元。〔註51〕金圓券在 8 月 23 日實施以固定比率，在 11 月 1 日改為機動調整，但金圓券面值明顯被高估，透過匯兌關係使得大量金圓券流入臺灣。從 11 月 1 日的金圓券對臺幣 1：1000，到 12 月 30 日 1：222，1949 年更是從 1 月的

---

〔註46〕臺灣省文獻委員會編：《臺灣省通志大事記》下，第 177 頁。

〔註47〕陳誠：《陳誠回憶錄——建設臺灣》，東方出版社，2011 年，第 44 頁。

〔註48〕關於總裁辦公室的情形和來龍去脈，參閱馮琳：《中國國民黨在臺改造研究（1950～1952）》，第 41～46 頁。《嚴家淦「總統」行誼訪談錄》一書認為嚴家淦在總裁辦公室成立之初就已經任經濟小組組長，有誤。參閱歐素瑛等訪問、記錄，陳立文主編：《嚴家淦「總統」行誼訪談錄》，第 44 頁。

〔註49〕臺灣省文獻委員會編：《臺灣省通志大事記》下，第 172 頁。

〔註50〕臺灣省文獻委員會編：《臺灣省通志大事記》下，第 174 頁。

〔註51〕臺灣省文獻委員會編：《臺灣省通志大事記》下，第 174 頁。

1：80 到狂貶 5 月的 2000：1，〔註52〕隔斷臺灣和大陸經濟聯繫，建立一道防火牆是混亂和困境中的必然。

　　臺灣幣制改革從 1949 年初提出，拖延至 6 月才實行，宋子文反對臺幣獨立發行也是一個原因。陳誠回憶：

> 　　故我們這項幣制改革，其要點為（一）用臺灣銀行鈔票。（二）以美金為計算單位。（三）地區則以臺灣一省為限。這三點與當時宋子文先生所提出的主張有異，宋先生的主張為（一）用中國銀行鈔票。（二）以英鎊為計算單位。（三）將閩粵臺三省聯在一起。宋氏因其主張未為我們採納，曾對嚴家淦頗滋誤會。

　　宋子文根本反對建立隔絕臺灣與大陸經濟的防火牆。從國民黨一潰千里的形勢上看，宋的意見的確不切實際。此時蔣介石已經不再信任宋子文的金融政策。1949 年 4 月 30 日，宋子文電報蔣介石臺灣金融改革事項，說臺灣金融改革方案擬竣，並已與俞鴻鈞討論接洽，所需新鈔券，均已印就，運臺北交省主席陳誠妥為保管。他自己因身體日益疲弱，擬赴歐療養。5 月 1 日，蔣介石回覆：「貴體疲弱甚念，望往歐洲以前，對於定購武器事能決定方針，克蘭方面所進行之武器，除 105 口徑以上重炮與戰車不要外，余可代購也。臺灣改革幣制，應督催促速辦。兄能在臺灣幣制定後再行為盼。」〔註53〕由於宋子文意見不被採納，萌生去意。1947 年 5 月 27 日解放軍解放上海，這使臺灣貿易引以為命脈的京滬線中斷。當時孫越崎領導的資源委員會資委會集體起義，嚴家淦與國民黨中央決定臺灣省的經濟金融必須獨立於大陸的完整體系。〔註54〕當時，國民黨桂系李宗仁係顯然不滿蔣介石把錢運到臺灣的做法。6 月 1 日，張道藩報告蔣介石說李宗仁、白崇禧在中央政治委員會上指蔣介石藏匿美金一億之多。蔣介石日記記載：「更覺李、白之用心害陷及其人格之卑劣，居（正）、於（右任）之投桂賣黨更為可恥。」夜長夢多，蔣介石加快幣制改革步伐。6 月 3 日，俞鴻鈞與中央銀行總裁劉攻芸、臺灣省財政廳長嚴家淦見蔣

---

〔註52〕潘志奇：《光復初期臺灣的通貨膨脹》，聯經出版事業公司，1980 年，第 77 頁。

〔註53〕《宋子文致蔣中正電》（1949 年 4 月 30 日）、《蔣中正復宋子文電》（1949 年 5 月 2 日），《蔣中正總統文物》，「國史館」藏，典藏號：002-020400-00037-047，轉引自呂芳上主編：《蔣中正先生年譜長篇》第九冊，第 272 頁。

〔註54〕陳思宇、陳慈玉：《臺灣區生產管理事業委員會對公營事業的整頓（1949～1953）》，載《一九四九：中國關鍵年代學術討論會論文集》，臺北「國史館」印行，2000 年，第 451 頁。

介石，報告外匯頭寸及廈門存金之支配，並指撥臺灣銀行基金共計 5 千萬美金，決定幣制改革。當天，蔣介石日記記載，「此乃最重要之政策，得以強勉實施為慰。」並記下當前要務：一、臺灣改革幣制基金已經撥定，今後應以臺灣防務為第一矣；二、立即召集臺灣軍事會議，解決兵額編組與部署巡防、通信、交通等問題；三、東南兵額總數之決定；四、水雷製造與敷設技術之研究與準備。〔註55〕可見，蔣介石把幣制改革當作隔絕大陸經濟聯繫最重要舉措。而且也很清楚，一旦實行幣制改革，必須對臺灣實行嚴格往來大陸的管控。6月7日，蔣介石手諭陳誠關於臺灣防務時指出：

> 臺灣緝私工作為今後軍事經濟與政治最重要工作之一，如用非其人或不能得力，則整頓軍政皆無從談起，但臺澎海上之巡查必須將閩廈沿海線亦包括在內，方能完備也。又，臺灣由滬、青及其他各地所運來各機關之物資整理與登記，亦為目前最重要之工作，應速派定最有能力人員負責主持，限期清查整頓完成為要，因其於以上各項工作之急不及待，不能再延，故特草函備考，並望提先急辦為荷。〔註56〕

1949 年 6 月 15 日，臺灣省府大樓（現為「行政院院址」）燈火輝煌，省府主席陳誠，財政廳長兼臺灣銀行董事長嚴家淦，坐鎮省府大樓會議室，與省議會議長黃朝琴等多人，開會決定宣布即日實施臺幣改革，發行新臺幣，收回舊臺幣。〔註57〕根據財政廳長嚴家淦親自擬定的《臺灣省幣制改革方案》、《新臺幣發行辦法》及《新臺幣發行準備監理委員會組織章程》臺灣正式發行新臺幣。

## 三、幣制改革的方法與施行

改革幣制的重要規定，據《陳誠回憶錄》整理大致如下：

一、由臺灣銀行發行新臺幣總額二億元。

二、因國際上現以美金比較穩定，且本省對外貿易大部分亦係輸往日本及其他美金區域，為求新臺幣穩定起見，乃以美金為計算標準。

---

〔註55〕《蔣中正日記》（未刊本），1949 年 6 月 3 日，轉引自呂芳上主編：《蔣中正先生年譜長篇》第九冊，第 293 頁。

〔註56〕陳誠：《陳誠回憶錄——建設臺灣》，第 614～615 頁。

〔註57〕歐素瑛等訪問、記錄，陳立文主編：《嚴家淦「總統」行誼訪談錄》，第 825 頁。

　　三、新臺幣對美金之匯率以新臺幣五元折合美金一元，較戰前之幣值略低，足以刺激生產增進出口。新臺幣發行總額折合美金四千萬元。

　　四、新臺幣對舊臺幣之折合率，定為舊臺幣四萬元，折合新臺幣一元。並限於一九四九年十二月三十一日以前無限制兌換新臺幣，在兌換期間，舊臺幣亦可照上列折合率流通行使。

　　五、黃金、白銀、外匯及可換外匯之物質作為十足準備金。

　　六、新臺幣在省內得透過黃金儲蓄辦法兌換黃金，在省外得透過進出口貿易兌換進口所需之外匯。故新臺幣之發行，係以金銀外匯十足準備，以五元對一元美元之比率聯繫於美金，對外放棄與金圓券之聯繫，以免受金圓券貶值之影響。

　　七、由臺灣省政府聘任省參議會、審計處、高等法院、財政部派駐臺灣銀行監理，財政廳、會計處、省商聯會、銀行商業同業公會及臺銀代表各一人，組織新臺幣發行準備監理委員會，負責新臺幣發行準備之檢查保管及發行數額之監督事宜，以昭大信於全民。新臺幣發行數額應由臺灣銀行於每月終列表報告臺灣省政府及新臺幣發行準備監理委員會。新臺幣發行準備監理委員會應於每月終了後，檢查新臺幣發行數額及準備情形，作成檢查報告書予以公告，同時報告臺灣省政府。新臺幣發行準備監理委員會如發現新臺幣準備不足時，應即通知臺灣銀行停止發行，收回其超過發行準備之新臺幣並報告臺灣省政府。臺灣銀行接到通知後，應即收回其超過部分之新臺幣或補足其發行準備，非經新臺幣發行準備監理委員會檢查認可不得續增發行。〔註58〕

　　總而言之，新臺幣發行辦法，在嚴家淦的主導下，設計非常縝密，雖然欠缺現代貨幣之靈活性，並不適應經濟情況變動，但是當時臺灣省政府的目的在於恢復臺幣的信心，犧牲靈活性在所難免。隔絕大陸經濟聯繫和充足的準備金是新臺幣發行的先決條件，由於這兩個條件準備充分，新臺幣能夠及時發行。新臺幣發行後成功壓抑物價，使大眾恢覆信心，逐漸降低通膨預期。除了準備充分以外，嚴家淦為主設計的這個改革方案也功不可沒。後人有以下幾點評論：一、新臺幣採最高限額發行，明文規定發行總額，以示政府無借發行通貨

〔註58〕陳誠：《陳誠回憶錄——建設臺灣》，第 44～45 頁。

以為財政手段的意圖；二、新臺幣以當時國際間最穩定的美元為計算標準，加深人民的信心；三、新臺幣可透過黃金儲蓄存款與進出口貿易而分別兌換黃金與外匯有兌現貨幣之性質；四、新臺幣採十足準備，可穩定幣信基礎；五、新臺幣採用公開發行制度，又組織發行準備監理委員會，可監督發行及檢查發行準備，可使大眾更有信心。〔註59〕嚴家淦之所以能做到改革方案設計準確到位，這與他對臺灣的政治、經濟形勢分析到位，實事求是有關。新臺幣發行當日，嚴家淦發表了一篇名為《臺灣省幣制改革》的書面談話指出：「幣制的改革，並不重在形式上的變更，而重在兩個條件：第一，貿易收支的平衡；第二，財政收支的平衡。」〔註60〕其中有關貿易收支的平衡方面，在書面談話中也引用數據，指出透過基隆和高雄港務局的進口貨價值統計數字，光復後臺灣受戰時破壞，生產減退，出口低落，故1945、1946兩年貿易均為入超。但自1947年起，即已好轉變為平衡。1949年出口物資產量大增，以重要出口物品砂糖為例，1948年生產26萬噸，1949年生產63萬噸，增加的37萬噸，均可輸出，即可增加收入美金4000萬元，故出超是有希望的，貿易收支平衡是有把握的。嚴家淦又指出，關於財政收支的平衡方面，屬於省庫者，雖有向銀行借款，但將各地省庫收入總存款及各機關經費存款合併計算，卻足以抵償借款而有餘。屬於縣市者，雖略感不敷，但如將田賦穀價加以調整，各項稅收予以整頓，亦不難收支相抵。另外，當時大家關心國民黨中央在臺軍公費用問題，過去由臺灣省墊借數目甚巨，足以拖累臺灣省經濟。他指出這一點經過陳誠向中樞當局陳說商量，已經由中央決定將中央在臺收入及金銀外匯物資等抵付。又說，省財政本來可以平衡的，縣市財政雖有不敷，但數目不大，容易補救，此後的財政收入，自然有平衡的把握。有了這兩個條件，幣制的改革有如水到渠成，絕無問題。〔註61〕

在新臺幣發行之同時，臺灣省政府為確保幣制改革成功，嚴家淦先後採取了多項政策。如修正黃金儲蓄辦法，加強管理黃金儲蓄，縮短兌取黃金期限，擴大辦理黃金儲蓄地區；取締地下錢莊，抑制遊資活動，停止商業銀行發行本

〔註59〕朱傳豪：《臺灣貨幣發行紀要》，《臺灣銀行季刊》，1966年12月第17卷第4期。

〔註60〕嚴前「總統」家淦先生哀思錄編纂小組編輯《嚴前「總統」家淦先生哀思錄》，臺灣「行政院新聞局」印行，1994年，第825頁。

〔註61〕參閱嚴前「總統」家淦先生哀思錄編纂小組編輯《嚴前「總統」家淦先生哀思錄》，第825～826頁。

票，防止銀根泛濫。在幣制改革之前，當時臺灣省地下錢莊發展很快，以非法營利吸收資金，作不正當營業，囤積居奇，刺激物價波動，擾亂市場金融。臺灣省政府先後查知地下錢莊四百八十餘家，取締未經核准設立的銀樓四百三十餘家，珠寶店二十餘家，並禁止攜帶金銀外幣出境。〔註62〕關於黃金，開始時規定民眾將新臺幣 280 元存入臺灣銀行，經過 10 天後即可取得黃金 1 市兩。但由於這一黃金價格隨新臺幣貶值越來越低於市價，隨後又規定搭配節約儲蓄券，再改配愛國公債，以變相提高黃金價格。然而最終還是因黃金儲蓄有限，而新臺幣發行量增加不止，此政策難以為繼，不得已於 1950 年 12 月份終止。但至此時，黃金政策已歷時 18 個月，吸收新臺幣達 4.4 億元。〔註63〕1949年底，通貨膨脹得到一定抑制。但是 1950 年吳國楨任省主席的時候，通貨膨脹仍然高企，而黃金日漸消耗，這方法後被取消。為了控制通貨膨脹，臺灣當局又採取了抬高利率的方法設法抑制。這是貨幣改革後話，下文再述。

　　臺灣幣制改革對穩定臺灣的經濟作用甚巨，成功拖延了通貨膨脹的預期。臺灣前「監察院長」王作榮回憶：「那時候，通貨膨脹得非常厲害，物價天天漲。所以，穩定物價、抑制通貨膨脹，是政府非常重要的任務；其中最重要的措施，是發行新臺幣，把舊臺幣廢掉。」〔註64〕幣制改革一直被看作是陳誠的政績，不過陳誠本人不懂財政金融，當時陳誠負軍事政治責任更多。前臺灣「中研院」院士、前「中華經濟研究院院長」於宗先評論嚴家淦的作用時說：「在臺灣省政府官員中，可以說，只有嚴家淦對財政問題最瞭解。而且，當時的陳誠省主席是軍人出身，對財經問題是門外漢，嚴先生能夠說服省主席接受他的建議，是件不簡單的事。」〔註65〕

## 第三節　嚴家淦與土地改革

　　國民黨土地改革在大陸時期長期流於形式。1949 年初，一批美國農業學術背景下的「技術派」專家在國共內戰過程當中，由反對土地改革轉變為支持土地改革。美國出於反共的目的，也支持國民黨土地改革。嚴家淦在土地改革中，由於與農復會合作改組農會，避免了土改對農業經濟的衝擊。臺灣當局採

---

〔註62〕陳誠：《陳誠回憶錄——建設臺灣》，第 45～46 頁。
〔註63〕潘志奇：《光復初期臺灣的通貨膨脹》，第 110 頁。
〔註64〕歐素瑛等訪問、記錄，陳立文主編：《嚴家淦「總統」行誼訪談錄》，第 46 頁。
〔註65〕歐素瑛等訪問、記錄，陳立文主編：《嚴家淦「總統」行誼訪談錄》，第 46 頁。

取的贖買政策進行土改，預期耗資巨大。嚴家淦設計了土地換股的方案，大大節省了財政資金，從而避免了通貨膨脹。土地改革被看作是陳誠治臺的第一政績，嚴家淦在土改過程中也頗有功績。

## 一、國民黨土地改革緣起與實施

長期以來，國民黨解決土地改革問題的思路是依靠政府的行政手段，限制地主土地額度和限制土地租金。國民黨在大陸時期雖然有此政策宣導，卻從未認真實行過。〔註66〕政策不彰的原因很多，其中國民黨保守派並不願意推行此類明顯傾向社會主義的土地政策是主要原因。國民黨的土地改革專家蕭錚回憶說，土地改革是「共產黨的尾巴」，國民黨內有疑慮。〔註67〕除此之外，國民黨土改專家蕭錚還認為國民黨政令不通也是重要原因。他說當時「多數以軍人主持省政，其中若干人對中央政令仍是陽奉陰違」，而「居於高級領導階層的部分同志失去革命精神」，「對平均地權的真實意義可能很少瞭解」。〔註68〕總之，戰時、戰前國民黨的土地改革努力乏善可陳。1948 年，農經專家萬國鼎在《大公報》上發表國共兩黨土地改革之比較，萬認為國共兩黨在土地改革政策上沒有什麼不同。不同的是，國民黨說了不做。〔註69〕萬的文章點出了問題的關鍵：在與共產黨競爭土地改革政見中，國民黨缺少真正的動力。不過，對國共兩黨都倡導的土地改革，除了保守勢力不贊同以外，一些具有美國學術背景的現代農業技術專家和學者也不認可。如農業經濟專家沈宗瀚等人認為解決中國農業問題主要在於市場和技術，形成農業改革中的所謂「技術派」。與這些「技術派」學者的觀點不同，以陳翰笙和千家駒為主的馬克思主義經濟學家所倡導的「分配學派」，強調解決農村問題首在土地改革。〔註70〕

戰後初期，美國對華農業援助頗為積極。1945 年 6 月，美國總統杜魯門致函蔣介石，表達願意派遣一個由八個農業技術人員組成的小組來華，蔣介石表示同意。1945 年 10 月，組成中美農業技術合作團。美方以郝濟生（Claude Buton Hutchison）為團長，莫耶爾、凱斯（Harold C. M. Case）、卜凱、許伯

〔註66〕 參閱洪瑞堅：《浙江之二五減租》，正中書局，1936 年。
〔註67〕 蕭錚：《蕭錚回憶錄：土地改革五十年》，臺北「中國地政研究所」發行，1980 年，第 313 頁。
〔註68〕 蕭錚：《蕭錚回憶錄：土地改革五十年》，第 71～73 頁。
〔註69〕 萬國鼎：《國共之間的土地改革問題》，《大公報（上海版）》，1947 年 3 月 16 日。
〔註70〕 參見黃俊傑：《農復會與臺灣經驗：1949～1979》，三民書局，1991 年，第 29 頁。

（Charles J. Huber）等人為成員。中方則以鄒秉文為團長（未就任），沈宗瀚（代任）、馬保之、葛敬中等人為團員。從名單人員來看，中美雙方團員都是熟悉中國農業的技術專家，也是所謂「技術派」大結合。〔註71〕隨著國共內戰的到來，「技術派」卻在局勢演變當中很快意識到土地改革的重要性。中美農業技術合作團在考察和討論過程中發現，土地改革對國民黨政府異常重要。各路農業專家紛紛建議國民政府即刻實行土地改革。1947 年 7 月，杜魯門派遣魏德邁訪華，調查中國情況，杜魯門指令魏德邁告知中國政府，如果中國政府要得到援助，國民黨必須提供令人信服的證據。〔註72〕經過考察，魏德邁向國務院提出了一攬子針對國民黨的改革建議，包括政治、軍事和經濟等等。其中，有關農村問題，魏德邁的報告直接建議國民黨實行土地改革，以減輕農民的高利貸和租稅負擔。〔註73〕

　　國民黨為了取得美援，頻頻向美方示好，表明自己正在進行土地改革。蔣夢麟（時任行政院秘書長）在 1947 年 2 月就對美國人說，國民政府的各項改革在進行，情況在好轉。土地改革也正在施行當中，保守派已經被清除。〔註74〕1948 年 1 月，國民黨為了獲得美國援助，曾做出了十項承諾。關於土地改革，中國政府準備實施中美農業技術合作團提出的建議。並說，政府從 1946 年就開始辦理綏靖區的土地改革事宜，出臺了法律法規，並在河北地區開展土地改革。〔註75〕1948 年初《援華法案》通過後，根據法案設立的農復會卻遲遲沒有動靜。美國輿論對國民黨政府在土地改革上的拖延感到憤怒。蔣廷黻 5 月份在《大公報》上發言，聲稱中國政府正採取具體步驟，美方不應以其遲慢感不耐。〔註76〕7 月，時任職地政處的湯惠蓀北上考察土地改革的情況。在河北，傅作義正在進行土地改革的實驗，山西的閻錫山也在進行所謂「兵農合一」的土地改革試驗。事實上，兩地的土地改革並無實質成就。〔註77〕但是，湯惠蓀

〔註71〕函件內容轉引自黃俊傑：《農復會與臺灣經驗：1949～1979》，第 42 頁。

〔註72〕世界知識出版社編：《中美關係史料彙編》第一輯，世界知識出版社，1957 年，第 301～302 頁。

〔註73〕世界知識出版社編：《中美關係史料彙編》第一輯，第 719 頁。

〔註74〕*Memorandum of Conversation, by the First Secretary of Embassy in China*, in *FRUS*, (The Far East: China, 1947), pp.30～31.

〔註75〕*The American Ambassador in China to President Chiang Kai-shek* (1948), (The Far East: China, 1948), p.41.

〔註76〕《蔣廷黻講我土地改革》，《大公報（天津版）》，1948 年 5 月 26 日。

〔註77〕蕭錚：《蕭錚回憶錄：土地改革五十年》，第 323～329 頁。

大概為了盡早達成農復會援助事宜，在報紙上鼓吹華北土地改革的成就，聲稱華北各地推行已見成效。〔註78〕

1948 年 3 月 31 日，美國國會特別於《援華法案》中列入一個中美合作復興中國農村專條，中美兩國政府於 1948 年 8 月 5 日換文設立中國農村復興聯合委員會。1948 年 10 月 1 日，農復會在南京成立。由莫耶爾、貝克（J. E. Baker）（鐵路運輸專家）兩位美國委員和蔣夢麟、晏陽初、沈宗瀚三位中國委員組成，蔣夢麟為主任委員。〔註79〕1949 年初，蔣夢麟與莫耶爾到臺灣找陳誠，勸說陳誠實行土地改革。得到肯定後，蔣夢麟決定把農復會遷往臺灣。〔註80〕農復會成立後，首要工作就是土地改革，在當時美國著名土地改革專家雷正奇（Wolf Ladejinsky）指導下進行土改工作。雷從 1946 年起就協助麥克阿瑟（Douglas Mac Arthur）在日本推行土改開始，先後在中國大陸與臺灣、南越、尼泊爾、印度尼西亞、菲律賓和印度從事土地改革指導工作，被稱為「土地改革先生」（Mr Land Reform）。〔註81〕農復會對土地改革的成功幫助巨大，光是辦理地籍總歸戶一項工作，他們一共動員了二千八百人，用去了五十餘萬個工作日，和耗費了四百餘萬元的經費。〔註82〕

可見國民黨在臺灣推行土地改革可以說是大勢所趨。從臺灣土地改革發生的脈絡來看，與其說是經濟政策，還不如說它是冷戰之初所發生的一項政治運動，目的是防止所謂共產主義擴張。1949 年 3 月 15 日，蔣介石日記記載「今後革命工作從頭做起，所謂重起爐灶者：甲、軍事制度之建立，先以各兵種業務人事之組訓著手，再加以統一集中，因之通信、情報與參謀系統之建立為急務。乙、經濟制度（民生主義為基本原則）之建立，先以金融與土地政策擬訂具體方案。丙、社會制度之建立，兵民與土地合一為基本原則。」〔註83〕

〔註78〕《湯惠蓀談北行視察觀感華北各地推行已著成效》，《大公報（天津版）》，1948 年 7 月 22 日。
〔註79〕吳相湘：《晏陽初傳》，嶽麓書社，2001 年，第 502～586 頁。
〔註80〕《蔣顏士先生訪問記錄》，載黃俊傑主編：《中國農村復興聯合聯合委員會口述歷史訪問記錄》，第 156 頁。
〔註81〕Wolf Ladjinski, *The Select Papers of Ladjinski — Agrarian Reform as Unfinished Business*, (New York: Oxford University Press, 1977), p.3.
〔註82〕陳誠：《陳誠回憶錄——建設臺灣》，東方出版社，2011 年，第 110 頁。
〔註83〕《蔣中正日記》（未刊本），1949 年 3 月 15 日，轉引自呂芳上主編：《蔣中正先生年譜長篇》第九冊，臺北「國史館」、中正紀念堂、中正文教基金會印行，2015 年，第 464 頁。

此時，蔣介石已經對土地改革有一些想法，當是對具體政策還未下決心，所謂「兵民與土地合一」，其實是閻錫山的想法，﹝註84﹞當時在國民黨內並非主流﹝註85﹞。因此，國民黨土地改革頗費周折，也很謹慎。推行土地改革大致分三個階段：第一是三七五減租；第二是公地放領；第三是全面性的重新分配土地。﹝註86﹞

　　陳誠在決定推行土改上也十分謹慎，先從「減租」做起。陳誠主政湖北時，曾經也搞過減租，可謂輕車熟路。1949 年 3 月 22 日，臺灣省政府發布第五五二號布告，揭示推行「三七五」地租，要求「自本年第一期農作物收割繳租時起，凡私有耕地地租，不得超過正產物全年收穫總量千分之三百七十五。倘約定地租超過千分之三百七十五者，應減為千分之三百七十五。」並強調，「地主不得藉故撤佃，佃農不得無故抗租。如有不肖分子蓄意破壞，從中阻撓者，定予依法嚴懲。」﹝註87﹞1949 年 4 月 14 日，臺灣省政府頒布《臺灣省私有耕地租用辦法》。為便於推行，又制定了《臺灣省私有耕地租用辦法施行細則》、《臺灣省辦理私有耕地租約登記事項》、《臺灣省推行三七五減租督導委員會組織章程》等法規，通令全省貫徹執行。為推進減租，臺灣省政府舉辦推行「三七五」減租工作人員講習會，自 1949 年 4 月下旬起，至 5 月上旬止，歷時二十天，計參加受訓幹部共四千餘人。﹝註88﹞從 5 月下旬起，各地開始租約換訂及登記工作，「三七五減租於 1949 年底完成，約二十六萬公頃的出租耕地幾乎都訂立了新租約」。﹝註89﹞

　　所謂「公地放領」，就是把日本殖民者歸還的由臺灣省政府掌握的部分「公地」出售給農民。1950 年 12 月 15 日，國民黨臺灣省政府通過了《整理地籍放領土地實施方案》及《扶植自耕農實施方案》。此時，陳誠已經升為「行政院長」。1951 年 6 月 4 日頒布《臺灣省放領公有耕地扶植自耕農實施辦法》，「公地放領」工作全面鋪開。1951 年至 1961 年連續放領 5 次，放領耕地面積

﹝註84﹞　參閱田酉如：《新區土改的特例：在閻錫山「兵農合一」地區進行的土改》，《中共黨史資料》，2009 年第 3 期。

﹝註85﹞　據陳誠回憶，蔣介石起初希望採取閻錫山的辦法，但是陳誠據理力爭，否定「兵農合一」。參閱陳誠：《陳誠回憶錄——建設臺灣》，第 156～117 頁。

﹝註86﹞　《謝森中第一次訪問記錄》，載黃俊傑主編：《中國農村復興聯合聯合委員會口述歷史訪問記錄》，第 59～63 頁。

﹝註87﹞　陳誠：《陳誠回憶錄——建設臺灣》，第 319 頁。

﹝註88﹞　陳誠：《陳誠回憶錄——建設臺灣》，第 38 頁。

﹝註89﹞　參閱林卿：《臺灣農地制度改革之分析與借鑒》，《臺灣研究》，2001 年第 1 期。

96004 公頃，受益農戶達 165443 戶，平均每戶受領 0.6 公頃。〔註90〕

　　國民黨最後才下決心推行最困難的「耕者有其田」，也就是分配地主的土地。由於陳誠的堅持和蔣介石決心，經過長時間的討論折衷，國民黨「立法院」最終於 1953 年 1 月 20 日通過實施《耕者有其田條例》，規定自 1953 年 5 月 1 日起開始執行。〔註91〕陳誠為推動土改，手段十分強硬，聲稱：「調皮搗蛋不要臉的人也許有，但是，我相信，不要命的人總不會有。」〔註92〕到 1953 年底，約 7.8 萬戶佃農通過購買獲得耕地共計 41300 公頃，194823 農戶承領徵收耕地 14.8 萬公頃。〔註93〕至此，國民黨主導的土地改革才告一段落。

## 二、嚴家淦在土地改革中的角色

　　國民黨土地改革最大的動因在於政治目的，也就是出於「反共」的目的。但是在改革上採取的是經濟政策，因此就必須考慮它的經濟影響。土地改革對嚴家淦來說並不陌生，1941 年，國民黨在福建龍巖搞過土地改革試點，當時嚴家淦任福建財政廳長。當時的龍巖縣長林詩旦動用了自己的關係，從中國農民銀行土地金融處借貸法幣 5700 萬元，以三成現金、七成地債券的方式作為徵收地主土地的資金。〔註94〕臺灣光復初期，由於接收日據時期的土地，臺灣省政府擁有大量公地。這些公地通過出租的方式，由農民租種。農民承種公地和納租由土地銀行和糧食局辦理，當時嚴家淦是土地銀行董事長，很早就介入臺灣土地問題。在陳誠的省政府裏，嚴家淦可以說是非常熟悉臺灣土地情況的財經官員。

　　陳誠擔任行政院長的時候，派嚴家淦從經濟部長轉任財政部長，正好是土地改革進入「公地放領」與「耕者有其田」的階段。當時，嚴家淦任財政部長兼土地銀行董事長主持。據李國鼎說：「在 1951 到 1954 年間，嚴先生參與積極推動臺灣土地改革的『公地放領』與『耕者有其田』方案，貢獻很

〔註90〕林增傑：《中國大陸與港澳臺地區土地法律比較研究》，天津大學出版社，2001年，第 106 頁。

〔註91〕參見王侃：《略論 1949～1953 年的臺灣土地改革》，《中共浙江省委黨校學報》，2005 年第 3 期。

〔註92〕轉引自李筱峰：《臺灣戰後初期的民意代表》，自立晚報社文化出版部，1986年，第 252 頁。

〔註93〕汪先平：《當代臺灣地區農村土地制度簡述》，《安徽電子信息職業技術學院學報》，2008 年第 2 期。

〔註94〕劉椿：《論三十年代福建龍巖的土地改革》，《黨史文苑》，2005 年第 4 期。

大。陳誠『院長』與嚴家淦『部長』的合作為公，為臺灣經濟發展奠定了基礎。」〔註95〕

　　在公地放領階段，嚴家淦對地價估算和農民付款方式上積極謀劃。放領公地的土地價格，訂為農戶所承領土地主要作物（水田為稻穀，旱地為甘薯）全年收成的兩倍半；地價議定之後，分10年平均攤還，每年再分上、下兩期繳納。對一般農民來說，這樣的負擔並不算重。公地放領實施以後，臺灣當局在各地收到的地價，共計稻穀3億6千7百36萬多公斤，甘薯12億5千4百76萬多公斤，全數由臺灣土地銀行經收，並撥為扶植自耕農基金。〔註96〕

　　1982年，嚴家淦在回憶土地改革經驗時特別指出：

　　　　農復會幫忙政府的事很多，第一件事就是農戶改革。農戶的制度是日據時代留存下來的，除了農民自己消費外，餘糧可以有個多餘的倉庫來儲存。農會是為了收集多餘農產品而設立的，它的機構自上而下，在日據時代，臺灣省的總督府兼管省農會會長，縣長兼農會會長，由官來兼任。我當時改組農會，農復會的種種策劃，幫助很大，我們把農會自下而上，變成一個民主制度，由農民產生農會，農會為人民服務。日據時代，總督農會最重要，我們改組則下面鄉鎮最重要，不在縣農會和省農會。臺灣一共300多個鄉鎮，300多個農會，每個鄉鎮裏面的農民都是農會成員。從事農業耕作的人是會員，非從事農業耕作的人則是從會員。由於農民有些人不會經營，於是農會裏面就產生了業務部門，由農民代表會產生理事會，這個制度把日本人的制度改掉了。由銀行貸款給農會，農會的信用部再貸款給農民，農會的另一個好處是技術上的革新和新品種的改良，使土地改革政策可以推行，假定沒有農會制度，土地改革沒有辦法如此順利的推行。農業慢慢發展起來，個人有個小小貢獻，當時土地改革推行時，我主管財政部門，計劃由臺灣土地銀行用錢向地主購買土地，轉手賣給佃農。萬一佃農有人周轉不靈，變成呆帳，應如何應付，以當時的觀點，建議政府拿出一筆資金，多少數字呢？也算不出來，當時就拿了四個公司的官股做支付，就是工礦公司、農林公司、水泥

〔註95〕歐素瑛等訪問、記錄，陳立文主編：《嚴家淦「總統」行誼訪談錄》，臺北「國史館」印行，2013年，第59頁。
〔註96〕歐素瑛等訪問、記錄，陳立文主編：《嚴家淦「總統」行誼訪談錄》，第60頁。

公司及紙業公司，數目字等於整個土地購價的 30%。〔註 97〕

嚴家淦的回憶對研究臺灣土地改革頗有啟發：首先這項政治目的很強的改革，在農復會和技術官僚的操作下，變成服務於臺灣經濟的政策；其次，國民黨的土地改革並非簡單的贖買政策，而是一種精心設計的「分期付款」。

日據時期的臺灣農村，地主雖佔有土地，同時也是農業經濟中的關鍵一環。與大陸地主坐享其成不同，已經「半現代化」的臺灣農業中，農產品的銷售、農業技術的推廣和農業金融的支持都有賴地主的經營。土地改革要贖買地主的土地，自然地主也就失去經營農業經濟的基礎。1950 年底，臺灣在實施一年多的減租運動後，農民獲利不少，消費能力增加，佃農新蓋房屋、娶婦完婚者比比皆是。但是，地主由於受益下降，不願意投資土地，導致生產受影響。12 月，陳誠決定實行第二階段的土改，指出，「三七五」減租在方法上有疏漏之處，必須隨時改進，並將舉辦自耕農貸款積極扶植自耕農與雇農，以求土地改革再向前躍進一步。〔註 98〕因此，扶植自耕農必須從農村金融、農業市場等多方面著手，才能使得農村經濟有根本上的改變。嚴家淦時任職臺灣土地銀行董事長，與有美國背景的農復會進行合作，通過農會改革的方法，解決了農業技術和農業金融的問題。同時農會改革後，國民黨權力下沉，對地方的繼承掌控更加有力。當時農復會顧問、農村社會學專家安徒生與臺灣當局合作，擬訂出《臺灣省改進各級農會暫行辦法》。經過多次地討論和修正，臺灣當局1952 年 8 月 20 日通過了該法案。從嚴家淦的回憶裏可知，改組農會組織由嚴家淦具體執行，這項法案的政策細節與嚴家淦有關。據陳誠的回憶，該法案是非常令人滿意的規定：

　　　　一、會員以從事農耕、農業收益占個人總收人二分之一以上，或現正從事農業改良工作者為限。

　　　　二、不合上開規定的非農民，得列為贊助會員。

　　　　三、會員有選舉權及被選舉權，贊助會員除在不超過農會監事三分之一限度內，得當選為監事外，其他無選舉權及被選舉權。

　　　　四、自耕農、佃農、雇農在會員代表大會中，保障三分之二以上名額。

〔註 97〕《嚴前「總統」與仁社演講土地改革經驗》（1983 年 10 月），中國社會科學院近代史所藏嚴家淦檔案言論集篇，原檔號：Art13213-642002。
〔註 98〕陳誠：《陳誠回憶錄——建設臺灣》，第 342 頁。

五、理監事會有權，總幹事有能，權能劃分。

可見農會改革的第一要義就是排除地主勢力，這對國民黨權力深入農村有推動作用。借農會改組，擴張國民黨農村基層勢力，也是蔣介石念茲在茲的問題。1952 年 4 月上旬蔣介石就指示國民黨中央改造委員會說，「區分部與小組配合農會之農事小組，以發動農民以及農村中之人力、物力實施動員，其他各業，可依此類推，青年與婦女團體，自亦應包括在內，黨透過以上各該組織，才能發動各大民眾參加總動員工作，希即照此由各主管組研擬具體實施辦法具報為要」〔註 99〕。改組的政治目的，也就是嚴家淦所謂的「我們把農會自下而上，變成一個民主制度，由農民產生農會，農會為人民服務。」農會改組後，輔之以農復會設計的技術推廣和農村信貸，很快就能改變土改後的農村經濟形態。因此，陳誠自信地說：「自問我這四年來的重心工作之最大者，就是土地改革，這是以政治力量解決農民經濟的措施，再輔之以農會的改組，這是以農民合作互助力量保障社會安全的措施。我不相信，如果領導得宜，以全體農民的力量改善農民本身的生活是做不到的事。」〔註 100〕

至於分期付款式的土地換股可以說是嚴家淦土地改革中的傑作。

1952 年 5 月，陳誠對地價補償提出幾點原則性的意見，大意是：

（1）地主應得的地價，以土地債券及公營事業股票分別搭配補償為原則。土地債券方面：（A）以實物為本位，以免遭受物價波動的影響；（B）維持債券信用；（C）給予合理利息。公營事業股票方面：（A）應選擇經營發達的公營事業發給股票，使地主樂於接受，並輔助其發展，以促進臺灣的工業建設；（B）進一步修改有關法令，使民營事業得到充分保障，進而扶植其發展。（2）地價的計算，可按照公地放領的標準（即依照各等則耕地主要作物正產品全年收穫總量之二倍半計算）。〔註 101〕

比較上述嚴家淦的回憶，當局連總地價多少都不可能計算出，因此該方案的設計一開始就不準備付出實際貨幣。方案主要是圍繞原來土地的租賦進行的，也就是用原來農民繳的稅賦來解決土地徵收問題。當時人回憶嚴家淦為了

---

〔註 99〕中國國民黨中央委員會秘書處編印：《中國國民黨中央改造委員會會議決議案彙編》，1952 年，第 407 頁。

〔註 100〕陳誠：《陳誠回憶錄——建設臺灣》，第 149～150 頁。

〔註 101〕陳誠：《陳誠回憶錄——建設臺灣》，第 112～113 頁。

避免日本土改導致通貨膨脹的前車之鑒，極力反對現金收購。〔註102〕

按《耕者有其田條例》中規定，承領耕地之農民，自承領之季起，分十年以實物或同年期之實物土地債券均等繳清地價（即每年清繳按耕地正產品全年收穫量二倍半計算地價之十分之一）。根據陳誠回憶：

> 起初頗慮農民不能按期清繳，將使政策推行遭受重大困難；但經事實證明，農民繳付地價異常踴躍，一九五三年第一、二兩期地價，竟徵收達百分之九十八以上。此一事實，一方面說明農民確實迫切需要土地，耕者有其田政策確實符合農民需要；另一方面也證明了農民經濟得到改善，大家才都有繳付地價的能力。〔註103〕

土地換股施行後，部分地主因股票升值成功轉型為資本家。但也有大量地主對股票不熟悉，賤賣後損失很大。由於土改對地主極端不利，導致其成為反對國民黨最重要的力量，這也是後來「臺獨」的一個來源。在土改中，原來與國民黨合作尚好的臺灣地方紳士代表林獻堂，因土改利益損失大，而遠走日本，客死異鄉。

土地改革對臺灣影響極大，被認為是臺灣經濟現代化的基礎性政策。陳誠認為，這件事在經濟方面最大的意義有二：（一）農業產量大增，使「大家有飯吃」；（二）地主得將其地價所得轉投資於工業。〔註104〕第一條，原是陳誠本意，「大家有飯吃」，目的是防止農村革命。至於第二條，則是在實踐中逐漸顯現的效果。農復會有美國背景，是臺灣技術精英比較集中的地方，主事者很多後來成為臺灣當局的技術官僚。嚴家淦早期與農復會的合作，可以看作是技術官僚群體與當局合作的一個成功案例。

## 第四節　嚴家淦與美援

從 1949 年到美援結束的 1964 年，美國對臺提供了 46 億美元的軍事和經濟援助。美援對穩定臺灣經濟至關重要，臺灣當局的財政也直接和間接依賴美援。美國依靠美援施加壓力，影響臺灣的政治和經濟。嚴家淦與臺灣當局的美援機構淵源匪淺，對臺灣的美援運用有很深的影響力。

---

〔註102〕歐素瑛等訪問、記錄，陳立文主編：《嚴家淦「總統」行誼訪談錄》，第 62 頁。
〔註103〕陳誠：《陳誠回憶錄——建設臺灣》，第 115～116 頁。
〔註104〕陳誠：《陳誠回憶錄——建設臺灣》，第 185 頁。

## 一、美援的形成和結束

　　美國的對國民黨的經濟援助，開始於 1948 年的《中華民國政府與美利堅合眾國政府間關於經濟援助之協定》。依照協定第二條規定，為運用美援改善經濟起見，當時國民黨政府承諾：一、採取必要措施，以保證有效利用經濟資源；二、促進工農生產之發展；三、採取安定及發展經濟所需之財政、幣制、預算及行政上措施；四、增進國際間合作與貿易。〔註 105〕不久，根據嚴家淦報告的說法，由於大陸內戰，依據本協定撥付的美援未能充分運用，「政府」即遷至臺灣，美國對國民黨的經援乃告停頓。1949 年，初到臺灣的國民黨政府面臨巨大財政壓力，當時僅靠動用黃金、外匯及物資，以為彌補差額之道，這一年「中央」財政的差額達 87%以上。〔註 106〕因此，國民黨上上下下都希望美國重新援助。

　　在幣制改革章節提到，由於受金圓券崩潰的影響，臺灣當局不得不進行幣制改革。但是由於大量人口和軍隊的湧入，對臺灣經濟形成巨大的壓力。因此幣制改革後，臺灣惡性通貨膨脹得到抑制的同時，依然面臨通貨膨脹。如以 1949 年 6 月份為基礎，臺灣的零售物價指數在該年下半年內仍上升了 80%〔註 107〕。從 1950 年初開始，臺灣當局採取瘋狂的高利率政策來抑制通貨膨脹的預期，1950 年 3 月採取了高利率政策，推行「優利儲蓄存款」辦法。存款利率最初規定：一個月定期存款為月息 7%，如按復利計算折合年息為 125%。兩個月定期存款為月息 8%，三個月定期存款為月息 9%。同時規定，各銀行在接受該項存款後，應立即轉存臺灣銀行，由其專門經營放貸業務。優惠利率儲蓄存款是很有成效的。1950 年初，所有銀行中的定期存款總額僅為 200 萬元新臺幣。實行優利存款後僅僅 8 個月內存款總額就增加到 3500 萬元新臺幣，約占貨幣投放量的 7%。〔註 108〕如果經濟形勢得不到有效緩解，高利率只能是一種「拖延政策」。除了利用高利率拖延經濟危機，黃金儲備的急劇減少，也使得蔣介石憂心忡忡。1950 年 3 月，針對黃金儲備減少，蔣介石日記記載：

---

〔註 105〕《美援運用報告》，1963 年 2 月 1 日，《嚴檔・再任「財政部長」篇》，原檔號：
　　　　　Art13213-642002。
〔註 106〕陳誠：《陳誠回憶錄——建設臺灣》，東方出版社，2011 年，第 213 頁。
〔註 107〕於宗先：《臺灣貨幣與金融文集》，聯經出版事業公司，1975 年，第 37 頁。
〔註 108〕參閱方曉珍、方曉宏、孫曉峰：《戰後初期臺灣反通貨膨脹三大政策評析》，
　　　　　《安慶師院社會科學學報》，1997 年第 1 期。

> 新臺幣雖未澎漲（膨脹），但黃金售出之數，三個月來已有六十
> 餘萬兩之多，現存黃金總數已不足壹百五十萬兩，而米價已上漲至
> 百元，殊為可慮，幸軍費確定，今後財政運用與收支已定有辦法，
> 當不致如過去浸無管束與限制矣。議定每月黃金售出總數，不得超
> 過七萬兩之數。〔註109〕

　　不過情況並沒有實質好轉，朝鮮戰爭爆發前夕，1950 年 6 月 10 日，蔣介石召開財政座談會，蔣介石及「行政院長」陳誠、「臺灣省主席」吳國楨、「財政部長」嚴家淦、「中央銀行總裁」俞鴻鈞、「總統府秘書長」王世杰、「行政院秘書長」黃少谷、「臺灣省財政廳長」任顯群等出席。俞鴻鈞報告，黃金存量中央僅五十四萬餘兩，臺省發行基金僅六十餘萬兩。吳國楨向蔣介石報告，保證在 7 月 15 日以前，黃金儲量無問題，並說明強迫儲蓄當可收回一部分黃金。嚴家淦當時指出，他過去主張增加發行臺幣，但是現不敢做此主張，恐影響整個金融。蔣介石害怕黃金枯竭，但是財政支出又不能少，可以說當時情況已經十分危急，因此已經做好財政破產、實行全面配給制的準備。在座談會上，蔣介石最後無奈指示：「須做美國不會援助，最後全島被蘇聯潛艇封鎖之準備。美國不能援助，如過去之蘇聯及土耳其，尚能抵抗侵略，爭取最後之勝利，並指出配發實物之重要性與可能性。」〔註110〕

　　朝鮮戰爭爆發後，臺灣當局看到了美國援助臺灣的希望。7 月 7 日，蔣介石召開財經臨時會談，研討黃金儲備等問題。「臺灣省財政廳長」任顯群報告全省財政金融情形，並說明至 6 月底臺灣銀行所存黃金外匯約七十四萬兩，其中黃金和外匯各值一半。「中央銀行」總裁俞鴻鈞報告 6 月底中央銀行所存的黃金為四十八萬七千餘兩。「財政部長」嚴家淦報告，3 月 17 日至 6 月 26 日，軍政費審核小組通過的預算外支出約合新臺幣九千○二萬元，其中軍費占八千八百九十萬元，另有約數千萬元尚未通過。而國家行局現存外匯約值美金一千三百萬元，其中大部分一時不能動用。會議中，蔣介石要求俞鴻鈞和任顯群詳細研究黃金美匯價格如何調整、黃金儲備儲蓄辦法如何改進、儲戶提取黃金

〔註109〕《蔣中正日記》（未刊本），1950 年 3 月 31 日，轉引自呂芳上主編：《蔣中正先生年譜長篇》第九冊，臺北「國史館」、中正紀念堂、中正文教基金會印行，2015 年，第 470 頁。

〔註110〕參閱任治平口述，汪士淳、陳穎撰《這一生：我的父親任顯群》，寶瓶文化，2011 年，第 163～164 頁，轉引自呂芳上主編：《蔣中正先生年譜長篇》第九冊，第 506～507、164～165 頁。

應否加以管理、黃金如何收回、出口如何增加、外匯如何爭取等具體問題，並要求於 11 日之前提出具體報告。此外，對於生產事業資金的籌措問題，要求俞鴻鈞、嚴家淦和任顯群迅速研討後，再行報告。〔註 111〕到 8 月 4 日蔣介石再次召集財政會談討論黃金儲備等問題。得知中央銀行存金只有四十餘萬兩，臺灣省行亦只有五十萬兩，惟美援經濟款數略增，或可抵補不足。〔註 112〕可見，期盼已久的美援已經到達，情況暫時得到緩解。到了 8 月底，蔣介石再次召開財經會談，討論 9 月軍費問題，決定中央黃金支付減為每月三萬兩，並指示今後經濟與財政方針，規定每月報告辦法，日記記載：「此實為最為重要之政務。」〔註 113〕軍費開支一直是臺灣財政不可承受之重，蔣介石此時敢於減低軍費開支，可見軍事援助當時已經得到了美援補助或者某種承諾。

　　1950 年 12 月，美軍事援助到達，蔣介石日記記載：「彈藥已到，其經援總署福克斯來臺視察後，對其經援數量可望增加，而其來貨亦可提前較速矣，因之經濟危機亦可漸少矣。」〔註 114〕1951 年 2 月，美臺簽訂聯防互助協定，5 月 1 日在臺成立「美國軍事援華顧問團」，以美軍人蔡斯為首任團長。當天上午，蔣介石接見蔡斯。蔡斯團長告知任務是幫助維護及運用美援武器裝備，決不包括干涉國民黨軍隊的指揮系統。〔註 115〕至此，軍事援助全部恢復。由於國民黨龐大的軍事開支是拖累臺灣財政主要原因，美國恢復軍事援助直接減輕了臺灣當局的財政負擔。朝鮮戰爭爆發前後，臺灣財政危機的實際情況，美國的情報部門瞭解得非常清楚。1950 年 8 月 21 日，美國國務院情報研究所關於臺灣國民黨政權形勢的評估時，指出：

　　　　似乎有證據表明稅收已經接近了最大值，因為稅收可能快接近福摩薩國民收入的五分之一或者更高，在像「臺灣」這種低收入國家裏面這是一種最大比例。然而這些收入僅僅滿足了預算支出的60%，政府為了彌補赤字，有必要變賣黃金貯備和前日本殖民政府

〔註 111〕參閱任治平口述，汪士淳、陳穎撰《這一生：我的父親任顯群》，第 164～165 頁，轉引自呂芳上主編：《蔣中正先生年譜長篇》第九冊，第 521～522 頁。

〔註 112〕《蔣中正日記》（未刊本），1950 年 8 月 4 日，轉引自呂芳上主編：《蔣中正先生年譜長篇》第九冊，第 533 頁。

〔註 113〕《蔣中正日記》（未刊本），1950 年 8 月 24 日，轉引自呂芳上主編：《蔣中正先生年譜長篇》第九冊，第 539 頁。

〔註 114〕《蔣中正日記》（未刊本），1950 年 12 月 1 日，轉引自呂芳上主編：《蔣中正先生年譜長篇》第九冊，第 588 頁。

〔註 115〕參閱呂芳上主編：《蔣中正先生年譜長篇》第九冊，第 663 頁。

留下來的資產，實際上政府更多地利用美國國家經濟委員會的對等基金。按目前變賣黃金的速度來看，政府可能在 1951 年就耗盡它的黃金儲備。所以，除非行政當局能夠儘量減少政府的支出，特別是降低相應的軍事開支，在持續和不斷增加國外經濟援助的支持下，1951 年島內的經濟穩定才有可能實現。〔註 116〕

因此在美國恢復軍事援助後不久，美國對臺經濟援助也開始開展。據嚴家淦報告，1951 年美國有《共同安全法案》的制訂，開始恢復對臺灣當局經援。在《共同安全法案》下，美國對臺的經援包括有下列各項：

一、防衛支助——係贈與性援款，內分：（一）計劃型援助——供給建設計劃採購機器設備之資金。（二）非計劃型援助——供給進口一般物資之資金，又分為：1. 四〇二物資——即農產品。2. 非四〇二物資——即農產品以外之物資。

二、技術合作——係贈與性援款，供受援國聘請國外專家及選送本國人員至國外受訓之用。

三、軍協：為共同安全法案下，美援對於臺灣軍方之直接援助，援助範圍包括補給之供應、基地、車輛、船舶、武器、生產、通訊、醫藥設備之維護保養以及訓練等。〔註 117〕

1954 年起，美國又有《發展農業貿易及援助法案》，簡稱為四八〇號公法，規定允許其他國家以其本國貨幣購買美國剩餘農產品，美國復將此項農產品售得價款之大部再贈與受援國作軍協之用及貸與作經濟社會建設之用。1957年，美國國會修訂《共同安全法案》，新設開發貸款基金，對各國建設計劃貸給採購機器設備之資金。自開發貸款基金設置後，原來在防衛支助項下贈與之計劃型援款乃大量減少，由開發貸款基金所取代。1961 年起，美國國會新訂《國際開發法案》，原有共同安全法案之各項援助項目及四十六年設立之開發貸款基金均取消，在新訂之國際開發法下，適用於臺灣的經援項目有以下各項：一、開發貸款（包括：建設計劃貸款——供進口建設計劃機器設備之用；物資計劃貸款——供進口物資材料之用）；二、開發贈與（供聘請專家、選派人員出國受訓、採購各項試驗用之儀器設備等之用，即代替以前之「技

---

〔註 116〕沈志華、楊奎松主編：《美國對華情報解密檔案（1948～1976）》第七編：《臺灣問題》，東方出版中心，2009 年，第 314 頁。

〔註 117〕《美援運用報告》，1983 年初，《嚴檔·再任「財政部長」篇》，原檔號：Art13213-642002。

術合作」項目。）〔註118〕

　　綜計自 1950 年會計年度至 1962 會計年度為止，臺灣所獲得之美國經援美金及由美金產生之臺幣援款，見表一。

**表二：臺灣所獲得之美國經援美金及由美金產生之臺幣援款**
　　（1950～1962）

單位：百萬元

| 會計年度 | 美金援款 | | | | 臺幣援款 |
|---|---|---|---|---|---|
| | 贈　與 | 貸　款 | 四八○公法 | 小　計 | |
| 1950 | 98 | — | — | 98 | — |
| 1951 | 81 | — | — | 81 | 756 |
| 1952 | 106 | — | — | 106 | 578 |
| 1953 | 117 | — | — | 117 | 1,197 |
| 1954 | 138 | — | — | 138 | 1,181 |
| 1955 | 84 | — | — | 84 | 1,527 |
| 1956 | 91 | | 22 | 113 | 2,080 |
| 1957 | 62 | 28 | | 90 | 1,941 |
| 1958 | 72 | 12 | 13 | 97 | 2,159 |
| 1959 | — | — | — | — | — |
| 1960 | 71 | 40 | 9 | 120 | 2,548 |
| 1961 | 52 | 40 | 21 | 113 | 2,952 |
| 1962 | 3 | 25 | 54 | 82 | 2,864 |
| 合計 | 975 | 145 | 119 | 1,239 | 19,783 |

資料來源：《美援運用報告》（1983 年初），《嚴檔‧再任「財政部長」篇》，原檔號：
　　　　　Art13213-642002。

　　由統計可知，美國的每年經濟援助差不多平均一億美金，以當時臺灣的經濟規模和購買力而言，美國經援的數額是一筆巨大數目。美援在臺灣財經方面所佔比重，如下列各項：（一）美援相當於臺灣「國民所得」8%；（二）固定資本形成毛額中，美援占 26.7%；（三）經濟建設固定投資中，美援占 32.9%，（四）臺灣國際收支經常賬差額中，美援彌補 86%；（五）進口總額中，美援占 38.8%；（六）進口農產品中美援占 69.9%；（七）進口非農產品中，美援占

〔註118〕　《美援運用報告》，1983 年初，《嚴檔‧再任「財政部長」篇》，原檔號：Art13213-
　　　　　642002。

28%；（八）出售美援物資收回臺幣182億。〔註119〕除了經濟援助之外，美國另外也提供可觀軍事援助。美國經濟援助直到1965年才結束，軍事援助更是到1973年才最終結算。美援對臺灣的影響是多方面，本文將在其他章節多方面敘述。

## 二、嚴家淦任職美援會經歷與作用

　　嚴家淦與美援的淵源最早可以追溯到，他於1945年抗戰勝利前夕任職「戰時生產局」的經歷。「戰時生產局」是翁文灝領導的資源委員會管理採辦美國物資的機構。因此，1948年6月4日，美援會成立時，任職財政廳的嚴家淦兼任委員。6月4日，臺灣省主席魏道明當時為安穩民心，專門在記者會上告知嚴家淦任美援會乃是兼職。〔註120〕美援會7月1日遷上海，並在南京設立聯絡辦公處，在北平、天津、青島、廣州及臺灣先後設立辦事處。嚴家淦利用與美援會的直接或間接關係，向美方交涉將1948年度分配予中國大陸的工業部門援款中，劃出一部分用於臺灣。當時美國經濟合作總署中國分署成立一個工業調查團，該團於1948年6月25日抵達臺灣，以一周時間考察全省臺糖、臺電以及鐵路、港埠等設施，並考察當時重工業。於是該年9月1日，嚴家淦以美援會委員身份宣布，臺糖、臺灣鐵路局、臺電先後獲得美國對臺的第一批援款。〔註121〕由於嚴家淦兼臺灣省財政廳長，自然設法在美援物資上配合臺灣省需求。臺灣農業向來依賴化肥。11月5日，嚴家淦從南京回臺，對外聲稱援臺物資以化肥最多。〔註122〕1949年5月31日，陳誠主導成立臺灣省生產事業管理委員會，對財政廳長嚴家淦頗為倚重，使得臺灣獲得總值425萬美元的美援肥料，有利於臺灣糧食的增產。〔註123〕

　　1950年1月26日嚴家淦調升「經濟部」部長，3月「行政院」改組，陳誠調嚴家淦任「財政部」部長，4月兼美援會副主任委員。美援會一開始就是

〔註119〕《美援運用報告》，1983年初，《嚴檔·再任「財政部長」篇》，原檔號：Art13213-642002。
〔註120〕臺灣省文獻委員會編：《臺灣省通志大事記》（下），眾文圖書公司印行，1968年，第174頁。
〔註121〕參閱周琇環：《嚴家淦與美援的運用（1948～1965）》，載吳淑鳳、陳中禹編：《轉型關鍵——嚴家淦先生與臺灣經濟發展》，臺北「國史館」印行，2014年。
〔註122〕臺灣省文獻委員會編：《臺灣省通志大事記》（下），第175頁。
〔註123〕參閱周琇環：《嚴家淦與美援的運用（1948～1965）》，載吳淑鳳、陳中禹編：《轉型關鍵——嚴家淦先生與臺灣經濟發展》。

美國駐華共同安全分署之相對機構，是原國民政府的行政部門之一支。國民黨退臺後，臺灣當局的主任委員，按規定由「行政院長」兼任，行政院內各主要經濟職能的部門，如經濟部、財政部、中央銀行等主要負責人，另及臺灣省主席，均為其委員。其職責：（一）關於編擬及審核一切美援計劃事項；（二）關於美援物資之訂購接收保管及分配等事項；（三）關於美援物資出售價款之收集保管及運用事項；（四）關於美援計劃之報告統計宣傳及督導事項；（五）與美國駐華共同安全分署聯絡事項；其他有關美援事項。〔註124〕該會的實際地位遠在「經濟部」、「財政部」等常規經濟職能的部門之上，其職權和影響力遠超出美援運用範圍之外，成為當局推行發展戰略和制定宏觀經濟計劃的重要部門，整個20世紀50年代，美援會與經安會是指導臺灣經濟的中樞機構，堪稱臺灣的「超級經濟部」。美援會實際就是美國對臺經濟改造的最重要機構，下文有專門章節詳述。

　　在陳誠「內閣」時期，由「財政部」掌控美援分配，美援對臺灣財政貢獻很大，各個部門都想要美援物資。1953年，陳誠在一次「行政院」院會上就告誡「美援是配合『政府』預算的，許多機關多方鑽營，想得到美援，即今得到，這錢還不是『政府』預算中的錢？」〔註125〕在嚴家淦任職期間，美援會負責主持接收、儲運、分配美援物資等工作。陳誠回憶，美援會備有倉庫四所存儲必須進倉之物資；每次美援物資到達時，派有專責人員在碼頭監卸啟運。為爭取時效及節省人力、物力起見，對於到達物資事前均預為部署，根據分配計劃約定受援單位會同在船邊或碼頭辦理撥交手續。除由美援會自行處理之物資如棉花、紗布、藥品、食品等必須進倉外，其他物資鮮有進倉者，故手續至為簡捷，臺美雙方均感滿意。〔註126〕

　　1954年嚴家淦任職「臺灣省主席」，仍兼任美援會委員。由於嚴家淦熟悉美援分配流程，有關美援事項，嚴家淦都參與討論。1954年11月，「行政院國軍退除役官兵輔導委員會」成立，由「臺灣省主席」嚴家淦兼任主任委員，蔣經國為副主任委員。之後，嚴家淦辭去主任，由蔣經國任主任委員。「退輔會」的目的是解決臺灣老兵問題，老兵向來由地方政府安置。美國政府同意於1955年會計年度移撥1億美元，供增加臺軍經濟援助之用，其中經援項下用

〔註124〕 參閱周鏽環：《嚴家淦與美援的運用（1948～1965）》，載吳淑鳳、陳中禹編：
　　　　 《轉型關鍵——嚴家淦先生與臺灣經濟發展》。
〔註125〕 陳誠：《陳誠回憶錄——建設臺灣》，第486頁。
〔註126〕 陳誠：《陳誠回憶錄——建設臺灣》，第256頁。

於退除役官兵計劃者計 4200 萬美元。〔註 127〕這項工作由嚴家淦協助蔣經國完成，是蔣經國早期的一項主要政績。1957 年 8 月 8 日，臺灣「省政府主席」由周至柔接任，嚴家淦轉任「政務委員」，兼美援會主任委員及「行政院經濟安定委員會」副主任委員。此時美援已經到了後期，行將結束，美援會的主要工作就是配合美援進行經濟改革。1958 年 7 月 15 日，「行政院長」俞鴻鈞辭職，陳誠組閣，陳誠又兼美援會主任委員，「經濟安定委員會」撤消，歸併入美援會，嚴家淦再度出任「財政部長」及美援會委員。此時，美援會主要由尹仲容掌管，其角色也慢慢淡去。美援運用委員會在 1950 年成立，到嚴家淦 1958 年間擔任主任委員。在這九年當中，不論名義上是主委還是副主委，都是由他實際負責美援會的日常工作。〔註 128〕為了爭取美援，嚴家淦親身參與了一些外交工作。在實際負責美援會日常工作的九年期間，他善用各種形式的美援，在臺灣推動財政改革及經濟建設。在此期間，他爭取了各種各樣不同名目的美援計劃，其中包括贈與、貸款、技術援助、以工代賑，以及基礎建設等受援方式。王作榮就回憶：「嚴先生早期實際負責財政決策，又在美援會先後擔任主委、副主委，和美國人建立了極佳的關係，也是我方處理與美國爭議的最佳協調人才。他受到蔣『總統』器重，有很大的發言權，很早就開始主導財經小內閣。」〔註 129〕

嚴家淦長期任職美援會，對美援相當熟悉。其角色多屬於管控、調配工作，這和他主要任職「財政部」有關，控制支出是「財政部」職責之一。如此，嚴家淦在與美方打交道過程中，逐漸熟悉對方財務制度，有助於嚴家淦建立現代財政制度。

〔註 127〕參閱周鏽環：《嚴家淦與美援的運用（1948～1965）》，載吳淑鳳、陳中禹編：《轉型關鍵──嚴家淦先生與臺灣經濟發展》。

〔註 128〕歐素瑛等訪問、記錄，陳立文主編：《嚴家淦「總統」行誼訪談錄》，臺北「國史館」印行，2013 年，第 73 頁。

〔註 129〕歐素瑛等訪問、記錄，陳立文主編：《嚴家淦「總統」行誼訪談錄》，第 74 頁。

# 第五章　嚴家淦與地方治理

　　嚴家淦在任「省主席」期間，臺灣省政府角色弱化。嚴家淦的地方治理主要還是發揮財經特長，重視臺灣農業開發和農產品對外貿易。由於配合蔣經國安置退伍老兵，政治上被蔣氏父子接受。

## 第一節　嚴家淦與「省政」

　　國民黨退臺之初，有效控制區域除了臺灣、澎湖外，尚有福建沿海島嶼金門、馬祖以及浙江沿海島嶼大陳島。1955 年，蔣介石撤守大陳島，有效控制區域為臺、澎、金、馬，設置兩個省政府，臺灣「省政府」和福建「省政府」。國民黨「中央」撤到臺灣後，控制區域已經不可和大陸時期同日而語，按理行政機構重疊。但是為了維持其「正統中國」體制，省級行政建制並未取消，臺灣「省政府」和福建「省政府」（大陳島撤退後，浙江「省政府」撤銷）一直保留到李登輝執政時期。

　　國民黨撤退之初，先是陳誠任臺灣「省主席」。後陳誠任「行政院長」，吳國楨任「省主席」。吳國楨與蔣介石鬧翻後，俞鴻鈞又接吳的「省主席」位置。吳國楨和俞鴻鈞都是文人，蔣介石任命文人作地方首長，一方面是為了維持比較開明的形象，另一方面也是為了弱化「省政府」政治地位的考慮。1954 年 3 月 22 日，蔣介石與陳誠被「國民大會」代表選舉為正副「總統」，5 月蔣介石決定陳誠辭「行政院長」。蔣介石日記記載：「如其再兼行政職務，即不能襄助余策劃政策與研究重要問題，則其任副總統，仍於公私無益也。彼亦同意，故

決另定人選，詳商人事及軍事機構改革方針。」〔註1〕3 日，決定俞鴻鈞任「行政院長」，嚴家淦任臺灣「省主席」。1954 年 6 月，嚴家淦就任臺灣省政府主席，兼臺灣省保安司令。俞鴻鈞和嚴家淦被重用，兩人都是財經背景，算是不負眾望。上任當日，嚴家淦發表演說：

> 地方必須要配合中央來推動國策的執行，大家知道反共抗俄是我們今天最高的國策，本省則是執行此一國策的重要基地，我們雖是地方政府，但我們所做的事情則必須配合國策，並且要切實的執行國策，要爭取反共抗俄的徹底成功，我們不但要在軍事上著想，同時也要在政治上注意，單純從軍事上謀取勝利，是不足以消滅共產主義的，必須同時在政治方面有開明的政風，有良好的治理，穩定的經濟，安定的社會，合理的生活水準，使人民都能安居樂業，和大陸上共匪的壓榨欺騙、殘殺、迫害、慘無人道的情形適成強烈的對照，才不但能使臺灣九百萬人民和海外一千三百萬僑胞都將本其愛國熱忱，熱烈支持反共抗俄工作的推進，而大陸上四億五千萬同胞正在水深火熱之中，必更隔岸引領企望，隨時響應。必須如此方能得到全體同胞的合作，以促成共黨匪暴政的全面崩潰。可是在這樣遠大目標之下，本省一面要大量支持軍事，一面又要大量從事政治經濟教育文化和社會建設，所需要發揮和發動的人力物力，非常龐大，必須要上下一心，淬勵奮發，方能配合國策，來完成反共抗俄的大業。〔註2〕

除了喊口號「反攻大陸」和編造「共匪暴行」，這篇演說指出了「省政府」的工作重點。「省政府」需配合「中央」，是執政的最主要目的，嚴家淦對此了然於胸。當「省主席」後，蔣介石就以安全為由，要求「省政府」遷址。明眼人都知道，「總統」府和「省政府」同城辦公，顯然是蔣介石所不能容忍的。蔣介石對於省府地點的選擇，提三個原則。第一是要在山邊，第二是要離海岸線遠，第三是要旱田，不要水田。前兩者都是從「國防」上考量，第三項原則

---

〔註1〕 《蔣中正日記》（未刊本），1954 年 5 月 2 日，轉引自呂芳上主編：《蔣中正先生年譜長篇》第十冊，臺北「國史館」、中正紀念堂、中正文教基金會印行，2015 年，第 321 頁。

〔註2〕 《臺灣省政府主席嚴家淦就職典禮演說稿》，1954 年 6 月，《嚴檔·再任「財政部長」時期》，原檔號：Art12318-012014。

是為了避免影響糧食生產。〔註3〕蔣希望「省政府」扮演一個經濟建設的角色，弱化它的政治地位的意圖是很明顯的。雖然如此，嚴家淦還是非常兢兢業業地「配合」辦完這件事情，他與當時的臺灣「省政府」秘書長謝東閔（臺籍人士）合作，很完美地完成了「省政府」遷址工作。謝東閔帶著建設廳副廳長，看遍了臺灣中部地區各處。後來，謝東閔看中了現在的南投縣中興新村一帶地區，向嚴家淦報告，問他要不要親自去看看。嚴家淦說：「不要，你看好就好，你決定就好。」1955 年 5 月 21 日，嚴家淦由謝東閔陪同，勘察了南投縣中興新村一帶地區，正式決定將省政府遷到南投縣。〔註4〕

　　「省政府」這種弱化趨勢，從表一中 1950 年到 1953 年的支出比例也可見一斑。由於財政好轉，「省政府」支出歷年有所增加，但是支出比例還是很小，且每年都有差額。

表一：1950 年至 1953 年臺灣各方支出比例

（以當年度總計數為一百之百分比）

| | 1950 | | 1951 | | 1952 | |
|---|---|---|---|---|---|---|
| | 決算數 | 百分比 | 決算數 | 百分比 | 決算數 | 百分比 |
| 支出合計 | 1,962,370 | 100.00 | 2,427,951 | 100.00 | 3,563,275 | 100.00 |
| 中央 | 1,296,251 | 66.06 | 1,431,756 | 58.97 | 1,917,776 | 53.28 |
| 省 | 307,334 | 15.66 | 454,709 | 18.73 | 615,824 | 17.28 |
| 縣市鄉鎮 | 358,786 | 18.28 | 541,486 | 22.30 | 1,029,675 | 28.90 |
| 收入合計 | 1,526,559 | 77.79 | 1,922,549 | 79.18 | 3,164,084 | 88.80 |
| 中央 | 863,242 | 43.99 | 916,696 | 37.76 | 1,425,325 | 40.00 |
| 省 | 345,647 | 1761.00 | 580,960 | 23.93 | 923,636 | 25.92 |
| 縣市鄉鎮 | 317,670 | 16.19 | 424,893 | 17.49 | 815,123 | 22.88 |
| 差額合計 | 435,811 | 22.21 | 505,402 | 20.82 | 399,191 | 11.20 |
| 中央 | 433,009 | 22.07 | 515,060 | 21.21 | 492,451 | 13.82 |
| 省 | -38,313 | -1.96 | -126,251 | -5.19 | -307,812 | -8.64 |
| 縣市鄉鎮 | 41,115 | 2.10 | 116,593 | 4.80 | 214,552 | 6.02 |

資料來源：《任臺灣省政府主席時：45 年財政收支報告》，1957 年，《嚴檔·再任「財政部長」時期》。

〔註 3〕歐素瑛等訪問、記錄，陳立文主編：《嚴家淦「總統」行誼訪談錄》，臺北「國史館」印行，2013 年，第 70 頁。
〔註 4〕歐素瑛等訪問、記錄，陳立文主編：《嚴家淦「總統」行誼訪談錄》，第 70 頁。

「省政府」雖然支出有限，政治地位弱化，但為了維持「正統中國」的體制，國民黨當局還是非常仔細地強調「省」的概念。1955年，為了進行人口普查，有人注意到印製的普查表缺「省」，曾致函臺灣「省主席」嚴家淦，有謂：

> 靜公主席鈞鑒：敬肅者，傾有戶口普查員來訪，始悉戶口普查表，項目甚多，填載必須審慎。茲查該表標題為「中華民國戶口普查表」，當了適用於全國，並非為一省而制訂，全國轄有各省，亦即不能有本省外省之區別。雖事實上此次普查以臺灣省為主體，且人皆知此本省僅指臺灣而言，惟該表中並未標明臺灣省字樣，欲解釋本省為臺灣，似欠根據，不免有憑空揣想之嫌。普查工作，在我國既屬創舉，其表式亦將永垂楷模，萬管見所度，不敢緘默。應否選飭所屬於該表適當之處，加蓋「臺灣省」戳記，俾為識辨，而期完善，即乞賜予核奪。〔註5〕

因此，「省政府」雖然地位尷尬，卻不可缺少。與所謂「中央」而言，更加接近臺灣普通民眾的生活。直接涉及臺灣地方政治和所謂「省籍」矛盾等敏感政治問題。

地方自治一直是國民黨當局向外界表明自己「行憲」的招牌。早在1948年6月，蔣介石就指示魏道明：「關於地方自治之推行，應著重培植訓練地方優秀幹部，深入基層為民服務，俾能啟導人民行使四權，並忠實執行國家委辦事項，以宏自治之深基，而輔建國之大業。」〔註6〕

1949年8月15日，臺灣省地方自治研究委員會正式成立。當即召開第一次會議，決定研究工作進行程序及方式。會議由當時的臺灣「省主席」陳誠主持。陳誠引用孫中山「地方自治為民主政治之基石」一語，加以發揮。〔註7〕接著，各縣市議會相繼組成，地方自治開始。在縣市議會組成之後，臺灣當局又開始推動省議會的選舉工作。1951年9月11日，蔣介石批准了《臺灣省臨時議會組織規程》和《臺灣省臨時議會議員選舉罷免辦法》，並指示「行政

〔註5〕《李毓萬函臺灣省政府主席嚴家淦戶口普查事》（未注明日期），《嚴檔·再任「財政部長」時期》，原檔號：Art12319-022028。

〔註6〕《蔣中正致魏道明電》（1948年6月4日），《蔣中正「總統」文物》，典藏號：002-090106-00002-239，轉引自呂芳上主編：《蔣中正先生年譜長篇》第九冊，第94頁。

〔註7〕陳誠：《陳誠回憶錄——建設臺灣》，東方出版社，2011年，第328頁。

院」；「從速準備選舉，早日成立省臨時議會。」10 月 21 日，蔣介石又電示「行政院長」陳誠，要求總結縣市議員選舉的經驗教訓：「亟應針對以前各次選舉經過事實，縝密檢討，妥擬辦法，嚴格執行，務使競選人員群循正常途徑，不致有浪費行賄，或其他舞弊情事……並派公正人士，分赴各地監督執行，不得稍有疏縱。」〔註8〕

蔣介石本人特別重視地方自治選舉，在中國國民黨辦理「臺灣省」第二屆各縣市地方自治之各種選舉，特別指示應注意事項：

> 臺灣省第二屆各縣市地方自治之各種選舉，即將開始分期舉行，在第一屆選舉時，中正曾飭特別慎重辦理，務求達成守法、選賢與能及節約三項目的，此次選舉，對於上列三項要求，務須切實注意，力求貫徹。茲並提示兩點如下：（一）本黨提名候選人，應慎加銓選，注重品德，且須能孚眾望者，並應令其切實遵守各項選舉法規，以身作則，發生模範作用。至如何達成此項目的，希速妥定辦法。（二）省選舉監察委員會及縣市監察小組委員人數，宜予擴增，以羅致各方面負有聲望之人士參加，務必做到公開公正之條件，候選人之資格不符以及違法競選者，應令其切實負責糾正檢舉。〔註9〕

就是在這樣的情況下，第二屆選舉，依然令蔣介石不滿意。臺灣省第二屆臨時省議會議員及縣、市長選舉結果，臺北市長當選人高玉樹與嘉義縣長當選人李茂松，均非中國國民黨籍。5 月 4 日，蔣介日記記載：

> 臺北市長選舉之失敗原因，最應注意者：甲、臺省阿海派之態度與今後方針；乙、惟才是用，不能偏重半山派；丙、人民對本黨之心理與態度，以及今後之政策與宣傳方針；丁、政治鬥爭之策略與方法太不研究；戊、對敵觀念與要領之研究；己、戰術與技術之研究。〔註10〕

所謂阿海派指的是本省籍人士，所謂半山派指的是從大陸回來的本省籍人士。可見，在非常有限的地方自治選舉當中，仍然充滿政治算計。嚴家淦本

---

〔註8〕《中央日報》，1951 年 10 月 21 日。
〔註9〕秦孝儀編：《「總統」蔣公大事長編初稿》第 11 卷，中國國民黨黨史委員會印行，1978 年，第 283～284 頁。
〔註10〕《蔣中正日記》（未刊本）1954 年 5 月 3 日，轉引自呂芳上主編：《蔣中正先生年譜長篇》第十冊，第 321 頁。

人與高玉樹合作不錯，高玉樹回憶：「嚴主席非常明顯地做了一些用心良苦的布置，來協助我這個毫無行政經驗的臺北市長，尤其是他起用謝東閔擔任秘書長，對我三年任期中市政的推動，幫助很大。」〔註11〕謝東閔是所謂的半山。在前文中就提到，嚴家淦與本省籍人士相處不錯，「二二八事件」期間還得到林獻堂的保護。嚴家淦在任「省主席」期間，林獻堂去世，丘念臺去信嚴家淦。指出：

> 獻老非一省人物，乃一國人物，其治喪委員已以本省人士為
> 主，則公祭委員竊意似應以大陸人士為主，如此則第一可提高獻老
> 身份，第二可開擴本省心胸，消除內外隔膜，作無形感化也。此希
> 卓裁執行。〔註12〕

嚴家淦作為林獻堂莫逆之交，當然遵命辦理，專門寫祭文紀念。當天，嚴家淦題挽有「猶憶患難相扶，照人肝膽」之語，他自己全程參加葬禮。〔註13〕由此可見嚴家淦為人知恩圖報，能夠獲得地方人士的認同。

1954年11月，嚴家淦兼「國軍退除役官兵輔導委員會」主任委員，蔣經國任副主任委員。作為文人官員，嚴家淦做這樣的事情也算是中規中矩。1955年2月，農曆除夕，嚴家淦赴金門「勞軍」。按傳統，這一般是屬於政治領袖的工作，絕非技術官僚擅長，但是嚴家淦做得津津有味。實際上，「退輔會」的工作主要由蔣經國在做。1955年4月，嚴家淦委託「國軍退除役官兵輔導委員會」副主任委員蔣經國代理主委職務。6月，嚴家淦又辭退輔會主委兼職，由副主委蔣經國真除。從後來發生的事情來看，這件事，對嚴家淦和蔣經國來說影響都非常大，嚴家淦與蔣經國真正共事由此開始。對嚴家淦來說，他已然明白蔣介石培養兒子的決心，因此放手「退輔會」，而且積極幫助蔣經國。當時國民黨兵源老化，當局財源有限，希望借助美援實現「國軍」退伍。蔣經國擬定了一個計劃，與美磋商，所提出計劃由美援會先後於1954年11月及1955年2月提送安全分署。隨後，美國政府同意於1955年會計年度移撥1億美元，供增加臺灣軍經援助之用，其中經援項下用於退除役官兵計劃者

---

〔註11〕歐素瑛等訪問、記錄，陳立文主編：《嚴家淦「總統」行誼訪談錄》，第68頁。
〔註12〕《總統府資政丘念臺函臺灣省政府主席嚴家淦關於林獻堂治喪事宜》，1956年9月16日，《嚴檔・再任「財政部長」時期》，原檔號：Art12319-022027。
〔註13〕參閱黃清龍《嚴家淦與林獻堂因「二二八事件」陳患難之交》，載嚴前『總統』家淦先生哀思錄編纂小組編輯：《嚴前「總統」家淦先生哀思錄》，臺灣「行政院新聞局」印行，1994年，第3236～237頁。

計 4200 萬美元。〔註14〕計劃項目包括：增設大同合作農場 10 處及海埔地開
墾、伐木造林及採集松香、漁殖；省建設廳下成立榮民工程處承辦建築工程、
設立技術訓練機構；興築橫貫公路；建立各科醫院等九項計劃；設立職業檢定
中心及職業介紹機構；興築榮民之家 10 所。〔註15〕但是，美國方面對蔣經國
計劃並不滿意。1957 年的一次會議，蔣經國指出：

> 鑒於從前美參議員艾倫特氏對我退除役計劃之誤會，及其反對
> 以美援協助我退除役之主張，深恐美國其他人士受其影響，如費勒
> 斯氏提及退除役計劃時，可說明我國現時辦理之退除役計劃，與美
> 國之退伍軍人管理處範圍不盡相同，此一計劃，係就大陸來臺、已
> 超齡而失去戰鬥力之官兵，作一次退除役之計劃，以充實軍力，並
> 非經常之退除役制度。〔註16〕

總體來看，蔣經國由於「退輔會」工作得到外界的認可，他不辭辛勞與老
兵一道吃住公地，獲得了親民的聲譽。嚴家淦此時也獲得比較親民的聲譽，
他輕車簡從，走遍臺灣山鄉，視察災區，拒絕招待，自帶便當下鄉，一時為美
談。〔註17〕就職半年後，嚴家淦曾經報告：

> 今天報告四十三年度七至十二月的施政概況。光陰過得很快，
> 本人就任省府職務，瞬逾半年。在此半年期中，多承貴會給予種種
> 協助和指教，這種精誠無間的表現，本人實在覺得特別感奮。本人
> 在過去半年中，曾就省政府各廳處局分別開會座談並且視察好幾處
> 學校、醫院、發電所與水利工程的建設，並曾抽空巡視花蓮、臺東、
> 桃園、新竹、苗栗等縣，期多明瞭地方實際情形，和人民的需要，
> 來求建設地方的配合。在這多次視察巡視中，本人覺得要想政令推
> 行盡利，賴基層組織的健全。地方自治實施後，基層組織的性能，
> 更見重要，基層的人事亦應有合理的安排，務使人才下鄉，糾正過
> 去頭重腳輕的現象，才能使施政的根基穩定、確實，政府的法令，

〔註14〕參閱趙既昌：《美援的運用》，聯經出版事業公司，1985 年，第 10 頁。
〔註15〕《四十五年度美援計劃說明》，1955 年，《嚴檔·再任「財政部長」時期》，原
　　　　檔號：Art12315-032018。
〔註16〕「行政院」美援運用委員會 46 年度第一次會議記錄》，1957 年，《嚴檔·再
　　　　任「財政部長」時期》，原檔號：Art12320-092020。
〔註17〕臺灣省文獻委員會編：《臺灣省通志大事記》（下），眾文圖書公司印行，1968
　　　　年，第 210 頁。

貫徹有效。關於這一點，省府已成立專案小組，正在就編制官等各
方面，研擬調研的初步意見。各級地方機構在施政方面，雖已能夠
循序漸進，但衡以每一件的推動，仍間有迂緩遲滯等現象，今後自
應從提高行政效率入手，力求做到新、速、實、簡的標準。尤值得
我們注意的一件事，就是各項地方建設，不僅要求量的增加，更需
要求質的健全，必須質量並重，才說得上施政的得失，也必須質量
兼顧，才能符合效率的涵義。〔註18〕

由於嚴家淦的兢兢業業，臺灣「省政」辦得不錯。普遍認為文人執政地
方，有利於地方建設。1957 年 3 月 20 日晚 11 時，美軍顧問團上士羅伯特‧
雷諾在臺北市陽明山其住宅門前，無故將任職於國民黨「革命實踐研究院」的
少校軍官劉自然開槍打死。兩個月後，美「軍事法庭」宣布雷諾槍殺劉自然係
「誤殺」，並以「罪嫌不足」判雷諾無罪，予以釋放。消息傳出，臺灣輿論譁
然，發生了在美國「大使館」周圍的群眾抗議的「劉自然事件」。由於事情鬧
得很大，蔣介石害怕影響與美國的「邦交」，極為憤怒，連日處理該事件，5 月
24 日日記記載：

八年以來對美忍辱負重，努力奮勉，奠定復國基礎之工作恐將
毀於一旦，而且其為最不榮譽之野蠻公民行動所敗毀，能不痛心悲
憤？復國前途又蒙重重之黯影，不知所止。惟禍兮福所倚，要在自
立奮鬥，百折不撓，盡其在我而已。〔註19〕

嚴家淦「省主席」期間的所謂安保問題一直是軍隊控制，所以蔣介石在處
理這件事上並沒有怪罪他。5 月 25 日，嚴家淦上書自請處分：

竊查此次因我國公民劉自然被美軍顧問團軍士雷諾茲槍殺一案
而發生之不幸事件，由於部分暴民盲目衝動，將美國大使館及美國
新聞處搗毀並包圍臺北市警察局，造成若干死傷，職身負省政重任，
既不能弭患於無形，又未能適時制止暴民之越軌行動，致使國家信
譽遭受損失，督率無方之咎，其何能辭？用謹呈請辭去臺灣省政府
委員兼主席職務，並請議處。至本府有關單位及臺北市政府所屬有

〔註18〕《臺灣省新聞處印行〈臺灣省政概要〉刊載臺灣省政府主席嚴家淦於臺灣省
第二屆臨時省議會第二次大會施政總報告》，1955 年 1 月 8 日，《嚴檔‧再任
「財政部長」時期》，原檔號：Art12319-022057。

〔註19〕《蔣中正日記》（未刊本），1958 年 5 月 24 日，轉引自呂芳上主編：《蔣中正
先生年譜長篇》第十冊，第 703 頁。

關單位對本案應付之責任，俟查明後再行呈請處分。所有以上呈請辭職及自請處分各緣由，理合呈請鈞座鑒核示遵。謹呈院長俞、副院長黃。

職嚴家淦謹呈〔註20〕

6 月，蔣介石決定調任嚴家淦為政務委員，「省主席」由原來的空軍司令周至柔擔任。蔣介石日記記載：

省主席周至柔接任以後，希望能在精神與紀律上為之振作整頓，力求進步，以免除過去嚴家淦之無政府狀態，此乃在內政上實一重要措施也。〔註21〕

蔣介石之所以一改過去任用文人「省主席」的習慣，而是以強勢的軍人出任此職，其目的在於增強對地方的控制，生怕與「劉自然事件」相同的事件再發生。

## 第二節　嚴家淦與臺灣地方經濟發展

嚴家淦過去一直負責財政，當了「省主席」後就可以比較全面地負責一方經濟。不過，對「省政府」來說，在上面有「經濟部長」、「行政院長」的情況下，農業是他比較能直接管理的部門。1954 年，經過土地改革，臺灣農業生產開始恢復。嚴家淦在就職演說時候強調省政工作重點和方法：

本省今天所負的任務，就是一方面要建設地方，一方面要配合國策。關於這一點，本府是地方，建設地方實為本位工作，諸如奠立民主政治基礎，加強經濟建設，整頓稅收，穩定金融，發展教育，增加生產，改進技術，扶植民營企業，以及推行都市土地改革，貫徹耕者有其田政策的執行等，都需要作全盤面極詳盡的研究和檢討，再分別緩急先後，衡量我們自己的財力和物力，一步步做去。

……俞院長在他當本省主席的期間內，曾經用「安定中求進步」依據，作為本省施政的方針，現在安定已經做到，就是在進步方面也有很好的成果。我們對於前任主席所訂定的規章和計劃，必定要

〔註20〕《1957 年 5 月 25 日臺灣省政府簽呈》，1975 年 5 月 27 日，《嚴檔‧再任「財政部長」時期》，原檔號：Art12319-032019。

〔註21〕《蔣中正日記》（未刊本），1958 年 6 月 10 日，轉引自呂芳上主編：《蔣中正先生年譜長篇》第十冊，第 741 頁。

> 貫徹執行，求其成功。對於求進步這一點，我們要格外注重，要求
> 做到最大速度。〔註22〕

1953 年臺灣開始實行每期四年的經濟建設計劃，實行「農業培養工業，工業促進農業」的經濟發展策略，謀求總體經濟的發展。為此，農業政策中心確定為增加農業生產，以換取更多的外匯和供應充足的糧食和工業原料，穩定社會局面，促進工業發展。這一時期也是所謂進口替代時期。農業部門的政策目標一直包含發展農產品外銷。其措施主要包括加強農產品加工、包裝及質量管理，研究開發優良農作物新品種，拓寬農產品外銷市場等。為了解決農業發展資金問題，從 1954 年會計年度起，由美援相對基金項下，「每年撥款約計新臺幣七千萬元，以補助各縣市推進四年計劃有關之各項農業計劃，協助推動各期經建計劃」〔註23〕。

嚴家淦在「省政府」期間推動農業發展，可以說是穩中求進。嚴家淦認為應「採用科學方法完成經建計劃」，其在 1955 年的省政施政報告中提到：「要使行政科學化，必須完成並充實各項基本調查」。在嚴氏主持省政期間，曾完成人口普查、森林資源調查、水資源調查、地下水測勘、輪灌調查、氣象測候、地質調查、農業選樣調查、工商普查、橫貫公路道路勘查等。並在 1956 年 9 月 2 日擔任戶口普查處處長，9 月 16 日辦理戰後第一次戶口普查。而農業與自然資源調查對於農業發展與日後土地空間利用影響頗為深遠。〔註24〕

嚴家淦在「省政府」三年，使他更接近臺灣農業，更加明白臺灣農業對經濟的重要性。他在 20 世紀 80 年代談論臺灣經濟奇蹟時，特別強調農業的作用：

> 面臨這種情況，如何發展臺灣的經濟，使其民富國強，確是令
> 人躊躇的事。鑒於當時人力尚充沛而農業稍有基礎，只有：（一）發
> 展人力資源來彌補天然資源之不足。（二）將發展重點放在勞力密集
> 方面，而勞力密集效果較速者，莫過於農業，且人民大多數都從事

〔註22〕《臺灣省政府主席嚴家淦就職典禮演說稿》，1954 年 6 月，《嚴檔・再任「財政部長」時期》，原檔號：Art12318-012014。

〔註23〕參閱黃俊傑：《農復會與臺灣經驗》，三民書局股份有限公司，1991 年，第 148～149 頁。

〔註24〕參閱李力庸：《從復舊奠基到經建開展：嚴家淦省主席任內的農業行政與調查》，載吳淑鳳、陳中禹編：《轉型關鍵嚴家淦先生與臺灣經濟發展》，臺北「國史館」印行，2014 年。

農業，故初期的發展著重在農業。（三）由於可耕地甚少，絕不向疏種方面發展，而是著力於精耕，即在耕種面積不能擴充之情況下，提高單位面積的產量。（四）精耕需要很多條件來配合，因此政府及人民除努力於水利、育種、病蟲害防治、肥料推廣等等。〔註25〕

「省政府」三年為他以後堅持支持臺灣經濟改革，提供了比較堅實的地方經濟經驗。

---

〔註25〕《前總統嚴家淦於臺灣經濟發展會議中文致詞稿及修改稿》，20世紀80年代，《嚴檔·「總統」時期》，原檔號：Art12920-172015。

# 第六章　遷臺初期的政治、財政和經濟建設

　　臺灣威權體制是以蔣氏父子為中心所建立的一套政治制度，軍政和財政是這套制度的核心。蔣介石通過權力博弈，人事布局，機構重建，逐漸從「省政府」手中收回財權。嚴家淦是蔣介石退臺初期的核心財政官員，對臺灣的財政制度的建立有關鍵作用。蔣介石最初無意發展臺灣經濟，把財政當作穩定政權和反攻大陸的手段。臺灣現代財政制度的建立主要來源於備戰財政和美方的壓力的考慮。

## 第一節　財經人事變局和機構變遷

　　國民黨遷臺初期的財經人事布局，主要由蔣介石、陳誠、吳國楨之間的權力博弈產生。吳國楨曾經敏銳地覺察到，蔣介石任用自己為臺灣「省主席」是為了解決臺灣的財政困難。他認為錢和劍是蔣介石政權的最主要的基礎。〔註1〕朝鮮戰爭爆發後，蔣介石的外部威脅解除，通過國民黨改造，他已經牢牢掌握軍政大權。與此同時，蔣介石任用陳誠當「行政院長」，掌控行政。在國民黨的黨務系統裏，從事經濟工作的精英並不多。嚴家淦雖然在 1949 年總裁辦公室時期就擔任國民黨財經小組召集人（原是吳國楨，吳國楨任「省主席」後由嚴家淦接任），但是 1950 年 7 月，國民黨的中央改造委員會名單中並

---

〔註1〕參閱吳國楨口述，裴斐、韋慕庭整理：《從上海到「臺灣『省主席』」（1946～1953）——吳國楨口述回憶》，吳修垣譯，上海人民出版社，2015 年，第 132 頁。

沒有嚴家淦，也沒有吳國楨等其他經濟官員。〔註2〕1952 年 10 月 10 日，國民黨七全大會上，吳國楨擠進常委班子，為十個常委之一。〔註3〕嚴家淦被蔣介石聘任為中央評議委員，評議委員是顧問性質，由蔣介石挑選，主要是安撫改造運動中失去權力的舊派系人員。可見當時財經人物在國民黨的黨內的地位並不高。事實上，蔣介石很少利用黨的財經小組討論財政問題。黨內的財政官員，主要是負責處理國民黨的自身財務和黨產。國民黨在所有的行政機構、社會團體、軍隊、企業建立起平行的黨的組織，但在財務上理論是獨立的，有自己的黨產和經費來源。〔註4〕

吳國楨接任臺灣「省主席」時，情況與陳誠不同，12 月 8 日國民黨宣布「中央政府」從成都搬到臺北辦公室，臺灣省的狀態從地方上升到中央位置，引起了地方政府和「中央」權力嚴重重疊。比如幣制改革時，處理該問題的應該是「中央銀行」，但是幣制改革是由臺灣省來主導的，雖然「中央銀行」搬到臺灣，但由於行動匆忙，許多相關的文件數據沒有運往臺灣，所以起初「中央銀行」並未復業，一些業務由臺灣銀行繼續進行管理。又如，在公營企業方面，前資源委員會所管轄的臺灣企業，都由陳誠設立的生產委員會接管。資源委員會在臺灣成為無事可幹的空洞機構，雖有劉航琛、朱謙先後接任主委，但已經無權。生管會當時其實充當臺灣當局「經濟部」的一些職能，除了管理臺灣公營企業，也控制臺灣的外匯匯兌業務，為彌補失去中國大陸的貿易市場，生產會主導恢復了臺日之間的貿易。可見，在這種奇怪的架構下，財經處理上充滿著各種矛盾。

---

〔註2〕陳誠、張其昀、張道藩、谷正綱、鄭彥棻、陳雪屏、胡健中、袁守謙、崔書琴、谷鳳翔、曾虛白、蔣經國、蕭自誠、沈昌煥、郭澄、連震東 16 人入圍中改會。參閱馮琳：《中國國民黨在臺改造研究（1950～1952）》，鳳凰出版社，第 48～49 頁。

〔註3〕常委是陳誠、張道藩、谷正綱、吳國楨、黃少谷、陳雪屏、袁守謙、陶希聖、蔣經國、倪文亞。參閱馮琳：《中國國民黨在臺改造研究（1950～1952）》，第 140 頁。

〔註4〕國民黨的經費開支後來主要依靠國民黨黨產，黨產的來源有非常複雜的過程。由於威權時代以黨領政，經常被批評為「黨庫通國庫」，國民黨的財務往往會受行政部門的補助，但是理論上是獨立的。吳國楨後來與蔣介石鬧翻，他在美國批評蔣介石時，把國民黨的經費來源與國民黨特務相提並論，直指蔣介石反民主。參閱陳誠《陳誠回憶錄——建設臺灣》，東方出版社，2011 年，第 270 頁。有關國民黨黨產來龍去脈，參閱李恩俠：《中國國民黨黨產的由來與處理始末》，《理論與改革》，2010 年第 3 期。

因此，在 1950 年 2 月蔣介石準備「復行視事」前，就認識到這種體制的矛盾：一、中央與地方措施未必完全配合；二、財政金融經濟各部門工作未必協調；三、對於各項問題枝節應付缺乏全盤計劃。〔註5〕

地方政府機關權限與「中央」衝突，長此以往，蔣介石勢必無法立足。在由嚴家淦（時任閻錫山「內閣」的「經濟部長」）召集的財經會議上，受邀參與此彙報的人員有：張群（國民黨非常委員會委員）、王世杰（國民黨總裁辦公室設計委員）、俞鴻鈞（「中央銀行」總裁）、關吉玉（「財政部長」）、嚴家淦（「經濟部長」）、吳國楨（臺灣「省主席」）、任顯群（臺灣省財政廳長）、徐柏園（「中央銀行」副總裁）、王崇植（美援會秘書長）、瞿荊洲（臺灣銀行總經理）。在財經會議組成人員中「省政府」方人員僅有 3 人，不過該彙報並沒有實質的權力，主要用作蔣介石的參考，在臺灣的財經大權仍握在「省政府」底下的財政廳、生管會及臺灣銀行。〔註6〕

1950 年 3 月 1 日，蔣介石「復行視事」，原來的「行政院長」閻錫山「內閣」總辭。蔣介石提名陳誠作為「行政院長」，獲通過。陳誠組閣，「內閣」有：張厲生為「行政院副院長」；吳國楨、王師曾、楊毓滋、田炯錦、蔡培火、黃季陸、董文琦為「行政院」政務委員；余井塘為「內政部長」，葉公超為「外交部長」，賀衷寒為「交通部長」，程天放為「教育部長」，嚴家淦為「財政部長」，鄭道儒為「經濟部長」，林彬為「司法行政部長」，俞大維為「國防部長」，並均為「行政院」院務委員。特任黃少谷為「行政院」秘書長。其中財經官員鄭道儒、嚴家淦都是陳誠任「省主席」時候的舊屬，鄭道儒原為「省政府」秘書長。可見陳誠在財經上完全用「自己人」。由於「中央」和地方的重疊，遷臺初期，蔣介石在財經人事上，主要是平衡陳誠和吳國楨之間的關係。

1949 年底，蔣介石決定任命吳國楨為臺灣「省主席」，有關財政人事，陳誠回憶：

> 不過「總統」對於財政方面還是很不放心，對於財政廳長一職，不主張遽易新人，以免影響整個財政經濟的穩定基礎。但吳氏因為

〔註5〕《黃少谷呈蔣中正請指定嚴家淦約集各主管及有關人員每週舉行經濟會議》，臺北「國史館」藏蔣中正「總統」文物檔案，檔號：002-080108-008-008-001，轉引自餘慶俊：《臺灣財經技術官僚的人脈與派系（1949～1988 年）》，碩士學位論文，政治大學臺灣史研究所，第 59 頁。

〔註6〕參閱餘慶俊：《臺灣財經技術官僚的人脈與派系（1949～1988 年）》，第 60 頁。

　　預謀已久，故即此亦不惜以去就力爭。我也向「總統」建議，吳氏
既不信任嚴家淦，以後恐難合作，不如由吳氏另找替人，於是改組
方案就此完全決定了。〔註7〕

　　吳國楨上任後用任顯群為臺灣省財政廳長，任氏後來成為吳國楨最重要
的財政助手。臺灣光復初期，任顯群接替嚴家淦任臺灣交通處長，對臺灣經濟
事務極其熟悉。他有非常卓越的財政能力，在任期間發明統一發票，對加強稅
收有非常關鍵的作用。

　　吳國楨與陳誠不合，因此吳得知嚴家淦任「財政部長」時，極為不滿，要
求自己兼任「財政部長」。蔣介石得知吳國楨的要求後，判斷「其多半當受美
國在臺之使館人員之影響也」。蔣介石以名單已定，而且已提中常會不能改動
告之，而吳仍持續要求，美國使館亦間接表示支持吳國楨。蔣介石不為所動，
最後仍照原定名單提案通過，不管美國的態度如何。〔註8〕蔣介石對吳國楨挾
洋自重極為不滿，不過為了美援隱忍了下來。1950 年 12 月，吳國楨又因地方
選舉案與陳誠發生矛盾，對蔣直白自己與陳誠無法合作，要求換陳。〔註9〕

　　1951 年 2 月，臺灣當局為謀臺美雙方各項技術上進一步之聯繫，以充分
發揮美援成效起見，特於「行政院」設置財政經濟小組委員會（簡稱財經小
組），為研究設計聯繫配合的機構，由當局指派有關首長為委員，並請美方在
臺負責人及各專家列席。「財政部長」嚴家淦經指派為小組召集人。〔註10〕吳
國楨知道這個小組目的是和美國人打交道，等於剝奪了他這個美方背景人的
財政權。因此，不願意參加財經小組。蔣介石聞之，表示極為痛心。〔註11〕事
後日記記載：

　　　國楨對人憤憤不平，仍表示其辭職之決心，本擬本日成立（財
經）小組，由嚴財長召集，而吳不願參加，一以表示反嚴，二仍堅

〔註7〕 陳誠：《陳誠回憶錄——建設臺灣》，第 59 頁。

〔註8〕 《蔣中正日記》（未刊本），1950 年 3 月 5 日，轉引自呂芳上主編：《蔣中正先
　　　　生年譜長篇》第九冊，臺北「國史館」、中正紀念堂、中正文教基金會印行，
　　　　2015 年，第 462 頁。

〔註9〕 《蔣中正日記》（未刊本），1950 年 12 月 28 日，轉引自呂芳上主編：《蔣中正
　　　　先生年譜長篇》第九冊，第 601 頁。

〔註10〕 秦孝儀編：《「總統」蔣公大事長編初稿》第 10 卷，中國國民黨黨史委員會印
　　　　行，1978 年，第 49 頁。

〔註11〕 《蔣中正日記》（未刊本），1951 年 2 月 18 日，轉引自呂芳上主編：《蔣中正
　　　　先生年譜長篇》第九冊，第 633 頁。

持其非彼不可，並示美國經援機構以我內部不能合作之意，殊為可痛，然亦無關其然。以陳（誠）、嚴對彼頗有成見，人事之複雜難處竟至如此，是乃余運用無方之故，如過於重法而不體情誼，則不能行矣，若掩護其非法，則心有所不安。今後處事應以實際利害與功效大小為重，而再以當時之勢與法為憑斷，則幾矣。〔註12〕

2月24日，「行政院」因吳國楨拒絕參加財經小組，而未能召集開會，使得蔣介石大為不滿。不過蔣介石此時還不想換吳國楨，認為「國楨未能多讀古書，辭修（陳誠）器小量狹，恐皆不能成事，然國楨或可教導成材也」〔註13〕。2月28日，蔣介石日記記載對吳國楨和陳誠關係的考慮：

甲、與陳（誠）、嚴（家淦）勢不兩立。乙、以為我厚信陳、嚴，而有袒護之意。丙、有美國為他後援，故要脅請辭。丁、與（任）顯群共進退。戊、違反旨意，破壞大局亦所不恤也。處理方針：一、慰留，說明利害：甲、如其辭職，非與陳、嚴爭意氣，而與我對敵。乙、今後準彼可對余負責，直接秉承意志。丙、應保持其以往勞績，不忍掉以輕心。丁、尊重意旨，不算違忤。戊、重國家、輕個人。

思前慮後，蔣介石還是準備用吳國楨。但是，不久吳國楨捲入臺灣銀行秘密濫發鈔票案，使得蔣介石大為惱火。3月5日蔣介石日記記載，「國楨之罪責與（任）顯群之關係甚重，彼尚不自知也，應明白訓示其錯誤與刑法之罪名，使之悔悟可乎」〔註14〕。當時新臺幣限額為2億元，吳國楨因得到美方援助承諾，「省政府」就多發行1500萬元。〔註15〕這個案子由陳誠面告蔣介石，最後用發行電力股票收回多發新臺幣。陳誠報告：

據龐主計長查報，秘密發行始於一九五〇年二月，其有關文件可資證明責任之所在者，計有簽呈八件，其中七件為發行部與營業部請續撥鈔券之簽呈，均經董事長任顯群之批示或簽名，總經理瞿荊洲簽名或蓋章者計五件（另七月間一件係於瞿在日本期內，由副

---

〔註12〕《蔣中正日記》（未刊本），1951年2月19日，轉引自呂芳上主編：《蔣中正先生年譜長篇》第九冊，第633頁。

〔註13〕參閱呂芳上主編：《蔣中正先生年譜長篇》第九冊，第635頁。

〔註14〕《蔣中正日記》（未刊本），1951年3月5日，轉引自呂芳上主編：《蔣中正先生年譜長篇》第九冊，第639頁。

〔註15〕吳國楨口述，裴斐、韋慕庭整理：《從上海到「臺灣『省主席』」（1946～1953）——吳國楨口述回憶》，吳修垣譯，第111頁。

經理應昌期蓋章，又九月間一件，瞿未蓋章）。又一九五〇年七月、九月、十二月三件，均追述一九五〇年開始以來秘密發行情形，並均有「奉董座面諭」字樣。至於本年二月十五日瞿荊洲致任顯群之簽呈，亦經龐主計長查明原稿本有「經陳奉董事長核准」一語，經予刪去。是秘密發行之責任所在，自極明顯。〔註16〕

吳國楨也向蔣介石作了檢討，蔣介石決定撤換任顯群作為懲罰了事。

3月7日，蔣介石召見任顯群，聽取其報告與吳國楨談話大意，得知吳已自知認錯，但尚須勸慰。當天，蔣介石另與「總統府」秘書長王世杰、「行政院」秘書長黃少谷討論吳國楨問題，王、黃二位意見認為吳並不堅辭，蔣介石同意按照張群的意見，增加吳國楨為財經小組第二召集人。至省府財政廳人選，蔣介石堅持仍認為須撤換任顯群，但其時間與人選，則準其與行政院直接商洽，不限其期。〔註17〕3月10日，蔣介石日記記載：「吳國楨與臺銀之危機，所謂陳（誠）、吳之爭持已告一段落，此實為臺政安危所繫之大事也。」〔註18〕

1951年8月，吳國楨與陳誠又因設立經濟動員局發生矛盾。以經濟動員局之設置為與省爭權，吳堅持反對立場，蔣介石欲緩和其態度，日記記載：「余主張辭修（陳誠）勿爭意氣也」。1952年初，吳國楨打算辭職，蔣介石先請張群勸阻，但是，吳國楨辭意甚堅。1月18日，蔣介石日記記載：「二十一時半寢，不能安睡，以國楨言行太過，近於驕橫要脅，不顧大體也。」〔註19〕1月29日決以俞鴻鈞兼任臺銀董事長，妥善處理陳誠、吳國楨之爭。臺銀董事長原由徐柏園擔任，吳國楨認為陳誠利用徐控制臺銀與己作對。但是4月份，情況轉變，蔣介石決定改組臺灣「省政府」，由俞鴻鈞任臺灣「省主席」。蔣介石日記記載：

> 以統一經濟政策為第一，故需要其出而負責擔任一時，惟恐其體力過弱多病，不忍相強之意告之。彼乃自動承擔艱巨，如俞大維

〔註16〕陳誠：《陳誠回憶錄——建設臺灣》，第390頁。

〔註17〕《蔣中正日記》（未刊本），1951年3月7日，轉引自呂芳上主編：《蔣中正先生年譜長篇》第九冊，第639頁。

〔註18〕《蔣中正日記》（未刊本），1951年3月7日，轉引自呂芳上主編：《蔣中正先生年譜長篇》第九冊，第641頁。

〔註19〕《蔣中正日記》（未刊本），1952年3月7日，轉引自呂芳上主編：《蔣中正先生年譜長篇》第十冊，第7頁。

不就，則彼當惟命是從，病痛在所不計。余認為鴻鈞表示實為國家
前途大有希望，不僅省府問題得以解決而已，以追隨到底不辭犧牲
者尚有如鴻鈞之幹部在也，其比之於投機狡狶者何如耶。〔註20〕

　　4月7日到9日，蔣介石與陳誠談吳國楨事，得知美國駐臺「大使」不希
望吳國楨去職。蔣介石日記記載說：「彼雖言明不以大使地位說話，辭修等亦
皆謂其出於善意，並無干涉內政之意，而事實上則啟干預人事之端。余乃決
心批准國楨辭呈，以免夜長夢多也。」〔註21〕4月11日命俞鴻鈞任臺灣「省
主席」。

　　陳誠與吳國楨之間的權力博弈之中，主要還是反映在所謂「中央」和地方
的財權之爭。陳誠此時依靠嚴家淦決定財政，但是主要賦稅收入仰賴臺灣一
省。吳國楨則依賴任顯群處理財政，卻處處受到陳誠的掣肘。嚴家淦和任顯群
都是非常出色的技術官僚，雙方也看不出對財經政策有什麼不同之處。因此
這場財權爭奪，主要還是權力博弈。吳國楨試圖挾洋自重，以此鬥倒陳誠。蔣
介石隱忍不發，在財政有所好轉之後，果斷去掉吳國楨。吳國楨後來去美國反
蔣，成為國民黨遷臺初期的最大政治事件。這件事與後來發生的孫立人案，都
屬於蔣介石鞏固其個人威權的重要政治手段。蔣介石4月11日日記記載：

國楨辭職問題，乃為三年來內部之糾紛與對外之關係最為複雜
不易解決之事。最近，美使雖以私人好意貢獻意見，但總有干涉內政
之意，故決然批准其辭呈，此乃政治之加強，又得進一步矣。然而
用心苦極，惟（俞）鴻鈞竟能以病軀應命，不惜貢獻一切於黨國，甚
覺忠誠幹部尚有其人，其視於國楨品格之高下，將何如耶。〔註22〕

　　顯然，蔣介石作了重大的政治抉擇，他不惜得罪美國也要免去吳國楨。這
對於當時仰仗美國保護的國民黨當局而言，蔣的抉擇有冒險的成分。俞鴻鈞作
為「省主席」人選並非最佳，他任職「中央銀行」總裁的時間最久，但並沒有
地方行政經驗。1954年3月22日，蔣介石與陳誠被「國民大會」代表選舉為
正副「總統」，5月蔣介石決定陳誠辭「行政院長」，俞鴻鈞升任「行政院長」，

〔註20〕《蔣中正日記》（未刊本），1953年4月5日，轉引自呂芳上主編：《蔣中正先
　　　　生年譜長篇》第十冊，第180頁。
〔註21〕《蔣中正日記》（未刊本），1953年4月7日、9日，轉引自呂芳上主編：《蔣
　　　　中正先生年譜長篇》第十冊，第181頁。
〔註22〕《蔣中正日記》（未刊本），1953年4月11日，轉引自呂芳上主編：《蔣中正
　　　　先生年譜長篇》第十冊，第182頁。

至 1958 年卸任再任「央行」總裁。俞鴻鈞去世後，臺灣《大華晚報》在 1960 年 6 月 2 日的社論《悼俞鴻鈞先生》一文內說：

> 俞先生在省府「主席」與「行政院長」任內，似乎一切只做到個平平過去，找不出一件事足以與黃金運臺相提並論。他的領導甚至被指責為軟弱無能，沒有勇氣擔當大刀闊斧的改革。這應該是俞先生一生中最重要的日子，而這些日子卻顯得有點過於平淡，竟至沒有什麼事可讓人稱道。〔註23〕

俞鴻鈞深得蔣介石信任，又是金融專家，由文人任「行政院長」給外界以開明的形象。不過與陳誠相比，俞鴻鈞任內政策保守。金融專家徐柏園任「財政部長」，徐是有名的保守財經人物，他一生所擔任的職務，都是關鍵性的，如四聯總處秘書長、中國銀行董事長、臺灣銀行董事長、臺灣省政府財政廳長、「財政部長」、「中央銀行」總裁、外貿會主任委員、國際貨幣基金執行董事、中聯信託公司董事長。〔註24〕另一位金融專家張茲闓（原任「經濟部長」）任臺灣銀行董事長。張茲闓首先創立銀行準備金制度，也是一位經濟學者。〔註25〕俞鴻鈞對張茲闓頗為倚重，是俞「內閣」任內非常重要的經濟決策者。

尹仲容則擔任「經濟部長」，尹仲容在陳誠任內是臺灣省生管會的主任，生管會當時又控制臺灣的全部公營企業，由尹來擔任這個職位可謂恰如其分。尹仲容原是電機專家，他在生管會的工作已經完全得到陳誠和蔣介石的信任。但是 1955 年 10 月，尹仲容因牽涉楊子木材案件去職。蔣介石非常不滿尹仲容案件，把他看作是一件政治案。「上年度收支不足只三千萬元，計為百分之一，是為財政預算赤字最少之一年也。經濟部尹仲容辭職，擬以江杓繼任，使科學工業人員能有機會發展其才能也。」〔註26〕11 月 13、14 日，蔣介石在聽說司法機關仍在追查尹仲容，日記記載：

> 又見司法行政部谷（鳳翔）部長為尹（仲容）、胡（光麃）宣判無罪案，高等監察署長（最高法院檢察署檢察長趙琛）仍令上訴案情形，甚覺公務員無國家觀念也。（13 日）

---

〔註23〕參閱張駿：《創造財經奇蹟的人》，傳記文學出版社，1987 年，第 33 頁。
〔註24〕參閱張駿：《創造財經奇蹟的人》，第 39 頁。
〔註25〕參閱張駿：《創造財經奇蹟的人》，第 43 頁。
〔註26〕《蔣中正日記》（未刊本），1955 年 10 月 28 日，轉引自呂芳上主編：《蔣中正先生年譜長篇》第十冊，第 509 頁。

立法、監察兩院不肖黨員，借物價與尹、胡案攻訐行政院各部，
囂張跋扈，動搖政局，加以痛斥與警告，辭句又有過分之處，以後
關於此類問題應準備與慎重，不作過分之辭為要。（14日）〔註27〕

　　尹仲容在臺灣經濟發展史上是非常重要的人物。所謂經濟現代化，最重
要的是工業化，尹仲容是臺灣工業化的奠基人。繼任者江杓原是「國防部次
長」，早年留學德國，是非常著名的軍工專家。蔣介石任命他為「經濟部長」
顯然是要他配合軍事部門。此時，這些蔣介石口中所謂的「科學」工業人員，
得到蔣介石的特別青睞，這也是後來被稱為技術官僚（本文定義為狹義上技術
官僚）治臺的先聲。這些人和嚴家淦一樣，共同的特點就是學理工出身。

　　伴隨著陳誠和吳國楨之間的財權爭奪，遷臺之初的臺灣當局的經濟治理
機構也幾經變遷。在大陸時期，「行憲」後「行政院」組織共有十八個部會、
一局、一處、三室、二委員會。與經濟有關的是「工商部」、「財政部」和「資
源委員會」。1949年初，又將「農林部」、「工商部」及「資源委員會」合併成
為「經濟部」。之後，主要有財政、經濟兩部主管財政事務。1950年「行政院」
進行組織調整，「財政部」與「經濟部」受到調整。第一，財政部：將國稅署、
田糧署、地方財政司並為賦稅署；秘書處、參事廳、人事處均改為室，會計、
統計合併為主計室。鹽政司和專賣事業司皆不設置，主要是兩個部門由臺灣省
和臺灣省煙草專賣局負責。第二，經濟部：在1949年時併入資源委員會，使
臺灣國營和省營合資公司，歸屬經濟部，但臺灣省內各生產事業公司仍受生管
會直接控制，故經濟部並不能對其管轄，在遷臺之初經濟部所屬下級獨立部門
僅有中央標準局。

　　臺灣光復後，資源委員會與臺灣省政府接收日產，在臺灣成立了公營企
業部門，資源委員會佔有、運行。臺灣省政府雖然在國省合資企業中佔有百
分之四十的股份，但並不實際參與運營管理。1949年，資源委員會已逐漸失
去控制臺灣的公營企業。5月31日陳誠在臺北陽明山設立生產委員會，決定
「中央政府」在臺灣的所有企業均由生產委員會管理。生管會在組織章程中所
規定的功能有：（一）審定各生產事業之業務計劃及其相互間之配合；（二）審
定各生產事業資金運用之方針；（三）核定各生產事業之預算及決算；（四）
核定各生產事業之盈餘分配；（五）核定各生產事業分支機構之設立或裁併；

〔註27〕《蔣中正日記》（未刊本），1955年11月14日，轉引自呂芳上主編：《蔣中正
　　　　先生年譜長篇》第十冊，第514～515頁。

（六）審定各生產事業之重要章則；（七）核定各生產事業主管人員之任免；（八）審訂各生產事業之重要對外契約；（九）審議有關縣市地方公營及民營生產事業之聯繫配合事宜；（十）審議主任委員交議及各生產事業提請核議之事項。生管會為完全掌控全臺的生產事業，在組織規程中規定：為增進效率起見，各生產事業主管人之職權，應行加強。原有在本區內各生產事業董事會及監察人之職權，暫停行使，均由本會代理行使之。生管會的人事組成上規定主任委員 1 人，委員 30 至 34 人，除以各生產事業主管為當然委員外，其餘由省政府聘任之，並就委員中指定 3 至 5 人為常務委員。人事上省政府有了絕對的指派權力，除各生產事業的負責人為當然委員，其餘的委員都由省政府派任，負責整個生管會運作的常務委員也是由「省政府」指派。生管會成立時由「省主席」陳誠兼主任委員。常務委員 5 人：俞大維、張峻、徐柏園、楊陶、尹仲容。〔註 28〕

　　生管會的工作往往因事設組來解決，該會先後成立的小組計有產金小組、器材小組、中日貿易物資督運小組、技術合作小組，日本賠償物資處理小組、煤業小組、水泥小組、鳳梨小組、茶業小組、木材小組、漁業小組、工程調配小組等，其後各小組先後自動撤銷，產金小組移交省府，其餘則合併。生產會的主要工作有：

　　（1）鹽務：1950 年，鹽務總局積欠日本食鹽十餘萬噸，勢將影響臺鹽銷日。該會即成立食鹽督運小組，後擴大為鹽糖督運及對日貿易物資督運小組，負起清理舊欠和督導的責任。

　　（2）航運：1950 年間，生管會規定進出口物資限裝國輪。

　　（3）紡織：1950 年間，生管會極力扶植本省紡織工業，在短短兩年中，紡錠已由三萬錠增加至十五萬錠，布機裝置九千餘臺。

　　（4）肥料：生管會致力於肥料工業之擴充，並爭取美援，以充實肥料工業之設置。

　　（5）電力：生管會先後協助並促使臺灣電力公司先後完成烏來、立霧、天冷各發電場所，增加發電力五萬餘瓩。

　　（6）糖與米：生管會主張臺灣目前在戰時經濟動態下，一定要生產足夠的食米，以供應軍糈民食，堅決地把甘蔗田面積自十三萬甲減低至十萬甲，並督促臺糖公司增加單位面積的產量，以達成六十八萬噸的合理產量。

---

〔註 28〕參閱餘慶俊：《臺灣財經技術官僚的人脈與派系（1949～1988 年）》，第 54 頁。

（7）對外貿易：生產會管理對外貿易。〔註29〕

1951 年 2 月，特於「行政院」設置財政經濟小組委員會。財經小組的組成成員在組織簡則中規定由「財政部長」、「國防部長」、「經濟部長」、參謀、「中央銀行」總裁、臺灣「省主席」、美援運用委員會秘書長、臺灣省財政廳長、「臺灣省」生產事業管理委員會副主任委員，及其他相關人員共計 11 人為委員，並指定「財政部長」與「臺灣省」主席為召集人。由於有牽涉到美援因素，因此在組織簡則中有規定本會議請美經合分署及其指定或推薦之其他人員列席會議。過程中涉及專門問題時得邀請有關主管派員列席。〔註30〕財經小組雖然是個臨時委員會性質的機構，但是權力巨大。按照「行政院」的規定，「中央」及臺灣省政府預算，將先提經財經小組研議，再分別提請「行政院」及省政府核准後，再行完成立法程序。而軍事部門的預算，由「國防部」與美軍顧問團協商後編制，編制完妥後，依前項規定送財經小組。〔註31〕可見，財經小組的目的在於發揮「中央」作用，但是因頭重腳輕，各種財經小組多如牛毛。俞鴻鈞組閣後開始改革。先是張群向蔣介石提出改革建議：

一、「行政院」審議小組，性質單純，與其他審議機構職權不相衝突，仍維持現狀。

二、「行政院」財政經濟小組委員會改組為「行政院」經濟安定委員會。

三、「行政院」財經會報，由院長主持，其任務與參與人員，簡擬如下：

1.「行政院」財經會報為相當於「總統府」財經會談之預備會報。

2.「行政院」財經會報為「行政院」經濟安定委員會之指導機構。

3.「行政院」財經會報，由院長指定副院長及參加「行政院」經濟安定委員會之中央與臺灣省政府有關主管若干人為委員，並指定其他有關必要人員參加。

---

〔註29〕參閱張駿：《創造財經奇蹟的人》，第 18～20 頁。
〔註30〕《行政院財政經濟小組組織簡則》，臺北「國史館」藏蔣中正「總統」文物檔案，檔號 002-080109-027-007-002，轉引自餘慶俊：《臺灣財經技術官僚的人脈與派系（1949～1988 年）》，第 60 頁。
〔註31〕陳誠：《陳誠回憶錄——建設臺灣》，第 234 頁。

4.「行政院」財經會報,每二星期舉辦一次,必要時召開臨時會報。

四、臺灣省美援聯合委員會因與「行政院」美援運用委員會工作重複,其業務併入美援運用委員會辦理,其所屬肥料、黃豆、紡織、雜項貨品等小組,可繼續工作,未執掌應重新予以規定,委員人選方面亦應另加選派。

五、生產事業管理委員會及美援會工業聯合委員會,擬均予撤銷,合併改組為行政院經濟安定委員會第四小組。

六、貿易及外匯管理機構,擬照下列原則,予以調整:訂定外匯貿易審議小組章程及各項審議標準。〔註32〕

**俞鴻鈞根據建議,調整原則及辦法:**

一、原則:以簡化機構,集中事權,分明責任為原則,期能增進辦事效率。

二、辦法:

1. 已失去時效或無必要者,裁撤之。

2. 性質相同者,歸併之。

3. 聯繫配合上嫌不足者,加強之。

三、調整後之財經審議機關:

1. 行政院財經審核小組仍舊。

2.「行政院」財經小組委員會改稱「行政院財經安定委員會」。

3. 貿易及外匯管理機構,均併入外匯貿易審議小組。

四、裁撤或歸併之審議機構:

1. 臺灣省美援聯合委員會裁撤,其工作由美援運用委員會接管。

2. 臺灣區生產管理委員會及所屬六個小組裁撤。

3. 美援運用委員會工業聯合委員會裁撤。

4. 臺灣省產金小組裁撤,另設貿易外匯審議小組。

5. 經濟部管制進出口審核小組裁撤。

---

〔註32〕 《張群呈蔣中正調整財經審議聯繫各項機構之建議並附現有財經審議機構系統簡表》,「國史館」藏蔣中正「總統」文物檔案,檔號 002-080109-027-009-021,轉引自餘慶俊:《臺灣財經技術官僚的人脈與派系(1949~1988年)》,第 63~64 頁。

6. 臺灣省政府建設廳管制進出口貨品初審小組裁撤。

7. 臺灣省進出口分類審核小組裁撤。

8. 臺灣省政府輔助輸出審核委員會裁撤。

9. 臺灣省民營企業貸款審核委員會裁撤。

10. 美援運用委員會商業採購小組裁撤。

11. 臺灣銀行進出口初審及普通匯款初審小組，改由貿易外匯審議小組指導。

12. 臺灣銀行結匯證審核委員會裁撤。

13. 原「行政院」財政經濟小組委員會第三小組裁撤。

14. 原「行政院」財政經濟小組委員會之預算及稅捐工作小組裁撤，並將其所屬財稅研究委員會裁撤。

15. 原「行政院」財政經濟小組委員會之會計小組裁撤。

16. 原「行政院」財政經濟小組委員會之糧食問題臨時工作小組裁撤。

17. 原「行政院」財政經濟小組委員會第一小組之貸款工作小組裁撤。

18. 原行政院財政經濟小組委員會第一小組平衡外匯收支工作小組裁撤，其工作改由外匯貿易審議小組接辦。

19. 其他依照調整辦法應予裁撤或歸併之審議機構，均準此辦理。〔註33〕

1953 年 7 月，臺灣當局進一步改組財經機構，成立經濟安全委員會，隸屬「行政院長」，至此，財經小組這種臨時機構才告一段落。該會錢昌祚為執行秘書，嚴家淦、張茲闓、賀衷寒、郭寄嶠、周至柔、蔣夢麟、徐柏園、尹仲容、沈宗瀚、王蓬等 10 人為委員。在經安會底下，設置四組一會及秘書處。第一組主管外匯貿易：針對貨幣、金融、貿易、外匯、及物價政策辦法的設計審議，以及進出口貨物分類審定事項。召集人由臺灣省財政廳長兼外匯貿易審議小組召集人徐柏園擔任。第二組主管政府預算與美援相對基金：負責美援物資及相對基金的運用，與經援軍援配合事項之設計審議。召集人由「財政部長」兼美援會主委嚴家淦擔任。第三組主管預算：對軍援與經援所需新臺幣配

---

〔註33〕《張群呈蔣中正調整財經審議聯繫各項機構之建議並附現有財經審議機構系統簡表》。

合，以達成預算平衡。亦由嚴家淦兼任。第四組主管農業建設：負責農林漁牧生產計劃事項。召集人由農復會主委蔣夢麟擔任。工業委員會：召集人由原生管會副主委尹仲容擔任。〔註34〕

經安會從 1953 年到 1958 年，經過幾個重要的人事變動，1954 年「內閣」改組，經安會由「省主席」嚴家淦擔任主任，嚴同時也是第二、三組召集人。1957 年，經安會重組，由「行政院長」俞鴻鈞兼任主任。工業委員會召集人尹仲容 1955 年因揚子木材案去職，江杓繼任。1957 年江杓因殷臺案去職，楊繼曾繼任。1957 年，尹仲容回任經安會，接替錢昌祚任秘書長。〔註35〕經安會是臺灣當局制定經濟計劃的重要機構，直到 1958 年裁撤。

俞鴻鈞「省主席」任內的機構改革是吳國楨去職以後，理清「中央」和省的關係的重要一步，俞鴻鈞任「行政院長」後又接管經安會，至此「中央」其實已經完全掌握財經主管權力。嚴家淦任「省主席」期間，弱化「省政府」角色是趨勢。嚴家淦因前期任經安會主任，又直接負責金融和美援的兩個小組的工作，可以說在財經圈「位高權重」。

## 第二節　財政制度變革與威權適應

現代財政是國家干預經濟生活的重要工具。政府可以通過擴張性財政政策、緊縮性財政政策和中性財政政策來引導經濟發展。黨派也可以通過主張不同的財政政策來影響政府決策，從而服務自己的政治利益。國民黨遷臺初期的財政主要滿足於軍事需要，也正因為龐大的軍事需要刺激經濟改革。這個背景是財政制度變革的最大推動力，以尹仲容為核心的技術官僚迫切需要積極的財政政策來發展經濟。預算是財政制度核心工具，國民黨威權政治手段理性化發展推動了預算的建立和執行。嚴家淦是推動預算制度的核心人物，在「節流」與官僚理性化的驅動下，在有限的民主機制和美援的影響下，臺灣當局慢慢發展起適合臺灣環境的預算規則，成了國民黨威權體制的一個特點。

### 一、以財政支持軍事

從 1949 年國民黨遷臺，到 1953 年臺灣當局推出第一個經濟建設四年計

---

〔註34〕 參閱臺灣「經濟部」編：《財經審議機構的調整》，《經濟參考資料》，1953 年
　　　　 第 69 期。
〔註35〕 參閱錢昌祚：《浮生百記》，傳記文學出版社，1975 年，第 96 頁。

劃為止，臺灣當局的財政主要服務於軍事。此階段主要由陳誠負責臺灣當局的
經濟，是所謂「克難經濟」時期。1954 年俞鴻鈞任「行政院長」，直到 1958 年
陳誠再任「行政院長」，此階段臺灣財政依然主要服務於軍事，但是陳誠、尹
仲容等人已經開始設想利用經濟建設來支持財政。

　　兩岸對峙時期，劍拔弩張，1954 年和 1958 年發生了兩次臺海危機。不過
由於美國的介入，都是些小規模的戰鬥，雙方並沒有大規模的戰爭。臺灣當局
的所謂戰時經濟並沒有發展到統制經濟的地步，仍然保持著一定的經濟自由
度。對於 20 世紀 50 年代初期的臺灣當局來說，所謂財政就是拿錢辦軍事。
1954 年 2 月 9 日，陳誠列席「立法院」第十三會期第一次會議，報告過去一
年來之施政，陳誠一語點破當時的財政實質：

> 當前我們的軍事措施，一方面注重改進各種制度，一方面注重
> 反攻作戰的需要，準備隨時可以採取行動。至於當前施政重點，厥
> 在如何以財政支持軍事，以經濟支持財政。〔註36〕

　　這裡值得注意的是陳誠要「以經濟支持財政」，也就是財政必須要「拿錢」
辦事。實際上，在國民黨遷臺初期的幾項重要的政策裏，並非完全使用財政手
段。比如肥料換穀政策，就是當局用手中的物資直接換取農民手裏的糧食。又
如嚴家淦在土地改革方案中，設計的股票換地主土地，事實上也是個巧妙的非
財政方案，臺灣當局幾乎一分不花就把地主的土地給平分了。但是無論如何，
蔣介石只在 1950 年朝鮮戰爭爆發前夕，黃金、美元面臨枯竭的時候，曾考慮
採取全面配給制外，他都沒有放棄維持財政手段。因此，除了短時間內採用糧
食配給制以外，使用財政手段還是當局治臺政策的主流。在兩岸對峙情況下，
採取統制經濟，實行配給這種誘因是存在的。可以說，在 1958 年之前，臺灣
當局的施政目的就是為了維持財政穩定，防止最終採取統制經濟。1959 年，
嚴家淦在《財政與國防講述綱要》一文中，指出了這一時期的財政特點：

> 政府遷臺以來，平衡收支之方法，並不是凍結支出。第四節已
> 指出，四十七年（1958）之支出預算，較三十九（1950）年決算，增
> 加 5.07 倍，第三節也指出，同期各項收入，則增加 5.74 倍，其中最
> 主要的稅課及專賣利益收入，則增加七倍以上，所以過去政府收支
> 能逐漸接近平衡，乃是收入增加之速度，超過支出增加速度的結果，
> 亦即說明節流的努力，還是趕不上開源。

---

〔註36〕陳誠：《陳誠回憶錄——建設臺灣》，東方出版社，2011 年，第 518 頁。

　　政府要努力平衡收支，乃是鑒於大陸時期的慘痛經驗，必需抑止通貨膨脹的現象，而後談得上國防，談得上經濟建設，談得上安定人心，安定社會。

　　通貨膨脹可由許多原因造成，例如社會消費超過生產，經濟建設投資超過社會儲蓄等，但最重要，而且容易引起惡性通貨膨脹的原因，則是政府收支赤字的擴大。政府收支赤字，如能向公眾募集公債的方法來彌補，延緩償付，亦不致促使通貨膨脹。如果僅賴銀行墊借，增加貨幣發行，則必然引起惡性膨脹。

　　大陸抗戰及剿匪時期之收支差額趨勢，及通貨發行增加，以及物價指數加速上漲情形，至今猶怵目驚心。至廿六（1937）年抗戰開始，歷年總收入均不及支出之一半，有僅及百分之十三者（附表六）。其收支不足之差額，均由發行銀行墊付，以致貨幣發行數額，逐年加倍，以至而為幾何級數之增加。賣售物價指數隨之上漲，自第四年以後，其上漲速度，更超過貨幣發行之倍數。……

　　政府遷臺以來歷年收支，雖亦常有赤字，好在赤字占總支出之百分比大為減低，需要發行銀行墊付的款項亦較小，自三十九年（1950）至四十八年（1958）三月底止，國庫省庫向臺銀借墊款共十八億七千餘萬元，其中有財源抵付者，及屬於暫時墊付性質，可以沖回者（如臺銀於四十年六月以前收存相對基金二億九千餘萬元墊付省庫款，及三十九年臺銀出售黃金墊付國庫一億五千餘萬元等。〔註37〕

在當時兩岸對峙的情況下，在 1949 年至 1958 年期間，蔣介石由於立足未穩，雖然口口聲稱「一年準備，兩年反攻，三年掃蕩，五年成功」，但實際上在軍事上採取守勢。由於美國一直不支持和承諾他「反攻大陸」，臺灣當局也清楚並沒有反攻的機會。按照陳誠的說法是，「我們施政的總目標可以八字盡之，就是：確保臺灣，準備反攻」〔註38〕。不過，由於軍隊數量龐大，臺灣當局存在巨大的軍事開支，直到 1958 年，臺灣當局的軍事開支還占 54%，而經濟建設支出只有 15%。見表一：

〔註37〕嚴家淦：《財政與國防講述綱要》，1959 年 6 月，《嚴檔·再任「財政部長」時期》，原檔號：Art12315-032018。
〔註38〕陳誠：《陳誠回憶錄——建設臺灣》，第 76 頁。

表一：1958 年臺灣「政府」支出比例

| 國防支出 | 經濟建設支出 | 教育文化支出 | 政費支出 | 保警支出 | 其他支出 | 合計 |
|---------|------------|------------|---------|---------|---------|------|
| 54% | 15% | 12% | 10% | 3% | 8% | 100% |

資料來源：嚴家淦：《財政與國防講述綱要》，1959 年 6 月，《嚴檔·再任「財政部長」時期》，原檔號：Art12315-032018。

如此巨大的軍費開支，而又不能引起通貨膨脹，的確需要非常的財政手段。陳誠在治臺初期，提到財政目標時提出：

> 財政方面，必須厲行開源節流，以收支平衡為目標。經濟方面，應側重軍用與民生日用必需品的生產與流通。本此原則，一切無關生產與作戰的業務與機構均應停止或裁併。

開源節流是任何「財政國家」在戰時的常見方針，目的是儘量避免通貨膨脹以至於最終實行全面管制。1949 年，嚴家淦主導幣制改革，成功遏制了過度的通貨膨脹，但是在增加財政收入上嚴家淦並沒有特別好的辦法。吳國楨擔任臺灣「省主席」後，重用任顯群，任以各種財政手段幫助當局籌措收入。他上任後，採用統一發票制度，改革稅收方法。中國傳統商業，做假賬的現象非常普遍，歷屆政府在收取商業稅的時候，都非常棘手。任顯群主持的「省政府」的財政廳印刷統一的收款票據作為納稅憑證，顧客收取憑證後，可以抽獎。在收不到憑證的情況下，可以向稅務機關舉報。這是一個巨大的稅收方法的改進，大大增加了當時「省政府」的收入。〔註39〕任顯群后來被稱為「統一發票之父」，以紀念他的功績。除了增稅，任顯群還大力採取借債的方法渡難關。1950 年 5 月 26 日，「省政府」決定自 6 月 1 日起發行「節約救國有獎儲蓄券」，第一期發行 750 萬元，5 年還本，周息 2 分，由各縣、市、區、鄉、鎮、村、裏、鄰長，按人口財力推銷，所得款項除獎金外，全部用於建設營房，安頓官兵。其推銷標準為省轄市平均每人推銷 3 券（每券新臺幣 5 元），臺北等 5 縣平均每人 2 券，花蓮、澎湖等 3 縣平均每人 1 券，完全用行政命令和各級政權機構，強迫民眾購買，否則就是「不愛國」。5 月 30 日，蔣介石召見臺灣省 17 位縣市長及高雄市長時，特別就發行儲蓄券一事再加指示：「此次推行有獎儲蓄券，希望各縣市長群策群力，達成任務，尤須避免苟

---

〔註39〕吳國楨口述，裴斐、韋慕庭整理：《從上海到「臺灣省主席」（1946～1953）——吳國楨口述回憶》，吳修垣譯，上海人民出版社，2015 年，第 99 頁。

刻，必使有錢者出錢，本人全力支持省政府這項政策，貫徹到底。」〔註40〕這項強制借款的措施可以說是非常大膽的財政計劃，因為國民黨在臺灣立足未穩，這麼大的借款可能會引起騷亂。據吳國楨會議，他與王世杰、陳誠、蔣介石討論方案的可行性時，王世杰反對這個方案，陳誠一語未發。蔣介石最終同意了這個方案。〔註41〕

在前文中，本文已經詳述了陳誠與吳國楨的矛盾。在考慮權力鬥爭之外，蔣介石此時對「省政府」的財政能力極為肯定。1952年底，財政赤字得到緩解。

> 惟自春季派俞鴻鈞為臺灣銀行董事長之後，與國楨尚能合作，因之中央與地方行政，乃減少隔閡。故一年間之財政、經濟，亦日趨穩定，預算收支，已漸接近平衡，而財政統收統支，亦能更進一步，切實執行。尤其財政之改革，直接稅大增，社會財富偏傾之跡象，亦已大減，人民生活確已提高，銀行存款增加，利息減低，出產米糖，亦能如數收成。〔註42〕

事實上，除了美援對臺灣財政貢獻頗大外，臺灣當局的收入主要還是來源於稅收，而且逐年增加。見表二：

## 表二：臺灣歷年「政府」收入來源

| 年　度 | 總收入 | 稅課及專賣 | 稅課外 | 美　援 | 稅課及專賣收入占總收入百分比 |
|---|---|---|---|---|---|
| 1950 | 1,683 | 941 | 742 | — | 56% |
| 1951 | 2,314 | 1,314 | 960 | 40 | 57% |
| 1952 | 3,614 | 2,226 | 1,098 | 290 | 62% |
| 1953 | 3,789 | 2,577 | 1,001 | 109 | 68% |
| 1954 上半年 | 2,212 | 1,623 | 589 | 87 | 73% |
| 1954 | 5,096 | 4,017 | 861 | 218 | 79% |
| 1955 | 6,346 | 5,052 | 882 | 412 | 50% |

〔註40〕《中央日報》，1950年5月31日。
〔註41〕吳國楨口述，裴斐、韋慕庭整理：《從上海到「臺灣省主席」（1946～1953）──吳國楨口述回憶》，吳修垣譯，第101～102頁。
〔註42〕《蔣中正日記》（未刊本），1952年12月31日，轉引自呂芳上主編：《蔣中正先生年譜長編》第十冊，臺北「國史館」、中正紀念堂、中正文教基金會印行，2015年，第141頁。

| 1956 | 7,580 | 5,670 | 1,616 | 294 | 75% |
|------|-------|-------|-------|-----|-----|
| 1957 | 8,517 | 6,396 | 1,731 | 390 | 75% |
| 1958（預算） | 9,659 | 6,599 | 1,778 | 282 | 68% |

資料來源：嚴家淦：《財政與國防講述綱要》，1959 年 6 月，《嚴檔·再任「財政部長」時期》，原檔號：Art12315-032018。

為了維持龐大的軍費，嚴家淦策劃開徵所謂「防衛捐」。這原來是一種臨時附加性質的捐稅，開徵於 1950 年 1 月 20 日，原為支應臨時軍事需用而設，定期為三個月，至同年 4 月 21 日已告滿期。陳誠回憶：

> 當此「國庫」艱難之際，財源只有加開的，哪有堵塞之理？遂因臺灣省政府的請求，又延長了三個月。其時，此項稅捐每月徵起已達一百八十餘萬元之巨，滿期停徵更不可能，乃又延期三個月；並同時指定「國」省財政當局籌議改善辦法，以求近於合理。

1950 年 9 月 13 日，嚴「部長」家淦等提議修改防衛捐辦法，並稱：防衛捐係自衛特捐性質，原可不受時間限制。如停止徵收，別闢新稅，反易招致紛擾；故請仍沿用防衛捐名稱，惟須修訂原定徵收辦法，以符實際。修訂之點略為：

1. 確定在「戡亂」時期徵收防衛捐。
2. 防衛捐種類原定附加於（1）營利事業所得稅、（2）特種營業稅、（3）營業稅、（4）娛樂稅、（5）筵席捐、（6）契稅、（7）房捐、（8）戶稅、（9）特別戶稅、（10）電燈費、（11）公賣品及核准進口煙酒教育建設捐、（12）汽油等十二種。修訂後，刪除（2），增「田賦及地價稅」、「煤油轉口」二種，合為十三種。

此法頒行後，防衛捐就成了固定捐稅之一種。在「田賦及地價稅」項下增收防衛捐後，規定由各縣市專戶存儲，借供臨時軍事零星支用，並嚴禁以後不得再以任何名義就地攤派。

1952 年 1 月，還是因為預算差額太大無法彌補，「財政部」提議擴大電燈、電力及汽油防衛捐，電燈改為百分之七十五，電力改為百分之二十，汽油改為每加侖二元。增收後除撥補電力公司及公共汽車公司各三分之一外，估計全年可淨收五千九百餘萬元。[註43]

「防衛捐」直接表明當時的財政實質。為了開源，陳誠主政「行政院」的

---

［註43］陳誠：《陳誠回憶錄——建設臺灣》，第 228 頁。

時候可以說是窮盡辦法。除了強徵「防衛捐」，臺灣當局還積極開展稽私，增加關稅收入；變賣原來的日產，增加「國庫」；繼續發行債券，以及爭取美援等手段。〔註44〕

除此之外，嚴家淦作為「財政部長」參與了多數「節流」計劃的設計，「節流」目的在於節省開銷。嚴家淦採取編制預算的方法來控制開支。從財政平衡來看，臺灣當局財政能力不錯，見表三：

### 表三：臺灣財政預算情況

| 1950 年度（一月至十二月） | 決算差額占總支出 | 24.16% |
|---|---|---|
| 1951 年度 | | 10.75% |
| 1952 年度 | | 3.61% |
| 1953 年度 | | 0.86% |
| 1954 年度上半年 | | 8.37% |
| 1954 年度（七月至翌年六月） | | 2.05% |
| 1955 年度 | | 0.20% |
| 1956 年度 | | 3.90% |
| 1957 年度 | 決算盈餘 | 0.62% |
| 1958 年度 | 預算差額 | 4.15% |

資料來源：嚴家淦：《財政與國防講述綱要》，1959 年 6 月，《嚴檔・再任「財政部長」時期》，原檔號：Art12315-032018。

## 二、以經濟支持財政

蔣介石在 20 世紀 50 年代前後，頻頻指示經濟政策。不過蔣介石所指的經濟政策，主要就是財政政策；或者根據孫中山三民主義學說，經濟政策指的就是「民生主義」。因此，在退臺之初的三大經濟政策裏，土地改革、幣制改革和吸引美援，目標都指向財政。至於發展經濟，在軍事壓力存在下，蔣很少提及。事實上，對於如何發展臺灣經濟，在經安會成立之前，多數人都比較悲觀，也提不出什麼有用建議，主要原因是認為臺灣資源有限，發展經濟條件缺乏。陳誠就指出：

> 不過臺灣的土地太少、人口太多，而且人口的增殖率又太大，
> 大約每三十年人口可增加一倍。估計臺灣的資源（包括已開發、未

---

〔註44〕參閱陳誠《陳誠回憶錄——建設臺灣》，第 214～216 頁。

開發）至多也僅能供應一千五百萬人的需要。則以一九五四年八百
七十萬人口計算，頂多再過二十幾年，臺灣的經濟供應能力即已達
到飽和程度，再增加需要即將無可供應；換言之，就是臺灣人口超
過一千五百萬之後，還要人人豐衣足食，事實上已無此可能。那時
任何完美的經濟政策都將無以為繼，那時大家的生存之路只有一
條，就是回大陸去。我們不要說雪恥復仇，單單為了我們自己的生
存，也非反攻大陸不可。〔註45〕

　　此一階段，就是負責生產的尹仲容也只是從節約的角度來看待經濟建設
問題。1951 年，生管會出臺《禁止奢侈品買賣辦法》，聲稱：「查戰時生活，首
重節約，外匯使用，必求合理。」〔註46〕當時最基本的工作是穩定，包括確保
糧食和基本生活資料的生產和分配，穩定物價，控制基本物資，管理外貿、金
融和外匯。生管會主要管理公營企業，例如建設臺電，恢覆電力，電力是恢復
工業生產的基本條件，石油燃料的供應也是經濟活動的基本要素，臺灣糖業恢
復生產以維持臺灣外匯來源，化肥供應支持農業生產等。糧食生產是一個重要
目標，因此化肥、電力、水泥等列為主要戰略產品。

　　由於缺少大陸的貿易市場，臺灣當局急需開拓對外貿易。1950 年 8 月，
「財政部長」嚴家淦、美援運用委員會秘書長王崇植、臺灣省財政廳長任顯群
奉蔣介石之命，在陽明山第二賓館與麥克阿瑟隨員馬圭特少將就臺日貿易問
題進行會談。嚴家淦等人對臺灣經濟情形及現時所需要的援助向美方做了說
明，並與馬圭特等人達成協議：「一、對中日貿易協定草案中所擬的輸入輸出
項目，原則上表示同意，臺灣一年中對日本輸出總額是 4000 萬美元，輸入總
額也是 4000 萬美元。至於帳目結算及匯兌互通，原則上同意由臺灣銀行委託
東京花旗銀行辦理。二、對以往中信局在大陸上所欠盟軍總部貸款，商定分年
償還辦法。」〔註47〕

　　尹仲容是日臺貿易的功臣，他作為「經濟部」顧問參與了此事。不過，恢
復日臺貿易並不能從根本上解決問題。尹仲容注意到：

　　　　由於天然環境，以及近年來的局勢變化，臺灣經濟很難自給自
　　足，而只能依賴大量的土特產品，以便藉此交換缺乏的物資。換言

---

〔註45〕陳誠：《陳誠回憶錄——建設臺灣》，第 185 頁。
〔註46〕沈雲龍編：《尹仲容先生年譜初稿》，傳記文學出版社，1988 年，第 132 頁。
〔註47〕《中央日報》，1950 年 8 月 1 日。

之，臺灣經濟的前途可以說是寄託在國際貿易上，但在國際貿易中，
凡以農產品或以農產品加工與製造品交換者，往往處於不利的地位，
宜增加生產，鼓勵輸出。〔註48〕

主管生管會的尹仲容敏銳地意識到，如果不採取有效發展經濟，很難解決
臺灣當局的生存困局。尹仲容（1903～1963）可以說是臺灣早期建立經濟建設
制度的主要推手。他於 1925 年畢業於南洋大學（上海交通大學前身），曾經在
北京交通運輸部電氣事務部工作，後任職於建設委員會和安徽建設廳。1931 年
到 1936 年，重新回到交通部，任職於電政司，從事電信相關業務工作，促進
業務創新，包括簡化組織，整頓人員，制定規章，實施便民業務，設置建立長
途電話網絡，清理債務，發行債券。由於業績優秀，被推薦入宋子文主持的中
國建設銀行，任協理，負責水電投資開發，公司投資淮南鐵路，揚子電氣等公
司。1939 年冬天，他被任命為資源委員會國際貿易事務所紐約分所的主任。
他在戰爭期間為中國採購國防物資，後來在 1941 年，他還組織在華盛頓採購
通信設備業務，並於 1942 年 2 月任資源委員會駐美國總代表。1945 年，國民
政府「行政院長」宋子文回國後，邀請其擔任經濟行政秘書，協助策劃戰後生
產和交通恢復。1947 年「行政院」重組，尹仲容回中國建設銀行任常務董事，
兼揚子電氣和淮南路礦業務。1949 年 4 月抵達臺灣，6 月出任生產事業管理委
員會常委，一年後擔任副主任委員。〔註49〕尹仲容在生管會發展了多種工業部
門，如（一）倡導創辦平板玻璃廠；（二）創立人造纖維工業；（三）促進 PVC
塑膠的生產；（四）發展鳳梨工業；（五）建立臺灣氰胺公司；（六）扶植紡織
工業；（七）建立純鹼工業；（八）發展本省皮革加工工業；（九）發展木材及
夾板工業；（十）促使造紙工業推行紙漿集中供應辦法；（十一）味精工業創造
奇蹟。〔註50〕

從現在經濟觀點回頭來看，臺灣當時發展經濟的困境主要面臨三個問題：
1. 資本不夠；2. 消耗太大；3. 工業產品缺少競爭力。

首先是資本問題。生產會設立產業金融小組，負責管理外匯，第一優先為
生產所需之原料、肥料器材；第二優先為生活重要優先品；第三優先為次要必

〔註48〕尹仲容：《一年來臺灣生產事業》，載沈雲龍編：《尹仲容先生年譜初稿》，第 124
　　　～125 頁。
〔註49〕參閱沈雲龍編：《尹仲容先生年譜初稿》。
〔註50〕參閱張駿：《創造財經奇蹟的人》，傳記文學出版社，1987 年，第 17～20 頁。

須品；第四為其他物品。同時規定，公營所得外匯集中於臺灣銀行，其結匯證買賣由生產會決定，不得自行處理。實際上掌控了外匯管理權。[註51]這是生管會的節約資本措施，對於真正資本來源問題並沒有解決。1953年10月25日，尹仲容發表《臺灣工業投資的來源於通貨膨脹》點出問題實質。他指出，技術落後和資金缺乏，為落後區域從事經濟建設的兩大阻礙。技術落後，可以藉重客卿。這一點，錢可以辦到。至於一般技術人才的缺乏，則假以時間，還可以大量訓練，唯資金缺乏，實在是一個最難以解決，而又非解決不可的困難。關於內資，尹仲容認為銀行信貸必須適度。過寬的信貸會造成通貨膨脹，但是過嚴的信貸則會造成緊縮。要善於運用國內儲蓄和改善投資環境，增強信心。尹仲容又提到，當局為了吸引資本，通過《鼓勵華僑極其居住港澳人士來臺舉辦生產事業辦法》和《自備外匯輸入物資來臺舉辦生產事業辦法》，但效果並不明顯。[註52]

資本問題，後來隨著美援到來得到了部分解決。美國出於鞏固冷戰前沿的目的，為減輕援助負擔，從1953年開始以美援為武器，積極改造臺灣經濟。

1954年11月6日，尹仲容在臺灣「立法院」經濟委員會作《臺灣經濟困難與出路》報告，指出所需資金總額為25億新臺幣，美金1500萬元。這個不算是很大的數字，可是臺灣的國民儲蓄太少，據專家估計幾乎等於零，自己僅僅能夠拿出很少的錢用於經濟建設，主要資金來源於美援，但是美援不可久恃。[註53]

至於消耗太大問題，主要和縮減軍費有關。陳誠在「節流」上儘量壓縮軍費開支，在兩岸對峙情況下，事實上並無多少空間。至於工業品缺少競爭力，則要從經濟制度安排上著手，提高效率。生管會是以公營企業為中心，實行管制經濟的產物。這種經濟模式，有計劃經濟的特點，而市場經濟則要求放鬆管制。

當時以雷震為首的自由派學者，把市場經濟與政治主張聯繫起來。他們極力鼓吹自由經濟主要出於兩個理由：其一，經濟管制過多會導致政治獨裁。《自由中國》創刊前後，面對當時的「反共」形勢，雷震把「政治民主，經濟平等」作為其主張的基本架構，認為經濟必須左傾，即只有「經濟平等」才能

---

〔註51〕參閱沈雲龍編：《尹仲容先生年譜初稿》，第108頁。

〔註52〕參閱沈雲龍編：《尹仲容先生年譜初稿》，第204頁。

〔註53〕參閱沈雲龍編：《尹仲容先生年譜初稿》，第243頁。

收拾人心。〔註54〕但是，很快雷震就改變了看法。在《自由中國》第二次座談會上，雷震明白地指出：「最近本社同人，有一個共同的看法，即國家對於經濟事項，如果管得太多，則政治上的民主自由，不免受其影響，如果更進一步走到國家資本主義的話，則政治一定是獨裁。」〔註55〕1953年9月，《自由中國》開始刊載殷海光翻譯的哈耶克的《到奴役之路》，表明《自由中國》從理論上引介西方自由主義經濟思想並逐漸倡揚起自由經濟的主張。在《管制計劃與自由計劃》一文中，殷海光指出，他所批評的管制經濟是「就反自由競爭的計劃經濟而言，或只就取自由競爭而代之的計劃而言」〔註56〕。其二，反對國營經濟無限擴大，鼓吹民營。夏道平在《國營事業轉投資問題的商榷》一文中指出，「從實施的後果而言，則國營事業的範圍日益擴大，民營則日益縮小，其後果必然造成海耶克所講的到奴役之路」〔註57〕，在《民營事業使命》一文中，夏更是直接指出：「政治民主要以經濟自由為基礎。生產事業的國營，只有在資源稀少以免私人壟斷的情況下，才有其必要。過了這個限度，國營事業越擴張政治上的民主就越萎縮。理由很簡單，政府的錢包由人民（大都經由其代表）來掌握，人民才可以控制政府，使其不能濫用權力；反之，如果人民的經濟生活操縱在政府之手，這個政府就會走上集權的途徑。」〔註58〕

這樣，在1954年前後，臺灣發生了計劃經濟和市場經濟的爭論。處於興論中心的尹仲容和嚴家淦等人當然不會袖手旁觀。自由派學者政治經濟觀點引起比較保守的學者的反對，引起了關於計劃和市場的爭論，主要是市場經濟學支持者與計劃經濟學者（大多為三民主義經濟學派）的論戰。作為執政的務實派官員，陳誠和尹仲容等人務實的態度再次占上風。陳誠在經濟制度大辯論的時候，聲稱自己是民生主義經濟制度的支持者。孫中山的三民主義中有「節制資本」一項，陳誠認為臺灣情況特殊，「私人資本方在萌芽之中，

---

〔註54〕「雷震1949年2月18日日記」，載傳正主編：《雷震全集》第31卷，桂冠圖書股份有限公司，1989年，第137頁。

〔註55〕蕭仲泉、楊欣泉記錄：《自由中國第二次座談會記錄》，《自由中國》第2卷第7期，載何卓恩、夏明選編：《夏道平文集》，長春出版社，2013年，第21頁。

〔註56〕哈耶克：《管制計劃與自由計劃》，殷海光譯，《自由中國》第9卷第7期，第20頁。

〔註57〕夏道平：《國營事業轉投資問題的商榷》，原載《自由中國》第11卷第9期，載何卓恩、夏明選編：《夏道平文集》，第6～10頁。

〔註58〕夏道平：《民營事業使命》，原載《自由中國》第12卷第8期，載何卓恩、夏明選編：《夏道平文集》，第11～13頁。

為防範他的夭折，不但不能加以節制，而且還應多方鼓勵誘導，使其得以欣欣向榮」〔註59〕。嚴家淦則更為務實，指出「在經濟落後的國家，由於種種條件不夠，各項建設如電訊鐵路均不適合私人投資之發展，故工建方面仍需先靠政府奠定基礎，而後吸引私人投資」〔註60〕。尹仲容則稱自己的經濟學思想為「計劃式的自由經濟」，就是主張在當局的計劃指導下，根據一定的發展目標，實行民營經濟的自由競爭。尹仲容與嚴家淦一樣，認為當時的臺灣經濟民間發展的力量薄弱，只有政府或少數經濟組織，能利用本身的條件，代替民間力量。又認為臺灣發展工業時間緊迫，不能拖延，且資源有限，必須統籌安排。〔註61〕1954 年 3 月，陳誠作施政報告時指出：

> 關於內政措施：軍事以推行動員為重點，財政以支持軍事為重點，而經濟則以支持財政為重點。詳細情形，曾向「立法院」報告，報章已經披露，想諸位先生均已閱。現在我們深深感到，要充分發展經濟建設，有一個最基本的條件，此即擴大企業自由，替私人資本開闢一條平坦廣闊的出路。今後「政府」不但要修改妨礙企業自由的各種法令和辦法，同時還應有計劃有步驟的，將可以讓民營的企業，儘量開放民營，這是一個政策問題，也是一個觀念問題。〔註62〕

1953 年 7 月，經安會成立。在美國顧問幫助下，開始編制四年經濟計劃。8 月 13 日，蔣介石指示臺灣「省主席」俞鴻鈞：「經濟四年建設計劃」以及此次美援增加後之進行計劃，望於下次財經會談時詳報。該計劃進行時，能有兵工署有關者參加數人更好，請酌之。〔註63〕可以看出，蔣介石對軍工念念不忘，後來的計劃也多增加軍事工業的內容。第一期四年經建計劃中，優先發展能平衡國際收支及適合國防民生需要之工業，包括電力、肥料、紡織、水泥、食品加工等工業。在對工業技術輔導方面，前期先後成立了中國生產力中心，臺灣手工業推廣中心和中國技術服務社等單位。後期成立工業技術研究院，設

〔註59〕陳誠：《陳誠回憶錄——建設臺灣》，第 185 頁。

〔註60〕「行政院美援運用委員會四十七年第四次會議記錄」，載臺北「國史館」編：《嚴家淦與國際經濟合作》，2013 年，第 80 頁。

〔註61〕「行政院美援運用委員會四十七年第四次會議記錄」，載臺北「國史館「編：《嚴家淦與國際經濟合作》，第 88 頁。

〔註62〕陳誠：《陳誠回憶錄——建設臺灣》，第 523 頁。

〔註63〕《蔣中正致俞鴻鈞手諭》，1953 年 8 月 13 日，臺北「國史館」館藏蔣中正「總統」文物，典藏號：002-010400-00021-014，轉引自呂芳上主編：《蔣中正先生年譜長編》第十冊，第 229 頁。

立新技術的研究所，因應工業需要。〔註64〕

在之後的幾年，經濟安定委員會成了發展臺灣經濟的主要策劃機構。這一時期的經濟計劃，主要目的還是在於平衡國際收支，也就是所謂「進口替代」政策時期。美國中央情報局的經濟官員分析：

> 臺灣四年計劃書中所闡發的政府長期經濟政策似乎希望將增加出口和減少進口協調起來。不過增加出口對臺灣來說可能非常困難，因為作為其現實和潛在的主要貿易夥伴的日本將漸漸不願購買臺灣的東西，除非日本同樣能把自己的產品出口到臺灣。〔註65〕

臺灣經濟建設將遇到貿易壁壘等複雜情況，這是臺灣經濟走出去所面臨的第一步。但是最重要的還是尹仲容所說的「資本」問題，在緊縮性防通脹的財政政策下，很難解決生產資金問題，也解決不了臺灣經濟發展問題。

## 三、預算制度建立的內因

預算制度是現代財政的核心概念。從現代財政學來說，預算反映著政府介入社會經濟生活的範圍、規模和程度。如美國經濟學家阿圖·埃克斯坦所言：「要瞭解清楚政府想要做什麼或已經做了哪些工作，只要去看一看預算就可以搞清楚這一切。」〔註66〕當然，這是從西式代議制的民主社會角度來看問題。嚴家淦一語道破預算的實質，說：「預算是現代代議制的產物，乃是人民的代表們，用以控制政府支出和收入的重要手段，也是我們政府財政管理上的重要手段。」〔註67〕嚴家淦是臺灣預算制度的設計者，不僅對臺灣經濟，也對臺灣威權政治產生很大作用。

早在清末，維新派就提出實施預算的構想。幾經周折，1911年，清政府頒布《試辦全國預算暫行章程》，但因政權更迭而未實施。〔註68〕1932年4月，

---

〔註64〕 參閱李國鼎：《臺灣財政金融金與稅制改革》（上），臺北李國鼎科技發展基金會印行，1989年，第2頁。

〔註65〕 載沈志華、楊奎松主編：《美國對華情報解密檔案（1948～1976）》第七編《臺灣問題》，東方出版中心，2009年，第324頁。

〔註66〕 〔美〕阿圖·埃克斯坦：《公共財政學》，中國財政經濟出版社，1983年，第2頁。

〔註67〕 《國家財政與預算問題》，1961年7月，《嚴檔·再任「財政部長」時期》，原檔號：Art13213-092018。

〔註68〕 參閱韓曉潔：《中國近代預算法初探》，碩士學位論文，中國政法大學研究生院，2005年，第35頁。

國民政府立法院立法委員擬具「主計法第一編預算草案」。之後根據這一提案，通過了預算法原則共 12 項。1932 年 9 月 24 日公布根據這一原則制定的「預算法」全案，共 9 章，96 條，附件 11。國民政府在立法上算是形成了一整套預算制度、主計制度和審計制度。這一「預算法」，也是國民政府「六法體系」中的一個組成部分，雖經過幾次修改，但迄今為止，臺灣當局還在沿用這部法規。〔註69〕不過，國民黨在大陸時期並沒有認真執行這部法律。陳誠在回憶臺灣建立預算制度時說：

> 預決算制度是民主國家必不可少的一種制度。國家一切用度均須取之於民，向人民要錢而事先不經取得人民的同意，事後又沒有一個清楚的交代，這是「為民之主」的政治，去「以民為主」之義遠矣。民國肇造以前，只有君主私人府庫制度，無所謂預決算。民國成立以後，起初為軍閥所劫持，也無所謂預決算。國民政府奠都南京，典章制度燦然大備，預決算制度也逐漸建立起來，較之先進各國已不遑多讓。抗戰軍興，財政進入戰時體制，預決算制度雖能保持於不墜，但因物價繼續增高，對於預算之有效控制事實上已不易做到。「戡亂」以來，一再改幣，物價一日數變，預決算制度遂成「告朔之餼羊」。至一九四九年，「政府」一再播遷，預算案迄未完成立法程序，預決算制度至此，殆已不復存在。〔註70〕

國民黨退臺後，通過嚴家淦的努力，臺灣當局逐漸建立了完善的預算制度。嚴家淦能夠建立預算制度既有內因也有外因。

先論內因。從現代財政學來說，預算能起到限制政府亂花錢的作用。民選政治人物要花錢必須要有民選的民意代表的同意。對於像蔣介石這樣的威權人物而言，國民黨的民意機構不可能從根本上限制他的權力，但是預算制度卻在蔣介石的支持下實現了。這是由幾個歷史原因造成的：

第一，「開源節流」是國民黨退臺之初應對財政窘迫必須舉措，預算制度是控制開支的有效會計工具。特別是可開財源有限的情況下，「節流」就是很重要。早在大陸時期，預算這種會計方法是蔣介石控制政府成本的財務工具。但是內戰時期，由於通貨膨脹，各個軍隊和政府部門的用度根本無法按照預算執行，使得蔣介石大傷腦筋。比如原來預算一筆錢用度，但是幾天過後這

---

〔註69〕參閱韓曉潔：《中國近代預算法初探》，第 47 頁。
〔註70〕陳誠：《陳誠回憶錄——建設臺灣》，東方出版社，2011 年，第 234 頁。

筆錢貶值了，政府只能追加經費。預算紊亂後，軍隊和政府單位缺少約束，開支大為增加，又刺激通貨膨脹。如此循環往復，糜爛不可收拾。特別是軍費開支，由於戰爭原因，更加缺少預算約束。1948 年 9 月 14 日，蔣介石手諭宋子文：

> 茲特規定自本月十六日起，東北九省應一律實行公庫法，並遵照下列原則辦理：一、軍費部分由國防部就主管法定預算統籌調度，與內地軍費補給辦法一致辦理，遇有預算以外特別緊急支出，亦應專案報請行政院核撥，特為應急起見，準先撥周轉金貳百萬金圓。二、政費部分中央機關應嚴守預算，地方機關應限期成立預算，均由國庫依照預算規定核撥。三、原有授權東北剿匪總部核准軍事款項及政務費用之臨時辦法應即廢止，查此次核定辦法，關係國家安定至巨，務希切實遵辦為要。〔註71〕

此時蔣介石孤注一擲發行金圓券，他試圖通過預算來控制軍隊開支，由此來穩定物價。顯然，在當時的環境下，他沒有達到目的。退到臺灣後，當局實行幣制改革，通貨膨脹得到遏制，加強預算也就成了可能。1950 年 3 月，嚴家淦任「財政部長」首先面對的就是開支浩大、如何「節流」的問題。嚴家淦想到了用預算來控制開支，出於控制開支的目的，蔣介石支持嚴家淦的想法，時人回憶：

> 嚴家淦擔任「財政部長」之初，政府財政每年都出現赤字，解決財政困境，成為當務之急。嚴「部長」主張實施前瞻性的措施。他認為，現代化的政府必須建立預算制度，因此努力說服了蔣中正「總統」，接受他推動現代化預算制度的主張。嚴「部長」推動「國家」預算制度，可說是在強人政治下，能言人所不敢言的壯舉。〔註72〕

國民黨退臺初期，面對龐大渡臺軍公教人員的開銷壓力，勢必需要裁併各種機構人員，減少支出。失業的軍公教人員當然不滿，嚴家淦能「言人所不敢言的壯舉」，指的就是這種壓力。嚴家淦頂著壓力，在陳誠的支持下，對部隊

---

〔註71〕《蔣中正致宋子文手諭》，1948 年 9 月 14 日，臺北「國史館」藏蔣中正「總統」文物檔案，典藏號：002-080200-00591-004，自轉引自呂芳上主編：《蔣中正先生年譜長編》第九冊，臺北「國史館」、中正紀念堂、中正文教基金會印行，第 147 頁。

〔註72〕歐素瑛等訪問、記錄，陳立文主編：《嚴家淦「總統」行誼訪談錄》，臺北「國史館」印行，2013 年，第 52 頁。

的開支進行規範。在大陸時期，國民黨的軍隊冒領現象層出不窮，軍隊財務混亂。臺灣當局從三方面整頓：第一是核實人員。1952 年 1 月份起，制發補給手牒；一證一人，一人一餉。幾年以後，「部隊浮冒之弊確已革除淨盡。」陳誠回憶，整頓之前請領薪餉人員是八十四萬八千人，到 1953 年底，被削除的空額已達二十四萬人以上，成績驚人。第二是核實軍品。1952 年 10 月，制定軍品核實程序及軍品核實權責與查帳手續，分別頒布實施。因為此項措施之實施，竟查出無賬的可以裝備六個師的輕武器，和八百二十多輛軍車，數量也極其巨大。第三是核實軍費。除人事經費因核實人員而核實外，其餘業務費、事務費均依預算收支，部隊長不能以己意出入其間。〔註73〕

　　這些工作當時都由嚴家淦直接領導進行，為了防止冒領，嚴家淦親自去部隊清點。「依預算收支」也非常不容易，當時人回憶，針對「花錢先要有預算」的做法，軍方的反應最為激烈。他們想當然地質疑：「如果經費都被控制住了，那還怎麼打仗啊！」據傳，一位很有名的大將軍，來到「財政部」嚴家淦「部長」的辦公室，拍著桌子對他說：「我畢生從戎，為國奉獻，東奔西走地打仗；以後軍費都被你們把持住，軍人就都不要打仗了！」嚴家淦心平氣和地對這位大將軍說：

> 你們現在要錢，都要去「總統」那裏，要他的手諭，請他下條子給錢。「總統」也不知道要給，還是不給。你有時候要得到錢，有時候又要不到。如果國家有總預算，情況就不一樣了。你只要在年度預算中，把要花的錢列進去，我保證到時候一定有錢！〔註74〕

　　陳誠「內閣」時期，在所謂「國家」層面開始實行預算。1950 年，陳誠接掌「行政院」後，擬定施政方針和計劃外，開始編造預算。這一年的總預算是在 5 月 3 日編成的，於 6 月 7 日經「立法院」修正通過，後來又辦理兩次追加預算，合計全年預算數為 1,353,046,976.62 元。1951 年度總預算及特別預算於 1950 年 9 月送「立法院」審議，於同年 12 月 11 日經該「院」修正通過，在預算執行期間又辦理兩次追加預算，合計全年預算數為 1,449,667,529.28 元。特別預算是為積極準備「反攻」之特別支出而編造的，為本年所獨有，以出售公營事業為財源，收支各列一億四千四百萬元。〔註75〕

〔註73〕陳誠：《陳誠回憶錄——建設臺灣》，第 162 頁。
〔註74〕歐素瑛等訪問、記錄，陳立文主編：《嚴家淦「總統」行誼訪談錄》，第 56 頁。
〔註75〕參閱陳誠：《陳誠回憶錄——建設臺灣》，第 235 頁。

　　當時嚴家淦任「財政部長」，編制預算由他一手完成，短時間內完成兩個預算案，可以看出其精明強幹。有預算就要執行。1950 年 12 月 27 日，陳誠主持「行政院」討論《財政收支劃分法草案》，決議修正通過並送「立法院」審議並呈報「總統」鑒核。〔註 76〕當年年底終於得到蔣介石的批准。這個收支方案極其關鍵，如果方案制定得不切實際，執行當然就會非常困難。蔣介石也把這個收支方案，當作自己「復行視事」後，整頓政治的八項重要工作之一。1950 年 12 月 31 日，蔣介石反省一年得失，有關政治方面，日記記載：

> 甲、確立軍政預算。乙、財政收支劃分與統一。丙、改組「行政院」，調整人事。丁、重整各院部，充實各院部長。戊、整頓情報機構，予以統一及劃分職權，充實經費。己、確定臺灣地方自治，實行民選縣市長。庚、充實民眾自衛隊。辛、整頓稅收機關，增加收入數字，惟總動員尚未能切實推進，徵兵因經費關係亦未能實行耳。〔註 77〕

　　有預算自然需要決算，決算屬於預算制度的一部分。國民政府成立後，審定決算的任務由監察院移歸審計院，後又由審計院移歸監察院審計部。國民黨遷臺初期，決算在「監察院」。1951 年 1 月 10 日，陳誠於「行政院」第一六七次會議中提議編制 1950 年度總決算，並限於 2 月 15 日以前編竣。1 月 31 日，公布 1950 年度總決算編製辦法，以為各單位編制之依據；但至 5 月 19 日，各單位決算尚有未造送者。於當日第一八六次院會中，陳誠再三催促，並決定將是項任務關係單位考核。截至 6 月初，總決算終於編成。經送「監察院」發交「審計部」審核。〔註 78〕1952 年 12 月 10 日，「行政院」院會通過了一項預算法修正草案，給 1948 年公布的預算法添加許多必要的補充，最重要的部分就是有關營業預算的規定。此項草案經「立法院」審議，於 1953 年 6 月 20 日修正公布施行。新預算法特為營業預算闢一專章，以昭鄭重；關於預算的編制、審議、執行，均有明白的規定，務使公營事業的主持人不能濫收一錢，也不能濫支一錢，一切均受預算的控制。另外，過去事業單位的會計制度，形形色色，無所不有，對於預算的審核諸多不便。1952 年底，經由「行

---

〔註 76〕 陳誠：《陳誠回憶錄——建設臺灣》，第 381 頁。
〔註 77〕 《蔣中正日記》（未刊本），1950 年 12 月 31 日，轉引自呂芳上主編：《蔣中正先生年譜長編》第九冊，第 603～604 頁。
〔註 78〕 參閱陳誠：《陳誠回憶錄——建設臺灣》，第 235 頁。

政院長」主計處擬定了一項《工礦電各業會計制度》，從 1953 起開始試行。〔註79〕之後，臺灣當局歷年預算制度走上正軌。

　　第二、威權體制的理性化改造，契合預算制度的建立。國民黨退臺後，蔣介石反思自己在大陸上的失敗，對官僚制度的無效率痛心疾首。國民黨改造目的之一就是要改革官僚體制。1950 年 3 月 19 日，蔣介石在陽明山莊鼓吹國民革命軍的「第三任務」，要點如下：一、重振國家紀綱，恢復黨政軍各項組織秩序，納入正軌；二、國民革命軍已完成北伐與抗戰兩大任務；三、要完成「剿共抗俄」的國民革命軍第三任務，唯在建立一種現代化的制度；四、現代化就是科學化，科學化的精神，在「實事求是，精益求精」；五、「共匪」的哲學基礎是唯物史觀，是以奪取為目的，三民主義的哲學基礎是民生哲學，是以服務為目的；六、我們必須根據科學方法，加強組織精神，實行授權考績，貫徹分層負責，建立新制度、新軍隊，以完成「第三任務」。〔註80〕

　　這段話，通篇講的都是制度科學化，而不是一般所謂「精神」。早在大陸時期，蔣介石就採取了一種「行政三聯制」作為組織科學化的方法。到了臺灣以後，蔣介石一再指示，要求實行「行政三聯」。他在總結一九五一年度行政成績時說：

> 　　一年以來，黨、政、軍各機關對於行政三聯制雖都在進行，但是做不徹底，所以收效甚微。又指示改進之道說今後應格外加強，並要特別注意幾個重點：第一，設計要「精」，執行要「實」，考核要密；第二，設計、執行、考核三方面，要確切聯繫，不可分割；第三，上下機關之間，要嚴格執行分層負責的制度。同一機關之內，要切實養成分工合作的習慣。〔註81〕

　　預算的會計方法，是現代化組織中組織利器，非常契合所謂「設計、執行、考核」，是一種現代化的官僚技術。蔣介石本人信仰基督教，但在作事方法上特別看重「科學」。1951 年 4 月 26 日，他在革命實踐研究院談論幹部培訓，日記記載：

> 　　幹部之無能在於已往教育之無方，今後訓練應特別注重思維之

---

〔註79〕參閱陳誠：《陳誠回憶錄——建設臺灣》，第 192 頁。

〔註80〕秦孝儀主編：《先「總統」蔣公思想言論總集》卷 23《演講》，中國國民黨中央委員會黨史委員會印行，1984 年，第 140～151 頁。

〔註81〕陳誠：《陳誠回憶錄——建設臺灣》，第 129～130 頁。

理與工作行動，尤其是領導管理之方法，使之能發生和提高各種工作之效率：甲、思維之理則應以辯證、歸納與演釋為主。乙、行動之方法應以科學合理管理與競賽方法為主，無論文武幹部為訓練必修之課目。〔註82〕

當年 12 月 8 日，他在一周總結中，回憶過往失敗經驗，覺得辦事太情緒化，日記記載：

一生注重科學，視科學為革命惟一之要務，而總未能實踐科學之精神與方法，何耶。今後事事之處理，應以科學為標準，而定可否為要。〔註83〕

1955 年，蔣介石在一次指示編制預算方法時提到：

「總統」關於編制預算之指示：「編制預算應有政策，有重點；支出一錢，最好能收兩文錢之效用，不可習故蹈常悉循舊例。政府遷臺已六載，一切做法，都不過是抱殘守缺，陳陳相因，年復一年，何以「反攻」，何以「復國」？必須不避勞怨，徹底檢討，確切調查，計劃發展，白化的錢不要再化，無用的人不要再用，其必需安置者，寧可另為設法安置，不可任其尸位，影響行政效率。各項法律與行政效率，有妨礙者，亦應予以修廢。此六年來因大家之辛苦努力，已確奠基礎，政策統一，意志統一，正是應做的時候，亦正是好做的時候，務望負責同志，抱定決心，拿出魄力以革命精神、革命勇氣大刀闊斧的來幹。臺灣省縣市區各級政府機構，人員經費，均不免有龐大冗濫浪費之處，並應本此指示詳切調查，徹底檢討實行改革。」〔註84〕

威權體制官僚技術的現代化幾乎是全球性現象，這也是政治社會學家把那些「半民主」體制界定為威權的一個重要原因。作為威權人物的蔣介石，自然也在這股「科學管理」所謂洪流中。

第三、殘存和可控的民主空間。按照國民黨的「五權憲法」，「立法院」和

---

〔註82〕《蔣中正日記》（未刊本），1951 年 4 月 26 日，轉引自呂芳上主編：《蔣中正先生年譜長編》第九冊，第 660 頁。

〔註83〕《蔣中正日記》（未刊本），1951 年 12 月 8 日，轉引自呂芳上主編：《蔣中正先生年譜長編》第九冊，第 755 頁。

〔註84〕《財經會談中「總統」蔣中正指示編制預算應有政策有重點不可習故蹈常悉循舊例》，1955 年 1 月 13 日，《嚴檔·再任「財政部長」時期》，原檔號：Art12314-042018。

「監察院」是有關審核預算的兩個主要部門。實際上，在真正操作中，預算是先由「行政院長」呈送「總統」，再送國民黨中央審議，最後才送往「立法院」。決算則是相同的程序，最後送往「監察院」。理論上，民意機關有最後的決定權。

1952 年度預算案未能依照「憲法」規定時間送「立法院」，當時的原因是臺灣當局為了接受美方建議，改定預算編制程序及辦法，好藉以爭取美援。陳誠認為這件事關係「國家」前途至巨，但是「立法院」不以此為然。「他們開會決議查預算案送審期限，『憲法』有明文規定。本『院』無權決定變更，仍請早期送審。」結果，陳誠以「寧願負起『違憲』的責任，也不願以『國家』的利益為犧牲」為由繼續原定方案送審，引起了很大的預算風波。陳誠回憶，這一次預算風波，牽涉到的問題還有許多，諸如特別費問題、機密費問題、預算科目名稱問題、「立監兩院」待遇差別問題等等，不一而足。〔註85〕

關於這次風波，蔣介石在 1951 年 11 月 20 日召集一般會談，商討對「立法院」要求增加生活費與反對核實預算辦法，日記記載：「思之痛心，談至十四時，決定堅持到底也。」〔註86〕次日，蔣介石準備祭出黨紀來闖關。22 日，蔣介石在主持中國國民黨中央改造委員會第二四四次會議後，日記記載：

> 十時前到中央會議，又專論「立法院」待遇預算及對付方針，仍照昨日所談者堅持到底，決不因其少數人之橫暴而為之遷就，並轉告其「立法院」如不尊重行政地位，則「行政院」自不尊重立法權利，果爾則「立法院」不值一文，無異自暴自棄之意警告之。蓋對此種無恥無道之所為，不能不以堅嚴之態度出之。

會上，蔣介石聽取秘書長張其昀報告約集「立法委員」、黨部委員商談對於「立法院」審查年度「中央政府」總預算案問題，他決定：「本案應由主管組以書面指示『立法委員』黨部，俾透過組織予以支持。」又指示：「『立委』黨部黨員紀律之整飭，應予加強，違紀者予以處分。」並指示：「一、根據四十年度黨務工作主要目標第八項，應速謀儲備大陸各省市區域及職業黨務負責人選。二、本年度行將終了，各部門工作要切實加以檢討。」〔註87〕在這種

〔註85〕參閱陳誠：《陳誠回憶錄——建設臺灣》，第 236 頁。

〔註86〕《蔣中正日記》（未刊本），1951 年 11 月 20 日，轉引自呂芳上主編：《蔣中正先生年譜長編》第九冊，第 743 頁。

〔註87〕參閱秦孝儀編：《「總統」蔣公大事長編初稿》第 10 卷，中國國民黨黨史委員會印行，1978 年，第 347 頁。

情況下,「監察院」只能同意。實際上,臺灣當局的民意機關杯葛「行政院」的例子不止這次。這些民意機關代表全是國民黨從大陸退臺之前就選舉的人物,裏頭派系複雜,蔣介石有時候也奈何不了。但是,這些代表大多失去過去的權力,也失去過去的經濟地位,仰賴「政府」供養,所以所謂民主也就「點到為止」。

陳誠和蔣介石關於預算闖關的這個例子,是一個典型的「以黨領政」違法亂「憲」的案例。可以看出「兩蔣政權」特色的威權體制裏,有限和可控的民主被保留下來。政治強人如蔣介石和陳誠這樣的威權人物,在面對民意機關時,往往採取迂迴的方法迫使民意機關全意自己的政策。

## 四、預算制度建立的外因

預算制度中的會計方法可以有效監督和控制財政單位的運行。

國民黨遷臺初期,軍事上嚴重依賴美國援助。1951 年 1 月 20 日,艾奇遜致電美國駐臺灣「大使館」,要求「大使館」向臺灣方面通報,美國政府「準備向中華民國提供一定的軍事物資,用來防禦臺灣,抵制任何可能受到的進攻」。艾奇遜同時提出了臺灣方面必須遵守的 4 項條件,並要求臺灣方面出具書面保證,如果臺灣當局做不到,就違背了美國政府的意圖,美國將考慮停止援助。1 月 30 日,美國駐臺「大使」蘭金將此文件呈送給臺灣「外交部長」葉公超。國民黨在大陸時期,美國對美援的運用沒有嚴格的監督之權,致使大量美援被貪污浪費或不當使用。美國政府吸取以前的教訓,對臺灣當局接收和運用美援提出了前提條件。臺灣當局別無他法,2 月 9 日,美國與臺灣當局達成《共同防禦援助協議》,這個協議成為美國向臺灣提供援助並予以監督的法律文書。〔註88〕在這個背景下,預算制度就成了這個監督制度中常見會計法。1951 年 1 月 31 日,美國駐「華」「大使館」照會臺灣當局,美政府依照國會修正之第三二九號法案,得供給「中國」以軍事物資,用以防衛臺灣抵抗可能之攻擊,從此就又恢復了有限度的軍援。1951 年 5 月 1 日,以蔡斯(William C. Chase)少將為團長的美國軍事援「華」顧問團,成立於臺北。6 月,軍事顧問團呈報蔣介石軍事改革報告書。23 日,蔣介石在「總統」府舉行軍事會淡,討論報告書,陳誠回憶:

〔註88〕參閱杜繼東《20 世紀 50～60 年代美國對臺灣的軍事援助》,《廣東社會科學》,2011 年第 3 期。

　　蔣介石指示說：蔡斯將軍呈本人報告書，所述各點，大部分均甚合理，惟對聯勤批評及認「政治部」有減低各級指揮官權能兩點，必須研究答覆。此兩事不在訓練範圍內，均係「國軍」制度問題，外國人對此可批評，但不能干涉。聯勤制度在人力、物力、時間上，均較經濟，目前不宜變更。政工制度為確保臺灣使「共諜」無法滲入部隊之制度，一定要維持，萬不可改變。有思想無武器，還可以鬥爭，反之，則不能作戰。各高級將領及司令部，必須貫徹此項主張，勿圖個人目前方便，而害「國」害己。故對此項制度之建立，萬不可動搖。〔註89〕

　　此時，蔣介石有強烈的反監督傾向。不過美援到來之後，美方就顯示出強烈的監督意願。1951 年 6 月 30 日，經濟合作署署長在給駐臺「使館」的政策訓令中，把對臺灣當局的預算、外匯進行「有效的管制」和對「各種來源的資金」進行「務實的計劃」，明確宣布為美國各駐臺機構的工作責任。此前，經濟合作署駐臺分署署長莫耶爾和蔡斯在致華盛頓的備忘錄中表示：「美國政府（應該）作為緊急事項要求中華民國政府制訂某些實際的程序，並提交美國政府代表加以緊急的考慮和討論。通過這些程序，美國主管機構才可能同中國有關的軍政官員一道對福摩薩的資源和資金實行有效的監管。」〔註90〕

　　蔡斯所提到的聯勤制度指的是軍隊後勤補給制度，國民黨軍隊的後勤補給隸屬「國防部」。美軍事顧問團認為，「聯勤集權制度不利於作戰補給，因而使聯勤機構及職掌得有調整改善的機會」，又認為「事權過度集中『國防部』，以致削弱戰鬥效率，因而有分層負責逐級授權之改進」。可見，後勤制度是蔣介石通過軍政系統控制軍隊的一環，自然不希望減弱。在美軍後勤補給制度中，編制預算是非常重要的工作。作為軍事顧問團團長，蔡斯要求國民黨軍隊編制預算，以便取得援助物資和資金，這也是改革聯勤制度中的重要一環。不久，蔡斯又要求參加編制預算。對於這個要求，國民黨當局很多人不同意，認為干預內政。其時，陳誠「內閣」正在稽核軍隊、查核人員，軍方也搞預算制度。幾經周折，蔣介石最後同意顧問團的要求。1951 年 9 月 18 日，蔣介石日記記載：

　　准許美顧問團參加編訂軍事預算與會計工作，眾多反對，以此

〔註89〕參閱陳誠：《陳誠回憶錄——建設臺灣》，東方出版社，2011 年，第 406 頁。
〔註90〕參閱牛可：《美援與戰後臺灣的經濟改造》，《美國研究》，2000 年第 3 期。

　　為干預內政、監督財政之事，余以為於我行政效能與核實收支有益

　　也。故批准照辦，以我軍費支出，向不能核實，亦不能徹底整頓，

　　只有此舉，方能核實澄清也。〔註91〕

　　不過，蔡斯對蔣介石的讓步仍不滿意，繼續要求裁撤政工。9月30日，蔣介石日記記載：

　　於普通與軍事預算已允其參加編審，仍未厭其所望乎？惟彼將

　　要求撤銷政治部，以軍權全交孫立人之掌握，以供其驅使與徹底控

　　置〔制〕之一點，乃為我「國」存亡問題，決不接受。此外，余皆認

　　為可與之開誠協商，以求解決也。〔註92〕

　　可見蔣介石讓步最大的動因是希望交換不撤換政工制度，當時蔣經國任「國防部」政治部主任，撤政工等於撤掉監軍。這是蔣介石不能容忍的。至於蔡斯提出預算制度方案，蔣介石頗為滿意，10月9日日記記載：

　　審核軍事預算新制度，此為蔡斯所提，其意在監督我軍費，余

　　不因而反對，其實於我軍費之收支審核能使之確實有效，故予批

　　准。〔註93〕

　　10月11日，蔣介石召見陳誠、周至柔、王世杰、黃少谷、郭寄嶠、葉公超、嚴家淦、吳國楨、龐松舟等，商討原隸參謀本部之軍事預算局改隸「國防部」本部，以及美國顧問建議改變預算制度等，日記記載：

　　明知其為欲控制我財政，但此事實於我建軍有益，故力劈周議

　　而批准之。以預算制度實為建軍之中心問題，而非有美員負責指導

　　與監察，仍不能確實有效。故彼美要求監督，不絕對拒絕，乃改為

　　顧問，但只要其不爭監督之名分，余實願自動授其監督之權，以其

　　操之在我所授予也。〔註94〕

　　至此，蔣介石接受了美方以參與預算編制的方式監督臺灣當局。這件事

<hr>

〔註91〕《蔣中正日記》（未刊本），1951年9月18日，轉引自呂芳上主編：《蔣中正
　　　　先生年譜長編》第九冊，臺北「國史館」、中正紀念堂、中正文教基金會印行，
　　　　2015年，第718頁。

〔註92〕《蔣中正日記》（未刊本），1951年9月30日，轉引自呂芳上主編：《蔣中正
　　　　先生年譜長編》第九冊，第723頁。

〔註93〕《蔣中正日記》（未刊本），1951年10月9日，轉引自呂芳上主編：《蔣中正
　　　　先生年譜長編》第九冊，第726頁。

〔註94〕參閱秦孝儀編：《「總統」蔣公大事長編初稿》第10卷，中國國民黨黨史委員
　　　　會印行，1978年，第306～308頁。

情，對臺灣當局影響頗大。由於軍事預算制度公開給美方，國民黨的軍隊等於沒有軍費秘密。美國出於自己戰略利益考慮，並不支持臺灣當局「反攻大陸」。蔣介石一旦增加軍費，美方很快就可以通過預算制度控制援助。作為交換，政工制度被保留下來。按照要求，軍事預算歸「國防部」，「國防部」屬於「行政院」管轄，這樣「行政院」的「財政部」就可以正大光明地稽核軍隊開支。過去預算局屬參謀部，參謀本部屬軍令部門，是「總統」的職權範圍。軍隊要請款，直接打報告給「總統」，蔣介石手令決定是否允許，根本談不上預算。把軍令系統預算局的權力與軍政系統「國防部」的權力整合，等於剝奪了蔣介石隨心所欲決定後勤補給的權力，而是把軍費開支納入制度。蔣介石要絕對控制軍隊，必須通過軍隊的政工制度，迂迴實現目的。嚴家淦就是首任控制軍隊開支的文人「財政部長」。

關於美方如何參與預算編制，陳誠回憶：

前文提到美方於七月二十日致送我「政府」的備忘錄，我方除以緊急措施平衡收支，並於軍事方面實施新財務制度外，還承諾過以下幾件事：

（一）「中央」及臺灣省政府預算，將先提經財經小組研議，再分別提請「行政院」及省政府核准後，再行完成立法程序。

（二）軍事部門之預算，由「國防部」與美軍顧問團協商後編制之，編制完妥後依前項規定送財經小組。

（三）一九五二年度「中央」總預算之編制，分為以下三部分：

1. 軍事預算在資源方面，凡自「國庫」、美軍援款項及美經援配合軍援款項三方面所能獲得之資金，均應予以顧及。支出則包括所有經常補充及特別費用。

2. 民政支出及處理貸款事宜所需費用之預算，應由「行政院」主計處編列，來源係自「國庫」所獲得之資金，支出則包括所有經常補充及特別費用。

3. 生產建設方面的預算，應由「臺灣省生產事業管理委員會」會同其他有關機關編制之，資源包括所有應收及另行籌集之資金及由美國經援所撥之款，支出則包括所有需予動用之資本及長期運用款項。

可見，美方只是對軍事預算部分有直接過問的權力。但是，美國軍援一部

分是以軍事協助（Military Impact Aid）的方式供給臺灣當局的行政部門，這部分資金也受美方監控。

美援機構在臺灣幾經變化，經濟合作總署中國分署（Economic Cooperation Administration，Mission to China）是美國在臺灣設立的第一個援助機構，經濟合作署中國分署有兩個主要任務：一是評估美國在中國援助物資的數額，確保美國的援助物資得以合理使用，中國需根據自己的情況提交需要美國援助的數額，經濟合作署中國分署在對「該國」實地考察獲得一手信息的基礎上，對這些數額進行分析，在確定具體的援助數目後報送位於華盛頓的經濟合作署總部批准；二是具體研究中國的金融貿易政策及其實施情況。〔註95〕這一時期的美援是零星到臺，因此也就沒有嚴格的財務控制。1952 年美國共同安全總署中國分署（Mutual Security Agency，Mission to China）取代美國經濟合作總署中國分署。與此同時，美國駐臺使館也是主辦和管理美國援助的重要機構之一。戰後美國外交援助政策服從於政治和軍事戰略的總體局勢，美國駐臺援助機構的活動也受到美國國務院和駐臺大使的總體指導。〔註96〕在《嚴家淦與美援》一節中，本書已經提到美援運用委員會的形成與嚴家淦的角色。此時，嚴家淦為美援會副主任委員。根據要求，臺灣當局要求的援助必須編入預算才能撥給。美國對臺灣請求援助的項目財務要求嚴格。事先需要美方駐臺人員與臺方受援單位溝通事項，規劃事務原由，再由相關行政部門協同美方人員編制預算，送美援會審核，最後送美方對應機構請款。

試舉一例。1953 年 7 月，美國共同安全總署中國分署要求美援會提供詳細的計劃書：

一九五四會計年度各計劃應按下列 A 節至 J 節各點說明：

A. 詳細明確之計劃說明。

B. 有關各該計劃之財務情形說明。並列舉各該有關受援機構以前動支持款之記錄。

C. 說明各該計劃究係本會計年度之新計劃抑或係繼續以往年度業已進行之計劃，若係繼續以往之計劃則應確實指明已有之成就

<hr>

〔註95〕 參閱李昀：《經濟合作署的成立及其意義》，《福建師範大學學報（哲學社會科學版）》，2011 年第 5 期。

〔註96〕 參閱卡爾・蘭金：《蘭金回憶錄》，海英譯，上海人民出版社，1975 年，第 87 ～90 頁。

及進展程度，如於實施該計劃時發生意外以致延誤，則應敍述延誤原因。

D. 各該計劃，對於前述甲段第（十）小節所載之三點目的之如何配合情形應加明確說明。

E. 在一九五四會計年度內，該計劃預定進展至目標應僅可能以非貨幣數字表示之。

F. 說明各該計劃之預定完成期限與最終目標。在可能範圍內，並予預計各該計劃之全年進展成果。

G. 若干計劃必須取得進口器材方能開始實施。在此類計劃之說明內必須指出進口器材所需之外匯來源。如此類計劃可於所需進口物資或器材未到達以前，即能開始實施，則應在說明內指出需用器材之時間以及器材之估計到達時間。

H. 各該項計劃所需之費用，若逐步轉移由政府預算項下負擔，究需若干時間達成之，其轉移之進度如何，應加以估計說明。同時並應根據相對基金計劃合約或其他規定，說明政府逐步擔負各該項計劃全部費用之進展。

I. 目前政府是否已有若干準備，或已採取若干措施，以備將來相對基金來源斷絕之時，能自行負擔各該項計劃之全部費用，關於此一問題亦應加以估計說明。

J. 對於安全總署各項計劃所產生之促進效果，應加簡要說明。例如中國政府對各該項計劃之支持力量不但能逐漸增加，且逐漸能有餘力負擔其他類似計劃之支出。上述安全總署計劃所產生之效果，如以數字說明現由中國政府負擔或將由中國政府負擔之各項增加計劃種類，則當更為明顯。同時對於中國政府因美援計劃之促進而減少之若干不必要之支出，亦可以數字說明之。〔註97〕

　　從這份文件來看，其預算財務制度之嚴格可見一斑。美國經濟援助臺灣是通過相對基金達到目的。美國嚴格的財務制度對臺灣各種公營企業也影響很大，以至於引起蔣介石的關注。1953 年 1 月 16 日，蔣介石主持財經會談，欣

---

〔註97〕《美國共同安全總署中國分署代理副署長盛路易致行政院美援運用委員會秘書長王蓬函譯文》，1953 年 7 月，《嚴檔・再任「財政部長」時期》，原檔號：Art12213-032016。

慰於美國技術人員的協助。日記記載：

> 本年平時預算乃可平衡，國營事業會計制度亦可實行為慰，此皆須由美國技術人員協助也。〔註98〕

美援助項目賬務稽核工作由雙方請的第三方會計師擔任，制度上特別強調監督功能。試舉一份 1954 年的檔案為例：

> 一、行政院美援運用委員會賬務稽核工作經中美兩方協議，請第三國會計師擔任，該會一向均請「畢馬威公司」擔任本（四三）年度之稽核工作，乃由該公司派英籍會計師約翰生（廿七歲，香港般含道廿三號頂樓）於六月十日下午到達臺北，六月十八日完成稽核工作，旋即返港，另派一粵籍通譯陳熾（卅二歲，上海大夏大學畢業）來臺整理稽核報告，該陳現住臺北市泉州街錢路飯店，此項稽核工作，純係帳目與單據之核對，目的在獲得「毫無錯誤」之簽證，以便向「中」美雙方交代。

> 二、查美援之運用，多涉及我國防機密，而香港畢馬威公司每年派來臺灣查帳者均係英人，查英國係一承認共匪之國家，英人態度曖昧，惟利是圖，萬一受匪利用而將查帳所得之我國防機密洩露匪方，或將之報告其本國政府，則後患堪憂，為謀防止起見，是項稽核工作人選，今後似應加以考慮。〔註99〕

這份檔案目的是要求「財政部」注意會計審核人員的保密問題，但從一個側面反映當時的財務制度的面貌。

---

〔註98〕《蔣中正日記》（未刊本），1951 年 9 月 30 日，轉引自呂芳上主編：《蔣中正先生年譜長編》第九冊，第 723 頁。

〔註99〕《任臺灣省政府主席時：美援會資料（一）》，1954 年 7 月 21 日，《嚴檔·再任「財政部長」時期》，原檔號：Art12320-032014。

# 第七章　嚴家淦與經濟改革的啟動

　　由於海峽兩岸的對峙狀況有所緩解，臺灣迎來了改革的歷史機遇。嚴家淦在這場經濟改革啟動中起到了關鍵的作用。1960 年初，國民黨政權在臺灣的最大內部變數是接班問題。作為技術官僚的嚴家淦被選定為蔣經國接班的過渡人物。此時是以嚴家淦等為代表的技術官僚群體與蔣氏父子合作最為黃金的時代，確立了他們在經濟建設上主導地位。

## 第一節　經濟改革的歷史背景

　　從 1954 年到 1969 年，國民黨政權面臨武力統一的壓力轉小，逐漸轉向政權的鞏固期。毫無疑問，如果存在龐大的軍事開支和不安定的海峽兩岸，臺灣當局便無法開展有效的經濟改革。

　　從 1949 起，人民解放軍就相繼發起了針對東南沿海的多次戰役，其中最著名的是金門戰役，此役暴露了解放軍在海戰上的一些不足。〔註1〕從 1954 年 7 月起，中國領導人開始考慮解決臺灣問題。毛澤東給遠在日內瓦談判的周恩來指示：「在朝鮮戰爭結束之後我們沒有及時（約遲了半年時間）地向全國人民提出這個任務，沒有及時地根據這個任務在軍事方面、外交方面和宣傳方面採取必要措施和進行有效的工作，這是不妥當的，如果我們現在還不提出這個任務，還不進行工作，那我們將犯一個嚴重的政治錯誤。」〔註2〕此時，中共

---

〔註 1〕　參見沈志華：《中共進攻臺灣戰役的決策變化及其制約因素》，《社會科學研究》，2009 年第 3 期。
〔註 2〕　參見裴堅章主編：《中華人民共和國外交史》（1949～1956），世界知識出版社，1996 年，第 337 頁。

還是習慣於用軍事來解決臺灣問題，外交和宣傳輔助軍事行動。

9月3日，中國人民解放軍駐福建前線部隊猛烈炮擊金門，爆發了第一次臺海危機。危機爆發後，美國介入，臺美雙方動作頻頻。1955年2月2日，《美臺共同防禦條約》在華盛頓簽訂，10日，雙方簽訂了換文。〔註3〕此後，由於亞非會議舉行，中國方面的主動建議，中美之間的直接談判實現，第一次臺海危機結束。

進入1958年，中國政府幾次要求美方重開大使級會談，美國方面拒不答覆。美方的態度直接促使中國領導人決心動用武力促進談判。8月23日，解放軍福建前線對金馬海岸陣地進行猛烈炮轟，爆發了第二次臺海危機。危機期間，毛澤東敏銳發覺，美國在壓迫蔣介石退出金門，以便製造「兩個中國」。10月25日，中國政府發表了毛澤東起草的《再告臺灣同胞書》，第二次臺海危機結束。

美國在兩次危機期間大大地增強了對臺軍援，1958年金門危機的直接結果是，在原來已經排定的大量軍援之外，美國又趕運給臺灣價值3500萬美元的先進大炮、飛機、坦克、兩棲艦艇及其他物資。其中最新對空響尾蛇導彈，使臺灣空軍對大陸的米格機取得決定性的優勢。〔註4〕這極大刺激了蔣介石「反攻大陸」的想像。不過，美國並不支持蔣介石的行動。

20世紀50年代開始，除了軍事鬥爭解決臺灣問題外，中國也考慮和平解決臺灣問題。50年初，毛澤東就特別留意要張治中從中斡旋，希望和平解放臺灣。〔註5〕1955年5月26日，毛澤東在同印度尼西亞總理阿里·沙斯特羅阿米佐約談話時說：「朝鮮戰爭和印度支那戰爭最後都是用談判解決的，臺灣問題也可以用談判解決。」〔註6〕1956年1月25日，毛澤東在第六次最高國務會議上第一次正式提出了「第三次國共合作」的構想。他說：「國共已經合作了兩次，我們還準備進行第三次國共合作。」〔註7〕1956年1月，周恩來在全國政協二屆二次會議上再次提出和平解放臺灣問題，並向全國發出了「為爭取和平解放臺灣實現祖國統一而奮鬥」的號召。6月，周恩來又在全國人大一

---

〔註3〕 *FRUS*, 1952~1954, Vol. 14, pp.870~880.
〔註4〕 〔美〕陶涵：《蔣經國傳》，林添貴譯，新華出版社，2002年，第265頁。
〔註5〕 毛澤東：《關於爭取和平解決臺灣問題給張治中的電報》，中共中央文獻研究室編：《建國以來毛澤東文稿》第一冊，中央文獻出版社，1987年，第270頁。
〔註6〕 中華人民共和國外交部、中共中央文獻研究室編：《毛澤東外交文選》，中央文獻出版社、世界知識出版社，1994年，第382～383頁。
〔註7〕 童小鵬：《風雨四十年》第2部，中央文獻出版社，1996年版，第273頁。

屆三次全體會議上就和平解放臺灣問題作了進一步地闡述，指出了它所具有的重大意義。〔註8〕1958年10月13日，毛澤東在接見新加坡《南洋商報》的一位撰稿人時表示：臺灣如果回歸祖國，照他們（指蔣介石等）自己的方式生活。蔣介石不要怕我們同美國人一起整他。又說，蔣同美連理枝解散，同大陸連起來，枝連起來，根還是他們的，可以活下去，可以搞他的一套。關於軍隊問題，可以保存，我不壓迫他裁兵，不要他簡政，讓他搞三民主義。後來，周恩來將毛澤東的這些原則概括為「一綱四目」。〔註9〕可見，中共逐漸改變了過去軍事解決問題的思路，轉向和平解放。

　　這樣，從1958年第二次臺海危機結束開始，到1969年蔣經國任「行政院副院長」期間，對國民黨政權來說，來自大陸的軍事威脅已經大為減弱，而且在美國的承諾保護下，已經相對安全。這也是臺灣當局進行經濟改革的最重要的歷史前提，使它有條件把資源轉向經經濟建設。

## 第二節　威權與技術官僚群體

### 一、嚴家淦與蔣經國接班

　　1954年5月，陳誠擔任「副總統」。按照「憲法」，「副總統」是備位，本身並無實權。11月，陳誠又兼任「光復大陸設計研究委員會主任委員」，1955年2月，又兼革命實踐研究院主任。當時「反攻大陸」喊得震天響，這兩個職位也不擁有實權，但卻有指標意義，意味著是真「備位」。其時蔣介石一再聲稱自己願意專門負責軍事和「反共抗俄」，這種職位就是「國家元首」應該負的責任，也就是在「國家」方向上有發言權。1956年8月，陳誠當選中國國民黨第八屆中央執行委員會常務委員。10月，中國國民黨總裁提名，經全國代表大會通過，陳誠任中國國民黨副總裁，國民黨過去歷史上只有汪精衛當過這個職位，給外界「陳誠就是接班人」的強烈暗示。蔣介石日記記載：「副總裁之設置，為將來與現在的政治黨務的安危與成敗關係，皆有必要，無論對辭修與經國計，更有必要也。」〔註10〕蔣經國當時地位不高，僅僅是「國防部」

---

〔註8〕中共中央文獻研究室編輯委員會編：《周恩來選集》下卷，人民出版社，1984年，第200頁。

〔註9〕參閱金沖及：《周恩來傳》，中央文獻出版社，1998年版。

〔註10〕參閱陳紅民：《從〈陳誠日記〉看臺灣時期陳誠與蔣介石的關係》，《浙江大學學報（人文社會科學版）》，2015年第4期。

政治部主任，蔣介石的這句話頗值玩味。1956 年，蔣介石雖然身體健康，但已年近古稀，外界都在傳他的接班人問題。在國民黨的威權體制裏，處於權力頂端的威權人物與中國封建時代的君主一樣，繼承問題是所謂「國本」。但是，作為所謂「革命民主」政黨的國民黨本身並沒有繼承制度，它既不能按照民主制度選舉產生，也不能按照君主制直接血統繼承。因此，外界紛紛熱議國民黨政權在繼承問題上的態度，用來觀察臺灣當局的政治動向。

早在國民黨退臺之初，陳誠與蔣經國就有隔閡。陳誠反對蔣介石在軍隊設置政工制度。陳誠當然知道蔣介石用政工，目的無非是監軍。美國國務院情報局的官員就注意到「在中央改造委員會和『國防部』之間的陳誠與蔣經國之間的私怨。這些無法解決的矛盾的存在造成了局勢的不穩定，並且呈現出潛在的爆發態勢」〔註11〕。當然，這個所謂爆發態勢最後並沒有發生，不過陳誠與蔣經國之間已然形成接班人爭奪的暗中較量。

1953 年 9 月，美國國務院情報研究所又作關於蔣經國的分析，指出：

蔣經國在國民黨中國政治王朝中的重要地位源於他的職位：（1）「國防部」總政治部主任；（2）國民黨中央委員會的重要成員；（3）「中國青年反共救國團」主任。利用這三個組織的功能和活動，小蔣能夠在政府和黨務運作中擴大其個人權力，他已經成為他的父親的合法接班人之一。

……蔣經國的首要對手是陳誠，他是前「行政院長」和蔣介石的忠誠副手。人們將更多的猜測集中在一旦蔣介石去世蔣經國將採取何種行動上面。如果小蔣發現他沒有贏得黨內其他重要領導人的支持和不能通過制度手段獲得總統職位時，他的一個可能的行動策略就是支持黨內的選擇並等待時機，屆時希望他能在接下來的時間內加強他的個人權力。另一種可能的選擇就是蔣經國認為他的權力地位足以確保他能夠通過政變的手段掌握政權。〔註12〕

1957 年底，「行政院長」俞鴻鈞遭到「監察院」彈劾。俞鴻鈞是所謂蔣介

〔註11〕《國務院情報研究所關於臺灣國民黨政權形勢的評估》（1950 年 8 月 21 日），載沈志華、楊奎松主編：《美國對華情報解密檔案（1948～1976）》第七編《臺灣問題》，東方出版中心，2009 年，第 307 頁。

〔註12〕《國務院情報研究所關於蔣經國之閱歷、權力地位及執政能力的評估》（1953 年 9 月 8 日），載沈志華、楊奎松主編：《美國對華情報解密檔案（1948～1976）》第七編《臺灣問題》，第 329 頁。

石核心權力圈子「夫人派」成員，與宋子文和孔祥熙關係密切。很顯然，「監察院」這個舉動有損蔣介石的威權。此時，國民黨政權退臺已有八年，不少大陸籍人對遲遲不能「反攻大陸」不滿，這起事件其實就是這種不滿情緒的反應。經過長達六個月的政治喧囂，蔣介石終於不得不接受俞鴻鈞的辭職。蔣介石提請陳誠任「行政院長」，陳誠不想接受。他特別在 1958 全年日記前面的列出一個拒絕「活動表」，可見其態度堅決。陳誠在四個月的協商中不願「副總統」兼職「行政院長」，他意識到這兩個職位的職責有矛盾：「副總統」和「總統」不應該有不同的看法，而當「行政院長」，與「總統」的意見不同又絕對不可避免。蔣介石也在日記中記錄了幾次陳誠拒絕的情況。經過一再協商，陳誠不得不接受任命。〔註13〕1958 年 7 月，陳誠以「副總統」的身份兼任「行政院長」。

　　1957 年 8 月，嚴家淦因「劉自然事件」辭臺灣省「省政府主席」，調任「行政院」政務委員，兼美援會主任委員、經安會副主任委員。此時，「財政部長」一職由徐柏園擔任，徐是蔣介石非常信任的金融專才。1957 年冬，臺灣當局決定全面檢討外匯問題，於是「行政院」成立九人小組，以求改進之道。徐柏園態度謹慎，不願意改革原有匯率機制。嚴氏最初沒有參加這個討論，正在出國訪問途中。

　　1958 年初，陳誠奉命繼續討論外匯問題。經過幾次審查和充分討論，小組形成了兩派。一派提倡開放立場，並建議政府應促進自由化。另一派則反對自由化，提出一些改善建議，指出臺灣好不容易發生才停止惡性通貨膨脹的噩夢，國內價格趨於穩定，如果立即實行匯率自由化政策，恐怕會影響價格。嚴家淦回國後，陳誠即把這九人小組的兩方意見交給嚴家淦研究，命令他承擔選擇的責任。經過反覆研究，嚴家淦認為保守派聲稱匯率改革可能會導致負面影響，如新臺幣貶值，恐怕會導致進口價格上漲，從而提高國內價格，使惡性通貨膨脹死灰復燃，這些負面影響是可能的，但可以通過各種政策工具來解決。他進一步解釋說，控制已經進入死胡同，經濟不能發展，「自由化」是世界的趨勢，應朝著自由化的方向邁進。所以，他親自向陳誠彙報，解釋分析和利弊，成功說服陳誠。因此，陳誠當下就把徐柏園請來，告訴他決定採取改革政策，並要求外匯管理委員會主席徐柏園執行改革政策。徐坦率地

---

〔註13〕參閱陳紅民：《從〈陳誠日記〉看臺灣時期陳誠與蔣介石的關係》，《浙江大學學報（人文社會科學版）》，2015 年第 4 期。

拒絕。〔註14〕

嚴家淦原與陳誠合作良好，陳誠隨即要蔣介石調任嚴家淦任「財政部長」。1958年4月3日，嚴家淦接替徐柏園再任「財政部長」，當日蔣介石訓示：

> 一、不要浪費經費，不要濫用人員，切實負責，盡忠職守；二、要服從法令，而且要研究法令，屬行法治精神；三、各機關之間要注意協調合作。〔註15〕

陳誠回任「行政院長」，1958年8月，「行政院」裁撤了自1953年7月起負責設計審議財經政策及措施的經安會，併入美援運用委員會。擴編改組後的美援會，除了處理美援相關業務之外，還負責整合「經濟建設計劃」，研擬經濟政策，及推動各項改革方案。美援會主任委員由「行政院長」陳誠兼任，尹仲容接任副主任委員，嚴家淦以「財政部長」的身份兼任委員，李國鼎則出任美援會秘書長。〔註16〕

此前，嚴家淦在「省主席」任上已經和蔣經國有密切合作。在前文「嚴家淦與省政」一節中，已經提到嚴家淦在兼任「退輔會」主委一職時，善於配合副主委蔣經國的工作，接著又辭去主委，由蔣經國專任。很顯然，作為技術官僚的嚴家淦，儘管派系色彩淡薄，也不得不捲入當時國民黨政權最核心的問題——繼承人問題之爭的漩渦之中。嚴家淦在陳誠與吳國楨的政爭中站在陳誠一邊，結果他安全著陸並任臺灣「省主席」。此次再次任職「財政部長」，勢必要在接班問題中站邊。

陳誠回任「行政院長」前後，就已和蔣介石在人事上產生分歧。嚴家淦的任職如陳誠所願，與蔣介石並無分歧，但在「教育部長」和「行政院副院長」的任命上，未能如陳誠意。蔣對陳強調，未來政策需與人事配合，「教育最為重要」，並提出希望「教育部長」一職由張其昀留任，而陳卻屬意清華校長梅貽琦，蔣介石最後勉強同意陳誠提名。後蔣介石發現，陳誠提名梅貽琦是胡適的主意，大為不滿。蔣介石原指示王雲五出任「副院長」，但陳誠卻一心想黃少谷留任。蔣不得已於7月10日要張群轉告陳「速定副院長王雲五繼

---

〔註14〕歐素瑛等訪問、記錄，陳立文主編：《嚴家淦「總統」行誼訪談錄》，臺北「國史館」印行，2013年，第356～357頁。
〔註15〕《中央日報》，1958年4月3日。
〔註16〕歐素瑛等訪問、記錄，陳立文主編：《嚴家淦「總統」行誼訪談錄》，第81頁。

任」。可遲至 7 月 13 日，陳誠仍未提名王出任「副院長」，反而再次進見蔣介石，希望提名黃少谷。〔註17〕蔣介石十分意外，仍然堅持任命王雲五。陳誠回任「行政院長」期間，與蔣介石在諸多政策上有分歧，罅隙不斷，已不復往日關係。

隨著第三次「總統」選舉日期臨近，島內各界對要求蔣介石遵守「憲法」不再當「總統」的呼聲頗高。不過蔣介石決定通過修改《動員戡亂時期臨時條款》，執意重選「總統」。1960 年 3 月，蔣介石當選第三屆「總統」，陳誠任「副總統」。此前，臺灣政壇有所謂憲政難題的風波，但是波瀾不驚，根本無法阻止蔣介石再次擔任「總統」。可見，此時蔣介石的地位還是非常穩定。在 1961 到 1962 年間，蔣介石與陳誠關係雖然不如往日密切，不過所謂蔣—陳體制運行良好。〔註18〕特別是在嚴家淦這些技術官僚的治理下，臺灣的經濟已經轉向起飛，政局穩定。

1963 年底，蔣介石和陳誠攤牌，陳誠欲辭去「行政院長」。11 月 23 日，蔣介石接「副總統」陳誠辭行政院長函，日記記載：

> 接辭修辭職密函，以其最近心理病態如狂自大，會前各種刁難特予容忍，而在大會期中對余提商名單竟置之不理的態度，至此再難忍受，只有准其辭去「行政院長」，否則必將使之公私兩敗。召見岳軍（張群）轉示此意。〔註19〕

12 月 1 日，蔣介石決定嚴家淦為「行政院長」，日記記載：

> 與岳軍談「行政院長」問題，辭修尚勸嚴靜波（家淦）不要幹，但嚴已遵令不辭，乃決以嚴為「行政院長」也。……下午召見嚴家淦，面令其準備籌組「行政院」，受命而退。……晚，辭修亦來參加我結婚（紀念日）宴會，當其臨別時即告其餘已令嚴繼任其「行政

---

〔註17〕參閱陳紅民：《臺灣時期蔣介石與陳誠關係探微（1949～1965）》，《近代史研究》，2013 年第 2 期。

〔註18〕陳紅民認為，蔣介石從未明確表示生前要將權力移交他人。他在 1962 年的「交班」底牌是：萬一他過世之後，由陳誠繼任「總統」，蔣經國擔任「行政院長」，宋美齡「監權」。在這一計劃中，看似陳誠「接棒」，但蔣經國的地位大大提升，是一個更大的受益者。參閱陳紅民：《臺灣時期蔣介石與陳誠關係探微（1949～1965）》，《近代史研究》，2013 年第 2 期。

〔註19〕《蔣中正日記》（未刊本），1963 年 11 月 21 日，轉引自呂芳上主編：《蔣中正先生年譜長編》第十一冊，臺北「國史館」、中正紀念堂、中正文教基金會印行，2015 年，第 707 頁。

院長」之職，囑其輔助之。〔註20〕

這段日記頗值得注意，嚴家淦是陳誠內閣中最為關鍵的技術官僚。陳誠事前準備辭去「行政院長」職時，已經通知嚴家淦一體辭職，以示共進退。顯然，陳誠把嚴家淦當作自己派系人來看待。不過，嚴家淦此時顯示出他從政精明一面，選擇站在蔣介石一邊。這估計是蔣介石最終選擇嚴家淦繼任「行政院長」的主要原因。特別值得注意的是，嚴家淦雖然已經當了多年「財政部長」且當過臺灣「省主席」，但是嚴在國民黨內的地位還是很低，連中央常委都不是，只是一個無實權的中央評議委員。在準備提名嚴家淦任「行政院長」之前一天，國民黨匆匆提報嚴家淦為中常委。「行政院長」在臺灣當局的體系裏，位置重要不言而喻。陳誠作為位高權重的軍人，出任「行政院長」頗負人望。俞鴻鈞因為乃是「宮廷」親信，所以遭外界質疑，不過幾年就下臺。嚴家淦作為一個派系色彩不濃的技術官僚，擔任這個職位，當然倍受質疑。不過，就嚴家淦的技術官僚的形象而言，嚴氏還是很受外界的期待：

> 嚴家淦是位奉公守法的標準公務員，勤慎負責，有條不紊，是他的特長，也是他成功的因素。嚴氏先後主持臺灣省三年及「財政部」五年，他的政績，已留給省民極其良好而深刻的印象，正如臺灣的民意代表們所說的：「嚴先生做事謹慎細心，在他『財政部長』及『省主席』任內，都為國家做了許多事，尤其財政方面的成就，這正是國家需要的。」〔註21〕

1963年12月4日，國民黨中常會討論「行政院」改組問題時，蔣介石提出換人的議案：

> 行政院兼院長陳誠同志，主持政務，卓著勳勞，惟以久任繁劇，體力漸感不勝，曾迭次申請辭職，均經懇切慰留，最近以健康關係，再度懇辭，為期陳誠同志能獲較為充分的休養機會，俾能迅速恢復健康，爰擬勉徇所請，准予辭去「行政院長」兼職，並提名嚴家淦同志，繼任「行政院長」。〔註22〕

嚴家淦無門無派的優點在某種意義上說也是他的缺點，他在黨內無淵源無派系，也缺少資歷，因而也就缺乏必要的力量支持，「組閣」時倍感困難。

---

〔註20〕《蔣中正日記》（未刊本），1963年11月23日，轉引自呂芳上主編：《蔣中正先生年譜長編》第十一冊，第707頁。

〔註21〕《中央日報》，1963年12月5日。

〔註22〕《聯合報》，1963年12月5日。

《蔣經國傳》的作者江南寫道：

> 憲法規定，「行政院長」人選，由總統提名，諮請立法院同意，如果立法院諸公，稍露不滿，一九四九年，居正組閣受阻的先例，照樣歷史重演。幸嚴挨家逐戶，登門作揖，兼國民黨中央，發動組織機器，強迫支持，「立法院」這一關，輕舟強渡，順利抵岸。蔣先生為什麼看中這位「新人」呢？說穿了，見怪不怪。我們認為的嚴的缺點，正是嚴的優點，嚴沒有野心，沒有班底，庸庸碌碌，是漢獻帝型，也是林森型。天時、地利、人和，使嚴因緣際會，扶搖直上。〔註23〕

12月14日，蔣介石主持國民黨中常會，正式通過了「嚴家淦內閣」的組成名單：院長嚴家淦，副院長余井塘（新），政務委員蔡培火、蔣經國、葉公超、陳雪屏（新）、田炯錦（新）、賀衷寒（新）、董文琦（新），「內政部長」連震東，「外交部長」沈昌煥，「國防部長」俞大維，「財政部長」陳慶瑜（新），「教育部長」黃季陸，「司法部長」鄭彥棻，「經濟部長」楊繼曾，「交通部長」沈怡，蒙藏委員會委員長郭寄嶠（新），僑務委員會委員長高信，「行政院」秘書長謝耿民（新）〔註24〕。

嚴家淦「組閣」後，旋即提名蔣經國為「國防部」副部長，當時「國防部長」是學者將軍俞大維。俞大維已任「國防部長」多年，深得蔣介石信任。江南認為俞作為一個專家，特點是：（1）不過問內部人事，因此和任何一位參謀總長和睦相處。（2）他是真正的文人，符合「憲法」精神，除了跑美國爭取軍援，即是去金門，慰問駐軍將士。〔註25〕嚴家淦和俞大維皆為學者型的官僚，外界已經確信蔣介石將傳子。1965年1月，俞大維請辭，由蔣經國接任「國防部長」。當時的美國中央情報局官員觀察到：

> 直到1963年下半年人們還普遍認為陳誠將會繼承蔣介石的位置，陳誠是「副總統」兼「行政院長」，蔣介石非常有實力的兒子蔣經國將會在名義上支持年長的、生病的陳誠，同時靜靜等待時機。然而在過去的幾個月中陳的地位一落千丈。……現在看起來蔣介石總裁更加公開地將他的兒子裝扮成最終的繼承者。但是由於陳誠仍

---

〔註23〕江南：《蔣經國傳》，中國友誼出版社，1984年，第402頁。
〔註24〕《聯合報》，1963年12月15日。
〔註25〕參閱江南：《蔣經國傳》，第403頁。

是「副總統」和國民黨副總裁，如果蔣介石在 1966 年之前，即他本屆任期期滿之前去世的話，那麼陳誠至少可能成為名義上的繼任者。無論怎樣，蔣介石總裁的去世將會大大增加國民黨不穩定的危險。這種危險的發展程度和發展方向將取決於蔣介石去世之後的幾個月內該政權如何渡過難關以及在受到外部事件的影響後政權的士氣和團結又會怎樣發展。〔註26〕

1965 年 2 月 27 日陳誠病逝，蔣經國在臺灣當局政壇已經沒有競爭力的對手，接班將順理成章，所謂接班人爭議至此落幕。關於蔣經國權力上升，並最終成為蔣介石的接班人選。這當然與他是蔣介石兒子、蔣有意傳子有關。在中國這樣的傳統向現代轉型的社會，民主的根基微乎其微，威權人物傳位給兒子也未嘗違反國民黨內的政治倫理。但是，傳子能夠成功也與蔣經國在政壇長期的歷練有關。

退臺初期，蔣介石的聲譽和權力下降到最低點。蔣介石「復行視事」，蔣經國被任命為國防部總政治部主任，接著蔣經國進入國民黨中央委員會，幫助其父鞏固權力。國民黨改造後一年，蔣經國又被選為國民黨常委，成為蔣介石權力集團的核心。不過，這個時候他資歷不夠，權力的基礎也不夠雄厚。蔣經國為了培養自己的班底，於 1952 年 10 月，成立「中國青年反共救國團」，由蔣介石任團長，他任副職。蔣介石是掛名，實際上由他控制。這個職務蔣經國一直擔任了 20 年，救國團成了他培養接班班底的重要機構。此外蔣介石任用蔣經國總管情報系統，監控整個「政府」。這個職位雖然給他帶來權力，也給他帶來不好的名聲。前面幾節提到，蔣介石為了鍛鍊蔣經國，安排他擔任退輔會主任，這個職位為蔣經國贏得了不少名聲，彌補了不佳的外在形象。對於蔣經國來說，他的事業發展轉折點還是被任命「國防部」副部長，當時他已經負責情報和安全機構，在國民黨和國防部發揮了重要作用，但都在幕後。「國防部」副部長使他直接走到前臺，升為「國防部長」後，不但鞏固了他在「國防部」的基礎，而且使他有一個在「內閣」中的位置。他原來一直處於幕後，現在則走到臺前。1965 初，美國中央情報局對他的政治前途作了評估：

（他）逐漸成功地將自己塑造成廣受公眾愛戴的「形象」。報

---

〔註26〕《中情局關於臺灣國民黨政權形勢的基本評估》（1964 年 3 月 11 日），載沈志華、楊奎松主編：《美國對華情報解密檔案（1948～1976）》第七編《臺灣問題》，第 434 頁。

紙、電臺及電視不斷報導他的活動，他頻頻出現在高級典禮上，包括接見來訪的顯赫人物等。就連那些反對他的人也承認他是一個才能卓越、鞠躬盡瘁的領導者和行政官員，能夠很好地履行著自己的職責，即使對很小的利益和在私人朋友方面也講究績效。但是，仍然有些人不喜歡他，不信任他，因為他曾經在蘇聯生活過一段歲月，他負責安全工作以及他任人唯親帶來的不可避免的污名。許多臺灣籍人、年紀較大的大陸籍人及非國民黨政客對他都持有這樣的印象。〔註27〕

接著，情報局官員分析蔣經國的前途：

現任「行政院長」嚴家淦就是一個很好的「專家治國者」的範例。但是，如果讓蔣經國擔任「行政院長」的話，由於其個人的權力和影響，情況則會發生實質性的變化。如果考慮到可能出現「總統」死亡、依法執政或者辭職的話，「行政院長」這一職位將會具有雙倍的吸引力。不管誰被推選為「總統」，一個強勢的「行政院長」都將會是政府主要的控制者，因為「憲法」規定「總統」發布的法律和命令都應該有「行政院長」的聯署。更進一步來說「行政院」內的主要任命都由「總統」在「行政院長」的推薦下任命。「行政院長」還可以使蔣經國直接保留從法律上控制「國防部」的機會。如果蔣經國的事業軌道能像上面描繪的那樣發展，就像他被任命「國防部」副部長一樣，第二梯隊的位置（「行政院副院長」）將會首先到來，一直表演巧妙的嚴家淦可能會被選中擔任「副總統」或其他執政要職。〔註28〕

　　果然，1966年，蔣介石提名嚴家淦任「副總統」兼「行政院長」，接著在1969年「行政院」改組中，蔣經國被任命為「行政副院長」。這個過程當中，嚴家淦扮演了非常重要的輔助角色。這也是所謂政治強人與技術官僚合作的黃金時代，為臺灣經濟改革發動提供了契機。嚴家淦被任命為「行政院長」，

---

〔註27〕　《中情局關於蔣經國政治前途的評估》（1965年8月5日），載沈志華、楊奎松主編：《美國對華情報解密檔案（1948～1976）》第七編《臺灣問題》，第449～450頁。

〔註28〕　《中情局關於蔣經國政治前途的評估》（1965年8月5日），載沈志華、楊奎松主編：《美國對華情報解密檔案（1948～1976）》第七編《臺灣問題》，第449～450頁。

又進入國民黨中常委，儼然已是中樞身份。國民黨宣傳部門趕製一份傳記以供外界參考，由於這份傳記是威權體制下介紹領導人的常用格式，本文抄錄如下：

> 嚴家淦先生傳略
>
> 　「總統」提名「組閣」的嚴家淦，字靜波，江蘇吳縣人，現年五十九歲，民國十五年畢業於上海聖約翰大學，學化學數理，造詣並深，當選為斐陶斐學會會員。畢業後，曾一度擔任鐵道部京滬杭甬鐵路管理局材料處處長。廿七年任福建省建設廳長，廿八年調財政廳長，直至卅四年初奉調赴渝之日，計辦理福建財政六年，並首創田賦徵實物制度，支持戰時軍糧民食，收效甚宏。三十三年杪，中樞組織戰時生產局，三十四年初奉調赴渝擔任該局採辦處處長，辦理有關美國租借法案，英、加兩國借款購料，及國內戰時生產局職務，曾兩度赴印給運重要物資。三十四年我國抗戰勝利後，奉派代表經濟部及戰時生產局赴往南京，在何應欽將軍指揮之下，協辦戰後接收策劃事宜，旋即改調臺灣省長官公署交通處長，兼交通部特派員，嗣於三十五年調任財政處處長，後兼任臺灣銀行董事長，臺灣之財政金融制度，即於此時逐漸建立。三十六年臺灣省制改革，省府成立，繼任省政府委員兼財政廳長，且曾一度掌中樞借調，給辦美援事宜，任「行政院」美援運用委員會委員。三十九年初，任「經濟部」長，兼「行政院」美援運用委員會副主任委員，同年三月改任「財政部」部長。四十三年，臺灣省政府四度改組，出任臺灣「省政府主席」兼省保安司令，四十六年秋調「行政院」政務委員，兼美援運用委員會主任委員、經濟安定委員會副主任委員。至四十七年再任「財政部」部長，以達於今。五十二年二月又兼任「行政院」美援運用委員會副主任委員。〔註29〕

　　傳記雖然詳細地記載了一個典型國民黨技術官僚精英的歷程，但是與蔣氏父子的宣傳材料相比，嚴家淦的傳記材料只有乾巴巴的履歷。就是和陳誠相比，也毫無「宣傳」意味可言。嚴家淦在之後「行政院長」任上，也非常低調。整個「國家」的宣傳機器，還是圍繞蔣氏父子進行宣傳。

---

〔註29〕《行政院長嚴家淦略歷》，《嚴檔·再任「財政部長」時期》，原檔案號：Art21913-102015。

## 二、技術官僚治理的確立與經建機構變遷

1957 年，嚴家淦因「劉自然事件」，調任「行政院」政務委員，兼美援會主任委員、經安會副主任委員。美援會、經安會主任一向由「行政院長」兼任，副主任實際負責。由於俞鴻鈞遭到政治非難，美援會這個職位由嚴家淦接手。美援會和經安會集中了當時臺灣的主要技術官僚。本書在「遷臺初期的政治、財政和經濟建設」一節中提到，1953 年 7 月，臺灣當局進一步改組財經機構，成立經濟安定委員會。錢昌祚為執行秘書，嚴家淦、張茲闓、賀衷寒、郭寄嶠、周至柔、蔣夢麟、徐柏園、尹仲容、沈宗瀚、王蓬等 10 人為委員。這裡面除了周至柔和郭寄嶠是軍人以外，其他人都是經濟方面官員。嚴家淦、張茲闓、徐柏園是財政界，蔣夢麟、沈宗瀚是農業界，其他的是工業和交通界。嚴家淦在這兩個機構都擔任負責人，可見其在技術官僚群體中的地位。經安會成立後，最重要的工作是編訂經濟四年計劃，以配合美援。陳誠回憶，第一個四年計劃就是儘量利用美援移充生產資金，希望四年之後，達到「增加輸出」、「減少輸入」、「收支平衡」幾個目的，從而增加了國民所得，好作投資生產之用。在經安會成立會上，陳誠致辭：

> 而這一任務的完成，必須打破本位主義各行其是的習慣，以整
> 體的觀念與合作的精神為基礎。〔註30〕

可見，經安會的目的在於打破原有「政府」機構的條條框框，而專門設立經濟建設機構，經安會是臺灣當局設立經濟建設機構的雛形。成立之初，經安會的產業政策其實並不明確。當時由於農復會工作績效顯著，臺灣當局就有意設立工業委員會，以原來的生產管理委員會負責人尹仲容領導設立工業委員會，發展工業經濟。據臺灣學者瞿宛文研究，經安會下的工業委員會可說是臺灣戰後第一個產業政策單位，雖然它和生管會的工作有延續性，但在組織方式上則大幅改變。〔註31〕產業政策是指建設單位積極主動地推動產業發展。「政府」單位必須選擇推動新興產業，並用各種政策工具促進這些產業的投資實現。這是一個新的工作，主事者必須具有類似於企業家的能力。

由於美國的援助，財經技術官僚大多在美援助相關的機構工作，如經安會、外貿會、農復會、美援會等。這些非永久性經濟機構在行政組織中都是橫

---

〔註30〕陳誠：《陳誠回憶錄——建設臺灣》，東方出版社，2011 年，第 186 頁。

〔註31〕參閱瞿宛文：《臺灣經濟發展的源起——後進發展的為何與如何》，聯經出版事業公司，2017 年，第 230～231 頁。

跨部會，直接由「行政院長」領導。因為他們不是正式的公務員，不受公務員制度的法律約束。同時，除了外貿，這些組織的預算不是來自中央，而是來自相對基金的美援物資出售的收入。因此，雖然一般公務員的薪酬非常微薄，但這些技術官僚的待遇相當優厚。當時，這樣的條件確實能吸引最好的人才。據統計，臺灣四十三位最具影響力的技術官僚中，臺灣的財經決策核心，其中十人擔任財政領導人，即嚴家淦、尹仲容、楊繼曾、李國鼎、俞國華、俞鴻鈞、徐柏園、蔣夢麟、沈宗瀚和孫運璿，其中孫運璿最晚加入財經決策中心。這九人之中，五位是理工出身：嚴（理）、尹（工）、楊（工）、李（理）、沈（農）；四位是文法商出身：俞國華、俞鴻鈞、徐柏園與蔣夢麟。〔註32〕

經安會於 1953 年 7 月成立後，下設包括工業委員會在內的五個單位，第一組至第四組為協調單位，人員由原單位者兼任。原「行政院」財經小組及後來經安會的會議，都有美方代表參與的正式的中美聯席會議，都以英文進行，另有中文會議紀錄摘要。因此，這些技術官僚必須是學貫中西、英文極好才行。嚴家淦、尹仲容、楊繼曾是這些會議的常客，三人的姓氏英文開頭都是 Y，故而被稱為三 Y 先生。〔註33〕

工業委員會設有三、四十位專職人員，負責工業計劃之擬定與推動。委員會的中美會報會議由召集人主持，前期由尹仲容擔任召集人。在 1955 年 7 月尹仲容因揚子木材案去職後，由時任「經濟部長」江杓接任，一年後楊繼曾接手。兩年後尹仲容復出，任經安會秘書長，繼續掌控這個委員會。基本上，尹仲容是工業委員會的靈魂人物。工業委員會設有委員九人，包括「經濟部」代表、「交通部」代表、美援運用委員會代表、臺灣省建設廳代表、臺灣省交通處代表為當然委員，另四人由經安會提請「行政院長」指派。因此，凡列入議程的項目的相關單位會於該次會議派人與會。〔註34〕據李國鼎回憶，工業委員會每星期一次會議，通常為星期五下午三時至五時，地點在美援會 209 室。中方先舉行中文會議，臺灣和美國的共同會議以英語進行。美援會聘請了美國懷特工程公司的顧問，該公司人員也經常出現提供技術諮詢。會議審查上周工作的進展情況，並討論下星期將要執行的工作計劃。因為有監督員的存在，並且

---

〔註32〕 參閱康綠島：《李國鼎先生口述歷史——話說臺灣經驗》，卓越文化事業公司，1993 年，第 77～78 頁。

〔註33〕 康綠島：《李國鼎先生口述歷史——話說臺灣經驗》，第 78 頁。

〔註34〕 參閱瞿宛文：《臺灣經濟發展的源起——後進發展的為何與如何》，第 234～235 頁。

下周有報告進展的壓力，所以工業委員會的效率非常高，甚至不需要文件和備忘錄。〔註35〕

　　據李國鼎回憶，三名專任委員李國鼎、費驊〔註36〕、嚴演存，分別為一般工業、交通運輸與化學食品工業小組的主管，下有專門委員或專員四至九名。此外，還有一個財經組，內有三名專門委員（潘志甲、王作榮、沈葆彭）與四名專員（李傑、史傳鼎、史繼光、葉萬安〔註37〕）。財經組的人員都是具財政、經濟背景的專才，如王作榮係中央大學畢業，擁有美國經濟碩士學位。〔註38〕當時一般人以為工業委員會只有工程師、完全不懂經濟。事實上除了尹仲容、李國鼎、費驊之外，還有多位專門委員及專員日後都成為臺灣財經界的決策核心人物，例如秘書室專門委員張繼正〔註39〕，秘書王昭明〔註40〕，財經組專門委員潘志甲、王作榮，專員葉萬安，一般工業組專門委員韋永寧與專員吳梅邨等等。工業委員會成員見表一。

## 表一：工業委員會成員

| 職　別 | 姓名 | 年齡 | 籍貫 | 學　歷 | 到任前經歷 |
|---|---|---|---|---|---|
| 專任委員 | 李國鼎 | 45 | 南京 | 劍橋大學物理所 | 臺船公司總經理 |
| 專任委員 | 費驊 | 43 | 江蘇 | 康乃爾大學碩士 | 臺灣鐵路局副局長 |
| 專任委員 | 嚴演存 | 43 | 江蘇 | 德國柏林大學 | 臺肥公司協理 |
| 主任秘書 | 劉健人 | 43 | 湖南 | 復旦大學 | 臺灣公路局主任秘書 |
| 專門委員 | 張繼正 | 36 | 四川 | 康乃爾大學博士 | 美援會技術處副處長 |
| 經濟研究組專門委員 | 潘鉉甲 | 41 | 江蘇 | 明尼蘇達大學碩士 | 臺糖公司主任秘書 |
| 專門委員 | 王作榮 | 35 | 湖北 | 華盛頓大學碩士 | 中央設計局專員 |
| 一般工業組專門委員 | 王士強 | 59 | 浙江 | 美國羅宛耳紡織大學 | 美援會技正 |

〔註35〕參閱康綠島：《李國鼎先生口述歷史──話說臺灣經驗》，第 94～95 頁。
〔註36〕費驊後來官至臺灣當局「財政部長」（1976 年）。
〔註37〕葉萬安後來官至「行政院經濟建設委員會」副主任委員（1984 年），臺灣著名經濟學家。
〔註38〕王作榮後來官至臺灣「監察院院長」（1996 年），他是工業委員會裏少有的經濟學家之一。參閱王作榮：《壯志未酬──王作榮自傳》，天下文化出版社，1999 年。
〔註39〕張繼正後來官至臺灣當局「財政部長」（1978 年）。
〔註40〕王昭明後來官至「行政院」秘書長，是當時重大建設的財經協調者。參閱王昭明：《王昭明回憶錄》，福建人民出版社，1995 年。

| 化工組專門委員 | 沈祖堃 | 58 | 浙江 | 美國柯省大學博士 | 臺鹽公司總工程師兼工務處長 |
|---|---|---|---|---|---|
| 交通組專門委員 | 陳文魁 | 42 | 河北 | 山東大學 | 交通部設計委員會委員 |
| 專門委員 | 林斯澄 | 58 | 福建 | 明尼蘇達大學碩士 | 工礦公司工程師 |
| 專門委員 | 劉漢東 | 45 | 貴州 | 麻省理工學院碩士 | 懷特公司工程師 |
| 專門委員 | 蕭承祥 | 38 | 臺灣 | 中央大學 | 臺灣機械公司公司副廠長 |
| 專門委員 | 韋永寧 | 39 | 南京 | 華盛頓州立大學碩士 | 臺船公司工程師 |
| 專門委員 | 朱健 | 43 | 湖南 | 明尼蘇達大學化學博士 | 臺鳳公司技術組主任 |
| 專門委員 | 拓國柱 | 35 | 陝西 | 馬里蘭大學博士 | 高雄港務局技正 |
| 專員 | 沈葆彭 | 42 | 上海 | 上海滬江大學 | 臺鹽總廠會計處專員 |
| 專員 | 李傑 | 32 | 湖北 | 中央大學 | 農復會土地組行政協理 |
| 專員 | 羅子超 | 50 | 湖南 | 湖南大學 | 生管會組長 |
| 機要秘書 | 譚瑞 | 40 | 湖南 | 湖南大學 | 中信局機要科主任 |
| 秘書 | 張駿 | 35 | 河北 | 河北大學 | 生管會秘書 |
| 秘書 | 祝源超 | 34 | 浙江 | 金陵大學 | 財政廳專員 |
| 會計員 | 陳濟之 | 41 | 浙江 | 中國大學 | 美援救濟總署專員 |
| 速記員 | 王昭明 | 34 | 福建 | 東吳大學 | 財政部省市貨物稅局股長 |
| 辦事員 | 杜文田 | 33 | 山東 | 中央大學 | 美援救濟總數會計稽核 |
| 辦事員 | 鄧湘萍 | 23 | 湖南 | 臺灣大學 | 臺灣省外匯貿易小組辦事員 |
| 辦事員 | 陳正賢 | 34 | 浙江 | 光華大學 | 財政廳視察 |
| 辦事員 | 葉萬安 | 30 | 浙江 | 上海商學院 | 臺糖公司資料室副組長 |
| 打字員 | 胡佩玉 | 30 | 浙江 | 天津工商大學 | 中信局科員 |
| 打字員 | 傅梅芳 | 40 | 浙江 | 清華大學 | 外交部科員 |
| 打字員 | 王阿金 | 26 | 臺灣 | 臺灣打字員養成所 | 臺灣銀行打字員 |

資料來源：李君星《經安會與臺灣工業的發展（1953～1958）》，碩士學位論文，中國文化大學歷史所，1995 年，第 15 頁。

　　在工業委員會成立後的五年間，共有近二百個項目已經開發。他們觀察臺灣的貿易進出結構，找出發展的可能性商品，然後尋找願意投資這些商品的私營企業，幫助他們申請美國援助。如果沒有找到人，原則上工業委員會申請美國援助貸款，自建工廠，然後找他人收購。一般來說，除了新竹玻璃廠和少數管理不善的投資計劃外，大多數計劃是成功的。這些成功的民營企業從出生到成長，其實都是依靠工業委員會的支持。臺灣純鹼行業發展就是一個很好

的例子。〔註41〕

　　工業委員會還是一個工業數據提供者。它除了成立礦產探勘小組調查臺灣的礦產資源外，還經常性地去調查現有工業現狀，研究其遭遇的各種問題，並編制各種統計與指數，將基本資料按期刊登在工委會創辦於 1954 年初的《中國之工業》月刊上，服務於工業建設。〔註42〕

　　此時，嚴家淦雖然是經安會成員，但他主要負責臺灣「省政」。本書在「嚴家淦與臺灣地方經濟發展」一節中已敘述他的地方經濟建設情況，臺灣地方工業管理權多已轉「中央」，嚴家淦主要關注點還是農業開發。嚴家淦與尹仲容關係密切，兩者之間有非常好的合作關係。嚴氏性格溫和，尹仲容急躁。嚴家淦善於調和鼎鼐，許多人回憶嚴氏在經安會工作貢獻巨大，卻非常低調。〔註43〕1954 年 6 月，尹仲容升任「經濟部長」。尹仲容長期以來對發展工業生產缺資金苦惱，他自 1950 年 10 月起就兼任「中央信託局」局長，這是個融資機構，隸屬於「財政部」。他升任部長後，職位與「財政部長」平級。尹仲容此時掌握臺灣經濟建設最高權力，掌握對外採購及美援計劃分配。中信局的主管單位為「財政部」，「財政部長」徐柏園對此有不滿，認為其若干程度侵犯到「財政部」權限。〔註44〕所以很多人認為他應該根據制度，立即辭去「中央信託局」局長職務，但尹仲容覺得手頭有一個金融單位，推動工業化更加方便。結果尹仲容卻捲入了「中央信託局」非法貸款給高雄揚子木材公司的案件。〔註45〕

　　經安會最大的貢獻有兩個：一是進口替代產業的發展，二是支持民營工業的發展。在前者，尹仲容開發了紡織工業，又用美援的小麥和黃豆發展了麵粉、食油、飼料等工業；同時他又以美援計劃型資金及所產生的相對基金，設立了 PVC 塑膠工業、人造纖維工業、玻璃工業、水泥工業、尿素肥料工業、糖業副產品工業、汽車工業、鋼鐵工業、金屬工業等。尹仲容還推動臺灣民營企業發展，五年內增加了六千家私營企業，私營企業總價值的比重也從 1946 年的六十比四十，降到 1958 年的三十八比六十二。〔註46〕

---

〔註41〕參閱康綠島：《李國鼎先生口述歷史——話說臺灣經驗》，第 94～95 頁。

〔註42〕參閱瞿宛文：《臺灣經濟發展的源起——後進發展的為何與如何》，第 235 頁。

〔註43〕參閱張駿：《創造財經奇蹟的人》，傳記文學出版社，1987 年，第 49～50 頁。

〔註44〕李國鼎口述，劉素芬編著，陳怡如整理：《李國鼎：我的臺灣經驗——李國鼎談臺灣財經決策的制訂與思考》，遠流出版事業股份有限公司，2005 年，第 65 頁。

〔註45〕參閱康綠島：《李國鼎先生口述歷史——話說臺灣經驗》，第 82 頁。

〔註46〕參閱康綠島：《李國鼎先生口述歷史——話說臺灣經驗》，第 85 頁。

經濟安定委員會的工作，得到蔣介石的認可，1955 年尹仲容因事下臺後，蔣介石決心繼續使用「科學」人才繼任。1955 年 10 月 18 日，蔣介石日記記載：「上年度收支不足只三千萬元，計為百分之一，是為財政預算赤字最少之一年也。『經濟部』尹仲容辭職，擬以江杓繼任，使科學工業人員能有機會發展其才能也。」〔註47〕此時，蔣介石還停留在財政預算平衡的認識上，但是提供給這些「科學工業人員」機會。

當時中國大陸實行計劃經濟，利用國家資源有目的地全方面推行經濟建設，這在中國歷史上是前所未有的。此前，清末的洋務運動和國民政府抗戰前的一些經濟建設也由政府推動，但都不是全面的。差不多同時，臺灣當局也推行計劃經濟，也屬於歷史創新。不過，經安會五年時間，只能說是臺灣「計劃經濟」建設初創時期。尹仲容等人通過美援會等組織機構，以及美國援助方案，規範了促進工業化和建立現代經濟管理機制的要求。本書在「預算制度的外因」一節中已經提到，現代化的財政預算制度與美援機構等外在壓力不無關係。其他的諸如現代化的企業管理、技術、融資、市場等有關企業經營的也與此關係密切。1955 年 11 月，臺灣發生物價波動，蔣介石對經安會工作有些不滿，他發現經安會居然沒有研究物價的部門。11 月 9 日，蔣介石主持中國國民黨第七屆中央常務委員會會議，對 1955 年 1 至 10 月物價問題進行指示，主要是：

> 一、此次物價波動實非受財經政策影響，而係由於主管機構未盡健全，今後應加強經濟安定委員會的工作。二、統一發票之實施，不可因物價波動而延緩。三、物價不必管制，但應妥為管理。四、經濟安定委員會應切實檢討改善小麥、黃豆、棉紗之管理配售，並向美方說明我國不採放任政策之理。五、倡導節約乃安定物價之基礎，例如食用糙米，臺灣省政府應即研定碾米標準。六、今後應特別注意遊資之管理。七、「財政部」對金鈔黑市應即調查防制。〔註48〕

〔註47〕《蔣中正日記》（未刊本），1955 年 10 月 28 日，轉引自呂芳上主編：《蔣中正先生年譜長編》第十冊，臺北「國史館」、中正紀念堂、中正文教基金會印行，2015 年，第 509 頁。

〔註48〕《「行政院長」俞鴻鈞致臺灣「省政府主席」嚴家淦辦理抑止物價波動及對應財經措施》，1957 年 11 月，《嚴檔·再任「財政部長」時期》，原檔號：Art12315-032018。

　　11 月 11 日，蔣介石日記記載：「經濟安定委員會組織，並無物價安定之專門小組，殊為可怪，不知其所謂經濟安定者，物價不在其列，則如何安定其經濟也？」[註49] 可見，蔣介石對擴大生產導致通貨膨脹記憶猶新，十分害怕惡性通貨膨脹。

　　不過蔣介石對尹仲容等人還是非常信任，蔣介石力排眾議，使尹仲容於 1957 年回歸。尹仲容能東山再起，表明臺灣當局已經確立了技術官僚在經濟建設上的地位。

　　1958 年 7 月陳誠取代俞鴻鈞兼任「行政院長」，邀王雲五擔任「副院長」。上一節「嚴家淦與蔣經國接班」中已經提到，陳誠希望黃少谷繼續留任「副院長」，但蔣介石堅持任用王雲五。蔣介石用王雲五的原因是希望他來主持「行政院」的機構改革。此前，蔣介石在 1956 年就試圖開始進行機構改革。當年 1 月，「行政院」設立了「行政院暨所屬機關組織權責研討委員會」，負責討論「行政院」的權力及其行政效率等問題。這個委員會提出的一些機構改革意圖，首先針對的就是經安會等機構。1957 年 2 月，「省主席」任上的嚴家淦對機構改革利弊得失作了分析：

> 　　外間對此三委員會之成立由來及其任務，容有未盡明瞭之處，或議將此三委員會概予裁撤，完全歸還建制，充實財政、經濟兩部之職權，俾使集中統一辦理，以期提高行政效率。竊以為如概予裁撤，深恐將發生下列各項困難：
>
> 　　（一）各委員會所主管之事務，如必須完全劃歸財、經兩部主管，勢將牽動財、經兩部之原有組織，應先將其組織法修正，又須完成立法程序。其結果非但遭遇立法程序輾轉稽延之繁難，抑且失卻綜合聯繫、協調配合之實效。
>
> 　　（二）據本院權責研討委員會調查，財經方面各委員會用人不多，而辦事效能相當健全，其基本原因，厥在運用美援撥款，另編預算，其待遇可較一般公教人員為優（但美方仍嫌太低，時有請求調整之建議）。苟完全歸還建制，待遇減低，影響行政效率甚巨，事實上不能不予顧慮。
>
> 　　（三）中央各部會及若干業務單位遷臺以來，迄未完全恢復建

〔註49〕《蔣中正日記》（未刊本），1955 年 11 月 11 日，轉引自呂芳上主編：《蔣中正先生年譜長編》第十冊，第 514 頁。

制，實際上亦多不合目前需要，修改法律，復多顧慮。此種情況，以財政、金融及經濟部門為甚。為補救此中缺憾，故有各種「委員會」或「小組」之設置，今如全部裁撤，深恐於財經政策之推行，轉滋窒礙。

此三委員會如予裁撤，完全歸還建制，既發生上述種種困難，似宜逐一加以考核，分析其優點劣點，檢討其利弊得失，以為決定存廢或簡化調整之依據：

甲、經濟安定委員會：

子、優點

（一）該會除委員十二人多係兼任者外，僅有職員十九人，以少數之人員，處理中央及地方各財經機關所提報之案件，效率尚高，並肩荷有關財經審議及綜合協調之責。

（二）當前財政經濟建設，事實上必須有賴美援之協助，該會成立主旨，除達成上述綜合協調之任務外，其更重要者厥為經常與美國駐華各有關機構密切聯繫，遂成中美雙方對財經問題協調配合之目的。

（三）該會另一任務，即對臺灣經濟建設四年計劃之修訂及聯繫推動實施。第二期經建四年計劃即由該會負責編報，將來仍須由該會負修正考核及聯繫協調之責。此項職責，頗關重要，似以由該委員會專任為宜。

丑、缺點

（一）該會原為財經設計審議機構，即本院之幕僚機構，先後分設五組及工業委員會、主管金融、美援、預算、農林漁牧、物價調節及工礦計課等項之設計審議。其後又成立若干小組，或為經常之審議、或屬臨時之調節，其整個機構之性能，已由財經之審議而無形之中又變為審議、決策及執行之混合體制。演變至今，機構性質改變，小組過多，不無重複混淆之弊。

（二）由於機構性能演變複雜，各有關機關首長均任委員，對於財經問題，雖收綜合協調之效，但無形中亦易啟各法定機關之推諉卸責。

（三）該會組織，權責混淆不清，其所主管之事究應向何機關

負責，其所執行之事又應由何人負責，現況有欠明確，致為一般人士所譏評。

寅、檢討

（一）為便於中央與地方各財經機關及中美雙方之財經審議及協調配合，該委員會似仍應存在，或議另設經濟會議以為全國最高經濟審議之機構，但在此崇高之經濟會議中，似又不便邀請美方各有關機關代表參加。思慮至再，似以仍維持該會原名稱較安。

（二）該會原定職權對財經業務之設計審議及協調聯繫等事項，似仍應照常執行，確定為本院之協調審議機構，俾便各財經機關間及中美雙方之協調配合。

（三）該會下所轄之小組或委員會，原應由各法定機關掌理者，或因臨時需要而設立者宜一律予以裁撤。

乙、美援運用委員會：

子、優點

（一）該會對美援業務之推行，頗見成效，其原由美方經辦之業務，亦多分別移交接辦，一般業務處理，尚稱良好。

（二）該會與美方各有關機關聯繫配合，合作無間，其對國內各財經機關亦經常覓取聯繫，最顯著者為該會與外匯貿易管理機構之密切配合，使美援運用發揮最大之效用。

丑、缺點

（一）該會委員多係由國防、外交、財政、經濟、交通各有關部會首長兼任，因現有經濟安定委員會之設置，該部會首長又均兼任經安會之委員，遇有問題多在經安會謀取協調解決，致美援委員會不必經常召開，該委員會似無存在必要。

丙、外匯貿易委員會

子、優點

（一）外匯管理原極複雜，自該會成立後，所有中央及臺省府所屬各外匯審核小組，均極簡化歸併，對外匯用途之審核，美援運用之配合，及與各機關間對外匯貿易之聯繫，頗具成效。

（二）由於外匯管理之改進，外匯收入增加，去年度（自四十五年一月至十二月）超支，國際收支日趨好轉。

（三）出口貿易總值增加，其中輕工業產品所佔輸出之比例亦已增長，其於鼓勵本省特產輸出，已具績效。

丑、缺點

（一）現行外匯貿易管理之法令達三百餘種之多，其實際業務，外界多未盡明瞭，其管理技術尚待徹底改進。

（二）該會用人較多，組織龐大，雖定名為審議機構，實已漸變為審議、決策與督導執行之一混合體制。

（三）外匯與貿易原有體用之別，外匯收支之主體固在貿易，但其實際執行之結果，其一切法令及業務之開展，外界多有偏重外匯管理而累。〔註50〕

嚴家淦顯然是不同意完全撤銷三個委員會的，作為技術官僚，事權統一對籌劃經濟建設重要異常。但他非常明白蔣介石所擔心的就是美國人在這些委員會裏介入太多，改革勢在必然。另一方面，臺灣當局的財經機構確實過於複雜，有改革必要，見圖一。

1957年「劉自然事件」後，蔣介石對行政機關的改革更積極。〔註51〕由於美方都深度介入這幾個委員會，蔣介石對此頗有戒心。1957年9月，蔣介石派王雲五到美國參加聯合國第十二屆會議，研究美國「胡佛研究會」的改革經驗，此行嚴家淦也隨去。蔣介石囑咐就近考察研究。〔註52〕1958年1月，王雲五回國，向蔣介石報告了他的研究。〔註53〕3月6日蔣介石聘王雲五等設立行政改革委員會，王雲五為主任委員，謝冠生、黃季陸、嚴家淦、周至柔、雷法章、馬紀壯、周宏濤、阮毅成為委員。〔註54〕3月18日，王雲五任主席的「總統府臨時行政改革委員會」成立於臺北飯店，其組織規則有六個目標：（1）調整組織；（2）調整各級機關權責；（3）完善行政系統；（4）簡化行政程序；（5）節約開支以緩救急；（6）與行政效率有關的其他事項。〔註55〕

---

〔註50〕《簽呈調整財經機構初稿》，1957年2月1日，《嚴檔·再任「財政部長」時期》，原檔號：Art12320-022026。

〔註51〕參閱餘慶俊：《臺灣財經技術官僚的人脈與派系（1949～1988年）》，碩士學位論文，政治大學臺灣史研究所，2009年，第71頁。

〔註52〕《中央日報》，1957年9月11日第1版。

〔註53〕王雲五：《岫廬八十自述》，臺灣商務印書館，1967年，第708頁。

〔註54〕《蔣中正日記》（未刊本），1958年3月6日，轉引自呂芳上主編：《蔣中正先生年譜長編》第十一冊，第26頁。

〔註55〕參閱王雲五：《岫廬八十自述》，第708頁。

### 圖一：臺灣當局財經機構（1957 年）

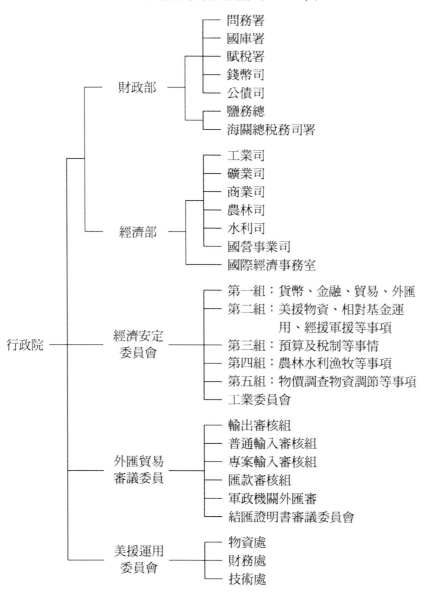

資料來源：《現行「中央」財經行政系統表》，1957 年 12 月，《嚴檔・再任「財政部長」時期》，原檔號：Art12315-12015。

　　王雲五制定《統一財經機構並劃分決策與業務機構案》作為財經改革方案的依據。對於主計處及審計部等正規機構不作更改，而經安會等三個非正式機構合併重組，轉移到「經濟部」、「中央銀行」等行政機關。在行政改革的同時，「行政院」人事重組。王雲五在劃分案中建議經安會、美援會和外貿會

三個機構合併改成「行政院」財經委員會。該會將統一財經決策。過去三個機構中如有執行「經濟部」、「中央銀行」等機構的職務，現在一併回歸原單位。陳誠接到報告後，先裁撤經安會，美援會予以保留，調整他們的職權與組織。外貿會也決定廢除，但稍緩執行。1958 年 8 月 7 日行政會議正式廢除經安會，其職責合併到財政、經濟各部，農復會、美援會和外貿會接管其部分職能。〔註56〕這次王雲五主導的行政機構改革到 9 月 10 日完畢，當年 12 月 2 日蔣介石全部批閱結案。蔣介石日記記載：「此一要務也。」〔註57〕

經安會此前像個「大企業」，經安會撤銷後，遇到一些問題。因為其原是以一個超級「大企業」形象出現，薪水待遇高，工作靈活，有機會延攬各方人才，籌劃整體的經濟發展。一旦撤銷之後，整體經濟計劃被打散而分列各部會。李國鼎回憶，經濟部長楊繼曾向尹仲容說：「我部裏工業司的幾個人都是辦公文的，沒有人會做經濟計劃和推動新工業，還是得請李國鼎來幫忙。」尹仲容勉強同意之後，楊繼曾就在經濟部下面設立工礦計劃聯繫組，由李國鼎主持。〔註58〕後來楊又去找農復會的沈宗瀚負責農業計劃聯繫組。同時交通部也設立了一個交通計劃聯繫組，由次長費驊主持。這三個小組可以直接向相對基金申請補助，以支持經濟計劃必要的人事費用。

此外，美援會原來只是管理美援的行政機關，在經安會裁撤以前，它依賴經安會的協助來籌劃如何利用美援發展經濟。經安會裁撤之後，就發生了由誰來主導規劃的問題。嚴家淦任「財政部長」後，工礦計劃聯繫組希望嚴氏能夠在制定經濟計劃上統一事權：

> 鳳文於民國四十五年起，即協助前經安會錢秘書長華覺先生編訂第二期四年計劃，其後經安會撤銷，將編制及執行四年計劃之職掌移交經濟部，及至四九～五〇年間編制三期四年計劃時，因部中未設有主管此項工作之單位，乃飭鳳文將農、工、運輸三個計劃聯繫組所編之分部門計劃彙編成全面性計劃，積兩次彙編四年計劃之體驗及先後參加聯合國亞經會（ECAFE）亞洲經濟計劃人第一屆會議及經濟發展設計工作小組第七次會議之學習，比較各經濟發展中國家之經建計劃，深知我國四年計劃之主要缺點在於缺乏各部門間

---

〔註56〕參閱王雲五：《岫盧八十自述》，第 742～863 頁。
〔註57〕《蔣中正日記》（未刊本），1958 年 12 月 2 日，轉引自呂芳上主編：《蔣中正先生年譜長編》第十一冊，第 144 頁。
〔註58〕康綠島：《李國鼎先生口述歷史——話說臺灣經驗》，第 127～128 頁。

之配合、籌措資金之方法及財政金融政策之配合措施諸點。至於各生
產部門及單元計劃，較諸其他任何國家均無遜色（僅社會建設部門
較差）。此點，在審查第三期四年計劃時，各與會人員均有同感。

　　鈞座曾主持資金及外匯審查組，諒所洞鑒。美援華公署白慎士
署長對我國四年計劃亦曾有此批評，並建議我主辦人員以世界銀行
赴菲經濟調查團所擬《菲律賓的經濟成長》報告書作為藍本。……

　　側聞鈞座認為該小組委員會似可暫緩成立，倘果屬實，鄙意鈞
座似應再作進一步之考慮。現在正值我政府著手編制第四期四年計
劃之際，該會不但不應暫緩成立，且有早日成立之必要，俾使制定
財政部門計劃人員可在鈞座直接指導之下草擬方案，以使決策人士
與計劃人員能直接接觸，使決策性與技術性考慮能發生交互作用。
至於所需工作人員，均可在改組後新組織之編制內指派人員擔任，
並不增加員額，政府負擔並不加重。〔註59〕

　　鑒於此，陳誠立即將美援會改組，把原有的五人小組（秘書處、美援物
資、財政、技術與稽核）改為四組一處，專掌工、交通運輸、美援物資、財務
與秘書事務。經安會的專才如費驊、韋永寧、潘志甲、王作榮、葉萬安等都獲
留用。此外，美國共同安全總署也將所屬的十名稽核人員全數調到美援會，全
權負責對美援的運用進行稽核，也即最終用途的審核工作。〔註60〕這樣，美援
會成了臺灣當局經濟建設規劃的中心。這與經安會時代大包大攬經濟建設有
很大不同，職權範圍明顯縮小。這次財經機構的改組，撤銷經安會對象尹仲容
這樣的技術官僚，權力有所限制，推動經濟改革多有不便。但對國民黨臺灣當
局來說，未嘗是壞處，美方介入太深，經濟殖民臺灣也未嘗不可能。

　　尹仲容主導的美援會時期，繼續執行第二期經濟計劃，結束後主導制定第
三期四年經濟計劃，此時美援已經接近結束（下章敘述經濟建設情況）。1963
年1月尹仲容病逝，由嚴家淦接替其美援會副主委職務。臺灣當局為了應對美
援結束，開始考慮新機構接手美援會的工作。李國鼎當時是美援會秘書長，由
他提出了兩個方案：

　　甲案是設立對外經濟合作委員會，職權有，1. 美援，國際機構

〔註59〕《「經濟部」工礦計劃聯繫組劉鳳文書致「財政部長」嚴家淦表示財政小組委
　　　　員會有早日成立之必要，另附菲律賓經濟成長譯文一篇》，未標明日期，《嚴
　　　　檔・再任「財政部長」時期》，原檔號：Art12519-012097。
〔註60〕康綠島：《李國鼎先生口述歷史——話說臺灣經驗》，第128頁。

貸款及其他國家貸款之申請、運用、保管及稽核；2. 美援協助，聯合國技術協助及其他國外技術協助之計劃與接洽；3. 外來資金之運用與國家經濟建設計劃之配合；4. 對外經濟合作事項之接洽推動及聯繫；5. 國外來「華」投資之指導與服務；6. 其他對外經濟。

乙案是設立經濟發展委員會，權責有，1. 長期經濟建設計劃之編擬及年度方案之審議；2. 美援、國際機構之貸款及其他國家貸款之申請、運用、保管及稽核；3. 美援之協助、聯合國技術協助及其他國技術協助之計劃與接洽；4. 對重要財經政策及財經法令之協調及建議；5. 涉外經濟事項之接洽及聯繫；6. 其他有關經濟建設之重要事項。〔註61〕

最後，經過「行政院」折衷，採取甲乙案各取其長的組合方式，1963 年 9 月 1 日「行政院」宣布改組美援會為國際經濟合作委員會，該委員會職權共有 8 項：

（1）關於美援、四八〇公法剩餘農產品、國際機構及其他國家貸款與贈與申請運用及稽核事項。

（2）關於前列貸款及贈與所產生之本國貨幣之保管及運用事項。

（3）關於美國、其他國家、聯合國及國際開發機構技術協助之申請及聯繫事項。

（4）關於與美國駐華經援機構對我貸款或提供技術協助之其他國家或國際機構聯絡事項。

（5）關於經濟建設之設計、綜合、聯繫即予國外資金、技術協助之配合事項。

（6）關於推動經濟建設計劃所需的基本措施之審議服務事項。

（7）關於重要生產計劃之聯繫推動與投資之指導與服務事項。

（8）「行政院」交辦事項。〔註62〕

國際經濟合作委員會，與過去經合會、美援會一樣，屬於跨部會的委員會，「財政部長」嚴家淦兼任副主委，其餘委員有「外交部長」沈昌煥、「教

---

〔註61〕 參閱餘慶俊：《臺灣財經技術官僚的人脈與派系（1949～1988 年）》，第 77～78 頁。

〔註62〕 李國鼎、陳木在：《「我國」經濟發展策略總論》上冊，聯經出版事業公司，1987 年，第 123 頁。

育部長」黃季陸、「經濟部長」楊繼曾、「交通部長」沈怡、「國防部長」俞大維、「中央銀行」總裁兼外貿會主委徐柏園、主計長張導民、臺灣省「主席」黃傑、農復會主委蔣夢麟。另加入「行政院」秘書長陳雪屏、「中國手工業中心」理事長金開英、石門水庫執行長徐鼐及經合會秘書長為會委員。業務單位設立 5 處 1 室。第一處（技術）：掌管各項計劃技術之研擬及審查事項。第二處（企劃）：掌管各項計劃之綜合申請，教育、醫藥衛生、公共行政等計劃之審議，物資計劃之研擬審查，暨物資採購、分配、運輸、儲藏等之監督事項。第三處（經濟研究）：掌管長期經建計劃之研議。經濟資料的分析與說明，涉外經濟問題之研究，即與經建計劃有關之財經政策研究等事項。第四組（財務）：掌管各項計劃執行成果之稽核及資金保管調度等事項。投資業務處：掌管各項計劃財務部分的分析與審查。投資計劃之推動、投資環境之研究與建議及投資法令之擬議等事項。技術合作室：掌管技術合作計劃之研擬及聯繫等事項。〔註 63〕

　　1966 年，嚴家淦任「行政院長」後，擔任經濟合作委員會主任，李國鼎任副主任委員。1969 年，嚴家淦將經合會主委職位給「副院長」蔣經國擔任。從 1953 年經安會成立起，到 1969 年蔣經國接手經濟合作委員會，期間為臺灣當局技術官僚的黃金時代。蔣經國時代到來之後，經濟建設機構又是另一番面貌。

---

〔註 63〕參閱餘慶俊：《臺灣財經技術官僚的人脈與派系（1949～1988 年）》，第 79 頁。

# 第八章　嚴家淦在經濟改革中的角色

嚴家淦在這場改革中角色關鍵。他對匯率制度改革的成功具有臨門一腳的功勞，為建立外貿導向市場經濟找到了突破點。他轉變財政治理觀念，採取積極的政策，以巨大的勇氣決策施行《獎勵投資條例》，以「政府」的力量推動經濟建設。

## 第一節　經濟發展途徑辯論與外匯制度改革

臺灣四面環海，資源有限，人口密集。因此，發展外向型市場經濟，對於研究現代臺灣經濟的人來說應是常識問題。不過，在臺灣經濟改革發生之初，市場經濟並非共識，而是有一個艱難的過程。20 世紀 50 年代中期發生的匯率政策辯論和改革，就是建立這種外貿型市場經濟經濟導向的第一個突破點。

20 世紀 50 年代的臺灣的經濟，經濟史家稱之為「進口替代政策」時期。因為現代臺灣以貿易立足，把這一時期的經濟政策，簡化成「進口替代政策」也無可厚非。本文在「以經濟支持財政」一節中，指出國民黨遷臺初期，臺灣當局發展經濟的目的是支持財政。而當年的財政目的主要是為了維持軍事開支。因此，所謂進口替代政策，本質上還是一種「準戰時經濟」，也就是所謂管制經濟的一種。尹仲容早年主管生產管理委員會，生管會又壟斷臺灣的工業生產，他事實上是管制經濟政策的制定者和執行者。尹仲容主導的「進口替代」政策，就是對過於嚴格的管制經濟的修正，但依然還是管制經濟。這一時期的管制鬆動主要有兩個內容：一是開放民營，二是進口替代。尹仲容利用所

謂「計劃式的自由經濟」為理由，開放民營經濟。〔註1〕這項政策與其說是經濟政策，還不如說是一項政治策略，國民黨當局當時對外自我宣稱是「自由中國」。至於進口替代政策，最初目的是平衡國際收支，保護比較脆弱的民族工業。20世紀50年代初期，由於大量人口的湧入，臺灣對外貿易處於失衡當中，工業品嚴重依賴進口。當時美國國務院情報局官員分析臺灣經濟時指出：

> 戰後臺灣經濟問題的主要癥結是島內資源和對這些資源的要求之間的根本不平衡問題。對資源的需求大大增加，一方面是因為1940～1953年之間臺灣人口增長70%，另一方面因為中華民國政府做出了兩項承諾，既要把該島建設成政治、經濟發展的楷模，又要使臺灣島成為防禦共產主義的大本營和最終「入侵大陸」的基地。〔註2〕

鑒於此，尹仲容試圖以自身發展工業來代替進口產品。當局對外採取保護手段，對內實施獎勵措施，發展勞動密集型民生用品行業，以代替國外進口來節省外匯。1953年，尹仲容發表《臺灣工業政策試擬》，提出5項重點：

（1）工業發展之方式：以工業發展的方向、限度和執行方法來決定。而決定方向的標準在於有可能性、重要性、比較利益三項。「可能性」考量因素在於設備技術、原料、市場、利潤。「重要性」以時空環境下最優先發展的工業類別包含：國防、民生必需品、可以出口增加外匯收入、可以代替進口以減少外匯支出、易成效而不需大量資本的工業。「比較利益」則選擇利益較大而損失較小的工業。故在執行上應採取：信用優先分配、進口外匯優先分配、原料優先分配、技術指導等。

（2）合理扶植、維持自由競爭：對於體質薄弱的工業，政府應對其適當扶植，但須有限度。使其可以在國內廠商間自由競爭，方能進步。

（3）對外保護政策：對於本國尚不足與外國競爭之基礎工業，政府應當採取適當保護措施，如提高關稅或限制進口等。

（4）擴大民營範圍：除少數投資風險大、足以影響國家命脈等

〔註1〕 參閱本書「以經濟支持財政」一節。
〔註2〕 《臺灣食糖——稻米經濟的壓力和張力》（1953年8月10日），載沈志華、楊奎松主編：《美國對華情報解密檔案（1948～1976）》第七編《臺灣問題》，東方出版中心，2009年，第324頁。

工業外，均盡可能開放民間經營。以民間追求利潤的動機，提高效率，以活絡工業發展。

（5）改善工業環境：在管制過多的情形下不利於工業發展，因此需要引進進步技術、健全金融政策配合工業發展、疏導資金來源便於工業投資、修改工業相關稅率減輕工業投資負擔等。〔註3〕

政策實施後，經濟成長穩定，就業也隨之增長，國際收支也漸趨平衡，效果顯著。不過臺灣的內需市場有限，經濟很快就發展到一個瓶頸階段，繼續發展的餘地不是很大。而且，最關鍵的是進口替代政策並未擺脫依賴美援的狀況。1954 年 9 月，美國中央情報局官員在分析臺灣的經濟前途時指出：

> 臺灣現有的投資水平足以使臺灣的年經濟增長率維持在 4%～5%左右，這也超過了其 2.75%的年人口增長率。但是，如果沒有美國持續的經濟援助臺灣，目前的投資水平將無法得到維持。停止或者大規模削減美國援助同樣將會引發貿易支付差額危機。臺灣目前的出口值僅占其進口的一半多一點，而如果不冒破壞國內生產的風險，臺灣不可能較大程度地減縮進口規模。目前臺灣工業化計劃的目標是以擴大國內生產來替代一部分進口需求，但不斷增長的人口與不斷提高的生活水平將不可能大規模削減其進口需求。與此同時臺灣傳統的出口產品諸如糖、大米以及其他農產品的出口也並不會提高，新的出口項目與出口市場也沒有多少擴展。〔註4〕

到了 20 世紀 50 年代末期，島內上下彌漫著希望改變的氣氛。尹仲容也很快意識到，經濟過度管制根本無助於經濟發展。早在 1952 年前後，經濟學家蔣碩傑就建議尹仲容採取市場經濟改革，作為發展經濟的途徑，當時尹仲容不為所動。蔣碩傑遂送尹仲容一本詹姆斯·米德的《計劃與價格機制》，據信這本書對尹仲容產生了很大改變，使尹仲容轉變對原有計劃經濟學的態度，轉而支持市場經濟。〔註5〕這個說法當然有一定來由，當時不少體制內或者體制外的學者在鼓吹市場經濟。尹仲容此時轉變為一個「計劃式市場經濟」的擁

---

〔註 3〕沈雲龍編：《尹仲容先生年譜初稿》，傳記文學出版社，1988 年，第 206～212 頁。

〔註 4〕《中華民國政府的前景》（1956 年 9 月 4 日），載沈志華、楊奎松主編：《美國對華情報解密檔案（1948～1976）》第七編《臺灣問題》，第 362 頁。

〔註 5〕邢慕寰：《「一本書改造了尹仲容先生」──追懷蔣碩傑先生》，載吳惠林編：《蔣碩傑先生悼念集》，遠流出版公司，1995 年，第 123 頁。

臺,作風低調的嚴家淦後來也是「計劃式市場經濟」的擁護者。但尹仲容因揚子木材案賦閒在家,嚴家淦在弱勢的臺灣「省主席」任上也難有作為,經濟發展途徑的討論一時陷入沈寂。

臺灣經濟政策受制於美援,但美國政策方向本身並不明確。1954 年 5 月,俞鴻鈞接陳誠任「行政院長」。鑒於缺少全盤經濟政策,當局為了尋求經濟政策支持,曾經主動要求美國派經濟顧問團。1954 年 8 月,艾森豪威爾派以斯蒂芬(S. Rezar Stefan)為團長的美國經濟顧問團到臺灣。10 月提出一份報告書,針對臺灣財政、外匯、經濟及預算方面,提出 80 多點建議。〔註 6〕這些建議基本上是從臺灣的狀況出發,參考先進國家經驗而成的。臺灣當局要求經安會對美國顧問團的建議進行可行性評估。1954 年 10 月,經安會作了評估,採納了一些改革意見,但是否定其多數建議的可行性。此時,嚴家淦任職臺灣「省政府」主席兼經安會副主任委員。該建議書也由嚴家淦過目,不過當時「省政府」權力已經弱化,嚴並沒有對建議書有特別的看法。弱化臺灣「省政府」角色,是蔣介石樹立「中央」權威的舉動。嚴家淦當然不願意對俞鴻鈞的行政說三道四,以免造成「省政府」擴權的印象。因此儘管他主導經安會,有權力對臺灣當局的經濟政策作出建議,但經安會對美國顧問團的建議持保守消極的態度。

經安會的日常工作由錢昌祚秘書長主持,經國討論,否決了該建議書大部分內容。但是顧問團的觀點,卻是後來臺灣改革的方向。經安會的答覆如下:

> 謹按美國經濟顧問團報告書(以下簡稱報告書)由各顧問分撰五章,雖經顧問團集會討論,並由史蒂芬團長整理全稿,前後立場,尚無矛盾,但各章體裁不一,建議或雜入正文,或另有列舉。其中對自由中國財政經濟及預算事項,有研究建議者,約八十餘點。關於若干稅捐之改革及其他部分建議,並各有若干分點,參照主管部處分章研究之初步意見,約計建議之簡單具體,即可採納,或略加修改施行者,約占十分之二;建議原則,似屬妥善,尚待研究詳細辦法,或因法令及其他環境關係,須續予研究,逐步採納施行者,約占十分之六;其餘原則方面,尚待從長研究,或雖有窒礙,不必採納,或建議辦法,影響財政收支,目前不便即辦者,約為十分之

---

〔註 6〕《任臺灣「省主席」時:美經濟顧問團報告書》,《嚴檔・再任「財政部長」時期》,原檔號:Art1230-012014。

二。謹將本會綜合研究意見，概陳如左：

（1）《引言》章係史蒂芬團長主稿，可概括報告書主旨。以為中國經濟發展，須促進資本形成，增加國民個人平均生產量，擴展私人企業制度樹立自由競爭環境，政府減少不必要管制工作。按《中美共同防禦條約》之第三條有「加強其自由制度，彼此合作以發展其經濟進步與社會福利」等語，故吾國經濟政策，自宜向此方向進行。惟我國憲法中政府對全國經濟因素，主持決定之成份，遠較美國立法授權政府辦理者為重。又以外島戰事已開始，故經濟體制，應趨向戰時體制。美國戰時經濟，政府管製成份，遠較平時為多。故如何「加強自由制度」一節，應酌情漸進，並獲得美方之諒解，本章中闡述自由經濟制度，不在乎公司企業範圍之大小，而求其活動範圍之明確劃分，能由市場競爭決定工資利潤物價及資源設備如何利用之選擇，而不憑少數政府人員之判斷決定。又謂政府欲維持自由經濟制度，並非僅採「放任主義」，實須執行若干重要任務。此項意見，頗可糾正一般誤解。本章若干具體建議，如設置「鼓勵投資委員會」、「產品推銷工作委員會」；鼓勵僑資，由高級人員組織輔導小組；《外國人投資條例》第十五條述及「徵用」，恐啟誤會，希望補救；出售與民營企業競爭之公營企業等項，或已在進行，或不難參照辦理。惟所議即予出售商業銀行公股，似有窒礙，至如何建立有力負責之私人企業制度，仍待詳研先後步驟。

（2）《外匯》章係諾克顧問主稿。對匯率及外匯管理辦法，建議俱頗具體。現由財政部徐部長迭次邀集有關各方，縝密檢討中，建議中之保持進口結匯及匯出匯款防衛捐，加強出口檢驗，提高「貿易商」水準，加重違犯管制法規者之處分，俱可採納。其餘有關部分，為保持機密，以免影響市場起見，擬由財政部於適當時機，專案報核。

（3）《稅制》章係范士柯顧問主稿，廣引學理旁證，篇幅特長，建議最為詳盡。關於直接稅中之個人所得稅、營業所得稅、遺產稅及戶稅部分，建議理論，似頗允當。立法院審議中之修正《所得稅法》草案，已包括其一部分意見，惟各項建議之牽涉法令預算之處甚多，仍宜由財政部與臺灣省政府，詳予研究辦理。至其建議之房

捐併入戶稅、田賦不予徵實，似與國情未合，不便採納，但其他之原則意見，仍可供參考。關於間接稅中之關稅、營業稅、貨物稅建議改革部分，與現況變動太大，未便實施，當仍予以縝密研究。其對於專賣收入及印花稅之簡單建議，減輕滯納稅捐之罰款額，及准予納稅人對稅額有訴願機會，很可參照辦理。本章並建議：政府機構，業務不增加時，行政費用，不應增加；採用「按力徵稅」原則時，稅率重過納稅人負擔能力，將阻礙創業，損及稅源；如「按受惠程度徵稅」，則於能向受惠者徵費時，可以增加該項業務費用；尤應減免重複性及苛擾之稅捐、「尖塔」或轉嫁物價之間接稅層次等項，原則俱未可非議。至於主張公務員儘量以現金給予，或於所得稅內並計福利實物待遇，及稅捐稽征人員不應分領告密獎金及納稅人罰款，目前似難辦到。

（4）《預算》章係施美若顧問主稿，對吾國現行預算法及編制程序中之一二級機構統籌權限，及預備金之彈性運用，大致贊許。惟對編制技術，認為不宜僅就往年數額，增減沿用，宜略增統計人員，演算工作標準，以求控制行政效率。於預算項目中，建議將資本支出另算，頗具見地。至建議國防部預算，由高級文官審核；從嚴審核各級文機關預算，從嚴執行「公庫」法等項，吾政府已循此辦理。至謂政府應避免向銀行透支，透支時預撰償還辦法，及酌付利息等項，原則本屬允當，目前欲切實執行，力有未逮。本章對行政院主計處內部工作分配，及辦理預算程序，間有誤解而建議不合實情者，自可不必採納。

（5）《經濟發展》章，由裝登顧問主稿，其中建議事項，較為龐雜。對於自由經濟制度原則性之研究意見，已見上述《引言》章。其重要具體建議之設立「證券交易所」派組「證券監督委員會」一節，似宜先積極實施「證券商」登記後，再予逐步推行。對於金融配合經濟之建議，由臺灣銀行辦理重工業，由商業銀行貸款民營企業，原則可予採納。但建議抑低利率，似與同時主張利率由市場決定一節有牴觸。按目前金融配合經濟建設之要目，在吸引儲蓄存款，從事貸放生產事業，銀行利率抑低，存款減少，企業得不到銀行貸款，求諸私人市場，利率不能降低。原主張對本利率為年利百分之

十至十二，與臺銀現行貸放公營事業之利率略等。再本章建議設立
一民營之「農工礦建設銀行」一節，似對我國民營銀行之資金籌措
及管理營業能力，估計過高，似以由公營銀行參加投資為宜。其餘
對農林畜牧工礦交通各業約二十項之簡單建議，多屬已在進行中者，
俱可參考辦理，不另詳述。

　　以上所述，僅就報告書各章之重要建議，敘述本會綜合研究意
見。至於可以採納部分之實施步驟及詳細辦法，仍宜由主管部處，
詳予檢討，呈候核辦。其在主管部處職權範圍內，可以參照辦理者，
自可隨時分別實施。〔註7〕

　美顧問團直接指出了臺灣經濟問題是在管制經濟身上。從經安會的答覆
來看，主導政策的技術官僚對制定一個開放的市場經濟缺乏信心。所以有「惟
『我國憲法』中政府對全國經濟因素，主持決定之成份，遠較美國立法授權政
府辦理者為重。又以外島戰事已開始，故經濟體制，應趨向戰時體制。」這樣
的言論。可見，當時的嚴家淦與經安會其他成員，對經濟政策改革態度消極。

　1955 年開始，進口替代政策遇到越來越多的問題，特別是工商界對此大
為不滿。1956 年底，國民黨召開黨外諮詢會，邀請工商界人士對臺灣經濟發
展出謀策劃。著名工商界人士、「國大代表」束雲章向蔣介石獻策，提交經濟
改革建議書。蔣介石閱讀後大為讚歎，囑咐臺當局行政部門研究考慮。束雲章
的建議書反映了當時臺灣工商界的普遍籲求。由於篇幅較長，共有九條和一個
附件，本文大致節略如下：

　　一、勞務輸出應為臺灣經濟政策之基本。

　　處於海島地位僅求自給自足，必致不給不足，故必須增加生產，
側重國際貿易。臺灣農礦等生產，限於區域環境，一時不易超額增
產，故必須發展一般製造工業，以成品外銷，借勞務所得換回原料，
俾彼此循環，生生不息，由給足而臻於繁榮。

　　二、擴展生產事業，打開國際貿易，應為臺灣經濟政策之目標。

　　目前臺灣生產雖有增加，而人口亦逐年增加，因而消費率仍超
過生產率，又國民總所得年來雖較增加，但亦因人口增多，個人平
均所有反形減低。此實為經濟上嚴重情形，故亟應積極以擴展生產

---

〔註7〕《經濟安定委員會對於美國經濟顧問團報告書之綜合研究意見》，未標明時
　　　間，《嚴檔・再任「財政部長」時期》，原檔號：Art12320-012018。

事業、打開國際貿易，作為經濟政策之兩大目標。各方努力以赴，然後以貿易促進生產，以生產加強貿易，彼此發生循環作用，經濟方能鞏固，稅源方能充裕，一至「反攻」時，對前方物資之供應，始可不匱乏。

三、積極性金融政策，乃擴展生產事業之主要條件。

臺灣現行金融政策，係以限額發行、緊縮信用、限制放款等消極性措施以求物價的穩定，對於發展生產事業，實多不利。推原緊縮之目的，蓋為防範通貨及信用之膨脹起見，殊不知因增加生產而增加通貨，並不致構成因膨脹而貶值之危險，反諸，則緊縮過甚，生產必然萎縮，最後且將因供應失調而致物價暴漲，故過分緊縮並非上策。

四、鼓勵民間向外爭取市場，乃打開國際貿易的途徑。

臺灣公營貿易現占出口百分之八十以上，進口百分之五十以上，公營貿易比重日增，因而對國際貿易，日形萎縮，此一趨向，從整個貿易上看，至為不利。因欲求打開國際必須使民間工商機構有自動能力，積極向外發展，若專賴國營貿易機構，絕難達到目的。

五、加強與東南亞僑胞貿易關係，堵絕「共匪」之經濟活動。

六、應辦一投資公司，以資吸引外資及僑資。

七、強化財經機構職掌，簡政便民，以利民商。

八、種種管製辦法最好先行徵詢民意，運用民力，俾能收上下合作之效。

九、繼續改善外匯管理辦法，以達通商惠民之目的。

臺灣須積極生產，努力外銷，方能漸建經濟自立之基礎，其理由及條件已俱如上述。但外匯管理若不謀適當之配合，則生產及貿易勢仍將被迫而停滯。臺灣現行外匯管理辦法，雖經不斷改善，但尚未能盡符鼓勵外銷之方針，必須徹底檢討，努力改善，盡可能加強結匯證之運用，逐漸達成七中全會決議中關於外匯政策之目的。

其中第四項有附件：公營貿易利弊之檢討。〔註8〕

從束雲章的觀點來看，也主要是以建立市場經濟導向的政策獻議，反對

---

〔註8〕朱沛蓮：《束雲章先生年譜》，臺灣「中研院」近代史研究所，1992年，第197～216頁。

管制經濟。束是著名商界人士，他在舊上海就有很高的商界地位，當時年過七十。束看到香港的工商業發展迅速，在向蔣介石提改革建議時，也特別提出香港的一些成功做法。束雲章對中共的工商政策不滿，特別反共，這大概使得蔣介石對他頗有好感。不久，蔣介石要求討論束雲章建議的公函發遍了臺灣的主要行政機關。俞鴻鈞政策保守，他手下的「財政部長」徐柏園和臺灣銀行董事長張茲闓都反對放鬆管制。作為俞鴻鈞的主要經濟顧問，張茲闓特別就金融一節作了答覆：

> 茲闓對現在金融現狀，亦極不滿意。且亦極主張金融政策應有積極性。所感與束先生同。但對事實之認識，則所見頗不相同。且因受環境限制，所欲改進之點，進步極緩，殊引為遺憾。束先生對現行政策，認為係「限額發行」，緊縮信用，限制放款」，並非事實真相。1. 固定「限額發行」，已成陳跡。現在發行，均以黃金外匯及可以輸出之物資為準備，故發行並無固定限額，而係有彈性的。如連有彈性的限額都無之，則對幣信必有影響，想束先生亦不能否認；2.「緊縮信用」，查近年來信用只有擴張，絕未緊縮，可以附表銀行放款數額證明之。如單純就數額觀察，則早已構成膨脹之現象，且常遭美方訾議。經茲闓一再向美方解說，現定方針，為「按有自償性之交易為放款之根據」，所謂「有自償性之交易」，竟涉及「創業經營」之範圍。查「創業資金」，應屬於資本支出，而非「周轉」性質，且無「自償性」，因資本支出用以買機器，建廠房，均須經二三十年逐漸攤提折舊，始能償還。各國通常均不能以銀行信用創造貨幣以供給之，因必將引起通貨膨脹故也。惟束先生文內所建議設立證券市場，則確為此項創業資金之正常來源。吾人對此方向，努力似嫌不足，管見認為亦屬事實。目前唯一來源，只有賴相對基金。至於銀行信用，則屬於短期資金性質（美國《聯邦準備法》規定，係九十天至一百八十天），與創業資金之為長期信用（兩年以上至十年二十年），來源不同。束先生文內似對此點，未能判明。抑有進者，則我國企業，僅由少數股東集股，多不肯向外招股，故「股本太低」之現象，極為普遍，而賴舉債之成份遂高，所謂小本錢做大事業是也。查企業賴借款以買機器建廠房，則周轉必致不靈。再則商業銀行放款，依《銀行法》不得超過一年，但機器廠房則須經二

三十年折舊，以一年內之借款，置二三十年之固定資產，則到期必不能還，勢必屢次轉期。所謂還本期限，遂視同具文。且銀行必須在意本身之周轉性，故存款與放款之期限，必須彼此相襯。現商銀存款，均無超過一年者。如此種固定放款，長至二三十年，則對銀行本身周轉性，有極壞影響，美方極為反對。在銀行學原理，亦為極不妥當之政策也；3.「限制放款」，束先生文內未舉實例。目前似亦無限制放款之法令。意者指若干種抵押品不得充抵押，及銀行現已減少透支，而按交易為借款之根據，均使借款人感覺不能隨意所欲。查不得充抵押品之物產，現已減少。至於透支辦法，雖使借款人用錢便當，但在金融政策上，引起付款用途無可稽考，實為極不穩健之辦法。此外想不出有何限制放款之法令。〔註9〕

接著，當局「財政部長」徐柏園要求經安會根據經束雲章的建議和張茲閩的回覆，修訂四年經濟計劃。此時，嚴家淦主導的經安會一反1954年對美國顧問團建議書的保守態度，對束雲章的建議持積極態度：

> 對「財政金融措施」及三項「其他有關經濟建設之措施」俱有所述及，中間並具體指出若干法令之有待修正，故計劃中不宜避而不談。弟前呈院擬公布綱要稿中之九「財政金融措施之配合」（見附件二）係避重就輕之「急就章」，政院既未加以批評指示，但計劃稿中成份似太輕，依經安會討論次序，原應請一三兩組分別商討具體稿件，但為簡便起見，似以由吾兄及麗門（張茲閩）兄分別交稿，或由秘書處擬稿送有關組及小組召集人核定，以符體制，而合事實需要。〔註10〕

俞鴻鈞主導的「行政院」並不認可束雲章的建議。但是出於對蔣介石批示的壓力，不得不做一些表面文章，來應付蔣的指示。經安會對蔣的指示要積極的多，採取「不宜避而不談」態度。此時，嚴家淦已是任職「省主席」末期。從經安會的答覆函來看，他在經安會的角色開始變得積極。此時，俞鴻鈞在政

---

〔註9〕《「行政院」外匯貿易審議委員會主任委員徐柏園函送臺灣「省政府主席」嚴家淦臺灣銀行董事長張茲閩對現行金融政策意見》，1957年，《嚴檔‧再任「財政部長」時期》，原檔號：Art12315-062017。

〔註10〕《「行政院」經濟安定委員會秘書長錢昌祚覆函「行政院」外匯貿易審議委員會主任委員徐柏園對束雲章建議初步研究意見》，1957年1月，《嚴檔‧再任「財政部長」時期》，原檔號：Art12315-062018。

治上遭信任危機，不斷遭到臺當局「監察院」杯葛，在經濟改革上興趣不大。而蔣介石批示束雲章的建議，目的是希望「行政院」能拿出改革的方案。種種政壇跡象表明，俞鴻鈞的保守政策難以維持。

從現在的觀點來看，束雲章的建議雖然是「市場經濟的 ABC」，但是在當時仍然陳議過高，就是在臺灣最高領導人蔣介石的過問下，依然無法有所突破。不過，1957 年的外匯改革辯論，為改革找到了突破點。

在臺灣經濟實際運行情況當中，外匯管制是首當其衝的弊政。束雲章和美國顧問團都提到了這個問題。

臺灣當時實行複式匯率，就是對不同商品執行有差別的匯率兌換政策。複式匯率在出口時用的是基本匯率，而進口時除基本匯率之外，還要加上給匯證、防衛捐等，遂形成進口與出口的差別匯率。匯率一旦提高，國內批發價及零售價格也會隨之提高。當時的匯率主要是由外貿會主任委員徐柏園決定。這種匯率政策導致的結果，首先是導致資源分配不當。出口基本匯率較低，反映了美元相對於新臺幣貶值，削弱原有出口產品具有的國際競爭力，也抑制出口行業應具有發展潛力。進口本身是由於存在不同的匯率，使得部分有利物資和商品過度進口和過度投資。其次是導致許多非法行為。一些製造商無視長期利益，專門製造質量差的產品，圖謀短期利潤。有些甚至不生產，只是以謀求外匯或進口原材料的分配來牟利。所以分配到外匯或原材料，以高價出售，坐享其成。不過實行複式匯率有其歷史背景，複式匯率雖然對出口不利，但是對維護當局的收支平衡有利。當時外匯制度有兩派意見：一派認為急需改革。這個意見也是美國經濟顧問團的意見。有的經濟專家、商界人士和一些主持工業發展的官員，他們認為匯率制度太複雜，不僅阻礙了市場價格的作用，而且阻礙了出口行業的發展。另一派反對改革。他們是負責金融和外匯交易的當局機構。他們從實際出發的角度來看，如果實行單一匯率，當局就失去了購買證書的好處，而當局的外國採購如果不是低利率的話，就會增加當局的支出，這會極大衝擊臺灣當局的國際收支。這兩個派系的爭議始於 1955 年，到 1957 年，辯論越來越熱烈。

為了解決這些弊病，嚴家淦和尹仲容協商後決定，邀請臺灣在美著名經濟學家劉大中和蔣碩傑提供意見。他們的報告雖未發表，但大概是建議採用單一匯率，而且應與物價有關聯。尹仲容在經安會時，曾在金融貿易小組中主持外匯貿易審議小組，力求外匯管理的合理化。可惜他在 1955 年 3 月因揚子木材

公司貸款案，離職達二十個月之久。及至 1957 年 8 月，尹仲容重返經安會任秘書長，外匯改革才又搬到檯面上來討論。〔註 11〕

時任「行政院長」的俞鴻鈞對匯率改革並不熱心。1956 年底，俞鴻鈞在「立法院」報告外匯改革情況，提出八條意見：

　　（一）以種種方法，鼓勵或協助產品之輸出。

　　（二）以最大限度，籌撥經濟建設所需器材原料之進口外匯。

　　（三）從多方面減少非必需品之進口及匯出匯款。

　　（四）在進出口業務上配合對匪經濟作戰及外交運用之需要。

　　（五）維持國際信用，吸引僑資外資之輸入。

　　（六）查考貿易商業務，使其經營步入正軌。

　　（七）與美援運用，密切聯繫。

　　（八）重視調查研究工作，為決定方針，查考業務之根據。〔註 12〕

可見，俞鴻鈞對外匯管理只願意局部調整，不願意通盤考慮實行簡便的單一匯率。1957 年 2 月 2 日，俞鴻鈞召集開會，繼續討論匯率改革問題。會議得出的結論是：

　　一、本黨七中全會決議「外匯匯率應估計有關貨幣之客觀價值，仍視財政經濟情形之發展樹立單一匯率制度」原則正確，自應向此目標進行。惟匯率關係複雜，影響廣大，必須針對財政經濟實況，適時機動密採措施，方能獲得預期之效果。

　　二、年來外匯貿易之管理已有相當進步，其所採各項改進之措施，亦係向樹立單一匯率之目標進行，其因限於實施環境辦理尚未徹底，或應待改整者，今後仍應虛衷採納各方建議，並不斷檢討，努力作進一步之改善。

　　三、現階段為鼓勵臺省產品輸出，對於民營輸出貨物所得外匯，似應以發給十足結匯證為原則。

　　四、政府對於貿易商匯嚴格管理，其有違犯規定者應從嚴處

〔註 11〕　參閱康綠島：《李國鼎先生口述歷史——話說臺灣經驗》，卓越文化事業公司，1993 年，第 123～124 頁。

〔註 12〕　《「行政院」外匯貿易審議委員會四十五年外匯貿易業務報告並附「行政院長」俞鴻鈞對立法院說明管理外匯貿易七項方針及中國國民黨七中全會對財經部分關於外匯政策八項決議案》，1956 年，《嚴檔・再任「財政部長」時期》，原檔號：Art12315-112014。

分，經辦外匯貿易審議及業務機構，如有違法情事，並應從嚴懲處。〔註13〕

行政當局雖認為單一匯率是方向，但依然對匯率問題保持己見，不願意根本改變。時任臺灣「省主席」的嚴家淦參加了這次會議。嚴家淦是支持匯率改革的，但是這次會議上他的意見沒有被重視，會議記錄裏也沒有他的發言記錄。遷延多日，蔣介石對俞鴻鈞的經濟政策顯然不滿意，在1957年2月份召開「總統府」財經會談上，他特別囑咐：

> 不可再予忽略並有切囑者：1. 推測今年國際局勢將日見緊張，應隨時密切注意檢討我輸出物資如糖、米等，如何把握機運，增加效益，須針對趨勢，詳切研究，妥預籌計；2. 對外貿易是做生意，要有眼光有手法，要講求做生意的技術，切不可仍循一般行政衙門平常辦公事之方法。〔註14〕

大概是蔣介石「做生意，要有眼光有手法」的指示鼓舞，贊成匯率改革的一派堅持改革做法。1957年底，蔣介石指定陳誠、俞鴻鈞、徐柏園、尹仲容與江杓五人組成外匯貿易政策小組。嚴家淦其時正在國外考察，回臺後奉命加入。〔註15〕在這個小組中，主張改行單一匯率制度與較開放的外匯貿易管理政策的是尹仲容和嚴家淦。嚴家淦發揮了臨門一腳的作用，他向陳誠解釋說，管制經濟已經進入死胡同，經濟不能發展，「自由化」是世界的趨勢，應朝著自由化的方向邁進。他親自向陳誠彙報，解釋和分析利弊，成功說服陳誠。最後陳誠聽從嚴家淦的建議，決定採用單一匯率。徐柏園也因而辭退了「財政部長」與「外貿會主任委員」的職務，由嚴家淦繼任「財政部長」，尹仲容接任「外貿會主任委員」。〔註16〕

自1958年4月12日起，尹仲容對外匯貿易作了一連串的改革，這些改革均得到時任「財政部長」的嚴家淦的大力支持。其中重要的改革有四：（一）調整匯率，使接近新臺幣的真實價值；（二）實施單一匯率；（三）取消進口物

---

〔註13〕《本黨當前財政經濟政策中有關外匯部分座談記錄》，1957年2月2日，《嚴檔・再任「財政部長」時期》，原檔號：Art12315-082016。

〔註14〕《「行政院」秘書長陳慶瑜奉批示轉臺灣「省政府主席」嚴家淦四十六年二月「總統府」財經會談指示記錄請查找辦理案》，1957年2月，《嚴檔・再任「財政部長」時期》，原檔號：Art12319-022059。

〔註15〕參閱本書「嚴家淦與蔣經國接班」一節。

〔註16〕歐素瑛等訪問、記錄，陳立文主編：《嚴家淦「總統」行誼訪談錄》，臺北「國史館」印行，2013年，第356～357頁。

資預算，和貿易商申請限額辦法，並簡化申請審核手續；（四）外貿會業務重心由進口管制轉變為出口發展。這一連串的措施刺激了出口貿易，因而刺激了整個經濟的繁榮，特別是工業發展；穩定了進口品的價格與供應量；消除了行政上的困難和不健全現象；正常化了臺灣經濟的內外關係；建立了臺幣對外價值的信譽；穩住了金鈔黑市，美鈔黑市且曾一度消除並使外匯準備逐年增加至七千萬美元之多。這與 1950 年底約有一千萬美元的信用狀不能兌現的情形比較，真是不可同日而語。[註17] 尹仲容的外匯改革一共有四個階段，第一階段由多元匯率改為二元匯率，而二元匯率改為一元匯率共分三個階段進行，最終在 1960 年 7 月固定在美金一元比新臺幣四十元的匯率。[註18] 匯率改革對「財政部」的部門利益影響很大，所以受到許多人的反對。反對最烈的是關務署及賦稅署。兩位署長數度在嚴家淦面前直言批評，關務署署長周德偉甚至當眾讓嚴家淦難堪。周德偉是傑出的經濟學家，他反對這種疾驟式的大規模外匯改革，尤其是新制使關稅減少，他心中十分不滿。有次部裏主管會議，他逮到機會，要給嚴家淦一點顏色。他抽著煙，故意把煙灰留著不彈，然後走到嚴家淦面前，對嚴家淦大吹一口氣，弄得嚴家淦滿臉、滿身的煙灰。會議室裏的空氣頓時凝結了，所有的人都睜大眼睛看著嚴家淦，看他如何反應。只見嚴家淦面無表情，繼續講話，完全無視臉上、身上的煙灰，好像這事沒有發生過一樣。[註19] 由於嚴家淦的支持，匯率改革頗為順利。

這次單一匯率還是複式匯率的大辯論中，由於尹仲容和嚴家淦支持單一匯率而廣為人知。經濟學家劉大中與蔣碩傑應臺灣當局的邀請，由國際貨幣基金借調返回臺灣地區，提出了單一匯率、貶值、外匯券、利率自由化、貿易自由化等政策，支持尹仲容和嚴家淦的改革。劉大中與蔣碩傑與當時臺灣地區主流的「保護主張」政策經濟思想大為不同，反對當時政府流行的低匯率政策，主張按照市場機制的作用，將臺幣貶值到實際水平，同時借由市場供需導致價格自由、靈活彈性變動的結果，促使利率上升和國外資金的流入，他們認為這樣才有利於物價的平衡。[註20] 劉和蔣都是擁抱西方市場經濟學的學者，他們

---

[註17] 參閱張駿：《創造財經奇蹟的人》，傳記文學出版社，1987 年，第 15 頁。

[註18] 參閱康綠島：《李國鼎先生口述歷史——話說臺灣經驗》，第 125～126 頁。

[註19] 參閱郭岱君：《臺灣往事：臺灣經濟改革故事（1949～1960）》，中信出版社，2015 年，第 137 頁。

[註20] 周呈奇：《戰後臺灣地區經濟增長思想研究》，九州出版社，2007 年，第 17～20 頁。

加入匯改的辯論，對臺灣社會其實也是一場經濟學啟蒙。這對臺灣當局後來的
經濟改革功不可沒，提供了一次思想上的準備。當時島內的經濟學家也紛紛呼
籲政府應加速解禁貿易管制，放棄工業保護政策，盡早加入世界貿易競爭體
系，形成了廣泛的社會共識。匯率改革對臺灣經濟起飛而言只是一小步，但是
它所引發的對臺灣經濟發展的途徑的討論至為關鍵，最終讓臺灣當局意識到
臺灣必須在對外貿易上找到立足點。對於像嚴家淦、尹仲容、俞鴻鈞、徐柏
園、張茲闓這些技術官僚而言，這次匯率改革的討論，更是檢驗他們對發展臺
灣經濟途徑的看法。尹仲容在這期間逐漸建立起了自由市場經濟想法，被後來
的經濟學家稱之為「臺灣經濟之父」。尹仲容喜歡發言，開新聞記者會，著書
立說，闡述自己的想法。他的觀點被外界廣泛的接受和傳揚。嚴家淦比較務
實，很少談論他的經濟觀點。作為「財政部長」，他的發言談話大多集中在財
政管理上。匯率改革最大的疑慮是可能導致通貨膨脹和財政收入不足。但是很
顯然，嚴家淦非常支持尹仲容改革的想法。最為關鍵的是，嚴家淦從財政的角
度解除了陳誠害怕通貨膨脹的顧慮，對匯率改革有重要貢獻，也建立了起他作
為改革派技術官僚的形象。

## 第二節　改革阻礙、動力與推進

1958 年，是臺灣經濟改革的關鍵一年。熱情贊助和支持技術官僚進行經
濟改革的陳誠重新擔任「行政院長」，嚴家淦擔任「財政部長」，尹仲容負責美
援會。臺灣社會經過幾年對管制經濟討論，輿論上已經開始接受市場經濟。當
年尹仲容開啟的匯率改革，又取得對管制經濟的突破，此時已經把全面經濟改
革推到前臺。不過，當時蔣介石「反攻大陸」所謂「國策」仍然是妨礙改革巨
大的障礙。這一年，臺海危機落幕，美國多次明確表態不支持蔣介石「反攻大
陸」。中共也發現美國在製造「兩個中國」的企圖，因而暫時停止了軍事解放
臺灣的行動，海峽兩岸迎來了事實上的和平。之後幾年，中國大陸因為政策失
誤，導致發生嚴重的經濟困難。這給了困守島上的蔣介石以希望，頻頻指示要
「反攻大陸」。由於美國並不支持蔣介石的行動，多年來美國人一直指出臺灣
的龐大軍事負擔是臺灣經濟困難的主要原因。1960 年 5 月，美國國務院情報
機構對臺灣的經濟形勢作了評估：

> ……看起來臺灣經濟工業化是解決臺灣長遠經濟困難的唯一現
> 實可行的途徑。但是，在可持續的大規模工業化道路上臺灣仍會碰

到許多難以克服的困難。主要的問題是工業化所需的大量資金。現有的投資環境對於吸引大量的外來資本來說仍然不夠有利，只要軍事建設的投入仍然佔用臺灣有限財政資源的最大部分，就不可能出現政府對公共投資的大幅增長。除此之外，可以滿足臺灣經濟工業化需要的海外市場十分有限，再說這些市場的競爭本來就十分激烈。臺灣具有很大的經濟增長潛力，為了開發這種潛力，中國人準備採取措施加速臺灣島內的經濟增長。美國政府提議在原來預計的基礎上增加援助以激勵中國人實施他們的計劃；這種激勵性援助的金額將取決於中華民國政府承諾的實現情況。如果該政府能使臺灣經濟發生重大轉變，例如，採取控制軍費開支等措施，臺灣的整個經濟便會受益，經濟快速增長的前景也會變得光明。反之，如果必要的轉變沒有完成，激勵性援助沒有被充分利用，臺灣的經濟發展便會變得停滯。這樣一來現在有關 1961 年之後臺灣經濟增長的預測也就變得不精確了。〔註21〕

事實上，蔣介石從 1950 年底開始，頻頻指示財政部門研究戰時財政問題。嚴家淦在 1959 年底提供了一項關於備戰與經濟發展問題的研究報告：

……研究在長期冷戰時，我積極備戰與經濟發展之均衡與協調。前面既充分研討我國財經實力，則於長期冷戰時，吾人之對策，自易擬訂，茲分別概述如下：

（1）加速資本形成：加速之這一面僅量以美援用於資本之累積，予以較高之利息，免課所得稅等方面鼓勵民間儲蓄，此外並取消限價政策、補貼政策，以減少民間消費。資本累積愈多，生產愈能增加，於是國民所得亦隨之俱增，不但政府之財政收支渴望趨於平衡，一旦反攻，籌措戰費亦易進行。

（2）擴充煉鋼設備，使能充分供應我軍需工業、儀器工業、車船工業等所需之高級鋼，以糾正目前必須依賴進口之缺點，當戰爭發動時，亦可避免因潛艇襲擊，航運中斷，無法運給之苦。

（3）擴充舟車工業。汽車輪船於登陸大陸時甚為有用，而船舶

---

〔註21〕《國務院情報和研究署關於臺灣國民黨政權基本形勢的評估》（1960 年 5 月 6 日），載沈志華、楊奎松主編：《美國對華情報解密檔案（1948～1976）（第七編·臺灣問題）》，東方出版中心，2009 年，第 392 頁。

愈多，愈不畏懼潛艇之襲擊，此之謂以量取勝也。

（４）擴充化肥工業，前面已說明我國土地貧瘠，須施大量肥料，四十八年用量在八十餘萬公噸，其中五十餘萬公噸需要進口，為避免戰爭時潛艇作祟，航運中斷，影響稻米產量，實應即早未雨綢繆，積極擴充化肥工業。

（５）擴展對外貿易，加強出口，以增加資本財貨之進口，促進資本形成。若能按照上述各點實行，則我經濟發展自可均衡。平時增加國民財富，戰時顯勝和可操左券。〔註22〕

作為最高「國策」，嚴家淦和尹仲容從未反對過「反攻大陸」，相反尹仲容一直不建議削減軍費，而是主張維持高軍費的政策。從嚴家淦的這份研究報告來看，主要目的是打消當局對發展經濟會影響軍事的顧慮，反而指出，經濟發展會更有利於軍事。當年 6 月，嚴家淦又去「國防研究院」講述「財政與國防」。〔註23〕他精心準備講課大綱，把臺灣當局歷年來的政府開支和來源說得清清楚楚。闡述當時的財政問題，以及戰時籌措經費的方法和來源。他指出，臺灣的國防支出歷年所佔比例都極大，直到 1958 年，財政支出的大頭依然是軍費開支，見表一。

**表一：1958 年臺灣當局支出比例**

| 國防支出 | 經濟建設支出 | 教育文化支出 | 政費支出 | 保警支出 | 其他支出 | 合計 |
|---|---|---|---|---|---|---|
| 54% | 15% | 12% | 10% | 3% | 8% | 100% |

資料來源：《財政與國防講述綱要》，1959 年 6 月，《嚴檔‧再任「財政部長」時期》，原檔號：Art12515-162025。

在講課大綱中，嚴家淦特別指出，戰時財政是導致通貨膨脹的最重要的原因：

……

政府要努力平衡收支，乃是鑒於大陸時期的慘痛經驗，必需抑止通貨膨脹的現象，而後談得上國防，談得上經濟建設，談得上安定人心，安定社會。通貨膨脹可由許多原因造成，例如社會消費超

---

〔註22〕《我國目前經濟實力對支持我軍事反攻之能力及限制實況》，1959 年，《嚴檔‧再任「財政部長」時期》，原檔號：Art12515-212026。

〔註23〕《財政與國防講述綱要》，1959 年 6 月，《嚴檔‧再任「財政部長」時期》，原檔號：Art12515-162025。

過生產，經濟建設投資超過社會儲蓄等，但最重要，而且容易引起惡性通貨膨脹的原因，則是政府收支赤字的擴大。政府收支赤字，如能向公眾募集公債的方法來彌補，延緩償付，亦不致促使通貨膨脹。如果僅賴銀行墊借，增加貨幣發行，則必然引起惡性膨脹。

大陸抗戰及剿匪時期之收支差額趨勢，及通貨發行增加，以及物價指數加速上漲情形，至今猶怵目驚心。至廿六年抗戰開始，歷年總收入均不及支出之一半，有僅及百分之十三者（附表六）。其收支不足之差額，均由發行銀行墊付，以致貨幣發行數額，逐年加倍，遂為幾何級數之增加。賣售物價指數隨之上漲，自第四年以後，其上漲速度，更超過貨幣發行之倍數（附表七）。本報告附表數字，僅列至三十七年三月底止，自三十七年四月至三十八年年底這一段時期中，膨脹更形惡劣，現有統計不甚完全，容待查考。

政府遷臺以來歷年收支，雖亦常有赤字，好在赤字占總支出之百分比大為減低，需要發行銀行墊付的款項亦較小，自三十九年至四十八年三月底止，國庫省庫向臺銀借墊款共十八億七千餘萬元，其中有財源抵付者，及屬於暫時墊付性質，可以沖回者（如臺銀於四十年六月以前收存相對基金二億九千餘萬元墊付省庫款，及三十九年臺銀出售黃金墊付國庫一億五千餘萬元等）。……〔註24〕

從這篇講稿中可以發現，嚴家淦特別反對依賴濫發貨幣來籌措戰時軍費，而是主張通稅收等手段籌措。嚴家淦的這種想法是一以貫之，在整個兩蔣時代，臺灣當局都未曾通過惡性通貨膨脹來冒險發動戰爭。

1962 年初，國民黨「反攻行動委員會」，即「最高五人小組」在臺北成立，以蔣介石，陳誠為首。蔣介石動作頻頻，到處指示準備，大有開戰的樣子。2月，指示「行政院」準備軍事用款，「行政院」又把任務派給「財政部」調用緊急資金。嚴家淦經過研究，提出加徵國防捐的方案，他致函「行政院副院長」王雲五說：

　　岫公副院長鈞鑒：關於籌措軍事緊急準備用款一案，迭奉「總統」面諭，宵旰憂國之忱，感動曷極，家淦職責所在，自當妥為籌劃，以適應當前迫切之需要，竊以為在此軍事準備時期，上項問題

〔註24〕《財政與國防講述綱要》，1959 年 6 月，《嚴檔‧再任「財政部長」時期》，原檔號：Art12515-162025。

之解決，首應顧忌後方民生之安定，「總統」近年迭有訓示，財政措施，始終奉為圭臬，通貨雖尚有輕度膨脹，而農工交通均有發展，進出口貿易亦漸入常軌，政府收支差額，較遷臺初期，已大量減低，但國家歲入之增加，不足支持歲出之增加，實為財政前途之隱憂。

目前庫存黃金外匯之可以動用者，中央銀行與臺灣銀行兩方面，為數不多，此款似應儲作不時之需。至於軍事緊急之支出，竊以為開徵臨時性國防稅捐，以為支應，實較妥善。蓋以年來國民所得增加之情勢度之，酌加短期稅負，雖屬困難，尚不致過分影響國民生計，較諸向中央銀行透支，增加通貨，或動用儲存，權衡之間，似較妥善。……〔註25〕

1962 年 4 月 26 日，蔣介石召開國軍政工「特別準備」會議，檢查戰備情況，加強政務和政工水平，「爭取並確保反攻作戰的全面勝利」。〔註26〕27日，臺灣「立法院」通過《國防臨時特別捐條例》，徵稅金額：「各類貨物稅的30%，娛樂稅的 50%，筵席稅的 40%，鐵路、公路票價的 30%，電報電話的30%，自 1962 年 5 月 1 日開徵，至 1963 年 5 月 16 日截止，共為『反攻』籌集經費多達 6000 多萬美元」。〔註27〕嚴家淦開徵「國防捐」理由是防止通貨膨脹，這是他一貫的財政思路。早在 1950 年代初期，他就認為利用通貨膨脹來維持軍事不能持久。不過，這次大張旗鼓的開徵「國防捐」只不過徵了區區6000 萬美元，顯然不能夠維持大規模戰爭。進入 6 月，嚴家淦又作了關於軍事反攻與經濟實力之間的研究報告，指出：

一、就財政經濟觀點而言，支持戰爭的真正力量，是及時可以實際利用的資源，而不是貨幣。

二、所謂及時可以實際利用的資源，是指戰爭期間，從各方面所獲致的資源，除去人民所必需的最低消費以後，實際可以及時用之於戰爭的部分。

三、至於財政措施，實際上是一種分配資源的手段。即運用財

〔註25〕《軍事緊急準備用款籌措辦法研究意見》，1962 年 2 月，《嚴檔·再任「財政部長」時期》，原檔號：Art12515～192017。

〔註26〕秦孝儀編：《先總統蔣公思想言論總集》第 28 卷，臺北：中國國民黨中央委員會黨史委員會，1984 年，第 43 頁。

〔註27〕張春英主編：《海峽兩岸關係史》第 3 卷，福建人民出版社，2004 年，第 727頁。

政措施，配合其他措施，及時有效轉移實際可以利用的資源力量，
用之於戰爭。

……〔註28〕

可見，此時嚴家淦已經完全摒棄不顧一切通過貨幣發行來籌措軍費的想法，而是通過籌措戰爭資源的方法來應付。嚴家淦的財政措施是非常理性的，其實對戰爭的發生有「踩剎車」的作用：首先，大張旗鼓的徵稅，自然會引起美國的注意。臺灣當局發布「國防捐」後，美國政府反應強烈。4 月 29 日國務院給「中華民國大使館」發電要求「勸誘中華民國政府控制軍費」，認為臺灣國民黨此舉「使美國面對一個作為既定事實的軍事準備計劃」，美對此「深表失望」。〔註29〕其次，所謂「反攻大陸」並得不到一般民眾支持，徵稅必然引起老百姓的反彈。事實上，在美國的阻止下，這次大張旗鼓的「反攻大陸」也無疾而終。

儘管很多人都明白蔣介石的「反攻大陸」是雷聲大雨點小，很難有實質進展，但是龐大的軍費和緊張的氣氛嚴重阻礙臺灣經濟，直接影響資本積累和外人投資願望。因此，臺灣經濟改革的第一要務就是要降低軍費開支。

另一方面，由於臺灣經濟嚴重依賴美援，美國與臺灣當局都有強烈發展經濟的動機。對美國而言，臺灣經濟能夠自足就能減低自身負擔。對臺灣當局而言，擁有經濟獨立，當然就不需要處處仰仗美國。進入 1960 年初，美援發生了一些新的變化，在嚴家淦所作的《美援運用報告》中指出：

……

民國五十年（1961）起，美國國會新訂《國際開發法案》，原有共同安全法案之各項援助項目及四十六年設立之開發貸款基金均取消，在新訂之國際開發法下，適用於我國之經援項目有以下各項：

一、開發貸款——又分

（一）建設計劃貸款——供進口建設計劃機器設備之用。

（二）物資計劃貸款——供進口物資材料之用。

二、開發贈與——供聘請專家、選派人員出國受訓、採購各項試驗用之儀器設備等之用，即代替以前之「技術合作」項目。

---

〔註28〕《戰時財政力量的估計及有關的問題》，1962 年 6 月 12 日，《嚴檔·再任「財政部長」時期》，原檔號：Art12518-092015。

〔註29〕陶文釗主編：《美國對華政策文件集》第 3 卷上冊，世界知識出版社，2005 年，第 290 頁。

......

（十）當前美援之情勢

美援自五十一年起，幾已全部停止贈與，改為貸款，其方式約如下述：

一、贈款除開發贈款供技術協助之用外，均停止。

二、以開發貸款取代原來之贈款。借款須以美金償還，但還款期限可延長至四十年，不收利息，僅取千分之 7.5 貸款費用。

三、各受援國獲得撥款之多少，胥視所提計劃而定，援款係對個別計劃而定，特別注意計劃之技術及財務室否建全，經濟效益大小，以為準貸與否之標準。

四、原則上增重於民營事業之發展。

五、強調受援國應有長期建設計劃之制訂，以作為美援配合之依據。

六、因美國黃金外流，乃改變單獨負擔援外之方式，呼籲其他經濟發達國家共同承擔協助落後地區發展之責任。〔註30〕

美援的新變化就是趨向有償貸款提供援助，而非贈與。嚴家淦又對美國援助情況作了全面概括，對其重要性作了說明，指出：（1）美援為「我國」經濟建設主要資金來源之一，在歷次經濟建設計劃當中，美援計劃佔有重要地位，凡是規模大，需要資金較多之計劃，多有援款支持。（2）美援對平衡「政府」財政收支和國際收支方面作用巨大。〔註31〕早在 1952 年 8 月，共同安全署駐臺分署要求經濟安定委員會就美援終止前的臺灣經濟發展作出全面的長期規劃，臺灣「四年經建計劃」的編訂和實施，遠景目標就是經濟自立。1953 年，朝鮮戰爭停止後，陳誠就意識到美國對臺的援助主要出於軍事目的，經濟援助在於推行自助計劃，不能長久依賴。他指出：「我們依存經援的心裏愈深愈久，將愈招致自力更生信心的破滅，而且國家經濟生活愈將無以自立。」〔註32〕美援停止或政策改變一直是懸在國民黨當局頭上的達摩克利斯之劍。王作榮後來回憶尹仲容在 1950 年代常常思考問題，他對其中的一句話：「美國對我們的

〔註30〕《美援運用報告》，1963 年 2 月，《嚴檔・再任「財政部長」時期》，原檔號：Art12515-092015。

〔註31〕嚴家淦：《美援現況及趨勢》，載許瑞浩、周秀環、廖文碩編：《嚴家淦與國際經濟合作》，臺北：「國史館」印行，2013 年，第 236～242 頁。

〔註32〕陳誠：《陳誠回憶錄——建設臺灣》，東方出版社，2011 年 4 月，第 259 頁。

政策可能有變，要如何應付呢？」印象非常深刻。〔註33〕可見，尹仲容的經濟政策改革的出發點之一就是希望擺脫美援依賴。希望依靠自身力量發展臺灣經濟，這也是蔣介石所特別在意的。李國鼎提到，1959 年的十九點財經改革措施最後獲得蔣介石的支持，與蔣介石試圖經濟自立有關。〔註34〕

第二次臺海危機結束後，美國自身經濟遇到困難。因此所謂美援停止的風聲愈演愈烈。1957 年，美國修改援助法案，美援增加開發貸款基金，一改以前以贈與為主的美援形式，而是貸款和贈與並行。尹仲容等人意識到美援停止很快來臨，力主加快改革。他認為臺灣經濟問題的核心在於供給小於需求。他從「生產＋外援〈消費＋建設，也就是供給〈需求」這個公式出發，指出，如果要經濟穩定，供給和需求必須達到平衡，否則經濟會遭到極大困難。他認為臺灣目前平衡依賴美援。他警告，美援政策已經改變，今後如果還能維持目前水平，已經不容易，可能還會減少，臺灣不可能永遠依賴美援。唯一能做的就是擴大生產、減少消費，增加稅收，而要擴大生產、增加稅收，必須拓展外銷。〔註35〕在之後，美援的形式逐漸發生改變，特點是：（1）以政府對政府為基礎性之贈與貸款逐步減少。（2）遵循國際投資之正常方式，以個別投資計劃為對象，給予長期貸款，但是條件優惠。（3）有政府提供種種便利，鼓勵民間投資。（4）敦促其他自由世界其他進步國家，共同肩負國際開發任務。1961 年美國肯尼迪政府通過《國際開發法案》。〔註36〕美援形式的演變是最終停止美援的一個過渡，臺灣當局意識到時間的緊迫性，加快改革經濟政策的步伐。

1958 年，陳誠指示尹仲容研究辦法，尹仲容主導的「美援會」制定了「加速經濟發展建設計劃」，該計劃的最終目的是臺灣經濟能夠自立，不再依賴美援。〔註37〕1959 年年初，國際合作總署駐臺分署長郝樂遜（Wesley C. Haraldson）到處發表言論，中心就是臺灣當局盡快實施經濟改革。1959 年 6 月，郝樂遜警告臺灣美援即將終止，臺灣在此之前，必須趕快改革，加速投

〔註33〕 王作榮：《壯志未酬》，臺北：天下文化出版社，1999 年，第 322 頁。

〔註34〕 康綠島：《李國鼎先生口述歷史——話說臺灣經驗》，臺北卓越文化事業公司，1993 年，第 143 頁。

〔註35〕 沈雲龍編：《尹仲容先生年譜初稿》，臺北傳記文學出版社，1988 年，第 444～448 頁。

〔註36〕 嚴家淦：《美援現況及趨勢》，收入許瑞浩、周秀環、廖文碩編：《嚴家淦與國際經濟合作》，2013 年印行，第 231～247 頁。

〔註37〕 參閱郭岱君《臺灣往事：臺灣經濟改革故事（1949～1960）》，中信出版社，2015 年，第 152 頁。

資。〔註38〕郝樂遜接著警告說，美國最近針對投資與國民生產的比率，調查了十三個受援國，結果臺灣排名倒數第二僅在菲律賓之前；而在消費量方面，臺灣則為第二名，僅次於菲律賓。目前菲律賓已發生嚴重的經濟危機，臺灣若不及早努力，可能會淪為菲律賓第二。郝樂遜也率先向當局提出廢除肥料換穀制度的建議。根據沈宗瀚的回憶，當時農復會有兩派意見：一派贊成廢除肥料換穀制度，他們說這個制度使農民吃虧，應該廢除，但另一派則表示反對，他們認為這個制度的施行，使農民購肥方便，而政府也較易掌握糧食。這些意見經過匯總後，呈交給農復會主任委員沈宗瀚。他思考多日，決定保留這個制度。〔註39〕

　　8月22日，美大使館副館長葉格爾（Joseph A. Yager）和郝樂遜到美援會提出關於加速經濟發展計劃的推動事宜的意見，要求臺美雙方應有一個小組定期非正式檢討該計劃的進度，並就檢討結果提供意見。美方擬以安全分署副署長詹姆士，大使館經濟參事史托慕及安全分署經濟政策處處長潘琪參加該小組工作。〔註40〕這項建議大大加快了工作進度。1959年12月，美國經濟合作署代署長薩啟奧（Leonard Saccio）到訪臺灣，正式告知臺灣當局，美援政策即將改變。一行人在李國鼎的陪同下南下參觀，對臺灣上下齊心重整家園的印象深刻（當時正「八七水災」恢復工作），認為臺灣有加速經濟發展的潛力，足為亞洲其他「自由國家」的楷模云云。薩啟奧特別表示，美國援外政策雖然即將改變，但運用美援良好的國家仍可得到重點補助。臺灣在運用美國援助方面表現良好，若能盡最大的努力，運用國內所有的資源，加速經濟發展，則美國國際開發總署將考慮予以重點援助，以便作為其他開發中國家的示範。〔註41〕12月17日，郝樂遜與嚴家淦、尹仲容、楊繼增、錢昌祚、李國鼎等舉行會談。郝樂遜提出六點計劃。12月20日，郝樂遜送給嚴家淦備忘錄，增加了「單一匯率」與「出售國營事業」兩項。〔註42〕郝樂遜又提出八點財經

〔註38〕郝樂遜：「臺灣經濟之發展」，臺北：《國際經濟資料月刊》，1959年7月第3卷第1期。

〔註39〕康綠島：《李國鼎先生口述歷史——話說臺灣經驗》，臺北卓越文化事業公司，第117頁。

〔註40〕《關於加速經濟發展計劃之推動事宜》，1959年8月23日，《嚴檔·再任「財政部長」時期》，原檔號：Art12515-092019。

〔註41〕康綠島：《李國鼎先生口述歷史——話說臺灣經驗》，臺北卓越文化事業公司，1993年，第139頁。

〔註42〕參閱郭岱君《臺灣往事：臺灣經濟改革故事（1949～1960）》，第140頁。

改革建議，開宗明義就是要當局裁減軍費，以節約資源、促進生產。第二點是控制通貨膨脹。其餘則與恢復自由市場價格機能有關，例如賦稅改革、外匯改革、公共設施費用的調整、證券市場的建立與出售國營事業給私人等等。郝樂遜並在建議書中說明，雖然美援終究要減少並停止，但臺灣如果能依照他的方案加速經濟發展，以為自由經濟與自由社會建立起一個表率，美國願意在現有的美援之外再加撥援助金額。〔註43〕

陳誠收到郝樂遜建議書的次日，即邀請郝樂遜和葉格爾前往商討，與會的還有嚴家淦、尹仲容、李國鼎等人。兩人對尹仲容的「加速經濟發展計劃」十分熟悉，並說明當局採納該計劃的必要性。郝樂遜還特別指出：（1）他的建議書並不代表華盛頓的指令。（2）發展私營經濟。（3）援助在於盡可能地增加臺灣經濟的自力更生的能力。（4）發展私營經濟，主要在於政府能夠創造好的商業環境。陳誠在強調臺灣當局困難的同時，表示美國提出的建議是一年前蔣介石和杜勒斯的聯合公報的自然發展結果，臺灣方面原則上同意郝樂遜八點建議的內容。〔註44〕之後，尹仲容率「美援會」根據美方的建議，由王作榮迅速草擬「十九點財經改革措施」。根據王作榮的草案，幾方面多次磋商。這中間，「財政部長」嚴家淦對方案的細節完善功不可沒。實際上，所謂財經發展計劃，許多都是需要財政配套的。

據李國鼎回憶，12月23日，陳誠、嚴家淦、尹仲容與李國鼎再度與美國大使館代辦葉格爾、美國駐華安全分署署長郝樂遜會商，地點在「陳副總統」官邸。郝樂遜強調：「經濟活動應隨其自然機能演進，方能獲致發展的效果，不必予以任何限制。」葉格爾則聲稱：「當美國援外逐漸減少之際，美國華盛頓高階層的想法是想選擇數個過去對美援運用成績優良的國家如自由中國，作重點式的援助，使經濟加速發展而成為援外成就的楷模。我們的目的並非想以各種統計數字向世人炫耀。經濟本為政治的工具，經濟上的重大成就，就可予共產主義國家重大的打擊。」

陳誠則對郝樂遜的八點建議表示贊許。他說臺灣的工商界與廣大民眾必會贊成這些建議，「立法院」或許有若干不同的觀點，電費問題尤為棘手，但必能克服。由王作榮起草，臺灣之所以自動提出較全面的十九點財經措施，是因為他們覺得郝樂遜列舉的事項所包括的範圍並不周延，遺漏了若干需要改

〔註43〕康綠島：《李國鼎先生口述歷史——話說臺灣經驗》，第118頁。
〔註44〕FRUS, 1958~1960, Vol. 19, pp.645~646.

革的地方，於是另行擬訂十九點，不但把原先八點吸收在內，更是一個全面性的財政、經濟與金融革新計劃。〔註45〕

經過多方磋商，合併原來的「加速經濟發展建設計劃」，為「加速經濟發展計劃」方案。方案出臺前，1960年1月，陳誠帶著嚴家淦、尹仲容、李國鼎向蔣介石報告，蔣介石最終同意了這個方案。〔註46〕

蔣介石之所以能夠同意這個方案，主要是嚴家淦在關於軍費條上打消了蔣介石的顧慮。據李國鼎回憶，十九點中第九點有關國防預算的部分是雙方爭議的焦點。當時臺灣方面不想減低太多軍費，但是美堅持。最後決定「將國防費用按固定幣值計，維持在目前的數額。將來國家收入增長之後，軍費所佔比例可望愈來愈小，對國家經濟的負擔也會愈來愈小。」其中「國防費用，按固定幣值計，維持在目前的數額」，是嚴家淦向蔣介石報告時臨時更動的。原來的文字是軍費數額應予減低。嚴家淦在報告時，覺得只能降低百分比，而不能減少絕對金額，所以才改正過來。〔註47〕

這個財經改革方案是臺灣經濟發展史上非常著名的歷史性文件，全文如下：

（一）經濟發展

一、鼓勵儲蓄，節約消費：運用教育與宣傳力量，培養國民儲蓄、節約美德；推行人壽保險等保險事業，建立深入民間儲蓄網，簡化儲蓄手續；利用租稅制度之減稅免稅措施，鼓勵儲蓄，限制消費。

二、建立資本市場：除採取保證民營企業發行公司債，協助成立中華開發信託公司及交通銀行復業外，並積極籌設證券交易所，逐步開拓資本市場。

三、以往為應付經濟危機所採取之各項管制措施，將作通盤徹底檢討，盡速解除或儘量放寬。

四、今後將進一步將若干公營事業轉移民營。今後政府除公共事業及倡導性與示範性投資外，不再投資民間可以經營之企業。對於民營企業，當運用直接間接方式，予以保護或協助，以扶植其發展。

五、政府對於民間投資，已在租稅、外匯管理與資金融通各方

〔註45〕康綠島：《李國鼎先生口述歷史──話說臺灣經驗》，第138～142頁。
〔註46〕參閱郭岱君：《臺灣往事：臺灣經濟改革故事（1949～1960）》，第156頁。
〔註47〕康綠島：《李國鼎先生口述歷史──話說臺灣經驗》，第142頁。

面，予以各種便利或優待，今後將對此等措施再加檢討，是否可予加強，並簡化此等便利與優待手續。

六、現正就投資者申請投資設廠手續，獲取工業用地手續，出入境手續，及所有投資設廠及經營企業有關法令，作廣泛檢討，分別針對實際需要加以修改。

七、將就公營事業（包括軍事生產事業）設備，作普遍檢查，對於未能充分利用之設備器材，當設法加以充分利用。

八、對於公用事業費率之決定，將謀求合理之長期解決辦法，並考慮公用事業費率委員會之設立。

（二）預算

九、今後當繼續執行精兵政策，推行退除役辦法，並將國防費用，按固定幣值計，維持於目前之數額。

十、整頓並改進租稅制度及稅務行政，以協助資本形成及經濟發展。

十一、預算制度擬再加改進，並逐步推行績效預算制度，使能反映當時經濟情形與政府政策，及確實核計成本與工作效率。

十二、為使軍政方面之真實費用及公營事業盈虧能在政府預算上明白表現計，各類變相補貼如公用事業費率之優待，廉價物品之配售，採購物資之記帳，低利貸款等，均將予以取消。

十三、軍公教人員薪給微薄，致包括各種變相津貼及福利，易滋流弊，應將薪給加以調整，並取消各種隱藏之津貼福利，並實施退休制度。

十四、對於軍費支出，將加強稽核。

（三）金融

十五、將建立中央銀行制度，使負責調整利率與信用，進而對信用加以控制，以穩定經濟。臺銀之代理中央銀行業務及普通銀行業務應嚴格劃分。

十六、對於辦理存放款業務之機構，將一律納入銀行系統，受代理中央銀行之臺銀控制；並對目前臺銀對其他行庫之控製辦法與技術，作徹底之檢討。

十七、各銀行之業務，將依其性質予以劃分，並加強監督，務

使各銀行各就其本身規定業務，謀求發展，並避免短期資金流於長期之用。

（四）外匯

十八、外匯貿易改革之目的，在建立單一匯率制度，並視國際收支情況之許可，儘量放寬貿易管理，以求達成新臺幣之自由匯兌。

十九、應從擴大鼓勵出口措施，簡化出口結匯手續，加強與國外之商業接觸等多方面努力，謀求出口之進一步擴展。〔註48〕

這個方案的目的，自然是要減少政府對經濟的干預，以塑造一個自由的、有利於工商業發展的環境，來吸引國內與國外的投資。這個方案後來在實施當中並不理想，原因就是一些配套不可能很快完成。1960年5月28日尹仲容向主任委員陳誠報告，其接郝樂遜來函，對於當局中央預算有意見，且極表悲觀。主要原因是當局的預算案中，對公務員的工資並沒有增加。31日，蔣介石主持財經會談時，與「行政院長」陳誠、美援會副主任尹仲容、「財政部長」嚴家淦、「經濟部長」楊繼曾、美援會秘書長李國鼎，共同研究郝樂遜來函用意，當日日記記載：

據報美合作分處長郝樂生致函尹仲容，美前允對華經濟發展貸款，因我政府不遵照其所約之意，近見財經狀況發生危險，故以前計劃不如一切停止為佳。此乃美國人之真正性情，其衝動、傲慢、無理之言行，安得不使受援國發生反感，可歎亦復可笑！但實際上我目前財經狀況甚為正常，且比春季所允借時為佳，而彼郝必欲強。我不得提高公務員待遇，否則即不合其意也。與辭修（陳誠）談郝樂生強迫我減縮軍額與預算之無理要求，應對美大使明白警告，其將使對我軍民與公務員皆痛憤其此種壓迫態度，與對中、美關係之後果，使之切實瞭解為要。〔註49〕

此時，蔣介石對郝樂遜大為不滿，認為其用意不良。「十九點財經方案」對後來的臺灣經濟政策具有很強的參考指標作用，直到八九十年代，有些計劃方案還在討論。

---

〔註48〕 李國鼎：《臺灣財政金融金與稅制改革》（上），臺北：李國鼎科技發展基金會印行，1989年，第140～141頁。

〔註49〕 《蔣中正日記》（未刊本），1959年5月31日，轉引自呂芳上主編：臺北：「國史館」、中正紀念堂、中正文教基金會印行，《蔣中正先生年譜長篇（第十一冊）》，2015年，第334頁。

## 第三節　嚴家淦財政觀念轉變與改革深入

在現代市場經濟主導的社會裏，政府有多種推動經濟發展的工具。比如政策法令引導、財政調控、金融調控、貿易調控，或者直接利用公營企業工具調控等。但是在 20 世紀 60 年代的臺灣，這些所謂的調控工具，需要在具體實踐中才能不斷完善。嚴家淦在經濟改革之初任「財政部長」，直接負責臺灣當局的財政改革。之後他又任「行政院長」，等於全面接管經濟政策繼續改革的大權。前文已經提到，國民黨遷臺初期的財政主要服務於軍事，發展經濟的目的是滿足財政。而此時，改革的目的是要財政服務於經濟發展。這個觀念轉變並不容易，財政技術官僚必須要有市場經濟的頭腦。嚴家淦積極配合經濟發展所需要的財政變革。

「十九條」出來的時候，王昭明記得，當時反對的官員超過三分之二，絕大多數官員認為這幾年推出的改革不可謂不快、不可謂不多，臺灣還需要時間調適，對於這個加速經濟發展方案不可操之過急，否則就要動搖「國本」。〔註50〕王作榮後來回憶，當時的「行政院副院長」王雲五沒有多少現代經濟的常識，不瞭解這個改革的重要性，沒有認真執行，以致改革未能落實。〔註51〕力主推行改革的尹仲容，在 1960 年初，大聲疾呼，呼籲改革。尹仲容在 1960 年 9 月發表《臺灣經濟十年來的發展之檢討與展望》長文，沉痛地指出，經濟發展僅僅快並不夠，還需要適當的制度、政治、社會環境相配合，而「過去十年臺灣經濟發展的最大失著，是沒有發動一個全面性的革新」〔註52〕。嚴家淦與尹仲容不但理念相同，在工作上也早早相互配合。〔註53〕總的來說嚴家淦對臺灣經濟起飛階段的財政貢獻頗大。首先他促使財政觀念革新，提倡積極的擴張性財政政策。其次，他穩健地推進改革。

嚴家淦很少著書立說，他財政觀念上的變革，可以從他的一些工作講話和

---

〔註50〕參閱王昭明：《王昭明回憶錄》，福建人民出版社，1995 年。

〔註51〕參閱王作榮：《壯志未酬——王作榮自傳》，天下文化出版社，1999 年，第 155 頁。

〔註52〕《臺灣經濟十年來的發展之檢討與發展》，載尹仲容：《我對臺灣經濟的看法（三編）》，臺北國際經濟合作發展委員會，1966 年，第 70 頁。

〔註53〕王昭明回憶，嚴家淦親口告訴他說：「仲容兄是非的觀念甚為執著，對不同意見者常不自覺地嚴詞峻斥，不免因此得罪他人。我和他配合，處處為之緩頰，以尋求人和。吾人的目的不在敷衍應付，而在求減少阻力，使理想得以實現耳。」參閱王昭明：《溯行經濟奇蹟——以任何求證同的嚴家淦》，載嚴前「總統」家淦先生哀思錄編纂小組編輯《嚴前「總統」家淦先生哀思錄》，臺灣「行政院新聞局」印行，1994 年，第 266 頁。

具體政策實施看出。在 20 世紀 60 年代的一份《經濟建設與財政》演講稿中，清晰地反映出他的現代財政觀念。他指出臺灣經濟取得了一定成績，但仍然還有四個難以克服的困難：

第一，資源與人口的比例：以農業資源來講，臺灣的地理環境，如果能以人力控制不利因素，農業資源的發展性還是相當大的。不過發展農業，總是要受若干的限制。而人口的增加率每年要在百分之三以上，增加的數字，相當於一個高雄市，這就是說臺灣每年要多一個高雄市。資源受限制，人口僅管增加，這不是一個簡單問題。所以我們的努力，一定要使資源的增加超過人口的增加，困難問題才能解決。

第二，生產與消耗的比例：臺灣私人消費的數量：以食米而言，照統計戰前民國二十六年每個人每年消耗食米一百二十三公斤，四十二年已經提高到一百五十公斤，就是現在每個人吃飯比以前吃得多。當然每個人多吃一點飯，這是表示生活水準高；如果不努力而光吃飯，這也很危險，所以一定要生產超過消費才行。再以棉布而言，二十六年平均每人每年消費十一碼，四十二年就已經提高到了十七碼。當然現在到農村去看，每個人穿的都比以前好，可是增加的消費量也值得我們注意。

第三，投資環境：現在希望農業增產，更希望工業要發達。要工業發達，最要緊的是資本累積。因此我們在國內應該提倡節約儲蓄，以國民的儲蓄移到資本市場上。同時在國外也要吸收外資僑資，希望能來國內投資。不論國內國外，這種投資環境一定要改進。雖然我們現在的投資環境可能較優於鄰近許多國家，但是我們覺得還不夠要求。

第四，科學設備與科學環境：經濟發展，要靠科學的進步。去年九月我到美國去，參觀過他們的原子能發電廠，到英國也參觀過他們的原子能研究中心，他們的進步是相當可觀的。比方現在英國就有一個六萬基羅瓦特的原子能發電廠，正在建築中的還有一個五十萬基羅瓦特的廠，成功以後，這一個廠就超過臺灣一省。〔註54〕

〔註54〕《「財政部長」嚴家淦以「經濟建設與財政」為題之講稿》（未標明日期），《嚴檔・言論集》，原檔號：Art13213-032014。

因此，他認為在如何解決這些困難上，財政有很多事值得做。他開宗明義地指出，財政要配合經濟發展：

> 「財政為庶政之母」，財政學上曾經說過：「財政本身沒有目的」，可見財政是以庶政的目的為目的，也就是整個施政的目的為目的。整個施政對於財政所要求的目的，當然是要適應施政上的需要，一方面使國家的支出足數支應，一方面使經濟的發展，能夠得到支持。因之，當前對於財政政策的重要原則，歸納言之，約有下列六點：
>
> 一、財政要配合經濟發展，充分支持經濟建設。
>
> 二、設法減少預算赤字，使收支接近平衡，再謀取真正的平衡，在衡量設計方面，先量入為出，再進而量出為入。
>
> 三、整理稅課收入，提高稅務人員素質，改進稽徵技術，便民利民並充裕國家財源。
>
> 四、適應國內需要，研究並改進稅法；並應配合國際需求，以便利外人和華僑的投資。
>
> 五、適當調節信用，穩定貨幣價值，獎勵國民儲蓄，並建立金融市場及資本市場，造成有利於經濟發展的環境。
>
> 六、改進外匯貿易制度，平衡國際收支，發展對外貿易，以配合經濟的發展。〔註55〕

在比較老的財政觀念中，財政強調收支平衡。也就是國家收多少錢，就花多少錢。如果花得多，就會導致通貨膨脹。財政平衡特別強調數字上的平衡，但在現代財政觀念來說，財政平衡應該強調的是總消耗和總收入之間的平衡。因此，對於過去財政觀念中特別強調收支平衡、預算平衡的概念，嚴家淦指出：

> 我們在卅九年就建立了預算制度，因為預算是財政調度的軌道，有了健全的預算制度，才有健全的財政。目前我們財政上應第一優先考慮的是財政收支平衡問題，至少應該使收支差額儘量減低，不僅限於國庫賬面的收支，並且關涉國家各級政府和各方面的公共收支。不過我們財政上的收支平衡，應求真正的平衡，也就是

---

〔註55〕 《「財政部長」嚴家淦以「經濟建設與財政」為題之講稿》（未標明日期），《嚴檔・言論集》，原檔號：Art13213-032014。

在預算上應該表現出實在支出的真實性。現在財政收支一定要有新的觀念，應從資源分配的基礎上著想，也就是整個國家資源的支配，整個國家資源包括人力物力可能發生的能量，無論如何的雄厚，總有一個限度，在此限度以內，一部分要分配給人民的一般消費方面，一部分要分配於生產建設的投資或再投資方面，還有一部分分配於國家整個的公共支出。這一部分，包括政府公庫的公共支出，以及社會上各種的公共支出。因之，整個國家資源的分配，並不是幾個錢數字的事。我們的預算，逐年編制，已有很大的進步，但是我們還要主張預算要有真實性，並不是說預算裏面有額外浪費，而是最好把差額全貌表現出來，庶幾衡量國家財政時，才能有所依據。今後我們似乎需要向這個「真實性」的方向去進行，當然在技術上相當困難，不過在政策上應該這樣去做。此外，財政收支平衡問題，我認為不但國家財政要收支平衡，而且省縣市財政也要收支平衡。現在我們的財政收支系統，就是中央政府、省政府和縣市（包括鄉鎮）三級，最理想是統統做到平衡，如果無法完全做到，則省縣市（鄉鎮）一定要平衡。〔註56〕

　　在這篇講話裏，嚴家淦特別指出預算「失真」問題，也就是說不能看預算的數字來簡單判斷收支的平衡，而是應該有總收入和總消耗的觀念。這是凱恩斯經濟學的一個觀點。1962 年，嚴家淦在一次談話中，更進一步闡述凱恩斯這個財政預算的觀念，這篇文章比較長，擇其大略如下：

　　　　近二十年來，財政政策觀念大有轉變，吾人對於此種轉變，既須明瞭其歷史背景，且須作較深度的觀察，自不宜貿然抹煞舊有觀念，而摭拾新的口號，遂作結論。茲擬先對觀念加以澄清。

　　　　舊有觀念，政府財政，支出務求縮減，使人民之賦稅負擔減輕，而收支則必求平衡。因預算倘不能平衡，則極易導致通貨膨脹，而發生物價狂漲，及國民財富的重分配。貧富之距離遂遠，將使社會秩序發生混亂。

　　　　……

　　　　故在昔正統派經濟思想時代，政府預算之應縮減支出，及預算

〔註56〕《加速經濟發展的目的與財經改革措施的配合表格圖》，1960 年，《嚴檔・再任「財政部長」時期》，原檔號：Art12520-022046。

之必須平衡，均認為事有必然。當時係將社會經濟之發展，寄望於私人企業，而政府則應將干預的程度減至最低，使私人企業能在競爭、分工及利潤動機等原則之下，充分發揮其能力，且在條件不同之情形下，能自動調節以達到均衡（Equilibrium），所謂「放任主義」是也。

......

凱恩斯（John Maynard Keynes）乃對正統派「放任主義」之將發展社會經濟，完全寄望於私人企業活動之主張，加以修正。認為政府亦可以在政策上增加主動的措施，以資調節。同時對經濟動態之分析，亦由正統派之採「企業單位」為主體者，認為應採國民經濟之整體觀念，而創為「國民所得」之探究方法。

亦因此遂對國家財政的觀念，發生轉變。按「國民所得」探究法，係用四面鏡子相對照，以窺測全面。實質面與貨幣面相對照，實質面又有資源的產生，及其分配相對照，貨幣面又有「國民收入」與「國民支出」相對照。故其中之一面鏡子，為「國民所得」應等於「國民支出」的總和。而政府支出又為國民支出之一個部門。在一九四七年杜魯門總統致國會咨文內，即引申此點，而劃分國民總支出為四個部門，即（一）政府支出，（二）企業支出，（三）個人（家庭）支出，及（四）外國向本國的支出（輸出）。吾人不妨覆按我國「國民所得」的編制方法，即可知亦有政府支出所發生的「所得」在內。但我國人仍相信，並不是由無限度的支出，即可產生無限度的「所得」，仍須有一定限度，而此一限度，即為「國民所得」的另一面鏡子——國民所能生產的資源。如果資源不足，而支出太大，此即為通貨膨脹的主因。

......

由此可見凱恩斯之主張，較舊有觀念為富有彈性，因非一成不變硬性要求預算收支之平衡也。但如認為預算因此即可作無限度增加支出，則誤矣。由凱氏對英國戰時「如何籌措戰費」之主張，注意「國民總支出」與「資源」供應之配合，以避免「膨脹缺口」之發生，即可見其並不主張政府可作無限度之支出也。

復次，凱氏對於貨幣之觀念，仍認為須求穩定，且有可求穩定

之途徑。但不主張硬性非紙幣兌現及維持貨幣數額之固定額不可。故後人從預算及金融兩方面檢討，而有「財政政策」及「貨幣政策」之劃分。兩者可配合運用，其目的在使充分就業，及資源「貨物及勞務」之利用與分配，能達到最大效果。

　　……舊有觀念，每認為預算必須達到現金收支之每年平衡。但就長期經濟之安定及發展而言，在貨物及勞務增至相當階段，即受貨幣數量及流通速度之限制，而使整個經濟活動，發生停滯現象，無法繼續發展，從而發生失業。因此，如能助以政府投資之支出，則「有效需求」不至低減，「經濟長成」不致停頓，而失業不致發生。故現代財政政策之目的，在於配合貨幣政策，以平衡整體經濟，而不僅限於國庫收支之平衡。故其「平衡」之觀念，係廣義的。

　　……

　　同時，在賦稅方面，亦保持相當彈性。在社會私人企業趨於萎縮時，可以減稅為鼓勵私人企業增加活動之手段。因私人企業常抱有須冒風險之畏懼，縱使貨幣政策採放鬆方針，亦深恐成本過高，而不敢放膽擴充其企業。在政府方面，則如能借減稅以鼓勵私人企業之擴充，增加投資支出，以增加「有效需求」，則仍較由政府直接投資之政策為穩健。此亦為「補償性」之財政政策之一端。〔註57〕

　　從中可以發現，此時的嚴家淦深受凱恩斯經濟學觀點影響。一句話概括：政府財政不能簡單地只求數字的平衡，而是應該從總消耗和總收入上尋求真正的平衡。這就為積極的財政政策尋找到了可靠的理論依據。這是嚴家淦能夠大膽利用財政工具支持經濟改革的勇氣來源。實際上，臺灣後來的經濟實踐印證了凱恩斯的理論。嚴家淦在財政稅收上的投入，並沒有造成通貨膨脹，相反，隨著經濟的增長，財政收入也水漲船高，甚至1964年還獲得了財政的盈餘。

　　正是在這種「財政配合經濟建設」觀念的指引下，嚴家淦在「十九條」通過後，就開始進行財政方面的配套革新。美援會在1960年初就發給嚴家淦一份「加速經濟發展計劃大綱」，緊鑼密鼓地開展工作。〔註58〕但是因為整個行

〔註57〕《「財政部長」嚴家淦演講財政政策基本概念與財政政策觀念的轉變之參考資料》，1962年6月12日，《嚴檔・再任「財政部長」時期》，原檔號：Art12518-092014。
〔註58〕《再任「財政部長」時：美援會資料（一）：擬具加速經濟發展計劃大綱報請公鑒案》，1959年，《嚴檔・再任「財政部長」時期》，原檔號：Art12520-022014。

政機關還不理解改革的意義，反響平平。此時，一件有關改善投資環境的案子給了嚴家淦和尹仲容突破瓶頸的機會。

先是美援會的投資小組鑒於投資手續過於繁瑣，決定改革。李國鼎領導的投資小組發現當時島內投資環境有幾個大問題：一是稅捐負擔沉重、成本過高；二是投資手續太過繁複，曠日費時。李國鼎曾請專人就臺灣投資設廠所需的手續進行調查。他們把流程圖一畫，竟有七十多個步驟，其中又有許多手續是重複的，使投資人無不望而卻步。此外，在農業社會，土地皆優先做農用，如果變更用途的話，可能要觸碰四條法律：三七五減租法律、公地放領法律、耕者有其田法律與土地法，非常困難。〔註59〕關於這些問題，當局早先已有若干零星措施圖謀改進，例如出口品減免稅等。但這些行政命令沒有法律根據，效力有限。如果個別修訂法令，則法令太多，修不勝修。於是李國鼎就決定修訂一項特別法。這個法令最初定名為「改良投資環境條例」，送交委員會討論時，由嚴家淦建議改為「獎勵投資條例」，因「獎勵」二字具有積極意義，可以產生號召作用。這項特別法自3月起由美援會著手起草，5月報請「行政院」院會通過，1960年6月送請「立法院」審議。再由經濟、財政、內政、交通四個委員會進行審查，連續舉行了25次聯席會議與4次小組會，終於8月底三讀通過，9月10日公布實施。〔註60〕

《獎勵投資條例》共計35條條文，主要內容包括租稅減免（包括營利事業所得稅、綜合所得稅、營業稅、印花稅、契稅、土地稅、關稅等）、工業用地的取得（包括編定、徵收、開發及使用等）、公營事業的配合發展等。與租稅減免有關者即占20條（第5條至第24條），與工業用地取得有關者7條（第25條至第31條），與公營事業的配合發展有關者1條（第32條）。〔註61〕

《獎勵投資條例》制定與嚴家淦有極大的關係。在條例制訂期間，嚴家淦專門指示：

關於改善投資環境促進投資，已分三個方面工作中：

一、法令方面：現行法令不利於投資，或對投資尚嫌鼓勵不足者，均已加以檢討，例如土地問題、租稅減免問題等，均在《獎勵投資條例》中訂入，該條例現已送立法院審議中，通過後對於吸引

〔註59〕康綠島：《李國鼎先生口述歷史——話說臺灣經驗》，卓越文化事業公司，1993年，第144頁。

〔註60〕康綠島：《李國鼎先生口述歷史——話說臺灣經驗》，第145～146頁。

〔註61〕《「總統府」公報》第1157號（1960年9月13日）。

投資應有幫助。

　　二、行政措施方面：已隨時研討改進中，已採措施如簡化投資手續、減少審查程序及便利土地取給中，工作頗有進展，今後仍須隨時繼續檢討改正。

　　三、為投資人服務方面：投資小組之服務部門經常與國外國內投資人士連（聯）繫，供給其所需資料，指導其辦理投資手續，介紹其至各地訪問，已使投資人感覺便利，今後此一服務工作仍將不斷繼續。〔註62〕

　　根據條例，為了獎勵外商來臺投資，要實施減稅，給他們優惠稅率。當時的「財政部」官員認為，國家財政如此困難，絕對不能實行減稅、退稅及免稅等租稅優惠措施，但是嚴家淦堅決支持。當時，嚴家淦仔細說明給他的部屬們聽：「生蛋要先養雞，先把雞養肥了，才會生好的雞蛋，大家才有蛋吃。實行這個辦法，在短期之內會損失一些稅收，但是從長期來說，工業發達、國家經濟發達以後，就能引進更多的外資，到時候稅收自然就增加了。如果只從單一的角度來看，只緊盯著稅收看，稅收就永遠不會增加啊！」〔註63〕

　　因為當時「財政部」曾縝密估計過，該條例實施第一年減少稅收五億一千餘萬，第二年亦在此數左右。但是嚴家淦認為稅負合理調整後逃漏動機減少，稅務行政亦可望改善，因此毅然實施。〔註64〕嚴家淦在「行政院」對該條例草案的第二次審查會中，提出施行後因減免稅捐所致的國庫損失，及因投資增產所致的國庫收益的預估表，並報告彌補初期差距的具體辦法。〔註65〕

　　嚴家淦還進一步呼籲社會大眾支持持續的改革與開放。對於《獎勵投資條例》，他特別提出三點補充：

　　1.《獎勵投資條例》只是一個開始，並不代表成功。徒法不足以自行，還需要執法者瞭解其中立法的精神。

　　2. 這個條例只是「十九點財經改革措施」的一部分，其他的租

〔註62〕《「財政部長」嚴家淦表示加速經濟發展計劃中十九點財經措施的主要工作》，1960年，《嚴檔・再任「財政部長」時期》，原檔號：Art12520-022045。

〔註63〕歐素瑛等訪問、記錄，陳立文主編：《嚴家淦「總統」行誼訪談錄》，臺北「國史館」印行，2013年，第90頁。

〔註64〕歐素瑛等訪問、記錄，陳立文主編：《嚴家淦「總統」行誼訪談錄》，第49頁。

〔註65〕參閱郭岱君：《臺灣經濟結構的重塑——五〇年代的兩次財經大辯論》，載吳淑鳳等編：《近代國家塑造——中華民國建國一百年國際學術討論會論文集》上冊，臺北「國史館」印行，2013年，第442～448頁。

稅制度、金融制度仍還在檢討中，都需要及時改革。同時，外匯貿易的管制也必須不斷放寬。

　　3. 僅僅是政府財經政策方面的改進還不夠，必需要社會、政治、文化等多方面的配合，才能畢竟全功。〔註66〕

在接下去的幾年，嚴家淦特別在租稅上下工夫。1961 年，他特別指出：

　　　　在比較陳舊的政治觀念中，任何人都知道，財政是國家庶政之母，而租稅又居財政收入的主要部分，它不但關係國家一切政務推進，同時也關係著每一個國民的切身利害，故稅務措施，自然是政府施政的重要一環。但晚近的財政和經濟思想，則認為租稅不僅對財政方面的貢獻，和對人民的負擔有直接影響，而且在正確的租稅政策運用之下，並可對國民消費、儲蓄、投資、生產、幣值及出口貿易等方面，都能產生重大作用，反之，也足可招致損害。因此，我們對於稅務上的措施，乃愈為慎重，不僅是單純的注意到國家財政收入和人民負擔。

　　　　……

　　　　要使租稅制度能發揮促進經濟發展的功能。經濟發展要靠財政培養，而財政收入則須以繁榮的經濟為源泉，二者相輔相成。在當前國家政策積極鼓勵經濟開發的現階段，政府財政雖然十分拮据，但是為了配合經濟政策的執行，租稅制度不僅應在消極方面儘量避免妨礙經濟成長，而且必須在可能範圍內，忍受財政上一時犧牲，來鼓勵投資生產，幫助經濟開發，以換取將來更為碩大的果實，此種一時的讓步措施，乃應合時代要求，其目的在於提高國民所得，普遍改善人民生活，以縮短我們的國家由農業步向工業的旅程，往遠處和大處看，是非常必要的。〔註67〕

《獎勵投資條例》對臺灣當時的投資環境有極大的改善。如第五條：免徵營利事業所得稅五年；第六條：營利事業所得稅與附加捐總額不得超過今

---

〔註66〕歐陽元美、王遠弘：《幣制改革奠定臺灣經濟發展基石》，《聯合報》，1993 年12 月 25 日，載嚴前「總統」家淦先生哀思錄編纂小組編輯：《嚴前「總統」家淦先生哀思錄》，第 218～219 頁。

〔註67〕「財政部長」嚴家淦於國民黨中央「總理」紀念週報告「當前稅務改進及其展望」，1961 年 7 月，《嚴檔·再任「財政部長」時期》，原檔號：Art12518-082023。

年所得 18%；第十五條：兩年以上儲蓄存款利息免徵綜合所得稅；第十六條：凡外銷業務得扣除今年外銷結匯所得總額 2%，免予計入所得；第十七條：證券交易稅停止徵收；第二十二條：供生產之不動產契稅減半；第二十三條：自用之機械器具免徵戶稅等。除了以稅制來獎勵投資之外，這項條例也對工業用地的取得作了法律的規定，如第二十五條：行政院得將公有土地編為工業用地；第二十九條：私有農地得購買或租用變更用途等等。《獎勵投資條例》對臺灣未來的經濟發展影響甚巨。據調查，自這項條例公布之後，七年之內，計減稅免稅三十億新臺幣。而國民生產毛額則自 1960 年的 620 億增至 1967 年的 1460 億，到了 1975 年，更達 5600 億。平均國民所得自 1960 年的每人美金 153 元，增加到 1975 年的 956 元。國內儲蓄淨額自 1960 年的 38 億，增加到 1970 年的 430 億，1975 年的 1000 億。至於外人投資案件在 1959 年只有兩件，金額為 96 萬美金，但到了 1970 年，共有 151 件，金額達 1 億 3900 萬美金。〔註68〕

　　到了 1963 年，嚴家淦的積極擴張的財政思想已經完全成熟，並應用到臺灣財政的整體規劃上。11 月，他在一次演講中指出臺灣當局的財政任務：

　　　　現代國家的行政範圍由於公共的需要，已有日益擴大之勢。政府的職責愈形擴張，政府的功能更形重要，政府的支出，無論在質量方面都有增進，因此，財政的任務也隨之日益擴張而加重，這原是一般國家所通有的現象。我國近年來勵精圖治，戮力邁進，財政負擔之增重自屬尤甚。

　　　　我國現正負著神聖的時代使命，在財政方面實具有下列多方面的任務。

　　　　（一）普通的任務：普通的任務也就是籌應推動國家一般政務支出所需的費用。

　　　　（二）非常的任務：非常的任務就是鞏固基地和反攻復國的任務。因此，我們政府的活動絕不以一般經常的活動為限，更須從事有關反攻復國的一切準備，而且這種非常的任務常隨著軍事政治情況的變化而擴大，不易預料，所以比較普通的任務更為艱巨。

　　　　（三）經濟的任務：我政府現以臺灣有限的幅員和資源要完成上述兩種任務自是十分艱巨的工作。何況臺灣社會經濟方面還有幾

〔註68〕康綠島：《李國鼎先生口述歷史——話說臺灣經驗》，第 146～147 頁。

種更強大的壓力存在，主要的壓力有二：一是人口高速的增加，一是消費方式和生活水平的不斷提高。在這兩種壓力之下只有一條出路，就是加速臺灣的經濟發展。

加速經濟發展也可以說是解決臺灣財政與經濟問題的關鍵和達成上述財政任務之基本工作，歷年來為了協助經濟發展，在財政方面所採取的配合措施如次：

（一）力謀財政收支的平衡和幣值的穩定，俾為經濟發展建立一個有利的環境。

（二）運用減稅、免稅或退稅、提高折舊率、降低放款利率、便利資金融通等措施以鼓勵儲蓄投資和輸出。

（三）吸引僑資、外資並鼓勵民間投資，從事生產建設，加速經濟發展。

（四）積極投資公共工程或開發事業，如電力、水利、交通等，俾為一般經濟建設事業之發展鋪路。

以上三項當前的財政任務幾乎都是同等重要而不可偏廢，所以我們財政政策就必須以「兼籌並顧」作為基本原則，因此，在實際執行上不免有互相衝突之處，譬如減免徵收自然會影響財政收入和收支平衡，但是為了促進經濟發展，我們寧願如此去做，以導致國家社會將來的繁榮。〔註69〕

嚴家淦的這次發言幾天後，陳誠辭去「行政院長」，蔣介石決定嚴家淦任「行政院長」。臺灣當局迎來一位主張實施積極性財政政策的行政首腦。不過，此時尹仲容過世，接著 1965 年陳誠過世。與嚴家淦思想相近的另一位技術官僚李國鼎，成了他在經濟領域內的主要搭檔。

## 第四節　嚴家淦的財經治理角色的淡化

1963 年 12 月，嚴家淦接任「行政院長」，蔣經國接班的態勢已經形成。1965 年陳誠病逝，所謂蔣—陳體制自然結束，能夠有號召力的威權人物只剩下蔣氏父子。蔣經國先任「國防部」副部長，再任部長，掌握軍權，「軍國大

---

〔註69〕《「財政部長」嚴家淦演講一年來的財政概況與展望：未來將嚴格執行預算、改進「國庫」制度及加強管理「國有財產」》，1963 年 11 月，《嚴檔・再任「財政部長」時期》，原檔號：Art12518-092023。

事」皆由蔣氏父子掌控。蔣介石年老，此時的蔣經國實際已掌握實權，但在經濟領域還是由技術官僚治理，直到 1969 年蔣經國任「行政院副院長」。這是威權統治過渡期，臺灣技術官僚群體的核心人物為嚴家淦和李國鼎。此期間，蔣氏父子與技術官僚之間的合作已經漸入佳境，蔣介石晚年與這些技術官僚們相處融洽。可以說，這一時期，真正掌握臺灣經濟建設方向的是嚴家淦和李國鼎這樣的財經技術官僚。特別是李國鼎，已經接過尹仲容的旗幟，成了這一群體中的代表人物。由於改革方嚮明確，在蔣經國接班的過渡期，也是臺灣經濟的起飛階段。隨著經濟的好轉，嚴家淦在政治上平步青雲，但在財經決策權上卻逐漸淡化，1969 年嚴家淦經濟合作委員會主任的位置讓給了「行政院副院長」蔣經國，而經合會是臺灣當局經濟建設體制的核心機構。

1964 年 5 月，美國宣布停止對臺經濟援助。雖然此前雙方頻頻接觸，已經就美援停止後，臺灣的資金來源有安排。由於臺灣長期依賴援助，這個消息仍然給各界帶來不安。蔣介石得知消息後，日記記載：

> 本週四日美國突然公布其明年七月起停止對我國之經濟援助，其以我經濟近年發展之成長較高為藉口，已可不賴美援，此一行動事前並不與我政府有所商討而片面停止，其時期適與其對東南亞越、僚之政策商決之日發表，又與魯丑訪華與我提出談話錄之後相連合，故美國今後對我不良之政策的趨勢，不能不特別警戒。但此後美對我軍援與中美互助協防協定，不能不有積極準備，以應付美國將來惡劣之對華政策也。〔註70〕

為安定民心，嚴家淦以「行政院長」的身份發表談話：「自民國 39 至 52 年（1950～1963），接受美援約 14 億元，所有重要經濟計劃、民營工業的建立與成長，獲自美援的支助很多，在這個基礎上，我『國』未來的經建前途極為光明。」〔註71〕7 月，嚴家淦出席黨務會議，報告施政情況，以及就美援停止，國民黨當局所做的一些準備：

> 首先要指出的，事實上美國對我經援在過去數年中已在逐漸減少，大量贈與性的款項三年前已停止，最近三年來僅有美金二三百

〔註70〕《蔣中正日記》（未刊本），1964 年 5 月 28 日，轉引自呂芳上主編：《蔣中正先生年譜長編》第十二冊，臺北「國史館」、中正紀念堂、中正文教基金會印行，2015 年，第 49 頁。

〔註71〕歐素瑛等訪問、記錄，陳立文主編：《嚴家淦「總統」行誼訪談錄》，臺北「國史館」印行，2013 年，第 91 頁。

萬元為美方專家及訓練人員之用，美國國務院發言人的聲明，不過把這一事實加以申述而已。最重要的一點，是美國國務院發言人的聲明明確的表示：「當美國在臺灣的經援計劃將予結束時，美國將繼續進行其軍援計劃，並在四八〇公法下，繼續出售剩餘農產品……已承諾的經援基金將繼續向中華民國提供。」可見，將於明年六月停止的，僅是經援計劃，而不影響軍援及四八〇公法剩餘農產品的供應，也不影響美國已經承諾的援助。

然則，經援計劃停止後，我們究竟將受到如何程度的影響呢？一般人的誤會以為政府遷臺後自一九五一年至一九六四年的十四年中，一共獲得美援美金十三億六千一百萬元，因此，美援停止後，我們每年將損失一億美元的收入，其實並不如此。因為自一九六二年民國五十一年開始，美國對我的贈與性援助，除了極少的開發贈與作為技術合作之用外，三年前已停止。在最近三年中，四八〇公法剩餘農產品已成為美國對我經援的主體，為數每年達五千萬至六千萬美元，雖今後可能減少一部分，但這一項援助並不在停止之列。如果明年六月以後美國經援停止，則與上一年度比較，實際減少為數約二百萬美元的開發贈與，和一千五百萬美元的開發貸款，但這一千五百萬元是要償還的，而且其中五百萬美元係指定作購買美國製造的工業設備，因限制很嚴，使用困難。以我們當前的經濟成長情形，只要我們努力，這種減少我們可以自己彌補的。

至於美援貸款停止後，也可以向美國進出口銀行及其他國際金融機構取得。例如我們先後向世界銀行及國際開發協會貸得五筆建設資金共美金二千三百八十萬元，在申請中的還有三筆約美金三千萬元。美國進出口銀行也已向我國表示，可接受申請貸款。此外，僑資外資來臺正在逐漸增加，最近四年每年平均約有美金二千萬元。

再從國際收支方面來看，過去我們確實依賴美元來彌補約達美金一億元的差額，但正如上面已經提到的，自去年起，我們不但不再以美援來彌補國際收支的赤字，並且還有結餘，去年的出進口相抵，出超達二千多萬美元；今年截至五月份止，五個月中出進口相抵，已有六千多萬元的出超。此項增加一半為糖價上漲，另一半為其他工業品及農產加工品。

　　各位同志可以從上面的說明中瞭解到，美國經援於明年六月停止後，實際影響尚不太大，而且也可以瞭解到，我們現在的經濟發展，有足夠的能力適應美援停減的情勢。

　　說到美援，本人認為有兩種觀念應該提出來向各位同志報告：

　　第一、在我們本身的經濟發展中，美援對我們的影響，原就在逐漸減低之中。十年前我們的國民生產毛額只有二百億元，那時每年一億美元的經援，幾乎占我國民生產毛額的五分之一；現在我們國民生產毛額已達一千億元，一億美元的經援，便只占我國民生產毛額廿五分之一，其比量已大為減低。

　　第二、一個國家的經濟發展，在初期固然有吸引外來資本及爭取美援的必要，但最後還得借本國資本的累積。世界上沒有一個國家是可以完全依賴外資而完成其工業化建設的。所以，就我們本身經濟發展的前途言，應該是越快不需要依賴美援越好。我們目前的努力目標，不是如何去爭取美國的經援，而是如何推動自力更生的步驟以減輕乃至於完全不需要依賴美援。

　　當然，並不是我們對於美援的停止，完全不必重視。我們今後自應更加努力增加生產，發展輸出，增進本身國富。並且盡可能撙節不必要的財力物力消耗，尤其要避免浪費，以求對本身經濟力量作最經濟、最大效果的運用。〔註72〕

從這個報告可以看出，在嚴家淦等人的努力下，臺灣當局已經做好了應對美援停止可能對臺灣的經濟衝擊的準備。《獎勵投資條例》出臺後幾年，臺灣經濟發展迅速，1964 年的財政已經有盈餘。這是歷史上從來沒有過的現象，這給「行政院長」嚴家淦極大鼓舞。就在這年 7 月，在經合會的王作榮獻議經濟政策，呈送《臺灣經濟發展之路》給嚴家淦參考。〔註73〕文章主張的核心是臺灣當局需要改造財政、金融機構以便和國際接軌，強調利用「政府」的力量引導工業建設，指出「如果民間不願意做，政府先做」。王作榮的想法，其實與自尹仲容主導經濟建設以來，技術官僚們的一貫想法──「政府」必須積極

---

〔註72〕《「院長」出席黨務工作會議報告施政情況》，1964 年 7 月，《嚴檔‧「行政院長」時期》，原檔號：Art12618-012030。

〔註73〕《「行政院」國際經濟合作發展委員會處長王作榮呈行政院長嚴家淦「臺灣經濟發展之路」》，1964 年 7 月，《嚴檔‧「行政院長」時期》，原檔號：Art12615-172015。

主導經濟建設———致。在這種經濟思想的主導下，臺灣的經濟政策的變換更為迅速。

此時，世界經濟處於快速發展的時期，發達國家的跨境投資越來越活躍，臺灣的經濟發展在島上或國際上都處於好時機，成功實現了經濟「起飛」。1963～1973 年臺灣平均經濟增長率高達 11.13%，工業生產增長 18.5%，人均國民生產總值增長了 1.5 倍。外貿特別是出口貿易發展較快，1972 年的出口額比 1963 年增長了 18 倍。隨著出口增長，國際收支狀況大幅改善，1971 年實現貿易順差，扭轉了 1952 年以來 18 年的逆差。工業占出口比例也在 1972 年大幅提高，超過 80%。這表明，經過 10 年出口導向型經濟發展，臺灣從傳統農業社會向工業社會現代化發展，工業已成為臺灣經濟發展的主導產業。〔註 74〕

良好的經濟成績，當然與當局的推動有關。1965 年 1 月李國鼎擔任「經濟部長」。他大力促進投資，再度掀起經濟發展的洪流。農業上，他加強農業研究、擴張農產品加工出口、增加施肥提高農產、發展遠洋漁業、改善林業經營、推行畜牧事業、加強水利建設。工業上，他制定工業輔導準則，合理扶植並促使自由競爭。又致力於發展高級工業與基本工業。成立鋼鐵廠籌備處，策劃一貫作業大鋼廠之籌建。發展加工出口區，擬訂《加工出口區管理條例》，並完成立法，促使高雄加工出口區落成。商業上，簡化商業行政。配合推廣貿易，充實海外經濟參事或商務專員機構，加強海外練習。他開始整頓公營事業，撤銷經濟部原設之國營事業司，改設公營事業企業化委員會，藉以研究並採取各項改進措施。注重經濟法規的修訂，成立經濟法規修編小組，對於有礙經濟發展之法規進行修訂。〔註 75〕特別是出口加工區的建立，為引進外資和先進技術裝備，增加出口和解決勞動就業方面發揮了積極的作用。這一系列制度改革和政策變化，使臺灣的投資環境和出口條件有所改善。

嚴家淦此時主要是支持李國鼎工作，嚴李配合默契。李國鼎在很多觀點上與嚴家淦一致，彷彿當年尹仲容與嚴家淦一樣。李國鼎在經建工作中也得罪了不少人，最後也都由嚴家淦替他擋住。由於加工區對原有的正常海關管理造成極大衝擊，財政稅務管理部門對李國鼎很不原諒。1967 年，「關務署」署長周德偉就上書嚴家淦，指責李國鼎在原木進口上的問題。〔註 76〕這件事後來由於

---

〔註 74〕 參閱張敏：《戰後臺灣經濟的發展及其戰略調整》，《南京建築工程學院學報（社會科學版）》，2001 年第 2 期。

〔註 75〕 參閱張駿：《創造財經奇蹟的人》，傳記文學出版社，1987 年，第 50～51 頁。

〔註 76〕 《「財政部」關務署署長周德偉為「經濟部長」李國鼎承諾原木免稅事函「副

嚴家淦干預而不了了之。

不過，此時嚴家淦作為財經政策決策人的角色已經慢慢淡去。李國鼎任「經濟部長」後，頻頻得到蔣介石的垂青。根據他秘書的統計，在任這四年半之間，他常常被蔣介石單獨召見：1965年，總計16次；1966年，21次；1967年，22次；1968年，13次；1969年，7次。因為這些會談常安排在他出國前後，所以每次晉見，李國鼎總盡力把個人的所見所聞一一陳述，使得蔣介石不出門便知天下事。而蔣介石對於李國鼎要推動的工作，也很樂意支持。例如大陸「文化大革命」期間，工廠停工，停止出口水泥，而世界市場對水泥需求興旺，臺灣水泥供不應求。為了擴展水泥的外銷市場，蔣介石甚至下令當局暫停重要工程，以節省國內水泥用量，供應外銷。此外，高雄加工出口區開幕後，蔣介石時常到該區視察，以表示對外銷工業的支持。〔註77〕蔣經國已經分擔了蔣介石晚年的軍政大事，蔣介石在20世紀60年代後期極其關注經濟建設。他對李國鼎和其他技術官僚工作非常肯定。

1966年7月，蔣介石在梨山接見專家學者。7月12日，李國鼎陪同四位著名旅美經濟學家劉大中、蔣碩傑、顧應昌、費景漢與蔣介石面談經濟問題，一時傳為美談。蔣介石與文人交往，比如早期的胡適，與文人官員交往，比如早期的吳國楨，大多貌合神離，利用居多，不太認同這些文人理念。其他諸如俞鴻鈞、張其昀這樣的文人，多以部屬看待，嚴家淦、李國鼎也屬於這一類。但是「梨山會談」不同，蔣十分虛心聽從這幾個經濟學家的意見，以顧問對待。這種顧問，過去都是由外國人充當。蔣介石當日以晚宴款待劉大中與蔣碩傑等人，聽取其所提改正經濟政策之建議。日記記載：「劉大中、蔣碩傑等所陳改正經濟政策十一項之重點，甚為扼要且極合現實，更知經濟、財經之設施，惟由專家研究，不能事半功倍，或反害之。」13日，再度與四位經濟學家討論經濟建設政策。31日，審閱蔣碩傑等改革財政經濟政策之意見，指示「應再加研究，以期設法實施」〔註78〕。1967年11月14日，蔣介石主持國家安全會議第五次會議，指示國家建設計劃委員會對劉大中等四位旅美經濟學家

總統」嚴家淦》，1967年8月，《嚴檔·「行政院長」時期》，原檔號：Art12619-142051。

〔註77〕康綠島：《李國鼎先生口述歷史——話說臺灣經驗》，卓越文化事業公司，1993年，第172頁。

〔註78〕《蔣中正日記》（未刊本），1966年7月2日、3日、31日，轉引自呂芳上主編：《蔣中正先生年譜長編》第十二冊，第429頁。

所提有關改進國內財經措施建議，如統籌支配全國資源、劃一財稅名目、改進金融貸款政策與方法、公營事業預算列入國家總預算、配合經濟發展訂定人口政策，以及分段進行大煉鋼廠計劃等項目，做成政策性決定，交由「行政院」與有關機關策劃實施。〔註79〕

　　1964 年，臺灣的第三個四年期經濟計劃結束，該計劃原由美援會時期的尹仲容主持制定。同年，當局開始規劃制定第四個四年期計劃，由經濟合作委員會負責。當時嚴家淦兼任經濟合作委員會主任委員，但主要工作由副主任李國鼎主持，此時李國鼎已升任「經濟部長」。本文在「技術官僚治理確立和建設機構變遷」一節中已經敘述該機構的緣由。經合會的工作與原來經安會、美援會的功能類似，都是臺灣當局的經濟建設機構，經合會的工作重點，是要推動整體性國家經濟發展。負責設計當局的整體經濟計劃，研究、并推動經濟政策的實施方略，也負責引進國際資金及技術。不過，此時的美援停止，資金來源受限。經安會和美援會由於有美國人參與，這個機構不完全在體制之內，有「半體制」的意味。而經合會顯然屬於體制之內，這個經濟建設機構正趨向制度化。因此第四期的四年計劃，基本上由這些技術官僚獨自主導制定。經合會的這些變化，其實已經預示技術官僚的轉變。從表二《臺灣計劃設計機構變遷圖》，可以看出經建機構轉變的一些軌跡。

## 表二：臺灣計劃設計機構變遷圖

| 計劃時間 | 經濟成長率 | | 批發物價上漲率 | | 計劃設計機構 |
|---|---|---|---|---|---|
| | 計劃目標 | 實績 | 計劃目標 | 實績 | |
| 1953～1956 | — | 8.1 | — | 9.5 | 經濟安定委員會（1953～1958） |
| 1957～1960 | 7.5 | 7 | — | 8.3 | 「經濟部」、「交通部」送美援會匯總報「行政院」（1958～1963） |
| 1961～1964 | 8 | 9.1 | — | 3.8 | 國際合作委員會（1973～1977） |
| 1965～1968 | 7 | 9.9 | | 0.6 | |
| 1969～1972 | 7 | 11.7 | 2～3 | 1.7 | |
| 1973～1975 | 9.5 | 6 | 3 | 19.5 | 經濟設計委員會（1973～1977） |
| 1976～1981 | 7.5 | 9.8 | 5 | 8.7 | 經濟建設委員會（1977 年以後） |
| 1980～1989 | 7.9 | 8.2 | 6 | -0.5 | |

〔註79〕《蔣中正日記》（未刊本），1967 年 11 月 14 日，轉引自呂芳上主編：《蔣中正先生年譜長編》第十二冊，第 465 頁。

| 1982～1985 | 8 | 7.4 | 7.5 | -0.9 |
|---|---|---|---|---|
| 1986～2000 | 6.5 | — | 3.5 | — |
| 1986～1989 | 6.5 | 9.8 | 2.5 | -2.6 |
| 1990～1993 | 7 | — | 3.5 | — |
| 1991～1996 | 7 | — | 3.5 | — |

資料來源：李非：《戰後臺灣經濟發展史》，鷺江出版社，1992年，第344頁。

　　嚴家淦和尹仲容是第一代技術官僚核心人物，他們在國民黨遷臺初期，對國民黨政權有不可代替的作用。當局需要這些核心技術官僚處理經濟問題，也需要他們和美國人打交道。李國鼎這樣的技術官僚屬於經安會、美援會中成長起來的領導人，他們在沒有美援的情況下，需要獨立處理經濟問題。

　　1966年2月19日至2月26日，國民黨在臺灣召開了六年一次的「國民大會」一屆四次會議。這次會議是在國民黨當局「法統」日益嚴重引起不安的情況下召開的。除了「國大代表」、「立法委員」、「監察委員」日益老化外，主要還是在於選舉「副總統」。蔣介石連任「總統」沒問題，此前蔣介石已經提名嚴家淦為「副總統」候選人。嚴已當了兩年的「行政院長」，年齡還算合適，政績也不錯，按照蔣介石所說的推陳出新，嚴還算合格。不過「副總統」事關今後的權力繼承，因此極其敏感。投票前夕，蔣介石招待全體代表的餐會中復稱：「我本來希望國民黨同志不要提名我為候選人，因為才德兼備、對國家人民有貢獻的老同志很多。但是，最後大家仍然推我，我感到很惶恐。我今年已經八十歲，再連一任，還不能『反攻』，怎對得起『國家』？此次『國民大會』，乃是『反攻』前的最後一次會議，我們必須把握時局發展的樞紐，俾完成歷史的使命。此外，我本來希望民、青兩黨亦能提出『總統』、『副總統』候選人，可是他們很客氣。一黨提名，未始不是一種缺憾。」〔註80〕

　　嚴家淦被提名以後，蔣介石曾說了兩句意義深長的話替嚴家淦宣傳，他說：「嚴家淦同志的長處，正是我的短處，我的長處，也正是嚴家淦同志的短處。」〔註81〕提拔「新進」，自然要排除元老級的張群、孫科、何應欽等人，專心「黨務和軍事」。但是還是有很多老國代不聽蔣介石勸告。3月3日，蔣介石與張群談論選舉事宜，日記記載：

〔註80〕參閱商岳衡：《嚴靜波險勝輔弼之選》，《新聞天地》，1969年4月2日，轉引
　　　　自江南：《蔣經國傳》，中國友誼出版社，1984年，第411頁。
〔註81〕江南：《蔣經國傳》，第412頁。

增補臨時條款，關於「中央」各機關應戡亂時期之需要，乃以增減調整編制與職權；及其公職人員在「光復」地區得以補選、改選，均得由戡亂委員會刪定辦法實施之提案，不料反動分子代表大起恐慌，並乘機造謠作亂。又關於「副總統」選舉事，不良代表乘機向「行政院」嚴「院長」要求平民新建住宅須與優先權等狡詐。此等民意代表存在，不僅無法實施「反攻」計劃，而且只有妨礙「國家」進步也，可痛之至。〔註82〕

結果，嚴家淦得票 782 票，僅以微弱多 30 多票，勉強過關。蔣介石本意要得千票以上為預期之標準，因此頗為懊喪。〔註83〕蔣介石認為谷正綱在國民大會中，反對國民黨政策與決議，不願執行貫徹政策，以致影響選票，應負重大責任，並指「彼不自知其貴，而且必於強佔大會秘書長職務，把持『國大』，其居心自私，已陷於危險境地」，「為使其自反、自省、自覺，不陷於自絕之境，故決明令撤職以平公憤」，決定罷免谷正綱。〔註84〕「副總統」選舉糾紛表明，殘存的民主機制對威權人物還是有牽制作用。正因為這樣，蔣介石在蔣經國接班的問題上，對「行政院」系統官僚的安排也破費心思。

嚴家淦當選「副總統」後，又兼任「行政院長」。這一屆「閣員」中，黃少谷任「行政院」副院長、魏道明任「外交部長」、徐慶鐘任「內政部長」、蔣經國任「國防部長」、陳慶瑜任「財政部長」、閻振興任「教育部長」、李國鼎任「經濟部長」、鄭彥棻任「司法部長」、沈怡任「交通部長」、郭寄嶠任蒙藏委員會委員長，秘書長為謝耿民。〔註85〕李國鼎、沈怡都是出身美援會的技術官僚，陳慶瑜則是財經系統的官僚，長期在財政部門工作，屬於遷臺第一代財經官員。1963 年，嚴家淦接任「行政院長」，他就擔任「財政部長」。謝耿民是嚴家淦在臺灣省行政長官公署時代的部屬，跟隨嚴家淦多年，是嚴家淦行政上的主要助手。這次「內閣」人員安排，除了陳慶瑜，財經方面反映了世代交替。不久，嚴家淦成立「行政院」財經小組統籌財經治理，檔案記載：

---

〔註82〕《蔣中正日記》（未刊本），1966 年 3 月 3 日，轉引自呂芳上主編：《蔣中正先生年譜長編》第十二冊，第 272 頁。

〔註83〕《蔣中正日記》（未刊本），1966 年 3 月 3 日，轉引自呂芳上主編：《蔣中正先生年譜長編》第十二冊，第 274 頁。

〔註84〕《蔣中正日記》（未刊本），1966 年 3 月 4 日，轉引自呂芳上主編：《蔣中正先生年譜長編》第十二冊，第 293 頁。

〔註85〕郭傳璽主編：《中國國民黨在臺灣 40 年》，中國文史出版社，1993 年，第 53 頁。

一、本小組之成立日期及名稱

（一）本小組係於經合會第八次委員會時，奉院長指定財經首長七人，於五十三年五月九日開設，原名稱「調節貨幣供給額措施研議小組」（簡稱「七人小組」）。

（二）五十四年六月五日本小組建議行政院改名稱「財經小組」，同年九月七日奉行政院令核定改稱今名。

（三）自五十三年五月至目前為止，本小組先後共舉行會議四十次。

二、本小組之任務

（一）本小組五十三年成立時，當時主要之任務為研究調節貨幣供給額之各項措施，及有關證券幣制之改進事項。

（二）五十四年三月四日奉行政院令，以稽監察院呆滯放款科正案，本小組應加列研究處理呆滯放款及審查政策性貸款等任務。

（三）臺銀大額放款（每筆二千五百萬元）及存放款情況，均隨時提出本小組審議檢討。

（四）一般財經政策方針，例如，存放款利率及存放款準備金之調整，公積政策與金融政策之配合，保險公司及信用合作社之業務方針，外國銀行在臺設立分行之原則等等，均經常提出本小組研議。

三、本小組之組織

（一）遵照行政院五十四年九月七日令所核定，本小組為一協調性質之內部諮詢機構。

（二）本小組於五十四年九月定名為財經小組後，奉院長指定委員名單如次：

（1）中央銀行：徐總裁柏園（召集人）

（2）財政部：陳部長慶瑜、杜次長均衡

（3）經濟部：李部長國鼎

（4）經合會：陶秘書長聲洋

（5）省財政廳：周廳長宏濤

（6）臺灣銀行：陳董事長勉修

（三）本小組因非正式機構，既無人員編制（僅兼任秘書兩人

不支薪津），亦無預算開支（油墨紙張打字印刷央行代辦）。

　　四、本小組案件之處理程序

　　（一）遵照行政院五十四年九月七日令所核定，本小組為一協調性質之內部諮詢機構，對外並不直接行文。

　　（二）本小組對案件之處理，除商討結論涉及政策性者，係由主管單位報經行政院核定（或核備）令行辦理外，一般業務案件則由業務單位各依其職掌及程序處理。〔註86〕

　　財經小組是綜合經濟治理單位，參加官員全都是核心決策圈人物。但是該年整個財經系統官員遭到「監察院」猛烈彈劾，除嚴家淦外，其他如陳慶瑜、李國鼎都遭到控告。案件遷延多日，輿論一時喧嘩。這是繼俞鴻鈞之後，整個行政系統再次遭到大規模腐敗控告的事件。案件最後在蔣介石干預之下結案，陳慶瑜、李國鼎也都無罪脫身。〔註87〕這次腐敗控訴事件，加速了蔣介石對財經系統改組的步伐。

　　1967年11月，蔣介石對「行政院」進行局部改組，決定以年青的俞國華接替年長的陳慶瑜，出任「財政部長」，與蔣經國交好的孫運璿則接替沈怡。至於「行政院」秘書長（「行政院」裏排在副院長之後的三號人物），蔣介石要求嚴家淦換蔣彥士接任謝耿民。但是嚴家淦拒絕換謝，拖延不決。蔣介石獲知後，「殊出意外」，指責他「不求新、求行與科學化之決心，毫不容懷，非僅不動其心而已」。11月26日上午，蔣介石接見「總統府秘書長」張群，指示其「即以所定人事辦法以陶聲揚〔洋〕、蔣彥士二人，任嚴（家淦）擇其一人為秘書長之意轉告，以及調整各部長，亦一併明告」，如果嚴不同意，則告以「準備其辭職，另選『行政院』長之決心」。晚間，張群向蔣介石報告，嚴已照蔣介石「所示辦理」。〔註88〕

　　在所見材料裏，筆者從未發現蔣介石有指責嚴家淦的記錄。實際上，個性圓融、行政幹練的嚴家淦很少與蔣介石有衝突。因此，蔣介石「殊出意外」。

---

〔註86〕《財經小組設立經過節略》，1966年8月22日，《嚴檔・「行政院長」時期》，原檔號：Art12614-032021。

〔註87〕參閱蘇聖雄：《從「五大疑案」看嚴家淦的答詢風格》，載吳淑鳳、陳中禹編：《轉型關鍵：嚴家淦先生與臺灣經濟發展》，臺北「國史館」印行，2014年，第531～580頁。

〔註88〕《蔣中正日記》（未刊本），1967年11月26日，轉引自呂芳上主編：《蔣中正先生年譜長編》第十二冊，第469頁。

在陳誠任「行政院長」期間，蔣介石與他意見不合，往往會迂迴勸說，迫其改變。但是對嚴家淦則以「辭職」威脅，可見技術官僚在威權體制內的地位仍然不高。不過，蔣介石仍然給嚴家淦留了面子，陶聲洋也是美援會出身，研究兵器，是著名的技術官僚，與嚴同為上海聖約翰大學畢業。蔣介石試圖用這個人來安撫嚴家淦，蔣彥士則是農復會系統的技術官僚，與嚴家淦交集不多。11月27日，「行政院」發布公告，宣布鄭彥棻、政務委員兼「交通部」部長沈怡、「行政院」秘書長謝耿民另有任用，擬請免職。擬以俞國華為政務委員兼「財政部長」，查良鑒為政務委員兼「司法行政部」部長，孫運璿為政務委員兼「交通部」部長，蔣彥士為「行政院」秘書長。〔註89〕可見，在蔣介石壓力之下，嚴家淦乾脆服從上意，不在人事上過多糾纏。但「行政院長」連一個秘書長都決定不了，嚴家淦的權力大大削弱。這之後，嚴家淦主要的工作就是做蔣經國接班的過渡人物。其所擅長的財經治理，也逐漸轉移到俞國華和李國鼎等新一代技術官僚。1968年初，蔣介石頻頻接見俞國華，1月2日，蔣介石與俞國華商談「整理財政與歲收增加問題」，指其與臺灣省政府財政廳長周宏濤「皆為奉化，如不能澈底整頓有效，則無以為政」。〔註90〕1月3日，蔣介石接見「國防部長」蔣經國、「財政部長」俞國華與臺灣省政府財政廳長周宏濤三人，令他等負責整頓財政，並指示要領。〔註91〕可見蔣經國已經開始插手「行政院」系統的人事安排和工作。除了財政，他也將自己屬意的孫運璿送進「行政院」，接替沈怡。

俞國華是浙江奉化人，很早就和蔣經國熟悉，是他的中學同學，國民黨在大陸時期曾任職南昌行營。1955年自美返臺，旋即出任「中央信託局」局長，於任期內致力對外貿易，主辦臺糖、臺鹽、米糧外銷業務。後業務逐漸擴展至棉織品、五金等輕工業品，市場亦延伸及韓國、泰國、美國、西歐。1957年秋，應美政府之邀赴美研究資本形成問題，歸臺後建議臺灣當局成立證券交易所。1961年，俞國華轉任「中國銀行」董事長並兼任「中國產物保險公司」董事長，是個非常有經驗的財經官僚。蔣介石用他擔任「財政部長」護駕蔣經國的意圖不言而喻。至於孫運璿，則因為背景單純而幹練被蔣經國看中。

孫運璿的教育背景和蔣經國有部分類似，孫氏哈爾濱工業大學畢業，學

〔註89〕參閱呂芳上主編：《蔣中正先生年譜長編》第十二冊，第470頁。

〔註90〕《蔣中正日記》（未刊本），1968年1月2日，轉引自呂芳上主編：《蔣中正先生年譜長編》第十二冊，1968年，第482頁。

〔註91〕參閱呂芳上主編：《蔣中正先生年譜長編》第十二冊，第483頁。

校是蘇聯訓練中東鐵路人員而設立的,學校大多是俄羅斯教師,全部是俄式教育。這和蔣經國接受蘇聯教育的情況類似,兩人有共同語言。孫畢業後在資源委員會工作,參加電廠建設,戰爭期間又去美國接受工程培訓。戰後回國,被送到臺灣接收日本人遺留下來的電力設施,自 1946 年以來一直從事電力工作。臺電當時接收到美國援助最多,因此孫運璿與美國工程人員關係不錯。作為一個技術官僚,孫運璿在臺電工作頗有名聲。另一方面,孫運璿與經安會、美援會等並無淵源關係。蔣經國屬意孫運璿,顯然也在意他的派系。〔註92〕

李國鼎頗得蔣介石的賞識是他仕途上平步青雲的重要原因。但蔣經國對李國鼎非常在意,原因就是蔣經國認為李國鼎有派系的嫌疑。1969 年「行政院」改組,原經合會秘書長陶聲洋升任「經濟部長」,而經合會秘書長由「經濟部」次長張繼正升任。同年 8 月,經合會主管又有異動。由於蔣介石有意培植蔣經國做他的接班人,而蔣經國過去對財經問題很少接觸,所以嚴家淦決定將自己經合會主任委員的職位讓給蔣經國。蔣經國隨即指派費驊接任經合會副主任委員兼秘書長。原副主委李國鼎任「財政部長」,仍兼副主任委員,除參加委員會外,已不過問例行公事。〔註93〕對於這項人事安排,李國鼎雖然不願意,但只得奉命接受。原來他在經濟發展方面的工作已做得得心應手,多年來,他也培養了一批專才,只要稍加指示,事情即可順利進行。但蔣經國對李國鼎多年來在財經界培養的勢力,有相當的畏懼,遂想以調職來打散所謂 KT 派的勢力。在財政方面,他不僅外行,也沒有人才可用。嚴家淦卻堅持李國鼎去財政部。外界揣測這是因為李國鼎一向主張用減稅、免稅來促進經濟發展,現在應該讓他來管財政稅收,看看錢的另外一面。此外,蔣經國的疑懼還有另外一個原因。他對李國鼎所強調的「計劃式的自由經濟」模式並不完全贊同。〔註94〕1969 年,臺灣政壇還發生一件大事。曾經在俞鴻鈞「內閣」擔任「財政部長」的徐柏園,因為涉及收受高雄青果合作社理事長吳振瑞打造的金盤而下臺,因此蔣介石下令俞國華於 4 月 28 日由「財政部長」兼任「中央銀行」

---

〔註92〕蔣經國和孫運璿過去曾經有過接觸,因為蔣經國希望長子孝文進入國有公司工作,所以當他被任命為總經理時,除為子找一份工作外也希望孫運璿能看緊蔣孝文。但由於蔣孝文身份特殊,一般單位難以任用他,於是孫運璿調蔣孝文擔任臺電桃園區管理處長,專門查緝追討軍隊、眷村偷電、積欠電費的事務。參閱谷正文:《牛鬼蛇人——谷正文情報工作檔案》,書華出版社,1997年,第 287~288 頁。

〔註93〕康綠島:《李國鼎先生口述歷史——話說臺灣經驗》,第 193 頁。

〔註94〕康綠島:《李國鼎先生口述歷史——話說臺灣經驗》,第 194 頁。

總裁。〔註95〕徐柏園和嚴家淦都是渡臺第一代財經決策圈核心人物。

1969 年 6 月 25 日，黃少谷辭「行政院」副院長職，由蔣經國接任。「經濟部長」李國鼎改任「財政部長」，俞國華則接任「中央銀行」總裁，兼任國際貨幣基金理事及亞洲開發銀行理事。「行政院」並通過設置財政經濟金融會報，由蔣經國主持。〔註96〕當年，陳誠希望黃少谷留任「行政院」副院長，蔣介石堅決不肯，要王雲五接替。此一時彼一時，黃少谷又回任「行政院」副院長，顯然是替蔣經國過渡的。至此，嚴家淦在財經治理上的決策權全也由蔣經國接管。

〔註95〕俞國華口述，王駿執筆：《財經巨擘——俞國華生涯行腳》，商智文化事業公司，1999 年，第 232 頁。
〔註96〕歐素瑛等訪問、記錄，陳立文主編：《嚴家淦「總統」行誼訪談錄》，第 131 頁。

# 第九章　嚴家淦與蔣經國時代

　　從 20 世紀 60 年代後期開始，國民黨政權遇到兩個最大的挑戰：一是國際環境越來越孤立，二是「法統」危機。為了維護威權體制，面對挑戰，蔣經國在經濟建設上採取了比以往更為激進的措施，經建體制更多體現蔣經國個人專權的特色。從 1969 年開始，蔣經國接任「行政院副院長」就已經意味著全面掌握財經工作，嚴家淦在蔣經國的財經治理中屬於一般幕僚的角色，他更多的是參與過渡時期的權力交接。從 1969 年到 1978 年，嚴家淦是一個現代「禪讓」者的角色，極力維護「中華民國」表面上的「法統」形象。20 世紀 80 年代，面對內外的壓力，蔣經國決心政治轉型。嚴家淦與時俱進，協助蔣經國開啟了臺灣的政治轉型。

## 第一節　蔣經國時代的政治、經濟建設

　　1958 年臺海危機結束後，海峽兩岸多年未起大波瀾，這給臺灣經濟發展帶來了機遇。隨著經濟的起飛，國民黨政權基礎穩固，但是依然遇到內外兩個不易解決的難題：一方面，國民黨政權的「外交」危機不斷；另一方面，「反攻大陸」無望，「法統」難以維繫。

　　20 世紀 60 年代末，國際戰略形勢和美國的處境發生重大變化。美國對華孤立和遏制政策失敗，中國成為國際格局中重要的一極。蘇聯在全球範圍向美國發起咄咄逼人的攻勢，中蘇關係全面惡化。在此背景下，美國開始調整對華政策，把發展同中國大陸的戰略關係置於美臺關係之上，臺灣國民黨政權當然就是交易的砝碼之一。

　　1971 年 7 月 9 日至 11 日，美國總統國家事務助理基辛格（Henry Alfred

Kissinger）秘密訪問北京。在雙方的會談中，周恩來強調，中美關係改善的前提是「一個中國」的原則，即臺灣是中國的一個省，臺灣問題是中國的內政，外國不得干預，美國必須從臺灣撤軍，並廢除美臺《共同防禦條約》。基辛格代表美國政府所表示的立場中包括：美國承認臺灣是中國的一部分，不支持「兩個中國」、「一中一臺」，不支持臺灣獨立，美國將隨著中美關係改善減少駐臺軍隊，並最終解決《共同防禦條約》的問題。〔註1〕經過雙方秘密磋商，1972年2月21日，美國總統尼克松正式訪華。這是中美關係的一個轉折點，中美之間由對抗轉向和緩。經過談判，2月28日，中美發表《聯合公報》。

此前，1971年10月25日，聯合國大會第1976次會議以76票贊成、35票反對、17票棄權的壓倒多數，通過了阿爾巴尼亞、阿爾及利亞等23個國家提出的要求「恢復中華人民共和國在聯合國的一切合法權利，立即把蔣介石集團的代表從聯合國一切機構中驅逐出去」〔註2〕的提案。1978年12月16日，中美宣布建交並發表《建交公報》，美國承認「中華人民共和國政府是中國的唯一合法政府。在此範圍內，美國人民將同臺灣人民保持文化、商務和其他非官方關係」〔註3〕。不過，1979年3月29日，美國參眾兩院卻通過了《與臺灣關係法》。從《與臺灣關係法》的內容以及後來美臺關係演變的情況看，美國政府企圖在該法案的基礎上，繼續保持和發展與臺灣的「實質性關係」。〔註4〕顯然，《與臺灣關係法》否定了中美建交公報的一些內容，其實質是為美國繼續介入臺灣問題、干涉中國內政提供法律上的保障。這一做法當即就遭到中國政府強烈反對，4月28日，中國外交部照會美國政府，指出《與臺灣關係法》的許多條款都違反了中美建交協議，給兩國關係造成了損害。中國政府決不同意美國繼續向臺灣出售武器，中國反對「兩個中國」、「一中一臺」的立場是堅定不移的。〔註5〕1981年里根執政後，公開宣稱要向臺灣出售高

〔註1〕 參閱陶文釗主編：《中美關係史（1949～1972）》，上海人民出版社，1999年，第262～263頁。

〔註2〕 參閱張紹鐸：《20世紀70年代初臺灣當局對美「外交」與聯合國中國代表權問題》，《當代中國研究》，2009年第1期。

〔註3〕 參閱陶文釗主編：《中美關係史（1972～2000）》，上海人民出版社，2004年，第29～43頁。

〔註4〕 參見蘇格：《美國對華政策與臺灣問題》，世界知識出版社，1998年，第474～482頁。

〔註5〕 劉連第、汪大為編著：《中美關係的軌跡——建交以來大事縱覽》，時事出版社，1995年，第9頁。

性能的武器裝備，結果給中美關係帶來一場大危機。〔註6〕1982 年 8 月 17 日中美兩國經過艱難的談判，發表了《中華人民共和國和美利堅合眾國聯合公報》（八一七公報）。美國政府在公報中承諾它向臺灣出售的武器，在性能和數量上將不超過中美建交後幾年供應的水平，並準備逐步減少對臺灣的武器銷售，經過一段時間直到這一問題（軍售）的最後解決。至此，維繫中美關係的三個聯合公報全部出臺。由於中美關係的逐漸改善，臺灣當局所以依靠的所謂國際空間逐漸縮減。其在國際主權組織的代表權為中國所恢復，其「邦交國」的數量一落千丈，到 21 世紀初，臺灣所謂的「邦交國」只剩下幾個影響力不大的小國。與臺灣有「外交」關係的國家 1952 年為 40 個，1955 年為 42 個，1960 年為 52 個，1965 年為 59 個，1970 年為 66 個，1975 年為 26 個，1980 年為 22 個，1985 年為 23 個，1990 年為 28 個，1995 年為 30 個，1999 年為 28 個。〔註7〕

　　另一方面，國民黨越來越遇到所謂「法統」危機。1948 年選舉決定的「憲法」和那一套選舉產生的「中華民國」體制下的民意機構是國民黨政權賴以宣稱的「合法性」基礎，是謂「法統」。國民黨遷臺初期，就遇到所謂「法統」問題。按「中華民國憲法」第一百七十四條規定，修改「憲法」，「應依左列程序之一為之：一、由國民大會代表總額五分之一之提議，三分之二之出席，及出席代表四分之三之決議，得修改之。二、由立法委員四分之一之提議，四分之三之出席，及出席委員四分之三之決議，得擬定憲法修正案，提請國民大會復決」。當時去臺「國大代表」只達總額之 36%，未達到法定人數要求的三分之二，而「立法委員」提「憲法」修正案要有四分之三的委員出席，當時去臺「立委」也未達到 75%。為了解決這些問題，國民黨絞盡腦汁，採取拖延、司法解釋、制定「臨時條款」等方式渡過了幾次危機。1966 年「總統」選舉期間，國民黨通過「司法院大法官會議」解釋，「國民大會」通過二次修改「臨時條款」，把「臨時條款」權力固定下來。這個「臨時條款」無限期地延長民意代表的任期，形成了所謂「萬年國會」。〔註8〕但是隨著時間的推移，蔣介石「反攻大陸」已經無望，這些不需要選舉的民意代表，因為年老而逐漸凋

---

〔註6〕 梅孜編：《美臺關係重要資料選編》，時事出版社，1997 年，第 217 頁。
〔註7〕 參閱中國思想政治工作研究會編：《臺灣「邦交國」一覽》，《政工研究動態》，2001 年第 5 期。
〔註8〕 參閱朱天順：《國民黨在臺灣的「法統」危機》，《臺灣研究集刊》，1989 年第 3 期。

零，國民黨政權不得不面臨著無以為繼的問題。事實上，國民黨所謂「法統」危機，其實就是兩岸統一問題。由於國民黨政權不願意開啟兩岸和談，「法統」問題無法根本解決。1979 年 4 月 4 日，蔣經國以中國國民黨主席身份在黨內指示：「我們黨根據過去反共的經驗，採取不妥協、不接觸、不談判的立場，不唯是基於血的教訓，是我們不變的政策，更是我們反制敵人最有利的武器。」〔註9〕此所謂「三不」政策來源。面對大陸的和平統一的攻勢，國民黨政權應對乏力，直到蔣經國晚年才開放大陸老兵返鄉。至於其他與大陸的政治經濟協商，在蔣經國時代從未開啟。再者，隨著經濟的發展，大量中產階級湧現，臺灣開始了「黨外運動」等民主化運動。民主化運動裏挾著本來就已經有的省籍矛盾，加上國際分裂勢力的推波助瀾，逐漸形成了一股「臺獨」勢力。

　　早在 1964 年彭明敏與謝聰敏、魏廷朝提出《臺灣人民自救宣言》，提出「一中一臺」以便「解救臺灣」。〔註10〕這是島內反對運動中首次公然出現「臺獨」傾向的政治宣言。不過整個 20 世紀 70 年代，反對派論述的主流卻一直是黨外主張的「民主改革」，少有挑戰國民黨的「正統中國論」，不但不挑戰中國認同，還努力地將自身所從事的民主運動抽象到中國近代的民主化歷史當中。〔註11〕20 世紀 80 年代，島內反對運動標杆性人物許信良在美國創辦《美麗島週報》，海外「臺獨」人士之中，有一部分與他聯合。海外「臺獨」知名人士史明於 20 世紀 80 年代走訪美國各地，於 1982 年 8 月成立「獨立臺灣會」，「獨立臺灣會」與《美麗島週報》社成立「臺灣民族民主革命同盟」。之後，許信良於 1985 年與洪哲勝成立標榜社會主義、民族革命的「臺灣革命黨」。〔註12〕至此，海外「臺獨」勢力的主張逐漸得到島內黨外反對派的響應。1986 年 9 月，民進黨「一大」通過黨綱，提出「臺灣前途應由臺灣全體住民自決」的原則。1988 年 4 月，「二大臨時會」進一步稱「臺灣國際主權獨立」，把臺灣的民主化運動帶向了另一面。

　　面對內外壓力，蔣經國時代，臺灣政治的最大特點就是當局一面極力維

---

〔註9〕　《中央日報》，1979 年 11 月 12 日。

〔註10〕　彭明敏：《彭明敏看臺灣》，彭明敏文教基金會印行，1994 年，第 187～198 頁。

〔註11〕　蕭阿勤：《認同、敘事與行動：臺灣 1970 年代黨外的歷史建構》，《臺灣社會學》，2003 年第 5 期。

〔註12〕　參閱黃昭堂：《戰後臺灣獨立運動與臺灣民族主義的發展》，載施正鋒編：《臺灣民族主義》，前衛出版社，1994 年，第 203 頁。

護所謂「法統」，來對抗中國大陸提出的「一國兩制，和平統一」，提倡所謂的「三民主義統一中國」；另一方面，先以「本土化」為號召，安撫島內反對運動，最後再以主動開啟民主轉型，結束威權體制應對。

至於經濟建設，臺灣當局推動經濟建設不遺餘力。蔣經國時代的臺灣經濟發展迅速，成了威權體制促進經濟發展的一個典型案例。與蔣介石相比，蔣經國更喜歡親自主導經濟建設，整個經建體制圍繞他個人運轉。

1972 年 3 月，蔣介石和嚴家淦由「國民代表大會」選舉為第 5 任正副「總統」。1972 年 5 月 26 日，蔣經國出任「行政院長」，當天發布新「內閣」命令，「副院長」徐慶鐘、「秘書長」費驊、「內政部長」林金生、「外交部長」沈昌煥、「國防部長」陳大慶、「財政部長」李國鼎、「教育部長」蔣彥士、「司法行政部長」王任遠、「經濟部長」孫運璿（孫運璿）、「交通部長」高玉樹、「蒙藏委員會委員長」崔垂言、「僑務委員會委員長」毛松年，不管部會政務委員有葉公超、李連春、連震東、俞國華、周書楷、李登輝、郭澄等人。除了陳大慶、崔垂言、毛松年，蔣經國「內閣」幾乎都由技術官僚組成。其中，李國鼎、孫運璿、費驊全是標準的理工出身的技術官僚。6 月 1 日，蔣經國將「行政院」國際經濟合作發展委員會改組為「行政院」經濟設計委員會（簡稱「經設會」），由相關單位次長擔任委員。同時，他指派俞國華、李國鼎、孫運璿、周宏濤及費驊，成立「五人財經小組」負責財經決策，由「政務委員」兼「中央銀行」總裁俞國華擔任召集人。〔註13〕「五人財經小組」為蔣經國時代前期最重要的決策幕僚機構。1976 年 7 月，「財政部長」換成費驊，「行政院秘書長」換成張繼正，其他三人未變。在此期間，「經設會」成為一個提供政策諮詢的機構。

蔣經國本人不熟悉財經事務。在當「副院長」前，他早年江西贛南有過地方經濟工作經驗，當時贛南經濟落後，對治理臺灣提供不了多少經驗。1948 年，他曾經去上海打「虎」，是一次短暫且失敗的經濟糾察活動。因此，蔣經國的經濟建設思想強烈地和他的政治主張一致，具有他一貫的平民化的傾向，不喜歡按經濟規律辦事。1975 年，蔣經國在一次「全國」經濟會議上指出：

政治與經濟是不能截然劃分的，政府的任務在使民富國強，要達此目的，必須注重經濟問題。我國古代經濟學者管子曾說：「凡治

〔註13〕歐素瑛等訪問、記錄，陳立文主編：《嚴家淦「總統」行誼訪談錄》，臺北「國史館」印行，2013 年，第 133 頁。

國之道，必先富民。民富則治易，民貧則治難。」今天要使政治安
定，必先使國民富裕，要使國民富裕，必須注意經濟建設，也就是
「民持財以生，魚持水以活」的道理。政府召開這次經濟會議，不
但要解決今天的經濟問題，而且是要貫徹三民主義的經濟政策，使
國民足衣足食，過著富裕的生活。〔註14〕

　　正出於這種強烈的政治動機治理經濟，蔣經國的經濟思想遭到了李國鼎
批評。李國鼎覺得蔣經國和他的父親很不相同。蔣介石頭腦很好，觀念也很
新，財經官僚的意見他多半都肯接納，蔣經國則不同，他對財經問題並不十
分瞭解，卻很固執。如他對穩定物價這個原則非常執著，甚至到了迷信的地
步。此外，他喜歡作大型的公共投資，卻不肯加稅，使得主管財經的官員吃了
不少苦頭。〔註15〕

　　1973 年底第一次能源危機爆發，由蔣經國領導的「行政院財經五人小
組」開始擬訂全盤應變方案，決定提高油電價格。當時蔣經國堅持民生用電
不能加價，最後決定只提高營業用電，而家庭用電未超過 100 度部分，維持原
價，超過 100 度部分才採取累進費率。俞國華反對這種做法，因為許多民眾投
機取巧地在家中多申請一個或兩個電錶，就可以享有 200 度或 300 度的低價
用電。俞國華曾多次向蔣經國報告這個現象，但蔣不願意增加民眾負擔。由
於經濟情勢動盪，島內民眾也預期物價將上漲。蔣經國指示財經五人小組，一
定要堅持到 1973 年之內，油電價格及公營事業費率不能漲價，如此將有助經
濟穩定。〔註16〕

　　1974 年初，國際油價持續上漲，島內開始出現囤積現象，民生物資供應
吃緊，民眾開始搶購衛生紙。財經五人小組所持的基本原則就是精算能源成
本，一次漲足縮短陣痛。時任「經濟部長」的孫運璿首先提出「電價及公用事
業一次漲足方案」，各項費用，如油價、鐵、公路票價都上漲 50%，以消除各
界預期心理。使得生產者容易計算成本物債。「財政部長」李國鼎也支持調漲
物價，由於李國鼎的建議，公債的利率凡低於 12%的皆以 12%兌現。後來經

〔註14〕「行政院」新聞局輯《「行政院」蔣「院長」言論集》第五集，臺北「行政院」
　　　　新聞局發行，1975 年。
〔註15〕康綠島：《李國鼎先生口述歷史──話說臺灣經驗》，卓越文化事業公司，1993
　　　　年，第 211 頁。
〔註16〕參閱俞國華口述，王駿執筆《財經巨擘──俞國華生涯行腳》，商智文化事業
　　　　公司，1999 年，第 272 頁。

過黨政協調，「立法院」很快通過。由於這些措施得當，物價經過一次大漲陣痛之後，局面很快就穩定下來。〔註17〕此次物價風波，顯示蔣經國強烈的民生主義導向的經濟思想，注重政治影響遠超過顧及基本經濟規律。1973 年 11月，蔣經國在陽明山宣布了十大建設計劃。這十大建設，有六個是交通（中正機場、南北高速公路、鐵路電氣化、臺中港、北回鐵路與蘇澳港），其餘是電力、鋼鐵廠、造船廠與石化工業，是從「經濟部長」孫運璿建議的六大建設所衍生出來的。在宣布時，不僅李國鼎感到訝異，許多財經官員事前也被蒙在鼓裏。李國鼎聽到十大建設的計劃時，心情十分矛盾，一方面他知道二十年來的經濟發展，使臺灣基本公共建設落後許多。但另一方面，李國鼎卻知道這樣浩大的工程，花費相當可觀。根據蔣經國的計劃，這十項建設要在五年之內動用五十億美元，平均每年就是十億，相當於當時外匯存底的 40%與流通貨幣的60%。〔註18〕當時剛好遇到石油危機，物價上漲，民間投資意願低落。十大建設用大量的公共投資，對經濟復蘇有很大的幫助。不過投資浩大，建設規模太大，有些建設並不如人意。由於蔣經國在經濟建設上不計成本，又不肯加稅，這與李國鼎的主張矛盾重重。李國鼎銷假上班後，他和蔣經國的分歧還是存在。他們當時爭論最大的是鹽稅和糧價的問題。當時鹽價一斤是四元，其中一元六角是稅。李國鼎主張取消鹽稅後仍售一斤四元，以反應鹽的市場價格；但蔣經國卻主張取消鹽稅後，鹽應售兩元四角，否則取消鹽稅就是騙人，那麼不如不取消。李國鼎聽了很著急，就和他辯論。蔣經國教訓李國鼎：「人生七件事，柴米油鹽醬醋茶。這七樣東西是民生必需品，不可以隨便漲價。」〔註19〕可見蔣經國在經濟建設上完全是政治導向。儘管李國鼎對蔣經國的經濟治理能力評價不高，但仁者見仁智者見智，他的政治導向性的經濟建設風格，也被後人高度讚揚。比如曾經擔任「行政院」副院長的財經風雲人物徐立德就認為：

> 經國先生主政時期對臺灣經濟的貢獻與影響，是至深且劇的。總括來說，臺灣光復後的經濟發展，有三次重大轉型，第一次是以農業為主的經濟，轉向以工業為主；第二次是自勞力密集產業轉向重化工業為主；第三次是自重化工業轉向技術密集產業的發展。後

---

〔註17〕參閱康綠島：《李國鼎先生口述歷史——話說臺灣經驗》，第 213～214 頁。
〔註18〕參閱康綠島：《李國鼎先生口述歷史——話說臺灣經驗》，第 214 頁。
〔註19〕參閱康綠島：《李國鼎先生口述歷史——話說臺灣經驗》，第 218 頁。

面這兩次的轉型，都是在經國先生主政時期所推動的，並有顯著的成果。經國先生在 1972 年擔任「行政院長」時，當時平均每人國民所得只有 482 美元，到了 1988 年經國先生逝世時，平均每人國民所得已高達 5829 美元，短短 16 年間，成長了 11 倍。而這樣的成長，不獨厚財團或資本家，而是全民都能分享，經國先生主政時間，最高所得五分之一家庭與最低所得五分之一家庭的收入差距，都低於他剛接任「行政院長」時的 4.49，簡單的說，當時國民所得飆升 11 倍的同時，貧富差距幾乎維持不動，這就是均富理念的徹底實踐，讓全民共享臺灣經濟起飛的成果。〔註20〕

1975 年 4 月 5 日，蔣介石逝世，蔣經國於來年 6 月 10 日進行「行政院」局部改組，張繼正接替費驊任「秘書長」，而原本的「秘書長」費驊轉任「財政部長」，接替原「部長」李國鼎。張繼正為國民黨元老張群之子，曾經在尹仲容領導的經安會工作過，熟悉臺灣經濟建設。1977 年 11 月，原來幕僚性質的經設會改組為「行政院」經濟建設委員會（經建會），五人小組決策功能併入，五人小組才正式取消。經建會恢復到當年經合會時期的組織及功能，主任委員由「政務委員」俞國華兼任。〔註21〕不過，機構建制雖然恢復，整個經建體制已經與當年不同，當局的整個行政機構已經制度化，不再需要擁有半獨立性的機構。它的資金來源、政策制定都與當年不同。俞國華是蔣經國時代後半段的主要財經決策人，其時民主化轉型已經慢慢開啟。

1978 年 5 月 26 日，新任的「行政院長」孫運璿「組閣」，財經治理又有所回歸體制。蔣經國在此期間所秉持經濟方針為「加速經濟升級，積極發展策略性工業」。制訂《促進產業升級條例》，由政府研發高科技後轉由民間發展，促進產業升級，並規劃設立新竹科學園區，發展高科技產業，將勞力密集性工業轉向技術密集性工業。〔註22〕1984 年 6 月俞國華「組閣」，財經方面，「財政部長」陸潤康，「經濟部長」徐立德，財經技術官僚李國鼎、高玉樹、周宏濤、趙耀東等人列為「政務委員」。〔註23〕而這段時間臺灣社會正面臨快速的轉型，財經治理已被喧囂的政治氛圍所掩蓋。從整個蔣經國時代的「內閣」來

〔註20〕《中國時報》，2008 年 1 月 14 日 A7 版。
〔註21〕李功勤：《蔣經國與後蔣經國時代的內閣政治精英》，幼師文化事業有限公司，2014 年，第 48～49 頁。
〔註22〕李功勤：《蔣經國與後蔣經國時代的內閣政治精英》，第 55 頁。
〔註23〕李功勤：《蔣經國與後蔣經國時代的內閣政治精英》，第 93 頁。

看，多數的「內閣」成員都是技術官僚出身。〔註24〕財經方面，李國鼎、孫運璿、俞國華對臺灣的經濟現代化貢獻很大。不過政治轉型來臨之際，這些技術官僚大多應付乏力。李國鼎辭去「財政部長」後，他在政壇就不再有影響力；孫運璿 1984 年因中風退出政壇；俞國華面對風起雲湧的政治運動，缺少有效應對辦法。威權體制中的技術官僚，也隨著民主化轉型的到來，漸漸遠去。

## 第二節　嚴家淦的角色

　　自從 1969 年蔣經國任「行政院副院長」之後，嚴家淦就已經淡出決策圈。在蔣經國決定啟動十大建設時，嚴家淦予以支持，並建議核電建設列入。核電是他 1963 年考察訪問美國時就希望引入臺灣的基礎建設。除此之外，再也難以見到他的財經治理建議。1975 年 4 月 5 日，蔣介石病逝。國民黨中常會召開臨時會議，迅速做出兩項決議：其一，嚴家淦「副總統」，根據「憲法」第四十九條的規定，繼任蔣介石遺缺；其二，蔣經國以「從政主官」同志身份，向中常會提出辭呈：「經國不孝，侍奉無狀，遂致總裁心疾猝發，遽爾崩殂，五內摧裂，已不復能治理政事，伏懇中央委員會衿念此孤臣孽子之微衷，准予解除『行政院』一切職務，是所至禱。」中常會責以「效死勿去」，「銜哀受命，墨絰從事」〔註25〕。第二天，嚴家淦發布一篇對外通函，表達「國喪」期間不接受外界恭賀升任「總統」：

　　　　天不整遺，故總統蔣公遽告崩殂，遺大報難，降任於菲躬。自維德薄能鮮，殊有春冰虎尾之懼，翔茲國喪期間，憂傷未釋，豈敢受賀。渥承藻飾，益增惕厲。所望時抒嘉猷，以匡不逮為望。尚此函及，茲頌勉綏。〔註26〕

　　這篇通告與國民黨中央發布的決議文一樣，把蔣介石去世宣傳成傳統時代的皇帝駕崩。嚴家淦很明白自己這個「總統」的性質。就任「總統」兩星期以後，嚴家淦在 4 月 18 日上午約見當時擔任「新聞局長」的錢復。嚴、錢兩家是乾親家，嚴家淦的三女嚴雋菊是錢復母親的義女，錢復算起來是晚輩。但

〔註24〕據臺灣學者李功勤研究統計，蔣經國時代的內閣閣員 90%以上都是技術官僚出身。參閱李功勤：《蔣經國與後蔣經國時代的內閣政治精英》。
〔註25〕參閱江南：《蔣經國傳》，中國友誼出版社，1984 年，第 446 頁。
〔註26〕《「總統」嚴家淦復謝「中央」民意代表恭賀繼任「總統」之通函擬稿》，1975 年 4 月 6 日，《嚴檔・「總統」時期》，原檔號：Art128149-112046。

是嚴家淦很客氣,請錢復坐下來,跟他說:「我這個位置是暫時坐坐的,將來我要順利地交給蔣經國兄。」〔註27〕嚴家淦就任「總統」以後,「行政院長」蔣經國曾經跟他商量,要在臺北近郊芝山岩外雙溪一帶,撥出一塊土地,為他建造「總統」官邸。嚴家淦立即婉拒了這個建議,他指著在附近護衛的李連庚說:「你去擬一個安全警衛計劃,這裡很安全的沒有問題!」〔註28〕嚴氏儘量低調,以便突出蔣經國這個「核心」。嚴家淦之子嚴雋泰回憶,1975 年 4 月,蔣介石過世後,蔣經國當選為國民黨黨主席時,嚴家淦特別向蔣經國致意,表示將親自到蔣經國住的七海官邸向他道賀。蔣經國對嚴家淦的這番盛情,投桃報李,他在電話中告訴嚴家淦說:「『總統』!應該我來看您,我到官邸去看您」。〔註29〕

1976 年新年,嚴家淦發表新年談話,過去蔣介石在世的時候也年年這樣做。他說:

> 開明的政治:我們力求政治措施的開誠布公,政治風氣的清明廉潔,恢宏民主憲政的規模,增進全體國民的福祉。
>
> 開放的社會:我們的社會是開放的社會,重視人性的尊嚴,和人性的價值,追求有秩序的生活,有紀律的自由。在開放的社會中,我們已感到士氣民心的激昂奮發,和整個社會的欣欣向榮。
>
> 開創的事業:開創的事業,是積極性、建設性的事業,也是朝向現代化目標創新發展的事業。今天我們的十項建設循序推進,農工商業均衡發展,並研訂六年經建計劃,作為今後努力的指標,為實現民富國強的理想提供了保證,亦為開發中國家塑造了繁榮開發的模型。
>
> 開闊的人生:開闊的人生,就是要意境開朗,胸襟闊大。我們人民具有樂觀進取的人生觀,培養奮發有為的生命力,愛人如己,精誠團結。〔註30〕

談話是中規中矩官樣文章,與那個年代的多數發言稿一樣,既沒有文采,

---

〔註27〕 歐素瑛等訪問、記錄,陳立文主編:《嚴家淦「總統」行誼訪談錄》,第 157 頁。

〔註28〕 歐素瑛等訪問、記錄,陳立文主編:《嚴家淦「總統」行誼訪談錄》,第 163 頁。

〔註29〕 《嚴雋泰伉儷訪談錄》,載歐素瑛等訪問、記錄,陳立文主編:《嚴家淦「總統」行誼訪談錄》,第 408～454 頁。

〔註30〕 《「總統」嚴家淦於「中華民國六十五年」元旦告「全國」軍民同胞書》,1976 年 1 月 1 日,《嚴檔·「總統」時期》,原檔號:Art12818-022029。

也談不上有實際內容。嚴家淦在過去擔任技術官僚的時候，發言往往言簡意賅，雖然談不上文采，卻也言之有物。他在這個位置上，少做比多做要好。按照所謂「中華民國」體制，「總統」本來就是偏向內閣制的雙首長元首，權力在內閣。蔣介石在位的時候，某種意義上其實是越權。嚴家淦擔任「總統」反而回到了偏向內閣制的本來原貌。

1978 年 1 月 7 日，國民黨中常會舉行臨時會議，同意嚴家淦建議，決議向十一屆二中全會提案，提名蔣經國為第六任「總統」候選人。3 月 6 日，嚴家淦在中常會發言指出：

> 今天首先想到「馬首是瞻」這句成語。我們追隨一個人，瞻仰一個人，擁戴一個人，服從一個人的領導，也常引用「馬首是瞻」這句成語。現在國民大會正舉行第六次會議，國民大會許多重要的任務中，其中有一項神聖的任務，就是選舉中華民國的總統、副總統。我們要有一個堅強的領導中心，就應推舉一位能真正擔當大任的人。我想我們中華民國所有愛好自由民主的人士都認為以蔣經國先生的堅忍、宏毅、睿智，是真正擔當這一任務最適當的人選。經國先生為我們全國軍民同胞「馬首是瞻」，也必然是為國民大會各位代表所「馬首是瞻」，深信必能被選舉為第六任總統，領導全國軍民來開拓一個新機運，創造一個新紀元。〔註31〕

1978 年 3 月 11 日，「國民大會」選舉蔣經國為「總統」，謝東閔為「副總統」。這場早已安排好的權力交接程序和儀式中沒有發生任何意外。對於嚴家淦來說，和平過渡就是對當局的最好交代。臺灣當局當然不會放棄機會粉飾太平，媒體一陣熱鬧宣傳。雖然嚴蔣交接被外界認為是一場精心設計的政治遊戲，嚴家淦只是作了表演，沒有實質影響力。但是，平心而論，和平交接在現代臺灣政治史上還是有著重要的意義。嚴家淦是臺灣文官系統中的代表人物，和平交接表明臺灣的整個文官系統運行正常。事實上，古今中外很多強人政權在權力繼承過程當中，經常發生血雨腥風的變局，以致生靈塗炭。

1978 年 5 月，嚴家淦卸任「總統」，不過保留了黨職，繼續擔任中常委。對於嚴家淦的讓位和提名蔣經國為「總統」候選人，蔣經國也表示感激之情，制訂並通過了《卸任「總統」禮遇條例》。根據此規定，卸任「總統」享有 7 項

---

〔註31〕《「總統」嚴家淦於「中華民國六十七年」擴大早餐會中致詞》，《嚴檔·「總統」時期》，原檔號 Art12818-042016。

待遇責任：邀請參加「國家大典」；依現任「總統」月俸按月致送終身俸；供應房屋及其設備；供應交通工具；供應處理事務人員及事務費；供應保健醫護；供應安全護衛。嚴家淦卸任後，蔣經國對他一如既往，仍予以禮遇，由嚴家淦主持黨內若干重要會議，並就重大決策徵詢嚴的意見。作為黨國元老，嚴氏不得不從事他長久以來並不擅長的黨職工作。同年 10 月，國民黨中常會決定以嚴家淦為召集人，成立由 7 名常委組成的「提名審核小組」，負責對參加增額「國大代表」、「立法委員」黨籍候選人審核、提名。除此之外，他還擔任了「中華文化復興運動推行委員會」和「國立故宮博物院管理委員會」這兩個委員會的主任。

　　1978 年 7 月，蔣經國核定由嚴家淦繼續擔任「中華文化復興運動推行委員會」會長。這個職位過去一直是蔣介石兼任，蔣去世後由嚴家淦擔任。「中華文化復興」這個招牌，是蔣介石退居臺灣後念茲在茲的文化道統所在。一方面，由「國家元首」擔任這個會長職務，具有象徵意義，代表法統、道統集於一身，會增加臺灣當局政治上的合法性；另一方面，蔣介石把推行「中華文化復興」運動當作非常重要的意識形態工作來做。中華文化復興運動出臺的重要原因，原本就是為了回應 20 世紀 60 年代起西化思潮對臺島的猛烈衝擊。受胡適自由主義思想影響，1962 年，李敖在《文星》雜誌第 52 期上，發表了頗具轟動效應的《給談中西文化的人看病》一文。〔註32〕在這篇文章中，李敖認為中國傳統文化「已陷於一種文化的僵化，僵化的原因之一就是死抱住祖宗的大腿」。他指出：「中國現代化絕不能借助古法，中西合璧則更糟，現代化的國家和現代化的步驟早擺在那裏，我們直接去學就行了，不必麻煩祖宗，因為祖宗若能救我們，早就把我們救了，而事實上，祖宗留給我們太多的東方文明，已壓得我們喘不過氣來，延誤了中國現代化的進程。」結合臺灣的社會現實，李敖還將中國文化的保守性概括為 11 種病症。李敖全盤西化的言論，對以孔孟之道繼承者自居的國民黨來說，無疑是非常大的衝擊，國民黨也視之為洪水猛獸。此外大陸正在進行的「文化大革命」，也為臺灣當局提供了攻擊口實。蔣介石說：「今日『中華文化復興』運動，乃是針對『毛匪』『文化大革命』進行思想戰與文化戰的重要武器。」〔註33〕儘管蔣經國對意識形態的掌控絲毫不放

〔註32〕參閱李敖《中國文化論戰》，中國友誼出版社，2010 年，第 1～189 頁。
〔註33〕蔣介石：《慶祝國父誕辰暨文化復興紀念節大會致詞》，載張其昀主編：《先「總統」蔣公全集》第 3 冊，中國文化大學出版部，1984 年，第 3003 頁。

鬆，但是他顯然不願意效法他父親的做法，而是把這個職位當作禮遇嚴家淦的一個禮物。這是一個比較現實的做法，嚴家淦是臺灣文官系統中的代表人物，他自身的資歷也堪當「元老」。作為文復會會長，嚴家淦認為，文復會所推動有關「提高倫理道德，建設社會秩序」的各項工作，攸關國家文化與國民素質，當局應該投注特別的關切重視。〔註34〕嚴家淦不擅長意識形態工作，具體有什麼舉措，嚴氏也說不出所以然來。

　　20世紀80年代初，國民黨對意識形態的掌控已經力不從心。嚴家淦在這個位置無所作為，「中華文化復興運動推行委員會」在意識形態領域似乎被大眾忘卻，只有在各種文化活動上才能見到嚴家淦的身影，他往往作為嘉賓出席這些活動。大的如出席孫中山學術研討會，小的如出席中學生數學競賽頒獎會。另一位長壽的「黨國元老」陳立夫似乎比嚴家淦更為熱心文化，也看得更長遠。早在20世紀70年代，陳立夫就積極鼓吹復興中國文化以便反制大陸的「文化統戰」。但是在20世紀80年代中後期，陳立夫極力主張「中國文化統一中國」論。比嚴家淦年長的陳立夫，是文復會副會長，在嚴氏生病住院期間，一直代為主持文復會。陳立夫在1988年7月國民黨十三大中央評議會上，明確提出以「中國文化統一中國」，聯合33名中央評議員提出議案，要求「以中國文化建立兩岸之共信，並以美金一百億元與中共共同建設國父實業計劃之一部分，藉以建立互信，進而達致兩岸之和平統一」〔註35〕。為使「中國文化統一中國」的設想成為政治實施中的文件，2000年6月，在國民黨十五屆中央評議委員第四次會議上，陳立夫與「和統會」會長梁肅戎聯署提交了「國共第三次合作，共議和平統一」的大會議案，主張「借由國共第三次合作，聯合起來共同打擊『臺獨』，防止分離主義分子的陰謀得逞」〔註36〕。從後來民進黨上臺後，大肆地去「中國化」來看，陳立夫可謂有先見之明。與陳立夫相比，嚴家淦顯然不擅長此道。

　　1979年9月，嚴氏受聘擔任「國立故宮博物院管理委員會」主任委員，這個位置使他更容易發揮餘熱。這是一個比文復會會長要更具體一點的一個職位，嚴氏繼續發揮老派技術官僚的特性，勤勤懇懇地在臺北故宮博物院上投入了很大的精力。事實上，嚴家淦對中國文物有很濃的興趣。特別對中國青銅

---

〔註34〕歐素瑛等訪問、記錄，陳立文主編：《嚴家淦「總統」行誼訪談錄》，第171頁。
〔註35〕陳立夫：《成敗之鑑·陳立夫回憶錄》，臺北：正中書局，1994年，第409頁。
〔註36〕《參考消息》，2000年6月1日。

器，嚴氏有濃厚的興趣；他對於精美的三代銅器合金鑄造藝術，尤其感到好奇。此外，文房四寶也是嚴家淦的興趣所在。他尤其喜歡收藏硯臺。〔註37〕

不過這個委員會事實上也有濃厚的元老俱樂部的性質。在故宮第九屆委員名單中，主任委員嚴家淦，副主任委員陳雪屏，常務委員蔣宋美齡、謝東閔、杭立武、林柏壽、秦孝儀、連震東、蔣復璁、吳伯雄、李煥、瞿韶華。委員有張群、孔德成、余井塘、馬紀壯、陳奇祿、曹聖芬、張其昀（病故）、張寶樹、黃少谷、黃君璧、黃季陸、程滄波、蔣彥士、鄧傳楷、錢穆、閻振興、吳伯雄、李煥、王章清。〔註38〕這裡面除了吳伯雄為當年年輕的「內政部長」，李煥是當年的「教育部長」，以及像錢穆這樣的文化名人外，其他的都是黨國元老。嚴家淦雖然貴為主任，但是已經定居美國的宋美齡權威仍在。1982 年底，著名圖書館學專家蔣復璁在擔任院長十多年後退休，臺北故宮博物院面臨主任換屆，按常理故宮博物院也應該再找一位學者繼任。不過嚴家淦深知臺北故宮未來發展的任務非常艱巨，除了必須國學素養出眾、文化底蘊深厚，還需要具備優異的執行能力、豐富的行政經驗，以及良好的社會關係。嚴家淦認為，當時的國民黨黨史會主委秦孝儀，應該是故宮新任院長的最佳人選，因此極力推薦，還親自跑到黨史會找秦孝儀深談。秦孝儀是兩蔣的「文膽」，與蔣家關係非同一般。因此，嚴家淦把故宮博物院院長人事案一度電報報告宋美齡，請宋定奪，當年 12 月 4 日，宋美齡回電：

> 十二月二日來電奉悉，承費精神分析三位人選特長為感，最後結論秦孝儀似為最優，惟不知對其黨史主委工作，是否有所窒滯之處，若經有李霖燦、昌彼得二位輔弼可勝任愉快，則秦君從各方面說來確屬理想人選。〔註39〕

終於，秦孝儀於 1983 年 1 月接任故宮博物院院長。秦孝儀堅持故宮法制化，推動依法成為當局的一級文化機構。在這方面，嚴家淦更有濃厚的興趣。臺北故宮博物院直屬臺灣當局「總統府」，行政地位很高。過去之所以這樣安排，主要是考慮到故宮博物院的特殊性，博物院的收藏品都是來自於大陸的國寶器物，是國民黨當局自認為「正統中國」的一個重要文化象徵。正因為這

---

〔註37〕歐素瑛等訪問、記錄，陳立文主編：《嚴家淦「總統」行誼訪談錄》，第 173 頁。
〔註38〕《「行政院長」俞國華函「故宮博物院」管理委員會已聘任宋美齡暨主任委員嚴家淦等人為該會第十屆委員並請嚴主委召開第十屆第一次委員會議另檢附嚴主委等聘函請其轉發》，《嚴檔‧卸任「總統」後》，原檔號：Art12922-162014。
〔註39〕《候選院長簡歷》，《嚴檔‧卸任「總統」後》，原檔號：Art12922-122026。

樣，臺北故宮博物院的法制化管理比較謹慎緩慢。嚴家淦對故宮的法制化貢獻很大，反映了這位嚴謹的老技術官員的一貫務實作風。他堅持故宮必須朝著機關法制化的方向發展，要求故宮管委會著手草擬組織條例。《「國立故宮博物院」組織條例》經「立法院」審查通過後，由「行政院」頒布，臺北故宮在 1986 年 1 月正式隸屬「行政院」，成為當局的一級文化機構。臺北故宮自此進入專人、專業管理的發展階段。〔註40〕1991 年 3 月，「故宮管理委員會」完成階段性的管理任務以後，宣布解散。新成立的「國立故宮博物院指導委員會」則扮演指導、諮詢、監督及協助的角色。這時，嚴家淦因為生病住院，辭去了在臺北故宮博物院擔任了十年的名譽職位。

　　1986 年初，蔣經國決定進行全面政治革新，把「國家」帶向開放民主的新境界。在國民黨於 3 月 29 日召開的十二屆三中全會上，蔣經國提出「政治革新」議案，呼籲「以黨的革新帶動全面的革新，開拓『國家』光明前途」，獲得通過。為了避免保守分子的阻礙，蔣經國決定先在國民黨中常會設置專案小組，進行內部溝通。4 月 9 日，他從中常委員當中，選定嚴家淦、謝東閔、李登輝、谷正綱、黃少谷、俞國華、倪文亞、袁守謙、沈昌煥、李煥、邱創煥與吳伯雄共 12 人，組成「政治革新十二人小組」，專案研究「政治革新」的具體做法，特請嚴家淦擔任小組召集人。時任國民黨中央秘書長的馬樹禮回憶：「蔣經國『總統』對每一件重大事件，在政策決定之前，常以國民黨黨主席身份，徵詢黨內大老級主管同志的意見。晚年身體不好，體力較差，這個擔子，就落在國民黨首席中常委嚴前『總統』的身上了。」〔註41〕蔣經國並要求專案小組「先選擇最重要的來做，而且要快做，不要拖延」〔註42〕。小組討論 6 項重要改革議題，包括充實中央民意機構、地方自治法制化、「國家」安全法令、民間社團組織、社會風氣、黨的中心任務。嚴家淦當時認為，訂定「人民團體法」應該優先於訂定「政黨法」，把政黨開放的相關法令放在「人民團體法」當中。後來政府所施行的政策，就是依照這個原則辦理的。〔註43〕嚴家淦是總召集人，俞國華回憶當時為研究包括解嚴在內的許多重要黨國政策，蔣經國多託請嚴家淦主持。可見，嚴家淦晚年得到蔣經國的充分信任，

〔註40〕歐素瑛等訪問、記錄，陳立文主編：《嚴家淦「總統」行誼訪談錄》，第 175 頁。
〔註41〕歐素瑛等訪問、記錄，陳立文主編：《嚴家淦「總統」行誼訪談錄》，第 183 頁。
〔註42〕歐素瑛等訪問、記錄，陳立文主編：《嚴家淦「總統」行誼訪談錄》，第 183～184 頁。
〔註43〕歐素瑛等訪問、記錄，陳立文主編：《嚴家淦「總統」行誼訪談錄》，第 185 頁。

只不過嚴家淦的身體狀況也不如人意。1986 年 9 月 16 日，嚴家淦到「總統府」，在國民黨一位從政黨員的辦公室主持會議，會議期間，嚴家淦中風，不再主持討論。〔註44〕1986 年 10 月 8 日，蔣經國曾經在主持的「中央常會」上說：「本黨自三中全會以來，我們為更求進步，已對充實中央民意代表機構、地方自治法制化、『國家』安全法令、民間社團組織制度、社會風氣與治安，以及黨的中心任務等重要議題，積極著手研究討論。」〔註45〕10 月 15 日，蔣經國在中常會上作了極為明確的政策提示：「時代在變，環境在變，潮流也在變；因應這種變遷，本黨必須以新的觀念，新的做法，在民主憲政體制的基礎上，推動革新措施。唯有如此，才能與時代潮流相結合，才能與民眾永遠在一起。」〔註46〕

1987 年 6 月 23 日，臺灣「立法院」通過了國民黨當局為「解除戒嚴」而制訂的《動員戡亂時期「國家」安全法》（簡稱《國安法》）。7 月 15 日，蔣經國正式宣布解除在臺灣島和澎湖地區實施的長達 38 年之久的「戒嚴令」。

〔註44〕自那次會議後，嚴家淦就長期臥病，留在榮總醫院療養，後來又二度中風，情況惡化，1995 年去世。參閱歐素瑛等訪問、記錄，陳立文主編：《嚴家淦「總統」行誼訪談錄》，第 185 頁。

〔註45〕李雲漢：《中國國民黨史述‧第四編‧保衛臺灣與建設臺灣》，中國國民黨中央委員會黨史委員會出版，1994 年，第 597 頁。

〔註46〕李雲漢：《中國國民黨史述‧第四編‧保衛臺灣與建設臺灣》，第 602 頁。

# 結　論

## 一、臺灣兩蔣時代的政治、財政與經濟建設的關係

　　臺灣兩蔣時代的政治有三個主題：第一，內戰遺留是臺灣政治的最重要的特點。國民黨遷臺後的政權，並非憑空生造，它帶有中國近代史上諸多元素。首先如日本殖民統治，抗日戰爭，臺灣光復，都是中國人共同的歷史記憶。臺灣實行了幾十年的「憲法」，整個「中華民國」的現行體制全都是從中國大陸遺留下來的。國民黨遷臺後，鑒於大陸的失敗教訓，對國民党進行改造，從而塑造了與在大陸時期有所不同的政治氣象。因此，所謂臺灣兩蔣時代的威權體制，必須放在兩岸特殊歷史背景下理解才有意義。第二，兩岸對峙時期，也是世界兩大陣營對立的時代。美國為了扶持臺灣這個冷戰前沿，積極援助臺灣。中美關係緩和後，改變了冷戰形勢，也在很大程度上影響了臺灣的政治。臺美之間的關係是兩蔣時代非常重要的外部因素。第三，兩蔣時代的威權體制，經濟建設上有非常顯著的進步，呈現出所謂「開發獨裁」的樣貌。

　　財政是現代政府治理的核心。本文認為，國民黨在大陸時期的財政可以說是遠談不上現代化，財政的目的就是為軍政服務。嚴家淦在福建的財政治理，比如田賦徵實就是一個根據國情的一個舉措。國民黨遷臺初期，威權當局實行幣制改革，預算制度等財政措施，初衷也是為了維持軍事開支。其他諸如土地改革和美援，都能看到這種目的的財政舉措。到了臺灣經濟起飛的時候，財政的目的發生了改變，成了經濟建設的主要資金來源，財政已不是簡單的政府收入開支問題。

　　財政的合理化和現代化，不僅是支持工業現代化的前提條件，也是馴服

「政府」的重要手段，而現代財政的核心是通過預算來實現議會對政府的控制，預算是財政的核心。顯然本文所討論的臺灣威權當局不可能真正實現議會控制預算。不過，遷臺初期的國民黨當局為了控制軍費，防止惡性通貨膨脹，以及在美國的壓力之下，部分實現了預算制度。再加上殘存的民主機制的存在，使得威權當局的預算一直存在。〔註1〕預算這個例子可以看出，臺灣當局能明智地利用現代化財政治理模式服務自己的核心利益，事實上延長了威權的時間。不過，隨著政治轉型的到來，這些合理化的現代財政制度，同樣起到了穩定社會作用，避免了經濟紊亂，而一切需要從頭做起。這也是嚴家淦作為財政技術官僚的一大貢獻。

本文所說的經濟建設，指的是威權政府特有的經濟職能。西方社會，出於對自由市場經濟熱衷，並不希望政府直接從事經濟，而只需要維護市場秩序就行。但在後發國家，政府直接從事經濟建設屢見不鮮。臺灣威權當局的經濟建設一開始就是政府推動的，而且最初的經濟建設目的不是為了發展經濟，而是為了滿足財政。最後，在嚴家淦、尹仲容等技術官僚推動下成立經濟建設單位，實現了「計劃式的自由經濟」，從而推動了臺灣經濟的現代化。

臺灣的經濟建設與威權當局的財政治理密切相關。嚴家淦主導的財政系統，在臺灣經濟起飛階段，改變財政思維，採取擴張性的財政政策，從而極大的推動了經濟建設。因此所謂「開發獨裁」，簡單地說就是威權「政府」，利用現代財政工具，進行經濟建設，最後達成經濟現代化。

---

〔註1〕 實際上，臺灣威權當局的預算制度其實非常有限。臺灣經濟起飛階段的財經聞人王昭明曾經寫文章提到：「當局的預算主要靠權威的人自己的自律，以及他們的幕僚們一再的反映。」他舉了個例子：「我們（臺灣當局）大概在60年代末期、70年代，世界上曾經出現農產品價格暴漲的情形，就是小麥、玉米這類的農產品，而我們為了要讓臺灣吃燒餅、油條的人，不要受到這些黃豆、玉米大幅漲價的影響，讓大家繼續吃比較便宜的燒餅、油條，就採取高度補貼政策，對進口這些的人，要他按照什麼價錢賣，而進口成本差額由政府來補貼，以後再慢慢償還。那個時候，補貼的錢是由中央銀行來墊，一墊就是二、三十億，在三十幾年前，這是一筆很大的數字，後來慢慢還了二、三十年。我記得在一九八幾年的時候，我還在財政部服務，每次看到中央銀行總裁的時候，他都要問我，這筆錢還清了沒有，而那個時候也沒有預算，就是這樣去做。現在若是這樣做就不行，因為中央銀行沒有權經由這樣的方式，墊出這麼多的錢。」王昭明說的就是蔣經國當政的時候，為了控制物價所採取的財政措施。可見，在沒有真正議會約束的情況下，預算制度只能是靠威權人物的自覺。參閱王昭明：《戰後臺灣財政改革》，載中研院近代史研究所編：《財政與近代歷史論文集》，臺北：中研院近代史研究所印行，1998年。

　　嚴家淦本人對財政和威權的關係有切身體會，並對財政和經濟之間關係有過自己的看法，他信奉凱恩斯主義，強調政府的經濟職能。從 1960 年代開始，臺灣當局開始全面經濟改革。之後三十年，臺灣經濟獲得巨大成功，成為亞洲四小龍之一，由原來的農業地區，一躍而成為新興工業開發地區。毫無疑問。作為後發經濟體，其「政府」的角色至為重要。作為「政府」主導經濟開發的知名財經技術官僚，嚴家淦是這個過程的全程參與者，在許多關鍵的節點上發揮了重要的作用，充當了不可或缺的重要角色。如在支持匯率改革推動對外貿易、出臺《獎勵投資條例》吸引外資等。1980 年代，已經退到幕後的嚴家淦，在臺灣中華經濟研究院的一次會議上，發表《戰後臺灣經濟發展的基礎與條件》，系統地闡述了他對臺灣經濟發展的看法。這篇談話，很能代表這批以嚴家淦、尹仲容為代表的技術官僚群體對臺灣經濟發展緣由的觀點。他說：

　　　　臺灣經濟之能由落後、貧窮變為進步、富有，主要是把握了幾個條件，而這幾個條件對其他開發中國家，也有參考的價值：

　　　　（一）正確的指導原則：經濟發展的目的，是維持經濟的不斷成長，改善財富的合理分配。我們所標榜的民生主義，其理想目標就是均富，而其精神即為經濟自由。經濟自由是我們的經濟制度的本質，而均富成為經濟發展的目標。

　　　　（二）堅強的領導中心：對一個開發中國家而言，這是一個相當重要的條件，苟無堅強的領導中心，在民智未開的情況下，很難推動任何建設，尤其像臺灣的環境，中共一直處心積慮要赤化這塊土地，於是分化、打擊、統戰，無所不為。堅強的領導中心正可集中全國力量，為達成既定的目標而努力。

　　　　（三）安定的社會環境：在一個社會情況紛擾的國家，無人會有信心從事投資與建設，也就不可能產生高度的經濟成長。三十多年來，臺灣社會之安定是誘導投資與生產的重要條件，也是華僑與外人來臺投資的主要考慮。

　　　　（四）普及的大眾教育：無論從事政治上的改革或經濟上的發展，它的國民必須具備某種程度的教育水準，而且，這種教育水準要不斷的提高，才能提供由農業轉為加工型工業，再由加工性工業轉為創新性工業所需要的高素質的人力。臺灣的教育不僅相當普遍，而且其水準不斷地提高。近十年來，更加強專業性教育的推展，

以應技術性密集工業發展的需要。

（五）勤勞的民族特性：中華民族是一個勤勞的民族，在私有財產制度之下，這種特性的具體表現就是工作效率之提高，與財富的不斷創造。……

（六）因應環境變遷的經濟政策：在經濟發展過程中，每一階段有每一階段的問題，不同階段的經濟問題需要不同的政策措施來解決。譬如說：在民國四十年代，我們需要分散土地所有權的土地政策，今日我們又要進行第二階段的農地政策，以擴大單位耕作面積的方式，提高農民的所得。

（七）臺灣經濟制度的本質是市場經濟，而維護私有財產制度，促進自由競爭，一直受到政府的重視。就眾所知，這種制度對激勵工作意願與提高工作效率最為有效。

在經濟發展過程中，政府扮演一個相當重要的角色。在經濟發展初期，政府要負責推動經濟發展，培植勞工生產能力，甚至訓練企業人才，以奠定進一步發展的基礎。但是政府對許多企業的過多參與、輔導及輔助，也會產生很多後遺症。諸如工商業者養成事事求保護、處處仰賴政府支持的習慣；而政府本身也容易以保姆的身份自居，不願放棄對工商業者之干預。在經濟起飛之後，政府的主要功能應該是：

（一）創造一個最適合的投資環境，使生產活動蒸蒸日上。

（二）講求財富的公平分配，避免貧富所得的過分不均，同時更要儘量避免西方國家福利制度所引起的弊端——一般人趨向好逸惡勞，不願貢獻，只願享受社會福利。

（三）維護自由市場的發展，消除獨佔的力量，並提高經濟效益。〔註2〕

嚴家淦不喜歡著書立說，這篇講話是嚴家淦為數不多直接討論臺灣經濟發展緣由的文章。不難發現，嚴家淦把「臺灣經驗」首先歸結於當局的領導。同為技術官僚的王作榮總結得更具體直接，認為臺灣經濟發展的緣由是嚴家淦這樣的技術官僚所推動。王在其自傳《壯志未酬：王作榮自傳》一書裏提

---

〔註2〕《前總統嚴家淦於臺灣經濟發展會議中文致詞稿及修改稿》，末標明時間，《嚴檔．『總統』時期》，原檔號：Art12920-172015。

到，國民黨退臺有大批像葉公超、俞大維、尹仲容、蔣夢麟、嚴家淦這樣的技術官僚與技術人員。就是在這些人的領導之下，臺灣「建立起了有效廉潔的行政系統，及在公民營企業中從事實際經濟建設，不僅使政治社會安定下來，並進一步從事有計劃的建設。」王作榮認為這批人，「在短短幾年之內，造成中興之局，為臺灣建造經濟奇蹟，為居住在臺灣的全體國人創造了富裕生活，永遠脫離了貧窮」〔註3〕總之，站在嚴家淦和王作榮的立場，無論是臺灣當局還是技術官僚，是他們推動了臺灣經濟的現代化。這些看法只強調一點，當然都有所偏頗。事實上，臺灣經濟成功現代化一定有非常多的因素，比如美援、日本人遺留的一些基礎、特殊的經濟機遇，以及大陸來臺的企業、資金等等。這諸多因素組成的歷史合力，促使了臺灣經濟的現代化。

不過，今天討論臺灣經濟發展的緣由已經遠遠超出了對社會科學理論的探討，其中也夾雜了許多對歷史的錯誤看法。比如有人認為臺灣經濟發展的緣由主要是日本人留下的經濟遺產，甚至認為日本殖民統治臺灣的時候，經濟已經現代化。這種說法就偏離歷史事實太遠了，不僅抹殺了兩蔣時代臺灣經濟建設的貢獻，抹殺了對臺灣經濟起飛作出重大貢獻的技術官僚的功勞，也是對基本歷史事實的歪曲。

## 二、從嚴家淦人格特質看臺灣威權時期的技術官僚治理

所謂技術官僚，在臺灣的語境中比較模糊，隱約指向威權時代不同於軍人和黨務出身的官僚。從廣義上說，這些人指的是服務於現代經濟的知識型官僚。但狹義上說，指的是現代產業領域內的官僚。如李國鼎在口述回憶中曾經說過，「資委會是培養技術官僚的搖籃」。〔註4〕資源委員會是國民黨在大陸時期專門統制工業生產的部門，這裡面的官僚當然屬於非常標準的「技術性」的官僚。中國的舊工業落後，少數懂工業經濟的精英集中在國辦的資源委員會裏是歷史使然。當然狹義上的技術官僚也不局限在工業領域，如沈宗瀚、蔣彥士等農業技術官僚也被廣為熟知，就是後來貴為「總統」的李登輝最初也因為由一個農業技術官僚而被蔣經國所看重和提拔。李國鼎和孫運璿都有資委會的工作經驗，李國鼎光復初期在臺灣造船廠工作，孫運璿則在臺電。尹仲容在大

---

〔註3〕 參閱王作榮《壯志未酬：王作榮自傳》，臺北：天下文化出版社，1999年，第333～360頁。

〔註4〕 劉素芬編，陳怡如整理，李國鼎口述：《我的臺灣經驗》，臺北：遠流出版社，2005年，第474頁。

陸時期，主要從事交通電信工作。嚴家淦與他們相比，從事工業經濟的經驗不算很長。他早年在上海從事過軍需品的進出口貿易，在鐵道部門有短暫的材料採辦工作經驗。抗戰時期，曾經短暫任職福建交通廳。抗戰末期，在翁文灝領導的戰時生產局工作過。臺灣光復初期，又短暫任職行政長官公署交通處。這些工作都與現代工業化生產密切相關，把嚴家淦稱之為狹義上的技術官僚也不為過。

不過嚴家淦真正擅長的是財政，他長年任職國民黨的財政和金融部門。他更應該被稱之為廣義上的技術官僚。在臺灣經濟現代化過程中，各行各業都湧現了一批技術官僚。他們在國民黨遷臺初期就嶄露頭角，到蔣經國時代，更是全面代替了過去黨務、軍人出身的官僚。嚴家淦在臺灣經濟起飛的過程中，長期支持尹仲容、李國鼎等人的工業經濟建設，在臺灣工業化過程中多有貢獻。在臺灣威權時代，他是比較典型的一位技術官僚。臺灣威權時代的技術官僚主要集中在文官系統裏（也有少數服務於軍隊的，如俞大維曾經任「國防部長」）。這些技術官僚其實人格特點各異。比如尹仲容脾氣暴躁，往往得罪人。嚴家淦翩翩君子，個性圓融。李國鼎個性強硬，不容易妥協。孫運璿為人真誠，謹守禮儀、分寸，喜歡實幹。但是他們都有共同點，就是他們受過良好的科學教育，辦事非常理性。

嚴家淦與他同時代的人相比，最重要的特點就是受過良好的科學教育。中國五四新文化運動的啟蒙口號就是民主和科學。五四新文化運動發生前後，嚴家淦正在上中學、大學。他在聖約翰大學學習化學專業，正是科學潮流第一次真正在中國開始正名流傳的時代。科學不再是奇技淫巧這樣的末流技藝，而是被寄託為民族復興的根本。在嚴家淦身上特別能反映他具有科學精神的氣質。同為著名技術官僚的蔣彥士曾經說：「本人曾經介紹很多外國的學者、專家以及大學校長們去拜訪嚴先生，他們咸認為從來沒有遇到過像這樣的一位政治家，學識如此淵博的，不僅對中國文化很有研究，而且對世界最新的科學技術也都懂。尤其對嚴先生的謙沖胸懷及不斷求新求進的精神，都非常欽佩。」〔註5〕

臺灣資深記者葉明勳比嚴家淦小10餘歲，早在福建協和大學擔任校長秘書時便認識當時任財政廳長的嚴家淦，他對嚴家淦的博學多才有非常近距離

〔註5〕陳立文主編，歐素瑛、林正慧、黃翔瑜、許秀孟訪問記錄：《嚴家淦總統行誼訪談錄》，第344頁。

的觀察。他說，嚴家淦在上海從商的那一段時光，很喜歡逛書店，被人稱為「書癡」，讀的以有關國計民生者為多，文學次之，也瀏覽古籍，而關於本行的化學和物理之類，反而很少看了。葉明勳由此引申，嚴受過科學訓練，故能以所學的科學精神與方法應用到行政事務上，特別是其偏重的經國濟民之學。〔註6〕

嚴家淦很早就是仁社成員。仁社是 1919 年在美國紐約念書的九位中國留學生創辦的學有專精人員組織。他們仿照美國兄弟會的組織，在哥倫比亞大學宿舍裏成立這個組織，取名為 Phi Lambda Fraternity。仁社吸收新會員的標準是，人格高尚、學有專精、品性溫良及具有自由民主思想者。總社於 1926 年設在上海。仁社社員專業範圍極廣，其中不少為臺灣財經界的鉅子，如嚴家淦、尹仲容、陶聲洋、包可永、李國鼎、張麗門、錢純、張繼正、趙耀東、葉萬安等。〔註7〕

臺灣著名經濟學家曾經在經濟安定委員會與嚴家淦共事過的葉萬安回憶，1960 年初，他聽嚴家淦演講計算機。那時臺灣最早使用電腦的只有臺糖公司一家，一般人對電腦不瞭解，更不知道電腦長什麼樣子。嚴家淦能侃侃而談講述電腦的基本原理及如何有效地運用電腦，一路講得頭頭是道，大家聽了都覺得好驚奇。據說，中國大陸剛成功試爆原子彈不久後，嚴家淦能在演講場合中暢談原子彈的來龍去脈，把製作細節描繪得清清楚楚，連蔣介石也聽得點頭稱是。〔註8〕可見，嚴家淦真正的成功原因與他學習理工科的背景不無關係。他那個時代，知識分子從政的，受過一流科學教育的並不多。由於他有這個背景，所以他能夠真正理解工業化的實質問題。嚴家淦的博聞強識曾經讓很多人大為吃驚，驚為天人。幾乎所有和嚴家淦共事過的官員、同事，都對嚴家淦的博學讚不絕口。這與其說嚴家淦聰明，還不如說傳統中國知識分子的知識結構存在嚴重缺陷。

作為一個技術官僚，嚴家淦在四件事情上對國民黨政權有功：第一、推行田賦徵實，他有開創之功；第二、建立預算制度，這個制度保證了國民黨政權

〔註 6〕 葉明勳，〈為政以公待人誠，賢者風範留去思——靜波先生三兩事〉，《中國時報》，1994 年 1 月 8 日，收入《嚴前「總統」家淦先生哀思錄》，第 280 頁。
〔註 7〕 康綠島：《李國鼎先生口述歷史——話說臺灣經驗》，臺北：卓越文化事業公司出版，1993 年，第 60～61 頁。
〔註 8〕 陳立文主編，歐素瑛、林正慧、黃翔瑜、許秀孟訪問記錄：《嚴家淦總統行誼訪談錄》，第 344 頁。

不至於在財政上破產；第三、匯率改革，他有臨門一腳之功，這項改革推動了外向型市場經濟的建立；第四、實施《獎勵投資條例》，開創了積極財政政策的先河，真正促使臺灣經濟起飛。在臺灣工業化的過程中，「政府」的角色極其重要。工業化之初，有限的企業和資源都掌握在「政府」手裏。「政府」推動工業化，必須要有懂技術的官僚推動，至少有懂點現代工業的人才能做到這一點。尹仲容和李國鼎、孫運璿不但知識背景是理工科，而且他們也長期在現代工業部門就職。臺灣工業化給他們提供了莫大機遇，使之有機會領導工業化而名垂青史。在這之前，中國歷史上還未曾出現類似的現象。嚴家淦與他們相比，知識背景相同。雖然他真正的現代工業領域內的職業經驗並不多，但並不妨礙他理解和贊助工業化的決心。他所領導的財政部門在支持尹仲容的工業化嘗試上面費盡心思，對推動臺灣現代化有大功勞。在經濟起飛階段，有技術背景的官員領導經濟改革幾乎是普遍現象。中國大陸改革開放以來，中央從政高級官員畢業於清華大學這樣的理工學校，有理工科背景的知識分子也比比皆是。

其次，嚴家淦個性謹慎，低調。外界不暸解官場情況，稱之為「嚴推事」。他被蔣介石選為「行政院長」時，香港的報紙報導了他一則花邊新聞，嘲笑他膽小怕事：

> 去年西班牙戈耶畫展舉行前，中央暨省級有關機關均撥助少許經費，外交部更竭力襄助，因戈鄧畫展係中西文化協會主辦，正當中西二國邦交積極開展之際，為促進中西文化交流，襄助玉成，自屬義不容辭。中西文化負責籌備戈耶畫展之范君，曾書就呈文，透過私人關係往謁嚴主席，請撥款（只是三兩千元之事）襄助。主席滿口「好的，好的」，然後在呈文上批示：「交教育、財政兩廳核議」。公文旅行多日，經教育、財政兩廳核議的結果：「似可照准，惟因經費短絀，如何之處，呈請鈞裁」。上行下效的推回主席辦公室，范君再謁主席，又是滿口「好的，好的」，並再批交該兩廳二度議核。這麼一件芝麻綠豆大的事，尚且遲遲不決，其施政大端可想而知。有人認為這是嚴氏過去多年來所養成的拘謹習慣，雖榮膺主席，但此一習慣，卻無法改變。〔註9〕

---

〔註9〕羅伯特著：《嚴家淦主臺十四個月》，香港《新聞天地》，1955年9月3日，轉引自江南《蔣經國傳》，中國友誼出版社，1984年，第401頁。

　　不過，與他共事過的官員卻認為嚴家淦並非和事佬。王作榮性格直率，對與他共事的同僚多有批評。嚴家淦因為與他仕途上的不順有些瓜葛，曾批評嚴氏性格小氣。〔註10〕就是這樣，他也承認嚴家淦有所堅持，並非唯唯諾諾。「嚴先生對人很客氣，沒有官架子。但是，他事實上也有很強的個性；我曾經看過他對自己機要秘書脾氣發得很厲害。」〔註11〕王士傑曾在日記中寫道：「有人誤會嚴家淦諾諾之輩，其實不然。在他認為重要的事情上，他就不願意委屈求全。」〔註12〕嚴家淦在財政上的幾次重大舉措，比如決斷「幣制改革」，推行「獎勵投資條例」，風險巨大，前景並非一定如後面所看到的那樣美好。這些決策除了有知識上的自信外，更需要有巨大的決策勇氣。嚴家淦在官場上極其謹慎，據其子嚴雋泰回憶，嚴家淦從來不把公文帶回家中處理，也從不在家裏談論公事。正因為這樣，他贏得謹守公務員本分，不搞派系的名聲。這也是他最終被蔣介石選中的重要原因。嚴家淦退休後，蔣經國時常諮詢國策。先後擔任過蔣氏父子秘書的楚崧秋評述說：「嚴先生雖是退職元首，蔣經國卻對嚴先生優禮有加，倍相藉重，兩人關係水乳交融。國民黨的中常委改選，蔣經國在選前只問嚴先生一個人的意見。他得到如此的善待與敬重，其間必有一番道理。〔註13〕

　　再者，嚴家淦個性圓融，知書達理，這使得他與蔣氏父子等威權人物關係融洽。嚴家淦與陳誠關係也非常融洽，陳誠軍人出身，舊式威權人物形象，對部屬脾氣不好，但從不對嚴家淦發脾氣。嚴雋泰回憶：

> 我父親和所有的人來往，互動都是很好的，他也非常願意接受人家的建議。譬如有人說他主持會議總是拖得很久，但是他下結論的時候，每一位參加會議的人都感覺到自己的意見被接受了，都被尊重了，所以他下結論，可以很圓滿地下結論，大家都能夠接受。〔註14〕

〔註10〕　參閱王作榮：《壯志未酬──王作榮自傳》，臺北：天下文化出版社，1999 年，第 323～33 頁。

〔註11〕　陳立文主編，歐素瑛、林正慧、黃翔瑜、許秀孟訪問記錄：《嚴家淦總統行誼訪談錄》，第 146 頁。

〔註12〕　陳立文主編，歐素瑛、林正慧、黃翔瑜、許秀孟訪問記錄：《嚴家淦總統行誼訪談錄》，第 159 頁。

〔註13〕　陳立文主編，歐素瑛、林正慧、黃翔瑜、許秀孟訪問記錄：《嚴家淦總統行誼訪談錄》，第 183 頁。

〔註14〕　陳立文主編，歐素瑛、林正慧、黃翔瑜、許秀孟訪問記錄：《嚴家淦總統行誼訪談錄》，第 438 頁。

　　技術官僚或者財經官僚，都是現代社會科學上的用語。臺灣學者瞿宛文認為把嚴家淦、尹仲容等人稱為「財經官僚」並不合適。她說：

> 今日一般已習以「財經官僚」稱呼尹仲容、李國鼎那一代開創臺灣經濟發展局面的負責人，但這樣的稱謂其實不單無法呈現其全貌，在今日語境下甚至會起誤導的作用。在今日，官僚似乎意指通過高考，依據專業謹守規章分際，並聽命於長官的人，而相關政策方向則應由政務官或政治人物來訂定，同時相關的規章制度在今日當然較五十多年前嚴謹細密甚多，進一步限制官員行事的空間。然尹仲容他們不是依法辦事的官僚，而是那大時代下的特殊產物。〔註15〕

　　瞿宛文認為像嚴家淦這一代人，稱他們為「儒官」。認為這批人仍有傳統士大夫的經世致用之志。因他們又以推動實業救國為職志，故稱之為「以實業救國的儒官」。又說，強調救國則是要凸顯他們當時救亡圖存的急迫感。〔註16〕瞿宛文的這種說法當然有一定依據。嚴家淦能寫一手好字，有古代讀書人的儒雅之氣。他鼓吹發展工業經濟，也言必稱「救國」。嚴家淦很少真正談論他的政治主張，儘管他作「總統」的時候發言不少，不過多是言不由衷的官樣文章，很少有他個人的真正見解。但是他晚年支持蔣經國的「三不」政策，可見他對中共道路並不認同，這也反映了他在認識上的局限性。

〔註15〕瞿宛文：《臺灣經濟發展的源起──後進發展的為何與如何》，臺北：聯經出版公司，2017年，第287頁。

〔註16〕瞿宛文：《臺灣經濟發展的源起──後進發展的為何與如何》，第287～288頁。

# 參考文獻目錄

## 一、檔案

### （一）未刊部分

1. 福建省檔案館民國時期福建省政府檔案。
2. 中國社科院近代史研究所檔案館藏嚴家淦檔案（電子版）。

### （二）已刊部分

1. 沈志華、楊奎松主編：《美國對華情報解密檔案（1948～1976）》第七編《臺灣問題》，東方出版中心，2009年版。
2. 許瑞浩、周秀環、廖文碩編：《嚴家淦與國際經濟合作》，「國史館」印行，2013年版。
3. 陳鳴鐘、陳興唐主編：《臺灣光復和光復後五年版省情》（上、下），南京出版社，1989年版。
4. 中國第二歷史檔案館編：《中華民國史檔案資料彙編》第5輯第3編《政治》（四），江蘇古籍出版社，1999年版。
5. 資源委員會經濟研究室編擬：《臺灣工礦事業考察總報告》，載《館藏民國臺灣檔案彙編》第79卷，九州出版社，2006年版。
6. 薛月順編：《臺灣省政府檔案史料彙編——臺灣省行政長官公署時期》（三），「國史館」印行，1999年版。

## 二、報刊

1.《人民日報》。

2.《參考消息》。

3.《蘇州日報》。

4. 臺灣《中央日報》。

5. 臺灣《聯合報》。

6. 臺灣《中國時報》。

7. 臺灣《臺灣省政府公報》。

8.《新運導報》。

9.《閩政月刊》。

10.《福建糧政》。

11.《新經濟》。

12.《大公報》（天津版、上海版）。

13.《臺灣銀行季刊》。

14.《東南海》。

15.《臺灣月刊》。

## 三、一般文獻資料

1.「行政院」新聞局輯：《「行政院」蔣「院長」言論集》第五集，「行政院」新聞局發行，1975 年版。

2.「臺灣省文獻委員會」編：《臺灣省通志‧經濟志》（34）卷四，眾文圖書公司，1970 年版。

3. 陳誠：《陳誠回憶錄——建設臺灣》，東方出版社，2011 年版。

4. 陳誠：《陳誠先生書信集——家書（上下冊）》，「國史館」印行，2006 年版。

5. 陳嘉庚：《南僑回憶錄》，嶽麓書社，1989 年版。

6. 陳立夫：《成敗之鑒‧陳立夫回憶錄》，正中書局，1994 年版。

7. 陳鵬仁、劉維開編：《中國國民黨黨務發展史料——非常委員會及總裁辦公室資料彙編》，近代中國出版社，1999 年版。

8. 陳儀：《福建省經濟建設的輪廓》，《閩政月刊》，1939 年第 5 卷第 1 期。

9. 陳儀：《福建省經濟建設五年計劃綱要》，《閩政月刊》，1940 年 4 月第 6 卷第 2 期。

10. 陳儀：《福建省政府分區召集縣地方財政會議訓詞》，《閩政月刊》，1940 年第 6 期。

11. 陳儀：《我們的理想國》，《新運導報》，1940 年第 28 期。

12. 福建省縣政人員訓練所述編：《陳主席的思想》，（民國）福建省政府秘書處公報室，1937 年版。

13. 福建省政府秘書處：《福建之田糧》，（民國）福建省政府印行，1944 年版。

14. 福建省政協文史資料委員會編：《文史資料選編》第 4 卷《政治軍事編》第 5 冊，福建人民出版社，2006 年版。

15. 傅正主編：《雷震全集》，桂冠圖書股份有限公司，1989 年版。

16. 谷正文：《牛鬼蛇人──谷正文情報工作檔案》，書華出版社，1997 年版。

17. 國務院臺灣事務辦公室研究局編：《臺灣問題文獻資料選編》，人民出版社，1994 年版。

18. 何智霖編：《陳誠先生書信集──與蔣中正先生往來函電（上、下）》，臺北「國史館」，2007 年版。

19. 何卓恩、夏明選編：《夏道平文集》，長春出版社，2013 年版。

20. 胡葦：《周有光訪談錄：留點空間，讓學生的興趣自由生長》，《中國教師》，2004 年第 4 期。

21. 黃昌謨：《福建糧政機構之演變》，《福建糧政》，1942 年 10 月創刊號。

22. 黃開祿：《福建田賦徵實以後》，《新經濟》，1942 年第 6 卷第 12 期。

23. 蔣廷黻：《蔣廷黻講我土地改革》，《大公報（天津版）》，1948 年 5 月 26 日。

24. 黃俊傑主編：《中國農村復興聯合聯合委員會口述歷史訪問記錄》，「中央研究院」近代史研究所，1992 年版。

25. 蔣公侍從人員史編纂小組：《蔣公侍從見聞錄──侍從人員錄》，「國防部」史政編譯局，1997 年版。

26. 蔣經國：《風雨中的寧靜》，臺北黎明文化，1974 年版。

27. 卡爾‧蘭金：《蘭金回憶錄》，海英譯，上海人民出版社，1975 年版。

28. 康綠島：《李國鼎先生口述歷史──話說臺灣經驗》，卓越文化事業公司出版，1993 年版。

29. 黎志剛記錄：《李承基先生訪問記錄》，臺灣「中研院」近代史研究所，2000 年版。

30. 李時霖等編：《臺灣考察報告》，新民智印務公司，1937 年版。

31. 李宗仁述，唐德剛撰寫：《李宗仁回憶錄》，華東師範大學出版社，1996年版。

32. 李國鼎口述，劉素芬編著，陳怡如整理：《李國鼎：我的臺灣經驗——李國鼎談臺灣財經決策的制訂與思考》，遠流出版事業股份有限公司，2005年版。

33. 林元輝編注：《「二二八事件」臺灣本地新聞史料彙編》，財團法人二二八事件紀念基金會，2009年版。

34. 劉連第、汪大為編著：《中美關係的軌跡——建交以來大事縱覽》，時事出版社，1995年版。

35. 劉寧彥總撰、袁穎生編撰：《重修臺灣省通志·經濟志金融篇》卷四，臺灣省文獻委員會，1993年版。

36. 呂芳上主編：《蔣中正先生年譜長編》（第一至十二冊），「國史館」、中正紀念堂、中正文教基金會印行，2015年版。

37. 梅孜編：《美臺關係重要資料選編》，時事出版社，1997年版。

38. 歐素瑛等訪問、記錄，陳立文主編：《嚴家淦「總統」行誼訪談錄》，「國史館」印行，2013年版。

39. 潘振球主編：《中華民國史事紀要》（初稿，1947年版4～6月份），臺北「國史館」印行，1996年版。

40. 彭明敏：《彭明敏看臺灣》，彭明敏文教基金會印行，1994年版。

41. 前「總統」家淦先生哀思錄編纂小組編輯：《嚴前「總統」家淦先生哀思錄》，臺灣「行政院新聞局」印行，1994年版。

42. 錢昌照：《錢昌照回憶錄》，中國文史出版社，1998年版。

43. 錢昌祚：《浮生百記》，臺北傳記文學，1987年版。

44. 秦孝儀、張瑞成編：《光復臺灣之籌劃與受降接收》，中國國民黨中央委員會黨史委員會編印，1990年版。

45. 秦孝儀編：《「總統」蔣公大事長編初稿》第10卷，中國國民黨黨史委員會印行，1978年版。

46. 秦孝儀主編：《先「總統」蔣公思想言論總集》，中國國民黨黨史委員會，1984年版。

47. 全國政協、浙江省政協、福建省政協文史資料研究委員會編：《陳儀生平及被害內幕》，中國文史出版社，1987年版。

48. 全國政協文史資料委員會編：《中華文史資料文庫》第 17 卷，中國文史出版社，1996 年，年版。

49. 全國政協文史資料研究委員會工商經濟組編：《回憶國民黨政府資源委員會》，中國文史出版社，1988 年版。

50. 任治平口述，汪士淳、陳穎撰：《這一生：我的父親任顯群》，寶瓶文化，2011 年版。

51. 善後救濟總署臺灣分署經濟技正室編輯：《臺灣省經濟調查報告》，善後救濟總署臺灣分署發行，1947 年版。

52. 沈雲龍編：《尹仲容先生年譜初稿》，臺北傳記文學出版社，1988 年版。

53. 世界知識出版社編輯：《中美關係資料彙編》第 2 輯下，世界知識出版社，1957 年版。

54. 臺灣行政長官公署財政處編：《臺灣一年來之財政》，臺灣行政長官公署宣傳委員會發行，1946 年版。

55. 臺灣省行政長官公署：《臺灣省五十一年來統計提要》，臺灣省行政長官公署發行，1946 年版。

56. 臺灣省行政長官公署秘書處編輯室、民政處秘書室編印：《臺灣省行政長官公署施政報告》，1946 年版。

57. 臺灣省行政長官公署人事室編：《臺灣省各級機關職員錄》，光華印書公司，1946 年版。

58. 臺灣省接收委員會日產處理委員會：《臺灣省接收委員會日產處理委員會結束總報告》，1947 年版。

59. 臺灣銀行季刊調查室：《長官公署時期之臺灣經濟》，《臺灣銀行季刊》，1947 年第 1 卷第 2 期。

60. 臺灣銀行經濟研究室：《臺灣之金融機構》，《臺灣銀行季刊》，1969 年 3 月第 20 卷第 1 期。

61. 陶文釗、牛軍主編：《美國對華政策文件集（1949～1972）》第三卷，世界知識出版社，2004 年版。

62. 萬國鼎：《國共之間的土地改革問題》，《大公報（上海版）》，1947 年 3 月 16 日。

63. 王景弘：《採訪歷史：從華府檔案看臺灣》，遠流出版社，2000 年版。

64. 王雲五：《岫廬八十自述》，臺灣商務印書館，1967 年版。

65. 王昭明：《王昭明回憶錄》，福建人民出版社，1995 年版。

66. 王作榮：《我們如何創造了經濟奇蹟》，時報出版社，1978 年版。

67. 王作榮：《壯志未酬　王作榮自傳》，臺北天下文化，1999 年版。

68. 吳岡：《舊中國通貨膨脹史料》，上海人民出版社，1958 年版。

69. 吳國楨口述，裴斐、韋慕庭整理：《從上海市長到「臺灣『省主席』」（1946～1953）——吳國楨口述回憶》，吳修垣譯，上海人民出版社，2015 年版。

70. 吳國楨手稿、黃卓群口述、劉永昌整理：《吳國楨傳》下冊，自由時報，1995 年版。

71. 吳惠林編：《蔣碩傑先生悼念集》，遠流出版公司，1995 年版。

72. 席與鎬、席與閏、湛漱芳、席與文口述，馬學強整理：《在上海的生活——滙豐銀行買辦席正甫後人的回憶》，《史林》，2004 年增刊。

73. 蕭錚：《土地改革五十年版——蕭錚回憶錄》，臺北中國地政研究所，1980 年版。

74. 謝南光：《怎樣建設光復後的新臺灣》，《東南海》，1944 年第 1 卷第 6 期。

75. 許毓良校注、臺灣省旅平同學會聯合編：《臺灣二‧二八大慘案——華北輿論集》，前衛出版社，2015 年版。

76. 薛月順、曾品滄、許瑞浩編注：《從戒嚴到解嚴》，「國史館」印行，2000 年版。

77. 嚴家淦：《一年以來臺灣省縣鄉財政》，《臺灣月刊》，1947 年 1 月第 3、4 期合刊。

78. 俞國華口述，王駿執筆：《財經巨擘——俞國華生涯行腳》，商智文化事業公司，1999 年版。

79. 張其昀主編：《先「總統」蔣公全集》第 3 冊，中國文化大學出版部，1984 年版。

80. 張瑞成編：《光復臺灣之籌劃與接收》，臺北中國國民黨黨史委員會，1990 年版。

81. 中共中央文獻研究室編輯委員會編：《周恩來選集》下卷，人民出版社，1984 年版。

82. 中國國民黨中央委員會黨史委員會編：《中國國民黨黨務發展史料——非常委員會及總裁辦公室資料彙編》，近代中國出版社，1999 年版。

83. 中國國民黨中央委員會黨史委員會編：《中國國民黨黨務發展史料——中央改造委員會資料彙編》（上），近代中國出版社，1990 年版。

84. 中國人民銀行上海分行編：《上海錢莊史料》，上海人民出版社，1960 年版。

85. 中國人民政治協商會議福建省委員會文史資料編輯室編：《福建文史資料》第 4 輯，福建人民出版社，1980 年版。

86. 中國人民政治協商會議福建省委員會文史資料研究委員會編：《福建文史資料》第 14 輯，福建人民出版社，1986 年版。

87. 中國人民政治協商會議福建省委員會文史資料研究委員會編：《福建文史資料》第 19 輯，福建人民出版社，1988 年版。

88. 中國人民政治協商會議湖南省委員會文史資料研究委員會編：《湖南文史資料選輯》第 2 輯，湖南人民出版社，1981 年版。

89. 中華人民共和國外交部中共中央文獻研究室編：《毛澤東外交文選》，中央文獻出版社，1994 年版。

90. 中共中央黨校、中共中央臺灣工作辦公室編：《中共三代領導人談臺灣問題》，中央黨校出版社，2001 年版。

91. 中央文獻出版社編：《建國以來毛澤東文稿》第一冊，中央文獻出版社，1987 年版。

92. 周宏濤口述，汪士淳撰：《蔣公與我》，天下遠見出版股份有限公司，2004 年版。

93. 朱沛蓮：《柬雲章先生年譜》，臺灣「中研院」近代史研究所，1992 年版。

94. 張果為：《浮生的經歷與見證》，傳記文學出版社，1980 年版。

## 四、研究論著

### （一）著作

1. 「國史館」編：《一九四九：中國關鍵年代學術討論會論文集》，「國史館」印行，2000 年版。

2. 阿圖·埃克斯坦：《公共財政學》，中國財政經濟出版社，1983 年版。

3. 安後暐：《美援對臺灣職業教育的影響（1950～1965 年)》，碩士學位論文，臺灣師範大學歷史研究所，1997 年。

4. 曾健民：《1945 破曉時刻的臺灣》，聯經出版事業公司，2005 年版。

5. 陳翠蓮：《派系鬥爭與權謀政治：二二八悲劇的另一面相》，時報文化出版企業有限公司，1995 年版。

6. 陳芳明編：《二二八事件學術論文集》，前衛出版社，1988 年版。

7. 陳孔立主編：《臺灣歷史綱要》，九州出版社，1996 年版。

8. 陳麗珠：《從臺銀與美援資金分配探討公民營事業之發展（1945～1965）》，碩士學位論文，新竹清華大學歷史研究所，2002 年。

9. 陳明通：《派系政治與臺灣政治變遷》，新自然主義，1995 年版。

10. 陳怡如：《行政革新與臺灣財經組織之變遷（1953～1958 年）》，碩士學位論文，桃園中央大學歷史研究所，1998 年。

11. 陳玉璽：《臺灣的依附發展》，人間出版社，1992 年版。

12. 程朝雲：《戰後臺灣農會研究（1945～1975）》，鳳凰出版社，2014 年版。

13. 褚靜濤：《二二八事件研究》，社會科學文獻出版社，2012 年版。

14. 褚靜濤：《國民政府收復臺灣研究》，中華書局，2013 年版。

15. 崔之清主編：《臺灣是中國領土不可分割的一部分：歷史與現實的實錄》，人民出版社，2001 年版。

16. 鄧孔昭：《二二八事件數據集》，稻鄉出版社，1991 年版。

17. 段承璞：《臺灣戰後經濟》，人間出版社，1992 年版。

18. 二二八事件研究小組：《二二八事件研究報告》，時報文化公司，1996 年版。

19. 馮琳：《中國國民黨在臺改造研究（1950～1952）》，鳳凰出版社，2013 年版。

20. 高棣民（B. Gold）：《從國家與社會的角度觀察——臺灣奇蹟》，洞察出版社，1987 年版。

21. 高希均：《臺灣經驗四十年（1949～1989）》，臺北：天下文化，1991 年版。

22. 郭傳璽主編：《中國國民黨在臺灣 40 年》，中國文史出版社，1993 年版。

23. 郭岱君：《臺灣往事：臺灣經濟改革故事（1949～1960）》，中信出版社，2015 年版。

24. 郭旭：《中國近代酒業發展與社會文化變遷研究》，博士學位論文，江南大學食品貿易與文化專業，2015 年。

25. 韓曉潔：《中國近代預算法初探》，碩士學位論文，中國政法大學研究生院，2005 年。

26. 郝銀俠：《抗戰時期國民政府田賦徵實制度之研究》，博士學位論文，華中師範大學歷史系，2006 年。

27. 亨廷頓著、張岱雲等譯：《變動社會的政治秩序》，上海譯文出版社，1989 年版。

28. 洪瑞堅：《浙江之二五減租》，正中書局，1936 年版。

29. 黃俊傑：《農復會與臺灣經驗》，三民書局股份有限公司，1991 年版。

30. 黃彰健：《二二八事件真相考證稿》，「中研院」、聯經出版公司，2007 年版。

31. 黃子華：《尹仲容的經濟政策與經濟思想》，碩士學位論文，臺灣大學政治學研究所，1995 年。

32. 江南：《蔣經國傳》，中國友誼出版社，1984 年版。

33. 金沖及：《周恩來傳》，中央文獻出版社，1998 年版。

34. 軍事科學院、中國人民軍事博物館、解放軍出版社合編：《同脈一源——臺灣文化根系大陸》，解放軍出版社，2004 年版。

35. 賴澤函主編：《臺灣光復初期歷史》，「中研院」中山人文社會科學研究所印行，1993 年版。

36. 李敖：《中國文化論戰》，中國友誼出版社，2010 年版。

37. 李非：《戰後臺灣經濟發展史》，鷺江出版社，1992 年版。

38. 李功勤：《蔣介石臺灣時代的政治菁英（1950～1975 年）——以中國國民黨中常委及內閣委員為例》，博士學位論文，嘉義中正大學歷史研究所，2001 年。

39. 李功勤：《蔣經國與後蔣經國時代的內閣政治精英》，幼師文化事業有限公司，2014 年版。

40. 李國鼎、陳木在：《「我國」經濟發展策略總論》上下冊，聯經出版事業公司，1987 年版。

41. 李國鼎：《臺灣財政金融金與稅制改革》上下冊，李國鼎科技發展基金會印行，1989 年版。

42. 李君星：《經安會與臺灣工業的發展（1953～1958 年版）》，碩士學位論文，中國文化大學史學研究所，1995 年版。

43. 李細珠：《張之洞與清末新政研究》，上海書店出版社，2003 年版。

44. 李筱峰：《臺灣戰後初期的民意代表》，自立晚報社文化出版部，1986 年版。

45. 李雲漢：《中國國民黨史述‧第四編‧保衛臺灣與建設臺灣》，中國國民黨中央委員會黨史委員會出版，1994 年版。

46. 理查德‧克羅卡特著、王振西譯：《50 年代戰爭》，新華出版社，2003 年版。

47. 梁敬錞：《中美關係論文集》，聯經出版事業公司，1983 年版。

48. 林炳炎：《保衛大臺灣的美援（1949～1957）》，臺灣電力株式會社資料中心，2004 年版。

49. 林桶法：《1949 大撤退》，聯經出版事業公司，2009 年版。

50. 林玉茹、李毓中：《戰後臺灣的歷史學研究（1945～2000）：臺灣史》，國科會，2010 年版。

51. 林增傑：《中國大陸與港澳臺地區土地法律比較研究》，天津大學出版社，2001 年版。

52. 林鍾雄：《臺灣經濟發展 40 年》，自立晚報社，1993 年版。

53. 劉進慶、涂照彥、隅谷三喜男合著：《臺灣之經濟》，人間出版社，1993 年版。

54. 劉進慶：《臺灣戰後經濟分析》，人間出版社，1992 年版。

55. 劉榕樺：《尹仲容與臺灣工業化（1949～1963）》，碩士學位論文，臺中：東海大學歷史研究所，1993 年。

56. 劉士永：《光復初期臺灣經濟政策的檢討》，稻鄉出版社，1996 年版。

57. 羅榮渠：《現代化新論——世界與中國的現代化進程》、《現代化新論續篇——東亞與中國的現代化進程》，北京大學出版社，1993、1997 年版。

58. 馬克斯‧韋伯著、於曉等譯：《新教倫理與資本主義精神》，三聯書店，1987 年版。

59. 孟祥瀚：《臺灣地區生產事業管理委員會與政府遷臺初期的經濟發展（1949～1953）》，博士學位論文，臺灣師範大學歷史研究所，2000 年。

60. 潘志奇：《光復初期臺灣通貨膨脹的分析》，聯經出版事業公司，1980 年版。

61. 裴堅章主編：《中華人民共和國外交史》（1949～1956），世界知識出版社，1996 年版。

62. 彭懷恩：《中華民國的政治菁英——行政院會議成員分析（1950～1985）》，博士學位論文，臺灣大學政治研究所，1986 年版。

63. 秦孝儀主編：《中華民國經濟發展史》（第三冊），臺北近代中國出版社，1983 年版。

64. 邱金彙：《五十年代美援政策的運用——共同安全計劃之發展》，碩士學位論文，中國文化大學中美關係研究所，1980 年。

65. 瞿宛文：《臺灣經濟發展的源起——後進發展的為何與如何》，聯經出版事業公司，2017 年版。

66. 若林正丈：《臺灣——分裂國家與民主化》，新自然主義，2004 年版。

67. 若林正丈：《戰後臺灣政治史——中華民國臺灣化的歷程》，洪郁如、陳培豐等譯，臺大出版中心，2014 年版。

68. 施正鋒編：《臺灣民族主義》，前衛出版社，1994 年版。

69. 史全生主編：《臺灣經濟發展的歷史與現狀》，南京東南大學出版社，1992 年版。

70. 蘇格：《美國對華政策與臺灣問題》，世界知識出版社，1998 年版。

71. 蘇雲峰：《從清華學堂到清華大學——近代中國高等教育研究》，北京三聯書店，2001 年版。

72. 孫代堯：《臺灣威權體制及其轉型研究》，中國社會科學出版社，2003 年版。

73. 陶涵：《蔣經國傳》，林添貴譯，新華出版社，2002 年版。

74. 陶文釗主編：《中美關係史（1949～1972）》，上海人民出版社，1999 年版。

75. 陶文釗主編：《中美關係史（1972～2000）》，上海人民出版社，2004 年版。

76. 童小鵬：《風雨四十年》第 2 部，中央文獻出版社，1996 年版。

77. 涂照彥：《日本帝國主義下的臺灣》，李明俊譯，人間出版社，1992 年版。

78. 王建朗：《太平洋戰爭爆發後國民政府外交戰略與對外政策》，武漢大學出版社，2010 年版。

79. 王奇生：《黨員、黨權與黨爭》，上海書店出版社，2003 年版。

80. 王曉波編：《陳儀與二二八事件》，海峽學術出版社，2004 年版。

81. 王鍵：《戰後美日臺關係史研究》，九州出版社，2013 年版。

82. 文馨瑩：《經濟奇蹟的背後——臺灣美援經驗的政經分析（1951～1965）》，自立晚報文化出版部，1990 年版。

83. 翁嘉禧：《臺灣光復初期的經濟轉型與政策》，覆文圖書出版社，1998 年版。

84. 吳宏志：《李國鼎對臺灣經濟發展之政策影響力》，碩士學位論文，臺灣大學國家發展研究所，2002 年版。

85. 吳惠林、彭慧明：《蔣碩傑傳》，天下遠見出版股份有限公司，2012 年版。

86. 吳若予：《戰後臺灣公營事業之政經分析》，業強出版社，1992 年版。

87. 吳淑鳳、陳中禹編：《轉型關鍵：嚴家淦先生與臺灣經濟發展》，「國史館」印行，2014 年版。

88. 吳淑鳳等編：《近代國家形塑——中華民國建國一百年國際學術討論會論文集》上下冊，「國史館」印行，2013 年版。

89. 吳挺鋒：《財政政治的轉型：從威權主義到新自由主義》，博士學位論文，東海大學社會學系，2004 年。

90. 吳永福：《幣制改革》，國民政府財政部財政研究委員會發行，1947 年版。

91. 蕭富隆：《戰後初期臺灣省人事之演進與分析》，博士學位論文，臺中中興大學歷史學系，2010 年。

92. 蕭新煌編：《壟斷與剝削——威權主義的政治經濟分析》，財團法人臺灣研究基金會，1989 年版。

93. 謝然之：《臺灣十年》，臺灣新生報社，1955 年版。

94. 宿金璽：《尹仲容與戰後臺灣經濟發展》，碩士學位論文，臺中中興大學歷史研究所，1997 年版。

95. 徐世仁、肖正宇：《蘇州教育志》，三聯書店，1991 年版。

96. 徐秀麗主編：《過去的經驗與未來的可能走向——中國近代史研究三十年（1979～2009）》，社會科學文獻出版社，2010 年版。

97. 許福明：《中國國民黨的改造（1950～1952）》，正中書局，1986 年版。

98. 許海芸：《國民政府戰時生產局研究》，碩士學位論文，南京師範大學歷史系，2010 年版。

99. 許介鱗：《戰後臺灣史記》，文英堂出版社，1996 年版。

100. 薛毅：《國民政府資源委員會研究》，社會科學文獻出版社，2005 年版。

101. 嚴如平、賀淵：《陳儀全傳》，人民出版社，2011 年版。

102. 嚴演存：《早年版之臺灣》，臺北時報出版社，1989 年版。

103. 鹽見俊二：《秘錄‧終戰前後的臺灣》，財團法人日本文教基金會編譯，

文英堂出版社，2001 年版。

104. 楊渡：《激動一九四五》，巴札赫出版社，2005 年版。

105. 楊禾豐：《聖約翰大學的校園生活及其變遷（1920～1937）》，博士學位論文，復旦大學歷史系，2008 年。

106. 楊蔭溥：《民國財政史》，中國財政經濟出版社，1985 年版。

107. 姚同發：《臺灣歷史文化淵源》，九州出版社，2002 年版。

108. 於宗先：《臺灣貨幣與金融文集》，聯經出版事業公司，1975 年版。

109. 餘慶俊：《臺灣財經技術官僚的人脈與派系（1949～1988 年）》，碩士學位論文，臺北政治大學臺灣史研究所，2009 年版。

110. 袁穎生：《光復前後的臺灣經濟》，聯經出版事業公司，1998 年版。

111. 張春英主編：《海峽兩岸關係史）》第 3 卷，福建人民出版社，2004 年版。

112. 張果為主編：《臺灣經濟發展》，正中書局，1967 年版。

113. 張海鵬、李細珠主編：《臺灣歷史研究》第 1 輯，社會科學文獻出版社，2013 年版。

114. 張海鵬、李細珠主編：《臺灣歷史研究》第 2 輯，社會科學文獻出版社，2014 年版。

115. 張海鵬、李細珠主編：《臺灣歷史研究》第 3 輯，社會科學文獻出版社，2016 年版。

116. 張海鵬、李細珠主編：《臺灣歷史研究》第 4 輯，社會科學文獻出版社，2016 年版。

117. 張海鵬：《書生議政——中國近現代史學者看臺灣的歷史與現實》，九州出版社，2011 年版。

118. 張海鵬、陶文釗主編：《臺灣史稿》，鳳凰出版社，2012 年版。

119. 張海鵬主編：《中國歷史學 30 年（1978～2008）》，中國社會科學出版社，2008 年版。

120. 曾業英主編：《五十年來的中國近代史研究》，上海書店出版社，2000 年版。

121. 張後銓：《招商局近代人物傳》，社會科學文獻出版社，2015 年版。

122. 張駿編著：《創造財經奇蹟的人》，傳記文學出版社，1987 年版。

123. 張憲文、張玉法主編，陳立文、鍾淑敏、歐素瑛等：《中華民國專題史》第十五卷《臺灣光復研究》，南京大學出版社，2015 年版。

124. 張炎憲等：《二八事件責任歸屬研究報告》，二二八事件基金會發行，2006
年版。

125. 張宗漢：《光復前臺灣之工業化》，聯經出版事業公司，1980 年版。

126. 趙既昌：《美援的運用》，聯經出版事業公司，1985 年版。

127. 「中研院」近代史所編：《財政與近代歷史論文集》，「中研院」近代史印
行，1999 年版。

128. 鍾瀚樞：《1950 年版代臺灣的美援教育計劃》，碩士學位論文，東海大學
歷史研究所，2004 年版。

129. 周呈奇：《戰後臺灣地區經濟增長思想研究》，九州出版社，2007 年版。

130. 周菊坤：《嚴家淦與嚴家花園》，社會科學文獻出版社，2003 年版。

131. 周明正：《李國鼎與臺灣科技發展初探》，碩士學位論文，臺北市立師範學
院社會科教育研究所，2004 年版。

132. 周憲文：《臺灣經濟史》，臺灣開明書店，1980 年版。

133. 周育仁：《政治與經濟之關係——臺灣經驗與其理論意涵》，五南圖書出
版公司，1993 年版。

## （二）論文

1. 白純：《光復初期臺灣的貿易管制政策（1945～1948）》，《南京社會科學》，
2005 年第 12 期。

2. 白純：《簡論光復初期臺灣的專賣制度》，《南京政治學院學報》，2002 年
第 2 期。

3. 白純：《臺灣光復後的民眾心態與「二·二八」事件》，《民國檔案》，2000
年第 3 期。

4. 白純：《戰後臺灣光復過程中的受降與軍事接收問題述略》，《軍事歷史研
究》，2002 年第 2 期。

5. 白純：《資源委員會與光復初期的臺灣經濟》，《臺灣研究》，2002 年第 3
期。

6. 陳紅民：《從〈陳誠日記〉看臺灣時期陳誠與蔣介石的關係》，《浙江大學
學報（人文社會科學版）》，2015 年第 4 期。

7. 陳紅民：《臺灣時期蔣介石與陳誠關係探微（1949～1965）》，《近代史研
究》，2013 年第 2 期。

8. 程朝雲：《光復初期臺灣農業之恢復與重建》，《中國社會科學院近代史研

究所青年學術論壇・2003 年卷》，社會科學文獻出版社，2004 年，第 737
～760 頁。

9. 程玉鳳：《資源委員會對臺灣糖業的接收與重建（1945～1949）》，《國史館館刊》，1998 年第 24 期。

10. 褚靜濤：《陳儀與臺灣公營事業的初步建立——兼論臺灣發展民營事業的政策取向》，《南京社會科學》，2003 年第 4 期。

11. 褚靜濤：《試論光復前後臺灣省建制之過程》，《臺灣研究》，1999 年第 2 期。

12. 褚靜濤：《臺灣光復初期臺籍精英的參政訴求》，《江海學刊》，2002 年第 6 期。

13. 褚靜濤：《湯恩伯與陳儀之死考》，《現代臺灣研究》，2002 年第 2 期。

14. 鄧孔昭：《光復初期的行政長官公署制》，《臺灣研究集刊》，1994 年第 1 期。

15. 杜繼東：《20 世紀 50～60 年代美國對臺灣的軍事援助》，《廣東社會科學》，2011 年第 3 期。

16. 方曉珍、方曉宏、孫曉峰：《戰後初期臺灣反通貨膨脹三大政策評析》，《安慶師院社會科學學報》，1997 年第 1 期。

17. 郝樂遜：「臺灣經濟之發展」，臺北《國際經濟資料月刊》，1959 年 7 月第 3 卷第 1 期。

18. 洪紹洋：《戰後初期臺灣造船公司的接收與經營（1945～1950）》，《臺灣史研究》第 14 卷第 3 期，2007 年。

19. 侯家駒：《光復初期臺灣經濟體系之重建》，《國父建黨革命一百週年學術研討會論文集》，臺北近代中國出版社，1994 年。

20. 金普森：《外債與抗日戰爭的勝利》，《抗日戰爭研究》，2006 年第 1 期。

21. 李恩俠：《中國國民黨黨產的由來與處理始末》，《理論與改革》，2010 年第 3 期。

22. 李昀：《經濟合作署的成立及其意義》，《福建師範大學學報（哲學社會科學版）》，2011 年第 5 期。

23. 梁捷：《賈士毅：民國財政史研究大家》，《上海證券報》，2008 年 2 月 18 日。

24. 林孝庭、趙相科：《1962 年「臺海危機」背景探因》，《當代中國史研究》，

2013 年第 4 期。

25. 劉椿：《論三十年代福建龍巖的土地改革》，《黨史文苑》，2005 年第 4 期。

26. 劉亮紅：《黨外的布爾什維克——程星齡》，《湖南省社會主義學院學報》，2010 年第 10 期。

27. 馬振犢、戚如高：《臺灣光復後南京國民政府對原財政金融機構的接收及其工作的推進》，《民國檔案》，1988 年第 3 期。

28. 毛德傳：《蔣經國統馭臺灣情報特工》，《軍事歷史》，2004 年第 2 期。

29. 牛可：《美援與戰後臺灣經濟改造》，《美國研究》，2002 年第 3 期。

30. 瞿宛文：《臺灣經濟奇蹟的中國背景——超克分斷體制經濟史的盲點》，《臺灣社會研究季刊》，2009 年第 74 期。

31. 饒玲一：《從「同年」到「同學」——聖約翰大學校友會與近代中國社會新型人際網絡的建構》，《史林》，2010 年第 6 期。

32. 沈志華：《中共進攻臺灣戰役的決策變化及其制約因素》，《社會科學研究》，2009 年第 3 期。

33. 史全生、費曉明：《光復初期關於臺灣幣制的爭論和臺幣的發行》，《民國檔案》，2001 年第 1 期。

34. 陶昌、陳發奎：《赴臺籌設中行臺北分行未果》，《世紀》，2013 年第 4 期。

35. 汪先平：《當代臺灣地區農村土地制度簡述》，《安徽電子信息職業技術學院學報》，2008 年第 2 期。

36. 王侃：《略論 1949～1953 年的臺灣土地改革》，《中共浙江省委黨校學報》，2005 年第 3 期。

37. 吳聰敏：《美援與臺灣的經濟發展》，《臺灣社會研究季刊》，1988 年春季號。

38. 蕭阿勤：《認同、敘事與行動：臺灣 1970 年代黨外的歷史建構》，《臺灣社會學》，2003 年第 5 期

39. 許登源：《二·二八前夕的臺灣經濟》，載葉芸芸編：《證言·二二八》，人間出版社，1993 年，第 204～222 頁。

40. 薛利華、陸渭民：《嚴家淦傳略》，《江蘇地方志》，1994 年第 3 期。

41. 薛毅：《資源委員會接管臺灣工礦企業略論》，《史學月刊》，2004 年第 10 期。

42. 楊維忠：《東山的兩位「總統」夫人》，《蘇州日報》，2012 年 4 月 27 日。

43. 袁壁文：《臺灣之貨幣銀行》，《臺灣銀行季刊》，1961 年 3 月第 20 卷第 1 期。

44. 張劍華：《錢鍾書與他就讀的桃塢中學》，《中小學管理》，2012 年第 2 期。

45. 張紹鐸：《20 世紀 70 年代初臺灣當局對美「外交」與聯合國中國代表權問題》，《當代中國研究》，2009 年第 1 期。

46. 中國思想政治工作研究會編：《臺灣「邦交國」一覽》，《政工研究動態》，2001 年第 5 期。

47. 朱高影：《行政長官公署時期臺灣經濟之探討》，《臺灣風物》，1992 年第 42 卷第 1 期。

48. 朱天順：《國民黨在臺灣的「法統」危機》，《臺灣研究集刊》，1989 年第 3 期。

## 五、英文文獻

1. Neil Jacoby, *U. S. Aid to Taiwan: A Study of Foreign Aid, Self-Help, and Development*, (New York: Praeger, 1966).

2. Frank Fischer, Technocracy and the Politics of Expertise, California: Sage Publication, 1990.

3. David M.Finklstein, *Washington's Taiwan Dilemma (1949~1950)*, (Virginia: Gorge Mason University Press, 1993).

4. Foreign Relations of the United States (FRUS), (U. S. A Department of State).

5. Wolf Ladjinski, *The Select Papers of Ladjinski ─ Agrarian Reform as Unfinished Business*, (New York: Oxford University Press, 1977).